金融科技与商业银行管理

戚书源◎ 著

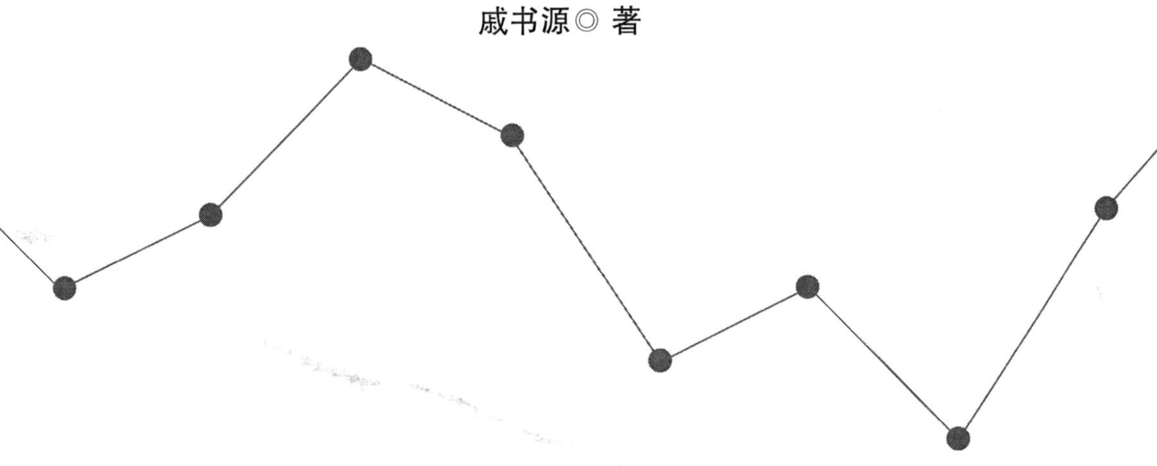

中国商业出版社

图书在版编目（CIP）数据

金融科技与商业银行管理 / 戚书源著. -- 北京 : 中国商业出版社, 2025. 8. -- ISBN 978-7-5208-3550-3

Ⅰ. F830

中国国家版本馆CIP数据核字第20259SC119号

责任编辑：郝永霞

策划编辑：佟　彤

中国商业出版社出版发行

（www.zgsycb.com　100053　北京广安门内报国寺1号）

总编室：010-63180647　　编辑室：010-83118925

发行部：010-83120835/8286

新华书店经销

廊坊市广阳区九洲印刷厂印刷

*

710毫米×1000毫米　16开　6.25 印张　127千字

2025年 8月第 1 版　　2025年 8月第 1 次印刷

定价：78.00 元

****

（如有印装质量问题可更换）

前言

变革的序幕金融与科技的交响

在数字化浪潮的推动下，商业银行正面临前所未有的挑战与机遇。金融科技基于（Financial Technology，FinTech）人工智能（Artificial Intelligence，AI）、区块链等新兴技术，正悄然重塑传统金融生态，推动银行业务模式与服务方式的深刻变革。商业银行需积极拥抱金融科技，优化运营效率，提升客户体验，方能在变革中立于不败之地。金融科技的融入不仅是技术升级，更是思维方式的转变，预示着银行业未来的发展方向。金融科技的迅猛发展促使商业银行从传统服务向智能化、个性化转型，以满足客户多样化需求，重塑市场竞争格局。借助大数据分析精准把握市场动向，实现风险管理与业务创新的良性互动。金融科技的应用通过智能风控系统实时监测交易行为，有效识别潜在风险，进一步提升了商业银行的风险防控能力，保障资金安全。

从历史视角来看，金融业与技术的结合由来已久。19世纪，电报技术彻底改变了全球金融市场的信息传递速度；20世纪中叶，计算机的引入使大规模的交易数据处理成为可能；20世纪末期，互联网的兴起催生了网上银行的普及。然而，当前由人工智能、大数据、区块链、云计算和移动互联网等前沿技术推动的变革，其广度、深度和速度都是前所未有的。

从移动支付的普及到人工智能驱动的智能投资顾问，从大数据赋能的精准风险控制到区块链技术构建的信任机制，金融科技的浪潮正以不可逆转之势，席卷全球金融业。麦肯锡研究显示，金融科技对银行传统业务的颠覆可能导致25%～30%的银行收入面临风险；普华永道报告显示，超过80%的银行高管认为金融科技将重塑银行业务模式和客户关系。

商业银行作为传统金融体系的基石，其悠久的历史和稳健的经营模式在新技术浪潮面前，既面临着严峻的挑战，也孕育着巨大的转型机遇。传统的以物理网点为中心、以存贷汇为主要业务、以利差为主要盈利来源的模式，在客户行为线上化、个性化，市场竞争日益激烈、多元化的今天，显得越发力不从心。

金融科技公司凭借灵活的机制、创新的技术和对用户体验的极致追求，正不断挤占传统银行的市场份额，迫使商业银行必须正视这场由科技引领的变革，主动求变，积极转型。然而，这并非意味着传统银行将被边缘化甚至淘汰。恰恰相反，敏锐把握科技趋势、积极拥抱变革的银行，有望在金融科技的浪潮中重塑竞争优势，赢得未来。

金融科技的迅猛发展，不仅改变了金融服务的交付方式，更深刻影响了银行的经营哲学与战略思维。商业银行需在坚守风险管理底线的同时，积极探索与金融科技的融合之道，重塑核心竞争力，以应对复杂多变的市场环境。通过构建开放银行生态，优化客户旅程，提升服务效率，传统银行有望在科技赋能下焕发新生，实现转型。

本书旨在深入剖析金融科技对商业银行管理的全面影响。笔者系统梳理金融科技的定义、演进历程及其核心技术构成，回顾现代商业银行的传统管理模式及其在新时代面临的挑战。在此基础上，重点探讨人工智能、大数据、区块链、云计算、移动支付等核心金融科技在商业银行的业务模式、运营管理、风险控制、客户体验以及战略、组织与文化等层面的深远影响，并通过国内外典型案例分析，揭示其具体的应用路径、实践成效与潜在风险。本书展望了金融科技在银行业的未来发展趋势，探讨新兴风险点及其应对策略，并分析金融科技监管的演进方向与国际协调的重要性，以期为商业银行在金融科技时代如何成功转型、实现高质量发展提供参考与启示。

目 录

第一章　金融科技浪潮与商业银行的时代背景

第一节　金融科技：定义、演进与生态系统

金融科技的崛起堪称21世纪金融领域最具革命性的变革。这场变革的种子，早在2008年全球金融危机后的寒冬便已悄然播下。在伦敦金融城某家不起眼的咖啡馆里，几位从顶尖投行离职的技术专家围坐在暖气管旁，讨论着如何用技术突破传统金融的桎梏。传统银行的技术架构犹如被水泥浇筑的管道，修改任何环节都会影响整个系统，其中一位前高管端着咖啡杯，在餐巾纸上画出分布式系统的草图。这场看似平常的讨论，最终催生出估值数十亿美元的跨境支付平台，其首创的模块化清算系统，将跨境转账时效从T+3压缩至T+0，手续费降低80%。

几乎同时，在太平洋彼岸的杭州，某电商巨头会议室的白板上画着三个同心圆。用户真正需要的不是更复杂的密码验证，而是像呼吸一样自然的支付体验。一位高管用马克笔重重圈出“信任”二字。这个被内部称为圆环理论的构想，在2009年催生了全球首个嵌入式支付系统。当第一个用户用手机扫描二维码完成交易时，没人预见到这个像素化的图案将在10年内生长成覆盖10亿用户的数字支付网络，使中国无现金交易占比突破97%。

金融科技的本质是技术基因与金融肌体的深度融合。国际清算银行将其定义为技术驱动的金融创新，这种创新并非渠道迁移的表面功夫，而是对金融全价值链的重构。在前端交互层面，生物识别技术让密码成为历史，语音支付准确率已达99.8%；在中台支撑层面，AI风控模型通过3000个维度实时评估企业信用，将小微贷审批时间从15天压缩至15秒；在底层架构层面，分布式账本技术正在改写证券清算规则，某交易所的区块链试点项目使结算周期缩短90%。

这场变革呈现清晰的代际特征。FinTech 1.0时代（1980—2000年）是电子化启蒙期，大型机将手工记账转化为电子流，自动取款机（ATM，automatic teller machine）网络让取款时间缩短90%，但技术始终扮演辅助角色。进入FinTech 2.0时代（2000—2015年），互联网技术催生网上银行、第三方支付等新业态，某支付平台在“双十一”创造的32.5万笔/秒支付峰值，倒逼传统银行重构核心系统。当前FinTech 3.0时代（2015年至今）则是智能化重构期，有的银行将600人的交易团队精减至2人，某投行每年投入120亿美元研发AI交易算法，技术从工具升级为创新引擎。

在技术应用层面，金融科技呈现多点突破态势。区块链技术不仅重塑跨境支付，部分商品交易所的数字仓单系统将融资成本降低40%以上；人工智能在智能投顾领域管理着超3万亿美元资产，甚至有平台通过卫星图像分析油罐阴影面积来监测原油库存；物联网技术让保险定价突破历史数据依赖，有的车险公司通过车载设备收集的驾驶行为数据，使风险定价精准度提升60%。

这场变革正在重塑金融生态格局。传统金融机构面临技术平权挑战，某中小银行通过与科技公司合作，在移动支付领域市场份额反超四大行；科技巨头则通过场景渗透金融，甚至耳熟能详的电商平台凭借10亿用户构建的信用体系，其小微贷规模已超传统银行。监管科技（Regulatory Technology，RegTech）的兴起带来治理范式转变，某监管沙盒通过AI实时监测3000家机构交易行为，使非法集资案件发生率下降75%。

展望未来，金融科技将进入混合智能新阶段。量子计算与AI的融合可能使投资组合优化从小时级缩短至秒级，脑机接口技术可能催生意念支付新形态，数字孪生技术使银行能模拟经济周期压力测试。正如某金融科技峰会报告所言：我们正在见证金融从功能机向智能机的跨越，这场变革不是终点，而是新金融时代的序章。金融科技的蓬勃发展犹如一部精密运转的机械钟表，其背后是多重动力系统的协同作用。这场静默却深刻的变革，不仅重塑了金融服务的形态，更在重构整个金融体系的基因序列。

移动互联网的普及如同在人类社会中铺设了一条数字神经网络，全球超60%

的成年人口通过智能手机接入金融服务，这种接入方式的革命性超越了工业革命时期铁路对地理空间的突破。在算力维度，英伟达A100 GPU芯片的Tensor核心每秒可完成312万亿次浮点运算，这种计算能力的跃迁使得过去需要大型机集群运行3小时的蒙特卡洛模拟，如今在笔记本电脑上12秒即可完成。更值得关注的是量子计算的突破，IBM发布的1121量子比特处理器已在期权定价模型测试中展现出指数级加速潜力。

数据存储成本的断崖式下跌（过去10年降幅达92%）推动了金融数据的爆炸式增长。摩根大通日均处理数据量已突破50TB，相当于美国国会图书馆藏书量的200倍。这些数据资产通过联邦学习等隐私计算技术，正在构建金融机构的数字孪生体，实现客户画像精度从群体到个体的质变。某城商行利用图数据库技术构建的客户关系网络，成功将潜在高净值客户识别率提升至传统模型的3.7倍。

人工智能的突破性进展尤为引人注目。生成式AI在金融领域的应用已超越辅助决策层面，高盛开发的Marcus AI投顾系统，通过整合大语言模型与强化学习，能根据实时市场动态自动调整投资组合权重，其夏普比率较人工管理组合提升19%。在风险防控领域，平安银行的天眼系统通过知识图谱技术，在某供应链金融欺诈案中提前3个月预警，避免潜在损失超12亿元。

新生代消费者的金融行为正在重写行业规则。麦肯锡调研显示，“90后”用户平均使用3.2个金融App进行财富管理，而“60后”用户仅使用1.1个。这种代际差异推动了场景金融的爆发式增长。美团通过将餐饮消费数据转化为信用评估维度，为小微商户提供经营贷产品，坏账率较传统抵押贷款降低41%。在跨境服务领域，支付宝HK与Alipay＋的互联互通，使得香港用户可在东京药妆店直接使用电子钱包支付，汇率转换与到账时间压缩至T＋0.5。

中小微企业的金融饥渴是另一重要推手。世界银行数据显示，全球仍有超1.7亿家微型企业无法获得相应的金融服务。网商银行的大雁系统通过物联网技术采集企业用电、物流等经营数据，构建动态信用评估模型，已为1200万征信白户提供首贷支持。这种技术驱动的普惠实践，正在重塑二八定律在金融领域的适用性。

全球监管者正在上演一场精妙的平衡术。新加坡金融管理局推出的沙盒快车（Sandbox Express）机制，将合规审批周期从21周压缩至3周，吸引Stripe等57家金融科技企业入驻。在英国金融行为监管局（FCA）的监管沙盒第七期项目中，34%的测试方案涉及机器学习可解释性（XAI）技术，反映出监管对AI伦理的前瞻性关注。中国人民银行在数字人民币试点中采用的母子钱包架构，既保持了货币发行的中心化管理，又赋予场景方充分的创新空间，这种双层运营设计堪称数字货币领域的制度创新典范。

全球金融科技融资呈现双峰特征：种子轮融资平均规模从2015年的120万美元跃升至2024年的580万美元，而E轮及以后融资单笔金额突破3.2亿美元。红杉资本等头部机构已建立专职金融科技投资团队，其投资组合中的Checkout.com、Chime等企业估值合计超800亿美元。更具战略价值的是产业资本的深度介入，Visa以53亿美元收购Plaid的交易，本质是构建账户互联的底层基础设施，这种纵向整合正在重塑支付产业链的价值分配。

人工智能在金融领域的应用已形成“决策—交互—执行”的完整闭环。摩根士丹利的Next Best Action系统，通过强化学习每日生成超200万条客户交互建议，转化率较传统营销提升7倍。在反洗钱领域，汇丰银行部署的异常检测模型，能实时识别32种可疑交易模式，准确率达94.6%。

区块链技术正在经历从“链”到“网”的质变。R3 Corda平台与SWIFT GPI的互联，使得跨境支付在保持原子性交易特性的同时，实现T+0结算。中国人民银行贸易金融区块链平台的日均上链业务量突破2万笔，单笔业务处理成本较传统方式降低83%。

移动支付的进化更具颠覆性。微信支付推出的生物支付功能，结合掌静脉识别与动态令牌，将支付安全等级提升至FIDO联盟认证的最高级别。在非洲，M-Pesa与卫星通信运营商的合作，使无网络地区的用户也能通过USSD码完成跨境汇款，这种离线金融创新正在改写数字鸿沟的定义。

传统金融机构的数字化转型已进入深水区。花旗银行推出的Developer Hub平台，向第三方开放137个API接口，日均调用量超2000万次。这种开放银行模式催生了新的价值网络，部分保险科技公司通过接入银行流水数据，将车险定价模型精度提升至亚毫米级。

科技巨头的金融布局更具生态野望。蚂蚁集团构建的Trusple平台，将区块链、物联网与AI技术深度融合，实现外贸订单从签约到融资的全链路数字化，使中小企业的跨境交易成本降低40%。这种“技术+场景+金融”的铁三角模式，正在重构国际贸易的信任机制。

监管科技的突破尤为关键。新加坡金融管理局开发的Analytics Exchange平台，集成机器学习与自然语言处理技术，能实时监测3000家机构的12万条监管指标，预警时效较人工核查提高18倍。这种智能监管体系，为金融创新划定了更清晰的安全边界。

当量子计算突破临界点，金融行业将迎来真正的范式革命。摩根大通与IBM合作的量子算法，已在投资组合优化领域展现出超越经典计算300倍的效率优势。更深远的影响在于，量子密钥分发技术将彻底解决跨境支付中的信任锚定问题，为数字货币构建绝对安全的传输通道。

在这场持续演进的革命中，金融科技已超越工具属性，成为重构金融文明的元代码。当5G网络实现万物互联，当脑机接口模糊人机界限，当生物识别技术进化至基因层面，未来的金融服务或将以意识支付、情感理财等超乎想象的形式存在。这场变革的终极指向，是构建一个更包容、更高效、更安全的金融新大陆，而其基石，正是当下每个技术突破与制度创新所铺设的砖石。

第二节　现代商业银行：传统管理模式与时代挑战

清晨7点的城市金融区，某百年银行总部大楼的青铜门把手已被保洁人员擦拭得锃亮，陈总经理的办公室却已灯火通明。他习惯性地将老花镜架在鼻梁上，仔细审视着昨日生成的流动性管理报表。当目光扫过核心存款占比同比下降2.3个百分点，普惠小微贷款增速落后行业均值4.7个百分点时，钢笔尾端不自觉地敲击着红木桌面——这份报表折射出的不仅是数字的波动，更是传统银行业在数字化浪潮中遭遇的结构性震荡。此刻他尚不知晓，20公里外的科技园区里，某金融科技公司的年轻创始人正对着全息投影演示屏挥舞手臂，向投资人展示他们研发的企业经营健康度动态评估模型。这个基于多源异构数据融合的AI系统，能实时抓取企业水电消耗、物流周转、税务申报等437个维度的运营指标，将小微企业信用评估周期从传统银行的21个工作日压缩至18分钟。

这两个平行时空的场景，恰似金融业进化史的横切面。商业银行作为现代经济血脉的中枢，其传统经营模式承载着数百年的历史沉淀。从威尼斯商人将账簿记在羊皮卷上，到荷兰阿姆斯特丹银行发明汇票清算制度，再到美联储构建的现代银行体系，存、贷、汇三位一体的商业逻辑始终是支撑金融大厦的基石。某资深银行家曾形象比喻：银行的本质是信用中介，左手握着储户的闲散资金，右手连着企业的融资需求，通过精密的风险定价实现资源跨时空配置。这种看似简单的商业逻辑，实则蕴含着对经济周期的深刻理解与风险管理的精妙平衡。

负债业务作为银行的生命线，其演变史就是一部金融创新史。从最早的钱庄票号到智能存款产品，银行始终在成本、流动性与规模间寻找最优解。在当前的银行网点里，既有针对老年客户的“幸福存”大额存单，也有面向年轻客户群的“零钱+”活期理财，更有与黄金价格挂钩的结构性存款。某股份制银行通过构建客户生命周期模型，发现25~35岁新中产家庭在子女教育金储备方面的痛点，创新推出教育金阶梯存款，将5年期存款拆分为3个灵活转存区间，既满足客户流动性需求，又提升资金留存率。这些创新背后，是银行对存款立行根本的坚守，更是对利率市场化浪潮的积极应对。

资产业务领域正在经历价值评估体系的重构。传统信贷审查依赖的“三品三表”（人品、产品、押品，水表、电表、税表），在数字经济时代已升级为三维风控体系。某城商行的小微贷款审批系统整合了企业工商、司法、征信等传统数据，接入物流、支付、企业资源计划等行为数据，甚至通过卫星遥感监测农业贷款客户的作物长势。在个人消费信贷领域，某银行与电商平台共建的风控模型，能根据用户购物车商品类型、支付频次、退货率等2000多个变量，实时计算动态信用额度。这种精准度达到细胞级别的风险定价能力，正在重塑二八定律在金融领域的应用。

中间业务作为轻资本转型的突破口，其内涵早已突破传统支付结算范畴。某国有大型银行开发的跨境金融服务平台，整合区块链、物联网、人工智能技术，实现贸易融资业务全流程线上化。当进口商通过该平台申请信用证时，系统自动核验提单真伪、比对物流轨迹、分析历史交易数据，将传统需要3～5天的审核流程缩短至90分钟。更值得关注的是，商业银行正在从支付通道向生态共建者转型。某股份制银行与新能源汽车厂商合作开发的车生态解决方案，将分期购车、充电支付、车险服务等环节全流程数字化，客户在4S店扫码即可完成所有金融手续，银行则通过场景渗透获取低成本活期存款。

在这场静默的金融变革中，传统银行并非旁观者。某头部银行成立的金融科技子公司，已输出智能客服、反欺诈等数十项技术解决方案；部分区域性银行与互联网平台共建的数字普惠实验室，正探索将卫星遥感、物联网等技术应用于农村金融。这些实践表明，当百年银行穿上科技新衣，其沉淀的风险管理经验与客户信任资本，正在释放新的价值。正如陈总经理在董事会上的陈述："我们不是在守护昨日荣光，而是在铸造明日银行——它既有百年银行的稳健基因，又具科技公司的敏捷灵魂。"

基于这些核心业务，商业银行形成了以存贷利差为主要盈利来源的传统模式。银行通过吸收低成本的存款，然后以较高的利率发放贷款，从中赚取利息差。一位银行业资深研究员曾形象地指出：银行的经典盈利公式是"3—6—3"——以3%的利率吸收存款，以6%的利率发放贷款，然后3点钟去打高尔夫。虽然这个描述有些调侃的意味，但确实反映了银行传统业务模式的本质。

此外，随着金融市场的发展，商业银行也积极拓展中间业务收入，如银行卡业务、理财产品销售业务、基金代销业务、投资银行业务（部分银行）、托管业务等，以实现收入来源的多元化。然而，在许多国家，利差收入在商业银行总收入中的占比仍然较高，这使得商业银行的盈利能力对利率环境和信贷质量高度敏感。

在资产负债管理方面，商业银行遵循安全性、流动性和盈利性三大基本原则。它们需要在确保资产安全（安全性）、满足客户提款和贷款需求（流动性）的同时，追求股东回报的最大化（盈利性）。这三大原则之间往往存在一定的矛盾，需要商业银行进行精细的平衡和管理。

商业银行的有效运营依赖复杂的管理体系，其关键构成要素包括战略管理、组织架构与人力资源管理、绩效考核体系、风险管理体系、合规管理与内部控制、客户关系管理、产品与服务管理以及渠道管理等。

战略管理涉及银行发展方向的顶层设计，包括使命愿景的确定、市场定位、竞争策略、业务发展规划以及中长期目标的制定与分解。正如一位银行战略规划部门的高管所言："战略就像是航海中的北极星，告诉我们要去向何方，即使在迷雾中也能指引方向。"

组织架构与人力资源管理则是构建适应战略发展需求的组织结构，明确各部门职责与权限。传统银行通常采用金字塔式的层级结构，决策权高度集中。人力资源管理包括人才招聘、培训发展、薪酬福利、绩效管理等，确保银行拥有合格的专业人才队伍。然而，传统银行的人力资源管理有时存在思维固化、结构失衡和考核局限等问题。如一位离开传统银行加入金融科技公司的中层管理者感叹："在传统银行，晋升往往基于资历和人际关系网络，而在科技公司，更看重你能创造什么价值。"

绩效考核体系是衡量机构和员工的业绩表现的工具，用于引导行为，落实战略目标。绩效指标通常包括财务指标（如资产回报率、净资产收益率、成本收入比）和非财务指标（如客户满意度、员工满意度）。这些指标的设置和权重分配，反映了银行的战略重点和价值取向。

风险管理体系是银行稳健经营的核心。识别、计量、监测和控制银行面临的各类风险，是每一家银行的生命线。主要风险包括信用风险（借款人违约风险）、市场风险（利率、汇率等市场价格波动风险）、操作风险（内部流程、人员、系统缺陷或外部事件导致的损失风险）、流动性风险（无法及时满足资金需求的风险）等。银行董事会对风险管理承担最终责任。

合规管理与内部控制确保银行的经营活动遵守法律法规、监管规定和内部政策，防范合规风险。内部控制是银行内部为保证业务活动正常进行、资产安全完整、财务信息真实准确而建立的一系列制度和流程，包括内部控制环境、风险识别与评估、内部控制措施、信息交流与反馈、监督评价与纠正等要素。一位资深合规官曾这样描述他的工作："人们常常把我们视为警察，认为我们限制业务发展。但实际上，良好的合规管理和内部控制是银行可持续发展的基础。在金融世界里，一次重大的合规失误，可能抹杀多年的经营成果。"

监管环境日趋严格是全球银行业共同面临的现实。全球金融危机发生后，各国金融监管普遍加强，资本充足率、流动性覆盖率、反洗钱、消费者权益保护等方面的监管要求不断提高，增加了银行的合规成本和经营压力。"合规已经不再是一个部门的事，而是全行的战略性议题。"一家跨国银行的合规负责人这样强调。

客户关系管理在现代银行中的重要性日益凸显。建立和维护良好的客户关系，提升客户满意度和忠诚度，挖掘客户价值，是银行业务持续增长的关键。

产品与服务管理则包括金融产品和服务的创新、设计、定价、推广和生命周期管理。

渠道管理包括物理网点、自动取款机、网上银行、手机银行、电话银行等多渠道的建设、整合与优化。在一个线上线下融合的时代，如何构建畅通、一致的客户体验，是银行面临的重要课题。

银行的治理，是秉持初心、尊重规律，在实践和思辨中不断完善的过程。它既有科学的一面，如风险量化模型；也有艺术的一面，如在各种利益相关者之间寻找平衡点。 然而，进入21世纪以来，特别是近10年来，商业银行的传统管理模式面临着日益严峻的挑战。这些挑战来自多个方面，共同构成了商业银行转型发展的时代背景。

利率市场化与息差收窄对银行传统的盈利模式构成了严峻的挑战。随着各国利率市场化改革推进，银行存贷款利率的管制逐渐放开，市场竞争加剧，导致净息差持续收窄。一位大型国有银行的财务部主管观察到："过去10年，净息差已经从4.5%左右下降到了现在的2%出头，这不仅仅是周期性波动，而是结构性趋势。”在这样的环境下，单纯依赖规模扩张和息差收入的模式难以为继。

宏观经济周期波动与资产质量压力同样是银行无法回避的现实。经济下行周期往往导致企业经营困难，个人偿债能力下降，从而使银行不良贷款率上升，资产质量承压。2020年新冠疫情的暴发即为典型案例，全球多个行业受到冲击，银行资产质量压力陡增。

同业竞争的加剧也是传统银行不得不面对的市场环境变化。银行业内部竞争激烈，产品和服务同质化现象严重，获客成本不断上升。一位银行网点负责人无奈地表示：“现在客户有太多选择，银行卡人均持有量早已超过3张，存款争夺战越来越激烈。为了吸引一个新客户，综合成本可能高达数千元。”

客户需求与行为模式的变迁给银行服务模式带来了颠覆性挑战。数字化时代的客户，尤其是年青一代，对金融服务的便捷性、个性化、智能化和场景化要求越来越高，传统银行的服务模式难以完全满足这些新兴需求。“现在的‘90后，00后’客户，成长在互联网环境中，对服务的期望值比上一代高得多。他们不理解为什么银行的某些业务还需要填写纸质表格、亲自去网点办理。”一位零售银行部门主管这样描述面临的挑战。

金融科技公司的跨界竞争是当前商业银行面临的突出的挑战之一。一家传统银行的零售业务主管回忆，2013年某互联网巨头推出互联网货币基金产品后的情景：“我们在短短3个月里，损失了近20亿元的个人活期存款。客户纷纷将钱转出，投入收益更高、取用更灵活的互联网货币基金产品。”这让人们真切感受到金融科技的冲击力。

以第三方支付、网络借贷、智能投顾等为代表的金融科技公司，凭借技术优势、成本优势、灵活的运营模式和对用户体验的深刻理解，正快速渗透传统银行的核心业务领域，如支付结算、小额信贷、财富管理等，对银行的客户、业务和盈利能力构成直接威胁。例如，支付宝等第三方支付工具的普及，极大地改变了支付市场格局，分流了银行的支付业务和相关收入。

服务体系与实体经济需求不匹配的结构性问题也困扰着许多银行。新兴产业的发展特点和商业银行传统的信贷管理审批模式存在不匹配的问题，银行信贷资金的供给能力有时难以满足实体经济多元化、多层次的需求。一位专注于科技企业融资的投资银行家指出，传统银行的信贷评估体系主要基于历史财务数据和有形资产抵押，但科技创新企业最有价值的往往是无形资产和未来增长潜力。这种错位导致了很多优质创新企业无法从银行获得足够的融资支持。

面对这些挑战，商业银行必须深刻反思传统管理模式和业务策略，积极拥抱金融科技，重构管理模式，以应对日益复杂的竞争环境和不断变化的市场需求。

夜幕降临，城市的灯火次第亮起。在某银行总部大楼的会议室里，陈总经理与管理团队刚刚结束了一场关于数字化转型战略的激烈讨论。某位保守派高管忧心忡忡地说："这样大规模的技术投入和组织变革，风险太大了。"陈总经理望着窗外不远处那家金融科技公司还亮着灯的办公室，坚定地回答："不转型，才是最大的风险。"

第二章　金融科技核心技术在银行业的应用与影响

金融科技的浪潮正以前所未有的力量推动商业银行的深刻变革。人工智能、大数据、区块链、云计算以及移动支付等核心技术，如同强大的引擎，驱动银行在客户服务、风险管理、运营效率、产品创新等方面重塑升级。人工智能助力精准营销，大数据分析优化信贷决策，区块链提升交易透明度，云计算降低运营成本，移动支付拓展服务边界，使银行业务焕发新生。这些技术的深度融合，不仅提升了银行的服务质量和效率，还催生了新的业务模式，增强了市场竞争力。客户体验得到显著改善，风险控制更为精准，运营成本大幅降低，创新产品层出不穷，银行业正逐步迈向智能化、数字化的新时代。本章将深入探讨这些核心技术在银行业的具体应用场景、变革影响、实际成效以及面临的挑战。

第一节　人工智能：银行智慧化转型的引擎

2023年的一个普通工作日，在某大型商业银行的总部大楼里，一场特殊的竞赛正在进行。一组经验丰富的信贷审批专家与名为“智审”的AI系统展开了一场效率与准确度的比拼。5小时后，结果令在场的高管们震惊不已：AI系统成功处理了128份贷款申请，正确率达到97.3%，而人类专家团队仅完成了42份，正确率为92.8%。更令人惊讶的是，在后期的追踪分析中发现，AI系统否决的几笔在人类专家看来可行的贷款申请，确实在半年内出现了严重的还款问题。

这不仅仅是速度的胜利，更是判断力的突破，AI已从单纯的效率工具，逐渐演变为具有“洞察力”的决策辅助系统。

AI作为引领新一轮科技革命和产业变革的战略性技术，正在深刻改变金融行业的面貌。商业银行凭借海量的数据资源和迫切的自动化、智能化需求，成为AI技术应用的沃土。AI不仅能帮助银行提升运营效率、降低成本，还能优化客户体验、强化风险控制、驱动产品创新，是银行实现智慧化转型的核心引擎。

在银行信贷部门工作多年的刘经理对此深有体会。“10年前，我们审批一笔小企业贷款，需要收集厚厚一摞材料，团队要花上好几天时间进行评估。而现在，系统可以自动抓取企业的工商、税务、水电缴费、供应链交易等多维数据，在几分钟内完成初步风险评估，大大提高了工作效率。”这种变革不仅发生在信贷领域，还渗透到银行运营的方方面面。

刘经理感慨道：“AI的应用让我们从烦琐的资料审核中解放出来，能将更多精力投入到客户服务和策略优化。这种转变不仅提升了银行的整体竞争力，也让我们的职业发展路径更加多元和宽广。”

AI是一个广泛的领域，其在金融行业的应用主要涉及以下关键技术分支。

机器学习（ML，Machine Learning）是AI技术的核心支柱，通过算法让计算机从数据中学习规律和模式，并利用这些规律对新数据进行预测或决策。在金融领域，机器学习被广泛应用于信用评分、欺诈检测、市场预测、个性化推荐等。例如，某股份制银行利用机器学习算法，构建了包含数百个变量的信用评分模型，将小微企业贷款的违约预测准确率从70%提升至超过85%。

深度学习（DL，Deep Learning）作为机器学习的分支，通过模拟人脑神经网络结构的深层神经网络模型进行学习，尤其在处理图像、语音、文本等复杂数据方面表现出色。在银行的实践中，深度学习已被应用于人脸识别（远程开户验证）、语音识别（智能客服）、文档理解（自动化审核）等场景。其威力在于能从原始数据中自动学习特征，无须人工进行特征工程，如在反欺诈系统中，它能发现人类专家可能无法察觉的欺诈交易模式。

自然语言处理（NLP，Natural Language Processing）让计算机能够理解、解释和生成人类语言，是智能客服、舆情分析、合同审查、报告自动生成等应用的基础。2019年，一些大型银行的智能客服系统逐步上线，通过自然语言理解技术解决了超过80%的客户问题，将平均响应时间从人工客服的2分钟缩短至7秒，大幅提升了服务效率和客户满意度。

计算机视觉技术使计算机能够看懂图像和视频，在身份验证（人脸识别）、票据识别、网点智能监控等场景有重要应用。例如，一些银行推出的手机银行通过票据识别OCR（Optical Character Recognition）技术自动识别身份证、银行卡等证件信息，极大简化了用户的信息输入过程，提升了开户体验。

此外，还需要了解知识图谱在银行业中的应用。知识图谱以结构化的形式描述概念、实体及其关系的技术。在金融领域，它被用于构建企业关联图谱、风险传导路径分析、智能问答、精准营销等。某国有大型银行利用知识图谱技术，构建了覆盖全国企业的关联网络，帮助风控部门快速发现潜在的关联交易和风险传导路径，有效提升了风险管理能力。

现如今最重要的AI革命是生成式AI（Generative AI），如ChatGPT、Deep-Seek等大型语言模型（Large Language Models，LLMs），代表了人工智能的最新前沿。这类技术能够生成新的文本、图像、代码等内容，在智能投研报告生成、营销文案创作、代码辅助开发、虚拟数字人等方面展现出巨大潜力。2024年至2025年初，生成式AI的进步速度远超预期，实现了从理解世界到创造内容的跃升，这对银行业务流程和客户互动模式的重塑意义重大。

这些AI技术凭借强大的数据处理、模式识别和智能决策能力，与银行业务场景高度契合，为银行的智慧化转型提供了坚实的技术基础。在客户服务领域，AI技术带来的变革尤为显著。智能客服系统正在改变银行与客户互动的方式，提供7×24小时不间断的服务支持。

李女士深夜在国外旅行时，发现信用卡被冻结，无法支付酒店费用。她焦急地打开银行App，通过内置的智能客服“小智”简单描述了自己的问题。系统立即理解其处境，自动核验身份和位置信息，并在确认这是正常消费行为后，实时解除了卡片限制，整个过程不到1分钟。“这一刻，我真切感受到科技带来的便利。”李女士在银行客户体验调查中写道。

基于NLP和机器学习技术的智能客服（如招商银行的“小招”）能够处理大

量重复性的客户咨询，解答常见问题并办理简单业务，有效分流人工客服压力，降低服务成本。更先进的系统甚至能够识别客户情绪，适时转接人工服务或调整回应的语气和内容。

智能投顾是AI在财富管理领域的重要应用。通过分析客户的风险偏好、财务状况和投资目标，AI系统能够自动生成个性化的资产配置方案，并根据市场变化进行动态调整。这种服务大幅降低了理财的门槛，使普通客户也能享受到专业的财富管理服务。

张先生是一名中学教师，过去对投资理财知之甚少。通过银行的智能投顾服务，他回答了一系列关于风险承受能力、投资期限和财务目标的问题后，系统为他量身定制了一个平衡型投资组合。更重要的是，系统会定期发送易于理解的投资报告，解释市场变化和投资表现，让他逐渐建立了投资知识和信心。

个性化产品推荐是AI技术的另一个重要应用。通过分析客户的交易行为、浏览历史、风险偏好等数据，AI系统能够精准预测客户需求，推荐最合适的金融产品和服务，提升营销转化率和客户满意度。

招商银行在这方面的实践尤为出色。其App首页会根据用户的行为数据和偏好， 智能推荐理财产品、信用卡活动、生活服务等，实现千人千面的个性化体验。AI推荐系统不仅提升了用户体验，还显著增加了产品销量。数据显示，个性化推荐使理财产品销售额增长了30%，信用卡活动参与率提升了20%。用户反馈也极为正面。

客户画像构建与情感分析是AI技术支持的重要客户洞察手段。通过整合多维度客户数据构建精细化的客户画像，银行能更深入地理解客户需求和行为模式。同时， 通过NLP技术对客户在社交媒体、客服对话中的文本进行情感分析，银行可以及时了解客户情绪变化，优化服务策略。

风险管理是商业银行的生命线，AI技术也为银行提升风险管理能力提供了强大的工具。在实际应用中，许多银行已构建了AI驱动的智能风控体系，覆盖贷前、贷中、贷后全流程。智能信贷审批系统利用机器学习模型对借款人的多维度数据进行分析，更精准地评估信用风险，实现快速、自动化的信贷审批。在小微企业和个人消费信贷领域，这类系统正显示出强大的优势。

王老板经营着一家小型餐饮连锁企业，长期使用某银行的对公账户，但因为缺乏足够的抵押物，过去申请贷款总是受阻。最近，该银行推出了基于AI的小微企业信贷评估系统，通过分析王老板企业的交易流水、税务缴纳、员工工资发放、供应商支付、POS机收款等多维数据，系统识别出这是一家经营稳健的企业，并自动批准了30万元的信用贷款，解决了企业的短期资金需求。“没想到贷款可以这么便捷，整个过程线上完成，当天就收到了资金。”王老板感叹道。

欺诈检测与反洗钱是AI在风控领域的另一重要应用场景。AI算法能够实时监测交易行为，识别异常模式和可疑交易，有效预防信用卡欺诈、账户盗用、洗钱等金融犯罪活动。例如，通过构建复杂的关联网络和行为模型，AI可以发现隐藏的欺诈团伙和洗钱网络。

2022年，某股份制银行的AI反欺诈系统检测到一起复杂的诈骗案件。系统发现几十个看似无关的账户在短时间内形成异常的资金转移网络，这与系统学习的电信诈骗模式高度吻合。银行立即冻结了相关账户，并联系了公安部门，最终成功阻止了一起涉及近千万元的诈骗活动，保护了多位客户的资金安全。

信用评分模型优化也是AI技术的典型应用场景。传统的信用评分模型主要依赖线性方法和有限变量，而AI驱动的信用模型能够处理更复杂、非线性的数据关系，构建更稳健、预测能力更强的信用评分模型，提升风险区分能力。某银行通过引入机器学习模型，将个人信用评分的预测能力提升，显著提高了风险识别准确率。

平安银行在应用AI技术进行信用风险管理方面成效显著。该行持续升级智慧风控平台，将AI技术深度应用于对公和零售业务的风险控制中。例如，在对公风控方面，平安银行创新打造了供应链场景“1个核心企业+N个关联企业”的组装式风控模式，并通过智慧贷后模块实现客户分层分类管理和风险自动化监测。据报道，其智慧风控平台实现了约70%的标准化业务秒级出账，借助数字化手段贷后工作效率提升约50%。中国工商银行广东分行也披露，通过应用科技手段，2020年拦截电信诈骗超1.6万笔，为客户避免损失超4.6亿元。

市场风险预测是AI技术的另一应用领域。利用AI技术分析宏观经济数据、市场情绪、历史价格等信息，预测市场波动趋势，辅助银行进行投资决策和风险对冲。例如，通过对海量新闻文本、社交媒体内容的情感分析，AI系统能从中提取市场情绪指标，作为传统市场预测模型的有效补充。

AI技术正在彻底改变银行的营销方式，使其从传统的大规模、粗放式营销转向个性化、精准化营销。基于对客户数据的深度挖掘和行为分析，银行能更准确地预测客户需求，提供更具有针对性的产品和服务。

例如，某国有大型银行零售银行部利用AI技术，构建了包含上百个指标的客户行为预测模型。该模型能够识别客户所处的生命周期阶段、财务需求和产品倾向性，支持银行精准营销。例如，该模型会自动识别近期可能有购房需求的客户（通过分析其账户余额变化、搜索行为、生活习惯等），并在合适的时机推送房贷信息或专属优惠。这种基于AI的精准营销方法，将产品转化率提高了近3倍，同时也提升了客户体验，因为客户收到的是真正符合需求的信息，而非无差别的广告推送。

营销自动化平台利用AI技术实现营销活动的策划、执行、跟踪和优化全流程自动化，提高营销效率。这类平台能够自动生成个性化的营销内容，选择最优的触达渠道和时机，实时追踪客户反映，并根据反馈优化营销策略。线索生成与优化是AI赋能销售团队的重要应用。AI系统能够从海量数据中挖掘潜在的高价值客户线索，并对销售过程进行智能分析优化，提升销售团队的业绩。例如，某银行的AI系统通过分析企业客户的交易数据、融资历史和行业特征，自动识别可能有贸易融资需求的企业，并将线索分配给最合适的客户经理跟进，大幅提高了企业金融部门的获客效率。

中国工商银行在《商业银行人工智能应用实践及趋势展望》中提到，银行不断整合线上线下多元渠道，深化智能技术应用，打造以客户为中心的全方位智能交互体验，以升级用户体验，助力精准营销。AI技术在银行的运营管理中发挥越来越重要作用，特别是机器人流程自动化（RPA，Robotic Process Automation）与AI的结合，正推动银行运营流程的深刻变革。

对于规则明确、重复性高的人工操作，如客户开户资料录入、账单核对、数据迁移、报告生成等，RPA 机器人可以模拟人工操作，实现 7×24 小时不间断、高效率、低错误率的自动化处理，显著降低运营成本，解放人力，使员工从事更高价值的工作。

张经理是某银行运营部的老员工，曾亲历了RPA技术带来的变革："过去我们每月月底都要加班，手动从几十个系统中提取数据，汇总成各类监管报表和管理报告。现在有了RPA机器人，它能在几小时内完成过去需要我们团队加班三天的工作，而且几乎不会出错。"这不仅提升了效率，也改善了员工的工作体验，让他们能够专注于更有价值、更具挑战性的任务。

智能文档处理结合OCR和NLP技术，可以自动识别和提取合同、财报、身份证件等文档中的关键信息，并进行结构化处理，大幅提升文档处理效率和准确性。这在银行处理大量文书工作的场景中尤为有用。例如，在贷款审批过程中，AI系统可以自动从上传的财务报表中提取关键财务指标，从而加速审批流程。

尽管AI在银行业的应用前景广阔，但也面临诸多挑战和伦理问题。数据隐私与安全是首要挑战。AI应用依赖大量数据，如何确保客户数据的隐私安全，防止数据泄露和滥用，是银行面临的重要问题。随着各国数据保护法规（如欧盟的《通用数据保护条例》、我国的个人信息保护法）的实施，银行在数据采集、使用和共享方面面临更严格的合规要求。

此外，算法偏见与歧视是AI应用中需要警惕的伦理问题。如果训练数据本身存在偏见或者算法设计不当，可能导致AI模型产生歧视性结果。例如，在信贷审批中可能出现对特定人群不公的情况。2019年，美国一家大型银行的信用卡算法被指控存在性别歧视，对女性客户给予的信用额度普遍低于相似条件的男性客户，引发了公众对AI公平性的广泛讨论。

需要关注的是，模型可解释性（Explainability）是金融等高风险领域的重要考量。许多先进的AI模型（如深度学习模型）被称为"黑箱模型"，其决策过程难以解释，这在金融领域可能带来合规和信任问题。如何平衡模型性能与可解释性，是银行应用AI技术面临的技术挑战。

监管合规也是银行应用AI的重要考量。针对AI应用的监管法规尚在发展完善中，银行需要密切关注监管动态，确保AI应用符合相关法律法规要求。例如，欧盟的《人工智能法案》对金融领域的高风险AI系统提出了严格的要求。

此外，人才短缺同样是制约因素。既懂金融业务又懂AI技术的复合型人才非常稀缺，成为银行AI应用深入发展的重要瓶颈。Forrester报告指出，缺乏实施和操作AI系统的技能是银行应用AI面临的最大挑战之一。银行需加大人才培养力度，构建跨学科培训体系，提升员工AI应用能力。同时，加强与高校、科研机构合作，引进顶尖AI人才，推动技术创新。通过内部培训与外部引进双管齐下，逐步缓解人才短缺困境，为AI技术在银行业的深度应用奠定坚实基础。

数据质量与治理是AI成功应用的基础。高质量的数据是AI应用的核心前提。然而，许多银行仍面临数据孤岛、数据质量不高等问题，数据治理与AI管理的有效结合尚显不足。北京、上海等18个城市已率先开展可信数据空间、数据市场、区块链等技术试点，加速国家数据基础设施的规模化部署。蚂蚁密算科技的“密态可信数据空间”产品，支持PB级数据分钟级计算，确保数据安全。银行可借鉴这些经验，提升数据治理水平，保障AI应用的高效与安全。

尽管面临这些挑战，银行业对AI技术的应用热情依然高涨。商业银行在推进AI应用的过程中，应建立完善的AI治理框架，确保AI技术在合规、安全、公平的前提下，为银行业务发展和管理提升赋能。这包括建立AI伦理准则、加强数据治理、提升模型可解释性、培养专业人才等多方面工作。完善的AI治理框架不仅是技术层面的要求，更是企业社会责任的体现。通过透明化的决策过程和持续的技术迭代，银行能够在保障客户利益的同时，提升服务效率和质量，最终实现科技与金融的深度融合，推动行业可持续发展。

总而言之，随着技术的进步和实践经验的积累，AI在银行业的应用将更加深入和广泛，从流程自动化逐步迈向认知智能和决策智能，成为银行智慧化转型的核心驱动力。AI不仅仅是一项技术，更是重塑银行业务模式和价值创造方式的数字大脑。未来的银行竞争，很大程度上将是AI能力的竞争。

第二节 大数据：驱动银行决策与价值创造

在数字化时代，数据已成为商业银行最核心的资产之一。大数据技术通过对海量、多源、异构数据的深度挖掘与智能分析，赋予银行前所未有的洞察力，驱动其在客户理解、风险管理、运营优化、产品创新等层面实现价值创造和精细化管理。大数据技术不仅提升决策效率，更助力银行精准把握市场脉动，个性化服务客户，有效防控风险。通过构建数据驱动的决策体系，银行能实时响应市场变化，优化资源配置，创新金融产品，最终实现业务增长与价值最大化。

商业银行拥有得天独厚的数据资源优势，其数据来源广泛且多样。从内部数据来看，银行积累了大量的交易数据，包括客户的存取款、转账汇款、刷卡消费、贷款还款、投资理财等各类交易记录。这些数据不仅数量庞大，而且连续性好，能够反映客户的财务行为变化。这些内部数据结合市场行情、宏观经济指标等外部数据，形成全面的数据生态系统。通过高级分析技术，银行能够洞察客户需求，预测市场趋势，优化风险管理策略，实现精准营销和个性化服务，从而提升客户满意度和忠诚度，推动银行业务的持续增长和创新发展。

客户数据是银行的另一宝贵资源，涵盖客户的基本信息（如年龄、性别、职业、收入等）、账户信息、产品持有信息、信用记录等。这些数据构成了解客户基本特征和金融状况的基础。通过对这些多维数据的综合分析，银行能够精准刻画客户画像，深入挖掘潜在需求，量身定制金融解决方案，从而提升服务精准度和客户体验。

行为数据记录了客户在网上银行、手机银行、自动取款机（Automatic Teller Machine，ATM）等渠道的操作行为，如页面浏览、点击、搜索等。这类数据能够反映客户的兴趣倾向和使用习惯，对优化用户体验和精准营销具有重要价值。通过深度挖掘行为数据，银行不仅能实时捕捉客户需求变化，还能预测其未来行为，从而在产品推荐、风险预警等方面提前布局，实现精准服务与风险防控的双重目标。通过整合多维数据，银行能构建更为精细的客户生命周期管理体系，提升客户全生命周期价值，夯实业务增长基石。例如，某银行通过大数据分析发现，超过50%的活期存款增量源自代发工资业务客户，若这些客户仅持有活期存款而未涉足其他金融服务，则蕴含巨大潜力。银行需针对此类客户加大营销力度，推广理财产品，提升其综合价值。精细化管理不仅优化资源配置，还能有效降低负债成本，助力银行在金融市场发债融资，实现负债结构优化和业务持续增长。

交互数据捕捉了客户与银行通过各种渠道（如客服电话、在线咨询、邮件等）的沟通记录，有助于了解客户需求和反馈。银行内部的运营数据，包括业务流程数据、风险管理数据、财务数据、人力资源数据等，为内部管理和决策提供了支持。通过分析交互数据，银行能及时响应客户关切，改进服务流程，提升客户满意度。

除了内部数据，银行还可以获取多种外部数据。征信数据来自中国人民银行征信系统、第三方征信机构的个人和企业信用报告，是评估客户信用风险的重要依据。在获得客户授权的前提下，银行也可能获取部分社交数据，了解客户的社交行为和关系网络。利用这些社交数据，银行能更全面地评估客户信用状况，优化信贷策略，同时精准推送个性化服务，增强客户黏性。

公开数据包括政府公开数据（如工商注册信息、司法诉讼信息）、行业数据、宏观经济数据、新闻舆情数据等，有助于银行了解外部环境和风险因素。此外，还有来自电商平台、支付机构、运营商等合作伙伴的第三方合作数据。通过整合内外部数据，银行能构建全方位的客户画像，精准定位目标客户群，优化产品和服务设计，提升市场竞争力。同时，数据驱动的决策机制有助于银行及时发现潜在风险，制定有效应对策略，确保业务稳健发展。

总体而言，银行大数据通常具有4V特征：海量（Volume）、多样（Variety）、高速（Velocity）和价值密度低（Value，指原始数据价值密度低，需要深度分析提炼价值）。这些特征要求银行具备强大的数据处理能力，包括高效的数据采集、存储、清洗、分析和应用技术。

为有效管理和利用这些大数据，银行构建了先进的大数据技术架构，通常包括数据采集、存储、处理与计算、分析与挖掘、服务与应用等多个层次。数据通过ETL（Extract Transform Load）提取转换加载工具、API接口应用程序编程接口（Application Programming Interface）、日志抓取等方式从各类源系统采集，存入分布式文件系统（如HDFS，Hadoop分布式文件系统Hadoop Distributed File System）、NoSQL数据库、数据仓库（Data Warehouse）、数据湖（Data Lake）等存储系统。利用分布式计算框架（如Hadoop、Spark）和流处理引擎（如Flink、Storm）进行数据清洗、转换和计算，再应用各种分析算法深度挖掘，最终通过BI工具、API、可视化平台等将分析结果和洞察赋能给业务系统和决策者。

IDC研究报告显示，2023年全球银行业大数据分析支出达280亿美元，预计到2027年将增长到410亿美元，年复合增长率约10%。数据湖和湖内数仓（Data Lakehouse）已成为当前金融企业大数据生态技术应用的重要方向。数据湖和湖内数仓的结合，不仅能高效存储海量数据，还能实现数据的实时分析和应用，提升银行决策的精准度和响应速度。预计到2029年，随着数据存储技术的不断创新，银行大数据应用将更加深入，助力数据产业规模年均复合增长率超15%，推动银行业务高质量发展。

大数据分析是银行实现客户深度洞察和精准营销的关键。通过对客户数据的全面分析，银行可以构建360度客户画像，整合客户的人口统计学信息、交易行为、产品偏好、风险承受能力、社交特征等多维度数据，形成全面、动态、立体的客户画像，为个性化服务和精准营销奠定基础。通过精准识别客户需求，银行能定制化推荐金融产品，提升客户满意度和忠诚度，同时优化风险控制，降低违约率，实现业务增长与风险管理的平衡。例如，中国建设银行通过“建行惠懂你”平台，截至2024年末，引流获客效能显著提升，普惠型小微企业贷款发放利率降至3.67%，较上年末下降76个基点；浙商银行全面推进数字化、场景化转型，创新推出综合性数字化业务产品，持续加大对民营、小微企业和个体工商户的金融支持力度，彰显“科技范”。

在此基础上，银行可以进行客户分群与细分，利用聚类等算法对客户进行精细化分类，识别不同客群的特征和需求，制定差异化的营销策略和服务方案。例如，某大型零售银行将客户划分为近30个细分群体，针对新婚青年、即将退休人士、小微企业主等不同群体提供定制金融服务组合。

客户流失预警是大数据分析的另一重要应用。通过分析客户行为变化（如交易频率下降、账户余额减少、投诉增多等），银行可以建立流失预警模型，提前识别有流失风险的客户，并采取针对性的挽留措施。研究显示，当个人客户连续3个月内存款余额减少40%以上且降低借记卡使用频率，此客户流失率将提高5倍。基于这一洞察，银行对高风险客户实施了差异化的关怀计划，成功降低了约30%的流失率。

个性化产品与服务设计是大数据应用的重要价值点。根据客户的特定需求和偏好，银行可以设计和推荐定制化的金融产品与服务组合，提升客户满意度和交叉销售成功率。麦肯锡的报告显示，某银行通过大数据精准营销，每月自动下发约1.2万条线索，实现辅助销售额约900亿元，资产管理规模（Assets Under Management，AUM）提升约100亿元。

营销活动效果评估也从经验判断转向数据驱动。通过对营销活动数据的追踪和分析，银行可以精确评估活动效果（如响应率、转化率、投资回报率），优化营销预算分配和策略调整。例如，某银行通过A/B测试不同的营销文案和渠道组合，将信用卡推广活动的转化率提高了35%，同时降低了客户获取成本。银行还利用大数据进行市场趋势预测，洞察行业动态，提前布局高潜力领域，提升市场竞争力。

汇丰银行将大数据技术应用于风险管理和客户营销。例如，在防范信用卡和借记卡欺诈方面，汇丰银行利用统计分析系统（Statistics Analysis Sys-tem，SAS）构建了一套全球业务网络的防欺诈管理系统，通过分析海量交易数据和客户行为模式，实时识别并拦截可疑交易，有效降低了欺诈损失。在精准营销方面，汇丰银行通过整合客户的交易数据、人口统计信息以及与银行的互动记录，构建客户画像，识别潜在需求，从而进行更有针对性的产品推荐和营销活动。例如，通过分析客户的消费习惯和生命周期阶段，向其推荐合适的信用卡、贷款或理财产品，提升了营销效率和客户体验。

大数据分析在提升银行风险管理能力和满足合规要求方面同样发挥着重要作用。通过实时风险监控，银行可以对交易数据、市场数据、舆情数据等进行实时分析，及早发现潜在的信用风险、市场风险和操作风险。根据埃森哲的研究，实时风险监控系统能够提前2～3倍时间发现潜在风险信号，显著提升了银行的风险应对能力。通过持续优化反欺诈模型，银行能够识别新型欺诈手段和模式，提高欺诈交易的识别准确率和拦截率。

信用风险评估模型的优化是大数据技术的重要应用领域。通过整合借款人的多维度数据（包括银行内部数据、外部征信数据，甚至授权的社交和行为数据），银行可以构建更全面、更精准的信用评分模型，特别是针对缺乏传统信贷记录的信用白户和小微企业。哈佛商学院研究表明，基于数字足迹的替代数据信用评估模型比传统信用评分能多覆盖35%的借款人，同时保持相同的违约率，显著扩大了金融服务的覆盖面。这种基于大数据的信用评估模型，有效扩大了银行的客户覆盖面，而且保持了风险可控。

另外，监管数据报送与分析是合规领域的重要应用场景。大数据技术帮助银行高效地处理和整合海量监管数据，自动化生成符合监管要求的报表，并对监管数据进行深度分析，辅助合规决策。同时，通过分析内部系统日志、员工操作行为等数据，银行可以识别异常操作模式，预防内部欺诈和操作失误，加强操作风险管理。

大数据分析能够为银行内部运营管理提供数据驱动的决策支持，提升运营效率。例如，通过分析区域经济数据、人口分布、客户流量、交易行为等数据，银行可以优化物理网点的选址、数量和功能定位，提升网点坪效。某股份制银行利用大数据分析，对全国数千家网点进行了功能重新定位，根据各区域的客群特点和业务需求，将网点分为综合服务型、零售特色型、对公专营型等类型，有效提升了网点价值贡献。

通过大数据分析，银行可以预测各ATM的现金需求量，优化现金调配和加钞计划，降低现金管理成本和断钞风险。波士顿咨询公司研究表明，优化后的ATM现金管理方案可以帮助银行降低15%～25%的现金持有成本，同时维持相同水平的服务质量。

内部审计与合规检查也因大数据技术变得更加高效。银行利用大数据分析技术对海量交易数据和操作记录进行筛查，发现潜在的违规行为和内部控制缺陷，提升审计效率和扩大覆盖面。人力资源分析则帮助银行分析员工绩效数据、流动数据、培训数据等，优化人力资源配置，提升员工满意度和组织效能。

大数据不仅能优化现有业务，还能驱动银行进行产品创新和业务拓展。通过洞察客户未被满足的需求和市场空白点，银行可以开发创新的金融产品和服务。通过分析宏观经济数据、行业数据、消费者行为数据等，预测市场发展趋势，为银行战略决策提供支持。在小微企业融资服务创新方面，银行积极利用大数据技术评估小微企业的信用风险，开发针对性的融资产品，解决小微企业融资问题。例如，一些银行推出的税金贷、发票贷等产品，基于企业税务数据或交易发票数据进行授信。研究表明，基于交易数据的小微企业贷款模型可以比传统模型多覆盖30%的企业客户，同时保持相似的风险水平。

场景金融拓展是近年来银行创新的重要方向。通过分析特定场景（如电商、出行、医疗教育、政务服务）的用户数据，银行将金融服务嵌入这些场景，拓展新的获客渠道和业务增长点。麦肯锡的报告指出，场景化金融服务可以帮助银行降低40%的获客成本，提高60%的客户活跃度，是银行业重要的增长点。银行可以结合自身优势，构建特色化场景金融生态，如电商、出行等，提升客户黏性。低利率环境下，银行应大力发展财富管理业务，提供全周期资产配置服务，满足居民多元化需求，创造稳定收入来源。依托渠道优势和客户信任度，打造差异化财富管理服务，加速向综合金融服务转型。

尽管大数据分析为银行带来了巨大价值，但在实际应用中仍面临诸多挑战。数据质量与治理是大数据应用的基础和前提。许多银行面临数据质量不高、数据标准不统一、数据治理体系不健全等问题，影响分析结果的可靠性。银行应进一步建立健全数据治理机制，提升数据质量，统一数据标准，确保分析结果的准确性。同时，需加强数据安全和隐私保护，防止数据泄露和滥用，培养专业的大数据人才，提升团队数据分析能力，推动大数据技术在银行的深度应用。

此外，数据安全与隐私保护是大数据应用的法律和伦理底线。在采集、存储、分析和使用大数据的过程中，银行必须确保数据安全，保护客户隐私，防止数据泄露和滥用。随着个人信息保护法等法律法规的实施，银行在数据使用方面面临更严格的合规要求。银行需严格遵守《关于完善数据流通安全治理 更好促进数据要素市场化价值化的实施方案》，强化数据风险治理，完善内部数据管理制度，确保数据合法合规使用，切实维护国家安全和客户隐私。同时，积极应对数据治理短板，提升数据质量，统一标准，确保分析结果的精准可靠，助力银行业务持续健康发展。

数据孤岛是许多传统银行的痼疾。不同业务系统之间数据隔离，形成数据孤岛，导致数据难以有效整合和共享，制约了大数据价值的充分发挥。大数据分析人才的短缺同样是制约因素。既懂银行业务又掌握大数据分析和建模技术的复合型人才非常稀缺，成为银行大数据应用的主要瓶颈之一。打破数据孤岛，需构建统一的数据平台，实现跨系统数据整合。

大数据平台的建设和维护需要巨大的投入，而其带来的业务价值和投资回报往往难以在短期内精确衡量，使银行在投入决策时面临不确定性。此外，将新的大数据技术和平台与银行现有的复杂IT系统整合，确保系统间的兼容性和稳定性，是一项复杂的技术挑战。组织文化的转变同样重要。推动银行从传统的经验决策向数据驱动决策转变，需要组织文化和员工思维模式的深刻变革。Gartner研究显示，超过60%的大数据项目未能达到预期目标，主要原因不是技术问题，而是组织准备度和数据文化建设不足。克服这些挑战，需要银行在战略层面高度重视，持续投入资源，加强数据治理，培养专业人才，并建立鼓励数据驱动创新的组织文化和机制。

大数据技术的持续演进和人工智能技术的深度融合，将进一步拓展其在银行业的应用边界，为银行带来更广阔的创新空间和更多的价值创造机会。2025年，银行业通过数据分析创造的年度价值将达到1万亿美元，涵盖风险管理、客户体验、运营效率和新业务模式等多个方面。银行需把握这一趋势，深化技术与业务融合，优化数据治理架构，提升数据应用能力，推动数字化转型，以实现持续竞争优势和高质量发展。

第三节　区块链：重塑银行信任机制与交易模式

区块链技术，作为加密货币的底层支撑技术，自诞生以来便以其独特的去中心化、不可篡改、透明、可追溯等特性，吸引了金融业的广泛关注。商业银行作为高度依赖信任机制的金融中介，正积极探索区块链技术在支付结算、贸易金融、数字身份等领域的应用，以期重塑传统的交易模式，提升运营效率并开辟新的业务增长点。

区块链本质上是一个共享的、不可篡改的分布式账本，由按时间顺序链接起来的区块组成，每个区块包含了一定数量的交易记录，并通过密码学方法保证其安全性和完整性。通过区块链技术，银行能实现交易信息的实时共享和验证，降低欺诈风险，提高透明度，同时简化流程，降低成本，为客户带来更高效、更安全的金融服务体验。区块链技术的应用还将促进跨机构间的数据共享与合作，打破信息孤岛，提升整体金融生态的协同效率。

国际清算银行将区块链定义为：一种允许参与者在没有中央记录保管者的情况下，通过网络共享、验证和存储交易数据的技术。这一定义突出了区块链的去中心化本质和共享记录的特点。

区块链技术的核心优势在于去中心化/多中心化。传统的交易模式通常依赖中心化的权威机构（如银行、清算所）来验证交易的真实性和维护交易记录。而在区块链系统中，数据由网络中的多个节点共同维护和验证，不依赖单一中心机构，增强了系统的韧性和抗攻击能力。即使部分节点出现故障或被攻击，整个系统依然能够正常运行。

不可篡改与可追溯是区块链的另一重要特性。通过密码学机制和分布式共识算法，一旦数据被记录到区块链上，就极难被篡改。所有交易历史对授权参与方公开透明且可追溯，有助于建立信任。这一特性使区块链特别适合于高度依赖信任和透明度的金融交易场景。同时，区块链的去中心化特性还能有效降低交易成本，提升处理速度，减少中间环节，为客户提供更为便捷的服务体验。

一个典型案例是智能合约（Smart Contracts），这是一种以代码形式预设、在满足特定条件时自动执行的合约条款。智能合约可以自动完成许多金融交易流程，减少人工干预，提高效率，降低履约风险。例如，在贸易金融中，当系统确认货物已到达目的地时，智能合约可以自动触发付款流程，无须人工审核和操作。智能合约的应用不限于贸易金融，还能在保险理赔、版权管理等领域发挥重要作用。通过预设自动执行条件，智能合约大幅提升了交易效率和透明度，减少了纠纷和欺诈风险，为各行业带来革命性的变革。

透明度与安全性同样是区块链的重要特征。通过密码学技术（如哈希算法、数字签名）确保交易的安全性和数据的完整性。在联盟链或私有链中，可以根据业务需求设定不同程度的透明度，既保证必要的信息共享，又保护敏感数据的隐私。这使区块链技术在金融、供应链、医疗等多个领域展现出巨大潜力，有望重塑传统业务模式，推动行业创新与升级。

更为重要的是，这些特性使区块链技术在解决金融领域长期存在的信任问题、效率瓶颈和操作风险等方面具有独特潜力。传统的跨境支付依赖于代理行模式（Correspondent Banking）和SWIFT等报文系统，流程复杂、耗时长、成本高、透明度低。一笔普通的国际汇款可能需要经过3～5个银行的中转，耗时2～5个工作日，手续费高昂，且汇款人无法实时追踪资金状态。区块链技术有望显著改善这一现状。通过点对点的价值转移，减少中间环节，实现近乎实时的跨境支付清算；省去多个中介机构的费用，降低交易手续费；交易路径和状态对参与方可见，便于追踪和查询。这不仅提升了资金流转效率，还提高了交易透明度，为企业和个人带来更便捷、更经济的跨境支付体验。

世界银行数据显示，全球跨境支付的平均成本约为汇款金额的6.5%，而区块链技术可将成本降低到1%以下，同时将处理时间从数天缩短至数分钟甚至数秒。这对全球每年超5400亿美元的汇款市场而言，意味着巨大的效率提升和成本节约。

一些金融科技公司（如Ripple）和银行联盟（如基于SWIFT GPI的区块链概

念验证）正积极探索区块链的跨境支付解决方案。例如，招商银行曾将其区块链技术应用于全球现金管理领域的跨境直联清算，据称报文传递时间由6分钟减少至秒级。中国银行也参与了SWIFT GPI区块链概念验证，旨在验证该技术能否帮助银行实时核对在跨境代理行的己方账户。

许多国际大型银行和国内银行正积极探索区块链在跨境支付领域的应用。例如，汇丰银行利用区块链技术优化传统银行业务流程，提升交易的透明度和效率。这些探索通常以试点项目的形式开展，旨在验证技术的可行性、评估潜在的效率提升和成本节约空间。通过试点项目，银行业不仅积累了宝贵经验，还逐步建立了基于区块链的跨境支付标准和规范，为未来大规模应用奠定了坚实基础。

通过建立基于区块链的支付网络，参与银行可以直接进行点对点清算，绕过传统代理行的部分环节。在实际效果方面，部分试点项目报告显示，交易处理时间显著缩短（从数天到数分钟甚至数秒）和交易成本降低。然而，大规模推广仍面临互操作性、监管合规和网络参与方数量等挑战。尽管挑战重重，但随着技术的不断成熟和监管环境的逐步完善，区块链跨境支付有望迎来更广泛的应用。各大银行和金融科技公司的合作将进一步推动标准统一，提升系统兼容性，逐步打破现有壁垒。未来，区块链技术或重塑跨境支付生态，为全球贸易和资金流动带来革命性变革。

贸易金融和供应链金融涉及多方参与（出口商、进口商、银行、物流公司、海关、保险公司等）和大量纸质单证（提单、发票、信用证等），流程复杂、效率低下且易发生欺诈。据统计，全球贸易中约40%的交易仍使用纸质单证，平均处理时间超过10天。区块链技术可以将贸易单证数字化并在区块链上共享，实现单证的安全、快速流转，降低纸质传递的延迟和成本。

区块链上不可篡改的交易信息和物流信息，可以为中小企业提供更可靠的信用证明，助其获得供应链融资。透明可追溯的交易记录有助于防止重复融资、虚假仓单等欺诈行为。此外，区块链的应用还能简化海关申报流程，提升通关效率，降低贸易成本。通过智能合约自动执行交易条款，可进一步减少人工干预和操作风险，推动全球贸易向数字化、智能化方向发展。波士顿咨询公司研究表明，区块链技术可以将贸易融资流程的时间缩短30%~50%，运营成本降低50%~80%，提升交易透明度并显著减少欺诈风险。

国内多家银行已推出基于区块链的贸易金融或供应链金融平台。例如，中国建设银行发布了BCTrade2.0区块链贸易金融平台，累计交易量已突破数千亿元，参与方包括建行境内外分支机构和多家同业，提供国内信用证、福费廷、国际保理等服务。招商银行推出“招银链”平台，聚焦供应链融资，助力中小企业解决融资难题。平安银行的“金融壹账通”则通过区块链技术实现跨境贸易全流程透明化，提升交易效率。随着更多金融机构加入，区块链在贸易金融领域的应用将更加普及，进一步优化全球贸易生态。微众银行与上海华瑞银行联合推出的基于区块链的微粒贷机构间对账平台，优化了对账流程，是国内较早的金融机构间区块链应用案例。通过这些平台，银行不仅能提升自身业务效率，还能为中小企业提供更便捷的融资渠道，进一步推动金融行业的数字化转型。区块链技术的广泛应用，有望重塑跨境支付和贸易金融生态，带来更高效、透明的金融服务体系。

这些平台通过连接核心企业、上下游中小企业以及金融机构，实现了信息的安全共享和融资流程的优化，对缓解中小企业融资难问题起到了积极作用。例如，兴业银行的绿色金融区块链平台已服务超过500家绿色企业，累计提供绿色融资超200亿元，有效推动了绿色经济发展。度小满在此基础上进一步深化“数字+绿色+金融”模式，助力超2200万家小微企业和个体工商户，平均年化利率连续3年下降。其“小满助力计划”为农村地区提供免息贷款，与联合国开发计划署合作的项目已在多县成立服务中心，推动绿色产业链可持续发展。

通过区块链技术的应用，金融机构不仅提升了服务效率，还增强了风险控制能力，为实体经济的可持续发展注入了新动力。这些成功案例表明，区块链技术不仅是金融创新的催化剂，更是推动社会进步的重要力量。随着技术的不断成熟和应用的深入拓展，区块链将在更多领域展现巨大潜力，助力构建更加高效、透明、可持续的全球经济体系。

客户身份识别（KYC，know Your Customer）和反洗钱（AML，Anti-Money Laundering Program）是银行合规的重要环节，但传统流程耗时耗力。调查显示，全球金融机构每年在KYC和AML合规上的支出超过1000亿美元，而客户需重复提交类似材料给不同金融机构，流程烦琐且体验不佳。区块链技术可实现客户信息的加密共享，减少重复验证，降低合规成本，提升客户体验。通过智能合约自动执行合规流程，可提高效率，确保数据真实性和一致性，助力金融机构高效合规运营。

区块链技术有望提升身份验证的效率与安全性。构建基于区块链的数字身份系统，用户可以自主管理和授权共享身份信息，减少重复提交资料的麻烦，同时保证身份信息的真实性和不可篡改性。在跨境支付领域，区块链技术可简化结算流程，降低手续费，缩短交易周期，提升资金流转速度。此外，通过去中心化的账本记录，确保交易数据的不可篡改性和可追溯性，有效防范跨境支付中的欺诈行为，为国际贸易提供更安全、可靠的金融支持。

用户身份在区块链上完成可信验证后，多家机构可以共享（在用户授权下）这一验证结果，避免重复KYC，降低合规成本。区块链的交易可追溯性有助于监管机构和银行追踪资金流向，识别可疑交易，提升反洗钱工作的效率和精准度。区块链技术的应用不仅能提升金融服务的透明度和效率，还能有效降低合规成本。统计显示，区块链技术可使金融机构在KYC和AML方面的支出减少30%以上，显著提升运营效率。同时，区块链的去中心化特性确保了数据的安全性和不可篡改性，为金融行业的可持续发展提供了坚实保障。监管部门亦可利用区块链技术实时监控资金流向，精准识别违规行为，强化金融监管力度。

以身份认证领域的区块链应用（如Civic和uPort）为例，用户可以将经过认证的身份信息安全存储在区块链上，并通过移动应用程序授权特定机构访问所需的身份信息。这种模式既保护了用户隐私，又提高了身份验证的效率。在金融领域，一些银行联盟正在探索共同建立基于区块链的KYC注册表，实现KYC信息在授权金融机构间的安全共享，降低重复验证的成本。区块链技术的广泛应用还将推动金融服务的创新，提升跨机构协作效率，简化交易流程，降低运营风险。未来，区块链与人工智能、大数据等技术深度融合，将进一步优化金融服务体系，助力金融行业迈向智能化、高效化新时代。

区块链技术为各类资产的数字化和代币化提供了技术手段。资产上链是将房产、股权、债券、知识产权等传统资产在区块链上进行登记和确权，形成数字资产。代币化发行与交易则是将数字资产分割成可交易的代币（Token），提高资产的流动性和可分割性，降低交易门槛。代币化不仅便于小额投资，还能实现全球范围内的即时交易，提升市场活跃度。通过智能合约，资产交易自动执行，减少中间环节，降低交易成本。区块链的透明性确保了资产信息的公开公正，增强了投资者信心，为金融市场注入新活力。

央行数字货币（CBDC）是全球多家央行正在研究或试点的重要项目。CBDC的出现将对现有支付体系、货币政策传导机制以及商业银行的存款业务、支付业务等产生深远影响，银行需要积极研究和适应这一趋势。CBDC的应用将提升支付效率和安全性，推动金融普惠，同时为监管机构提供更精准的货币政策工具。商业银行需创新服务模式，适应数字货币带来的变革，确保在新的金融生态中保持竞争力。光大银行深圳前海分行通过腾飞贷业务，为微芯生物提供1亿元授信和5000万元贷款，降低融资成本，助力其应对资金压力，推动生物技术行业创新发展。

中国人民银行的数字人民币项目已在多个城市进行试点，并在2022年北京冬奥会期间进行了更大规模的应用。商业银行作为指定的运营机构，积极参与数字人民币的推广和应用生态建设。例如，中国银行已开展第三代社保卡加载数字人民币硬件钱包方案设计，并在三亚大东海投放数字人民币货币兑换机，为境外游客提供服务。香港金融管理局扩大数字人民币试点，便利居民使用，并通过“转数快”系统为钱包充值，实现与央行数字货币系统互通，提升支付效率，促进大湾区互联互通。这些举措不仅提升了金融服务的便捷性，还进一步推动了内地与香港金融市场的深度融合，巩固了香港作为国际金融中心的地位。通过“三联通、三便利”政策，资金流动更加顺畅，金融合作更加紧密，为我国经济发展注入强劲动力。数字人民币的广泛应用，标志着金融科技的新突破，开启了跨境支付的新篇章。

从专利申请角度看，数字资产是银行关注的重点领域之一，中国工商银行、中国农业银行、中国银行等均申请了相关专利。这反映了传统银行对区块链技术在资产数字化领域潜力的认可。这些专利涵盖了数字资产发行、交易、存储等多个环节，显示了银行在技术创新上的积极布局，为未来金融服务的数字化转型奠定了坚实基础。中国农业银行四川分行迅速响应某省级“专精特新”企业资金需求，6小时内投放270万元信用贷款，展现高效金融服务。国家金融监督管理总局将指导银行加强科技金融能力建设，推动数字化、智能化转型，助力科技企业创新发展。

如前文所述，智能合约是区块链技术的核心组成部分，可以在满足预设条件时自动执行合约条款，无须人工干预。在银行业务中，智能合约的应用场景包括自动化贷款发放与还款、保险理赔、衍生品交易、托管与清算等。通过智能合约，银行能显著提升业务效率，降低操作风险，为客户提供更快捷、透明的服务体验。智能合约的普及将重塑金融生态，提升交易透明度，减少纠纷。智能合约的应用还将推动供应链金融创新，实现资金流与信息流的高效匹配，助力企业融资效率提升。根据德勤的研究，通过智能合约自动执行的金融交易可以将运营成本降低50%～70%，处理时间缩短80%～90%，并显著减少人为错误和争议。中国邮政储蓄银行与IBM合作，在资产托管业务中应用区块链技术，通过智能合约等手段缩减中间环节，降低交易成本，提高风险管理水平，据称业务环节缩减了60%～80%。

尽管区块链技术在银行业展现出广阔的应用前景，但其大规模落地仍面临诸多挑战，主要包括技术成熟度、监管不确定性、标准统一与互操作性、落地成本与复杂性以及法律与治理问题等方面。要克服这些挑战，银行需加强与科技企业的合作，推动技术研发与标准制定，提升系统兼容性，降低实施难度。

在技术层面，当前主流区块链平台的性能与可扩展性（Scalability）仍有限，交易处理速度［可用每秒交易数Transactions Per Second（TPS）表示］和容量尚难以满足大规模金融交易的需求。虽然区块链本身具有较好的安全性，但智能合约漏洞、私钥管理不善等仍可能带来安全风险。公有链的完全透明性不适用于所有金融场景，联盟链和私有链的隐私保护机制仍在发展中。银行需在保障安全的前提下，探索混合链架构，兼顾透明性与隐私保护。同时，积极参与监管沙盒，积累合规经验，推动政策完善。通过多方协作，逐步破解技术瓶颈，为区块链在银行业的广泛应用铺平道路。

从监管层面来看，区块链技术和相关应用（尤其是加密资产）的监管态度和框架在全球范围内尚不明确统一，银行面临合规难度和监管套利风险。不同区块链系统间标准不统一，互操作性较差，阻碍了大规模协作和价值流转。各国监管机构需加强沟通协作，制定统一标准，确保技术合规。同时，银行应积极参与国际标准制定，推动跨链技术发展，降低互操作门槛。此外，需重视人才培养，提升内部技术团队的专业能力，确保区块链应用的稳健推进。通过逐步解决这些挑战，区块链技术将更好地服务于银行业，助力金融体系的数字化转型。

实施层面的挑战也不容忽视。区块链系统的开发、部署和维护成本较高，且需要对现有业务流程进行改造，对银行的技术能力和投入提出较高要求。此外，智能合约的法律效力、链上治理机制、纠纷解决机制等法律和治理问题尚待明确。银行需在成本控制与流程优化上寻求平衡，逐步推进试点项目，验证技术可行性。同时，加强与法律界的合作，明确智能合约的法律地位，建立健全链上治理与纠纷解决机制，确保技术应用的法律合规性。通过分阶段实施和持续优化，逐步克服实施难题，推动区块链技术在银行业的稳健落地。

展望未来，随着技术的不断进步和标准的逐步完善，区块链在银行业的应用将从试点探索走向更广泛的实际部署。联盟链和私有链因其在性能、隐私和可控性方面的优势，可能更适合在金融机构间推广。与人工智能、大数据、物联网等技术的融合，也将进一步拓展区块链的应用场景和价值。银行需持续关注技术发展，积极参与行业标准制定，审慎评估风险，选择合适的场景应用，以抓住区块链技术带来的变革机遇。推动业务创新和转型升级。通过构建跨行业、跨领域的区块链生态，实现数据共享和价值流通，提升金融服务效率和安全性。同时，加强与科技企业的合作，探索新的商业模式，培育新的增长点，确保在数字化浪潮中保持竞争优势。

第四节　云计算：银行IT架构与服务模式的云化转型

2013年的一个周五夜晚，某国有商业银行的数据中心突然发生存储系统故障，直接导致核心系统无法正常运行。经过一整夜的紧急抢修，系统在次日上午才恢复正常。这一事件引发了该银行IT团队的深刻反思：传统的、封闭的、单中心的IT架构在面对业务高速发展和可靠性要求不断提高的情况下，已显得力不从心。为应对这一挑战，银行决定启动IT架构的云化转型，采用分布式云计算技术，构建高可用、灵活扩展的云平台。

5年后，这家银行已完成了IT架构向分布式云平台的转型。当类似的硬件故障再次发生时，借助云架构的弹性扩展和故障自动切换能力，业务系统几乎没有受到任何影响，客户甚至没有察觉后台发生了故障。云化转型不仅提升了系统的稳定性和可靠性，还大幅降低了运维成本，优化了资源利用率。银行通过云平台实现了数据的高效处理和分析，加速了产品创新和服务升级，提升了客户体验。此外，云架构的灵活性和可扩展性，为银行应对未来业务增长和市场需求变化提供了坚实基础，标志着银行IT架构进入了全新的发展阶段。

这个真实的案例展示了云计算给银行IT架构带来的深刻变革。云计算作为一种按需获取、弹性伸缩的IT资源供给模式，正在深刻改变各行各业的IT基础设施和应用部署方式。对高度依赖信息技术的商业银行而言，云计算不仅是降低IT成本、提升运营效率的重要手段，更是支撑业务敏捷创新、实现数字化转型的关键基石。银行的未来在云上，这一观点正逐渐成为行业共识。通过云计算，银行能快速响应市场变化，推出个性化服务，满足客户多样化需求。同时，云平台的数据分析能力助力精准营销和风险管理，提升决策效率。云计算的广泛应用，标志着银行业迈入智能化、数字化新时代，为金融创新和服务升级奠定坚实基础。

云计算是一种通过网络按需交付计算能力（如服务器、存储、数据库、网络、软件、分析、智能等）的模式，用户可以根据自身需求灵活获取和释放资源，并按使用量付费。这种模式彻底改变了传统的IT资源获取和使用方式。这使得银行能够快速响应市场变化，灵活调整资源配置，有效应对突发业务需求。同时，云计算的高可用性和数据备份机制，大大提升了系统的稳定性和数据安全性，为银行业务的连续性和客户体验提供了坚实保障。随着云技术的不断成熟，银行将进一步深化云化转型，推动金融服务模式的创新和升级。

基础设施即服务（Infrastructure as a Service，IaaS）是云计算的最基础层次，提供虚拟化的计算、存储、网络等基础IT资源，用户可以在此基础上部署和运行操作系统及应用程序。银行可以使用IaaS替代传统的物理服务器和存储设备，降低硬件投资和运维成本。例如，银行可以在云端快速部署测试环境，或者为应对业务高峰期临时扩展计算资源。此外，平台即服务（Platform as a Service，PaaS）提供应用程序开发和部署所需的平台环境，包括操作系统、编程语言执行环境、数据库和Web服务器等，用户无须管理底层基础设施。PaaS为银行的应用开发团队提供了标准化、自动化的开发部署环境，缩短了应用交付周期。软件即服务（Software as a Service， SaaS）直接向用户提供基于云的应用程序，用户通过Web浏览器或App即可访问，无须安装和维护软件。银行可以采用SaaS模式获取各类辅助系统，如人力资源管理、办公协同、客户关系管理等，减少自建系统的投入。

从部署模式来看，云计算分为公有云、私有云、混合云和金融云等多种形式。私有云因其高安全性、低延迟性，成为金融行业首选，广泛应用于核心业务系统；公有云和混合云则在非核心业务中发挥重要作用，保障资源灵活配置。

公有云由第三方云服务商（如AWS、Azure、阿里云、腾讯云）运营，通过互联网向公众或广大企业提供服务，凭借规模效应实现成本优势和快速部署力，但银行出于安全与合规考虑，通常不会将核心业务系统部署在公有云上。

私有云由银行自身构建和运营，专供内部使用，可以部署在银行自有的数据中心或托管在第三方。私有云提供了更高的安全性和控制力，更符合金融监管要求，但初始投入和运维成本较高。私有云的高安全性使其成为处理敏感数据和核心业务的首选，尤其适用于交易系统、风控平台等关键应用。通过精细化管理，银行能在保障数据安全的同时，提升系统响应速度，确保业务连续性。尽管初期投入较大，但长远来看，私有云的稳定性和可定制性为银行带来了更高的运营效率和更强的竞争优势。私有云的定制化服务还能满足银行独特的业务需求，优化资源配置，提升服务质量。同时，私有云的灾备机制有效降低风险，保障数据完整性。银行通过私有云构建高效安全的IT架构，夯实数字化转型基础，实现业务创新与可持续发展。

混合云融合了公有云和私有云的优势，允许数据和应用程序在两者间迁移，以实现更佳的灵活性、成本效益和安全性。例如，银行可以将非敏感的开发测试环境部署在公有云，而将核心交易系统保留在私有云或传统数据中心。混合云架构有效平衡成本与安全，满足多样化业务需求，提升资源利用率。通过智能调度和多云管理，银行能灵活应对市场变化，确保业务连续性，同时降低运维复杂度，实现高效运营。

金融云是专为金融行业设计的云计算解决方案，通常在安全性、合规性、可靠性等方面有更高要求，可以是公有云、私有云或混合云的形式。金融云提供商（如蚂蚁金融云、京东金融云）针对金融场景进行了优化，提供符合监管要求的专业服务。金融云不仅提升数据处理效率，还能通过大数据分析洞察市场趋势，助力精准决策。其弹性扩展能力可应对业务高峰，确保系统稳定运行，降低运营风险。银行借助金融云，实现资源优化配置，提升服务创新能力，加速数字化转型进程，增强市场竞争力。金融云的高标准安全架构，确保数据传输和存储的安全性，符合《关于银行业保险业数字化转型的指导意见》要求。金融云通过引入人工智能和大数据技术，在贷前审核等环节实现精细化管理和实时监控，降低操作和信用风险。其多层次风险保障体系能够精准评估企业信用，减少信息不对称。通过提供外汇远期合同、期权等工具，帮助企业对冲汇率风险，扩大出口信用保险覆盖面，稳订单、拓市场。金融机构与外贸企业建立长期战略合作，提供定制化融资服务，推动政策支持落地，助力外贸企业高效运营，提升国际竞争力。

云计算为商业银行带来了多方面的核心价值，重塑了银行的IT架构和服务方式。首先，云计算显著优化了银行的成本结构。通过按需使用和弹性伸缩，银行可以将传统的固定IT资产投入（CAPEX：固定资产投入capital expenditure）转变为可变的运营支出（OPEX：运营支出Operating Expense），避免过度投资硬件，降低IT总体拥有成本（TCO：总体拥有成本（Total Cost of Ownership）。其次，云计算提升了银行的业务敏捷性。银行能快速部署新应用，灵活应对市场变化，缩短产品上市时间，增强客户体验。最后，云计算的强大数据处理能力助力银行精准营销和风险控制，提升决策效率。通过多云策略，银行还能分散风险，确保系统高可用性，进一步巩固市场地位。

根据麦肯锡的研究，银行通过采用云计算可以降低15%～20%的IT运营成本，同时提高20%～30%的基础设施利用率。 传统银行的IT资源利用率通常不足30%，而云架构可以将资源利用率提升至70%以上，大幅减少资源浪费。云计算还助力银行实现绿色金融目标，降低能耗。传统数据中心能耗高，而云架构通过优化资源配置，减少能源消耗。数据显示，云数据中心能效比传统数据中心高30%～40%，有效减少碳排放，符合可持续发展的要求。同时，云计算的灵活性和可扩展性，使银行能快速响应市场需求，推出绿色金融产品，推动绿色经济发展。

弹性伸缩是云计算的另一大价值。银行业务负载通常存在明显的波峰波谷，例如，月末季末结算高峰、重大营销、“双十一”等大促活动期间，交易量可能是平时的数倍甚至数十倍。云平台可以根据业务负载的波动快速、自动扩展或缩减IT资源，确保系统性能和可用性， 同时避免资源浪费。这种动态资源管理能力，可有效应对突发流量，保障业务连续性，提升客户满意度。

快速部署与敏捷创新是云计算带来的显著变化。在传统模式下，银行开发和部署新系统通常需要数月时间，其中大部分时间花在硬件采购、安装和环境配置上。而云计算大大缩短了新业务系统和应用的开发、测试和部署周期，支持银行快速响应市场变化，推出创新产品和服务，提升市场竞争力。埃森哲的研究显示，云计算可以将银行应用开发部署时间缩短40%～60%，大幅提升创新速度。

云平台的海量存储空间和强大计算能力，为银行开展大数据分析、人工智能模型训练等复杂计算任务提供了有力支撑。例如，银行的风控团队可以利用云平台的并行计算能力，在短时间内完成海量交易数据的风险分析，这在传统IT环境中难以想象。通过云计算，银行还能实现跨地域、跨部门的数据共享与协同，打破信息孤岛，提升整体运营效率。此外，云平台的高安全性保障了数据隐私和交易安全，增强了客户信任，进一步巩固了银行的市场竞争力。

云计算还显著提升了银行系统的可靠性和灾备能力。云服务提供商通常具备更专业的运维能力和更完善的灾备体系，有助于提升银行系统的稳定性和业务连续性。例如，多区域部署、数据多副本、自动故障转移等云原生能力，使系统可以更好地应对硬件故障、自然灾害等突发事件。确保数据安全和服务连续性。此外，云计算的按需付费模式，使银行避免了大规模的前期投资，降低了运营成本，提升了资金使用效率。

云计算推动了IT资源的标准化和管理的自动化，简化了运维工作，提高了IT治理水平。通过统一的云管理平台，银行IT团队可以更高效地进行资源分配、权限管理、监控告警等工作，减少了人为操作错误的可能性。同时，云计算的弹性扩展和自动化管理，使银行能灵活应对业务高峰，提升服务效率。

将银行核心业务系统（如账户管理、存贷款、支付清算等）迁移至云架构，是银行IT架构现代化的重要方向，也是最具挑战性的环节之一。传统银行核心系统通常基于大型机或小型机构建，架构复杂、技术栈陈旧、改造成本高。迁移至云架构需精心规划，逐步实施，确保数据安全和业务无缝衔接。银行可通过微服务架构和容器化技术，逐步解耦老旧系统，实现灵活部署和高效管理，最终构建弹性、可扩展的现代化IT架构，支撑业务创新和持续发展。在迁移过程中，银行需重视数据迁移策略和系统兼容性测试，确保平滑过渡。同时，加强员工培训和新技术应用，提升团队适应能力。

核心系统上云的路径通常包括三种策略：逐步迁移、双核并行和整体替换。逐步迁移是先将外围系统、非核心系统或新增业务系统部署在云上，积累经验，逐步向核心系统渗透；双核并行是在保留原有核心系统的同时，构建新的云原生核心系统，部分业务在新核心上运行，逐步替代旧核心；整体替换则是直接采用成熟的云原生核心银行解决方案替换现有系统，风险较大但转型彻底。逐步迁移策略风险较低，适合稳健型银行；双核并行平衡了新旧系统，适合业务复杂的大型银行；整体替换虽风险高，但能快速实现全面云化，适合创新驱动的银行。

国内外许多大型银行都在积极推进核心系统或重要应用的云化转型。荷兰国际集团（ING）早在2008年就开始了云计算项目，通过虚拟化和私有云建设，逐步实现了IT架构的现代化，并为敏捷开发和DevOps奠定了基础。国内银行如中国建设银行，自2012年起率先在生产数据中心大规模应用私有云，其云管理平台有效地支持了新一代核心系统的建设和投产。中国工商银行也基于OpenStack等开源技术自主研发了基础设施云和应用平台云，支撑了个人网银、企业网银等重点应用以及互联网高并发场景。中国邮政储蓄银行从2014年开始尝试云计算，逐步将手机银行、大数据应用乃至核心业务系统迁移到云上，云上交易量占比显著提升。

根据IDC的研究，成功实施核心系统云化转型的银行平均能够获得25%～35%的总体拥有成本节约，并将新产品上市时间缩短50%以上。这些实践表明，核心系统上云能够带来显著的成本效益（如降低硬件采购和运维成本）、业务敏捷性提升（如新产品上线速度加快）和系统稳定性增强。但同时也面临技术转型、数据迁移、安全合规、人才培养等诸多挑战。因此，银行需制定详尽的转型策略，结合自身业务特点和技术基础，逐步推进核心系统上云，确保转型过程平稳高效。同时，加强内部技术团队建设，提升云技术掌握和应用能力，在确保安全合规的前提下，最大化云化转型的价值。

云计算为银行构建强大的数据分析和人工智能平台提供了理想的基础设施。银行可以利用云平台构建数据湖和数据仓库，集中存储和管理来自内外部的多源异构数据。部署大数据处理框架（如Hadoop、Spark），进行高效的数据清洗、转换和分析。搭建AI模型训练与推理平台，利用云端强大的GPU/TPU算力，加速机器学习和深度学习模型的训练和部署。通过API等方式，将数据分析结果和AI模型能力赋能给各业务条线。

Forrester研究显示，采用云基础设施的大数据和AI项目的成功率比传统环境高30%，开发周期缩短40%。云化的数据分析和AI平台使银行能够更灵活、更经济地利用先进技术挖掘数据价值，驱动业务创新。

云计算是实现开放银行（Open Banking）和API经济的重要技术支撑。通过在云平台上构建和发布标准化的API（应用程序编程接口），银行可以向第三方开发者开放数据和功能，在客户授权的前提下，允许合规的第三方应用（如金融科技公司、电商平台）访问银行的账户信息、交易数据、产品服务等。这种开放模式使银行服务能够嵌入外部场景，实现金融服务与各类生活、消费、产业场景的无缝融合，拓展服务边界和获客渠道。同时，银行也可以与合作伙伴共同构建金融生态系统，为客户提供更丰富、更便捷的综合性服务。全球咨询公司普华永道的研究表明，开放银行模式可以帮助银行增加15%～20%的收入，其中API经济是关键驱动因素，而云平台的开放性、可扩展性和安全性为API经济提供了重要支撑。

云计算技术为银行构建更具韧性的灾备体系和业务连续性计划（BCP）提供了新的选择。传统的灾备方案通常依赖建设专用的灾备中心，投入高、建设周期长、平时利用率低。而云灾备可以利用云服务提供商的异地数据中心和灾备能力，实现数据的远程备份和应用的快速恢复，降低自建灾备中心的成本和复杂性。云灾备的灵活性和高效性，使银行在面对突发灾害或系统故障时，能够迅速切换至备用环境，保障业务的连续运行，确保客户体验不受影响。同时，云平台的弹性扩展能力，可根据业务需求动态调整资源，进一步提升银行的运营效率和响应速度。

基于云架构构建多个地理上分散、同时运行的数据中心（多活数据中心），实现负载均衡和故障自动切换，可以显著提升系统的整体可用性和抗风险能力。例如，某大型银行采用"两地三中心"的云架构，在发生区域性灾难时，系统能够在几分钟内完成自动切换，维持业务连续性，大幅降低了重大灾难对业务的影响。此外，云架构还支持实时数据同步和跨地域数据备份，确保数据安全性和一致性。通过智能化的资源调度和自动化运维，银行能够实现资源的优化配置，降低运营成本，提升服务质量。

尽管云计算带来了诸多益处，银行在应用中仍需高度关注相关的安全与合规挑战。将客户数据和核心业务数据存储在云端（尤其是公有云），引发了对数据泄露、滥用以及数据主权（数据存储和处理需符合本地法律法规）的担忧。银行需要选择可信的云服务商，采用加密、访问控制等技术手段保护数据安全。同时，建立健全的内部审计和风险评估机制，确保云服务的合规性和数据隐私保护。通过多层次的监控和预警系统，实时监测云环境的安全状态，及时发现并应对潜在威胁，保障金融服务的稳定性和可靠性。金融行业对IT系统的安全性、稳定性和数据保护有严格的监管要求。银行上云需符合《中国银行业信息科技发展“十三五”规划》等监管指引及金融行业云标准等规范。

云服务的稳定性直接影响银行业务的连续性。IDC的研究显示，金融行业对系统可用性的要求普遍高于99.99%，相当于每年停机时间不超过52分钟。银行需要对云服务商的服务水平协议（SLA）进行严格评估，并制定应急预案，以应对可能的服务中断。此外，银行还需关注云服务提供商的合规性，确保其符合网络安全法和数据安全法等相关法律法规的要求。通过建立多层次的安全防护机制，银行可以有效应对云环境中的潜在风险，保障客户信息和业务数据的安全。同时，定期进行安全审计和风险评估，确保云服务的持续合规性和可靠性，为金融业务的稳健运行提供坚实保障。

过度依赖单一的云服务商可能导致供应商锁定，增加未来迁移成本和议价难度。银行应考虑多云策略或混合云架构，以降低对单一供应商的依赖。云环境的部署、管理和安全防护需要专业的技术和管理能力，对银行的IT团队提出了新的要求，需持续培养和引进云计算人才。

以云计算为依托，融合人工智能、大数据、物联网等新兴技术，通过金融云生态建设，商业银行必将在基础架构、运营模式、服务场景等领域创造出更优质、更便捷的金融产品和服务。商业银行在推进云化转型的过程中，需审慎评估风险，选择合适的云模式和技术路径，并建立完善的安全保障和合规管理体系。同时，加强与监管机构的沟通，确保云服务符合最新政策要求，提升数据治理能力，确保金融创新与风险控制的平衡，推动银行业务的持续健康发展。

第五节　移动支付与数字钱包：重构支付生态与客户入口

移动支付的迅猛发展，已深刻改变了全球范围内的支付习惯和商业模式，对传统商业银行的支付业务构成了前所未有的冲击，同时也带来了重塑客户关系、拓展服务场景的重大机遇。数字钱包作为移动支付的核心载体，正成为各方争夺客户入口的关键阵地。

移动支付是指用户使用移动设备（如智能手机、平板电脑、可穿戴设备）发起，通过移动通信网络或近场通信技术实现的货币支付行为。其发展经历了几个主要阶段和技术演进。

早期的移动支付主要依赖短信支付和手机网页支付，这些方式主要依赖运营商网络，用户体验和安全性有限。随着智能手机的普及和NFC技术的成熟，近场通信（NFC）支付开始流行。Apple Pay、Samsung Pay、Google Pay以及各大银行推出的闪付产品，通过手机与POS终端的近距离感应完成支付，便捷安全，但需要终端支持NFC功能。

在我国，二维码支付凭借简单、便捷、低成本的特点迅速普及。以支付宝支付、微信支付为代表，用户通过扫描二维码或被扫码完成支付，无须特殊硬件，极大地降低了商户和用户的使用门槛。这种支付方式从线下小商贩到大型商场，从城市到农村，实现了全面覆盖，成为我国移动支付的主流方式。

近年来，生物识别支付技术不断发展，指纹识别、人脸识别等生物特征验证技术被整合到支付流程中，提升了支付的安全性和便捷性。同时，可穿戴设备支付日益普及，智能手表、手环等设备集成的支付功能，为用户提供了更为便捷的支付体验。2024年4月，深圳首发试点的“碰一碰”收款功能，进一步扩大了数字人民币硬钱包的应用范围，为小微商户和个体工商户提供了便利。同年11月推出的可视硬钱包，不仅支持碰一碰支付，还兼容境内商户扫码收款，显示余额，适用于商家、出租车、地铁、公交等多个场景，极大提升了境外来华人士的支付便利性。

移动支付的普及给商业银行的传统支付业务带来了多方面冲击。首先是交易分流与边缘化风险。大量小额高频的日常消费支付从银行卡转向第三方支付平台，银行在支付链条中的角色被弱化，甚至面临被管道化的风险。世界银行的研究数据显示，在移动支付高度普及的市场，超60%的小额零售交易已转向非银行支付渠道，银行在支付环节的参与度显著降低。手续费收入下降是银行面临的直接经济冲击。第三方支付平台往往采取低费率甚至免费策略吸引用户和商户，挤压了银行在收单、转接等环节的传统手续费收入。普华永道的研究指出，移动支付的兴起导致银行支付业务的手续费收入在过去5年平均下降了15%~20%。

客户数据流失可能对银行的长远发展产生更深远的影响。支付是获取客户行为数据的重要入口。第三方支付平台掌握了海量的用户消费数据，而银行对这些数据的获取能力减弱，不利于客户画像构建和精准营销。麦肯锡的报告指出，支付数据可能揭示客户80%以上的消费行为和偏好，是最有价值的金融数据之一。银行若无法有效应对这一挑战，将难以在激烈的市场竞争中保持优势，甚至可能影响其金融创新和服务能力。

客户黏性降低也是显著趋势。用户对银行账户的依赖度下降，更多地将资金沉淀在第三方支付平台的余额或关联的货币基金（如余额宝）中，影响银行的存款稳定性。某研究报告显示，部分城市年轻人每月超过60%的消费支出通过第三方支付平台完成，银行账户仅充当资金中转站。这种趋势不仅削弱了银行与客户的直接联系，还降低了银行在金融生态中的话语权。随着移动支付技术的不断迭代，银行若不积极创新，将面临更大的市场边缘化风险。

传统卡基支付市场萎缩使银行的发卡业务受到冲击。银行卡（尤其是借记卡）的物理使用频率降低，发卡和维护成本相对固定，效益下降。埃森哲的研究显示，部分地区实体银行卡的使用频次在5年内下降了40%以上，不少银行卡被虚拟化，主要通过绑定在移动支付工具中使用。这种变化不仅影响了银行的盈利模式，还对其品牌影响力造成挑战。用户对移动支付平台的依赖加深，而对银行的品牌认知度和忠诚度明显下降。

面对移动支付带来的挑战，商业银行积极采取多种策略进行应对和创新。

各大银行纷纷强化手机银行App的支付功能，支持扫码支付、NFC支付、转账汇款、生活缴费等，力图将手机银行打造成综合金融服务平台和支付入口。同时，银行还通过推出专属优惠、积分奖励等措施，提升用户使用手机银行的积极性。多家银行与科技公司合作，利用大数据、人工智能等技术优化支付体验，增强客户黏性。部分银行探索跨界合作，与电商平台、线下商户联合推出支付优惠活动，拓宽服务场景，力求在移动支付市场中占据一席之地。

中国银联联合各商业银行推出的云闪付App， 整合了各银行的移动支付服务，旨在打造统一的银行系移动支付品牌，与第三方支付平台竞争。中国工商银行手机银行App和工银e生活App已同步接入中国银联云闪付网络支付平台，实现支付场景开放和内容共享。云闪付App通过聚合银行资源，提升了用户体验，增强了银行在移动支付领域的竞争力。此外，银行还加大了对金融科技的投入，推出智能客服、个性化理财推荐等服务，进一步巩固客户关系，维持市场占有率。

在与第三方支付平台的关系上，银行采取了合作与竞争并举的策略。一方面，银行作为第三方支付平台的资金清算和账户支持方，通过合作获取部分收益和数据。另一方面，在支付体验、场景拓展、用户权益等方面与第三方支付平台展开竞争，如推出支付优惠活动、拓展特色商户等。民生银行联合京东、支付宝、抖音等头部流量平台，针对网购、信用卡还款等场景推出支付优惠活动。通过这些策略，银行不仅提升了服务的多样性和便捷性，还逐步重塑了用户的品牌认知和忠诚度。随着金融科技的不断进步，银行与第三方支付平台的合作和竞争将更加激烈，共同推动移动支付市场的繁荣发展。

场景拓展是银行移动支付策略的重要一环。银行积极将移动支付服务拓展到交通出行、医疗教育、政务服务、智慧社区等各类线上线下场景，提升用户黏性。例如，多家银行与地方交通部门合作，将交通卡功能整合至手机银行App，用户可以直接刷手机乘坐公交地铁。通过这种方式，用户在日常生活中更加依赖手机银行，提升了银行服务的使用频率和用户满意度。银行与医疗机构、教育机构等合作，推出便捷的支付解决方案，进一步丰富了服务场景，增强了用户对银行品牌的信任和依赖。银行积极探索智慧社区建设，与物业公司合作，将支付服务嵌入社区门禁、物业缴费等环节，极大提升了居民生活便利性。通过这些多元化场景的深度融合，银行不仅巩固了现有用户基础，还吸引了更多潜在用户，进一步强化了其在移动支付市场的竞争优势。

数字人民币的推广为银行提供了重新定位的机遇。商业银行作为数字人民币的指定运营机构，积极参与数字人民币的试点和推广工作。数字人民币的推广有助于银行在数字支付领域掌握主动权，重塑支付格局。例如，中国银行已开展第三代社保卡加载数字人民币硬件钱包方案设计，并在三亚大东海投放数字人民币货币兑换机，为境外游客提供服务。中国工商银行雄安分行投放的数字人民币外币兑换机，为外籍客户申领硬钱包提供了便利。香港金融管理局扩大数字人民币试点，通过“转数快”系统为钱包充值，实现与央行数字货币系统互通，提升跨境支付效率，促进大湾区互联互通。

技术创新与体验优化是银行着力的方向。银行持续投入研发，提升移动支付产品的安全性、便捷性和用户体验，如引入生物识别技术、优化支付流程、提供智能化的账单管理和消费分析服务。在中国互联网金融协会发布的2024年移动金融App创新实践典型案例中，多家银行App在人工智能、大数据应用、个性化定制、操作便捷化等方面进行了创新。

中国工商银行和中国建设银行等多家国内大型商业银行，在移动支付领域均有重要布局。中国工商银行通过其手机银行App和工银e生活App提供全面的移动支付服务，并积极参与云闪付生态建设，支持用户在超3000万家商户使用便捷支付服务。中国建设银行同样大力发展手机银行业务，其手机银行曾荣获多项创新奖项，并积极推广龙支付等自有支付品牌，同时作为数字人民币的重要运营机构，推出了惠省钱快捷支付等创新应用。中国农业银行推出“农银e管家”平台，整合供应链金融与支付服务，助力小微企业数字化转型。中国邮政储蓄银行则通过“邮惠万家”App，深耕农村市场，提供便捷的支付与金融服务。这些举措不仅提升了商业银行的市场竞争力，也为数字人民币的普及和应用奠定了坚实基础。

尽管面临冲击，移动支付也为商业银行带来了新的发展机遇。场景金融拓展是最直接的收益。移动支付是连接金融服务与各类生活消费场景的天然纽带，有助于银行拓展场景金融，实现金融服务无处不在。通过移动支付，银行能够更精准地捕捉用户需求，提供个性化金融服务，增强客户黏性。此外，移动支付数据的积累，为银行风控和产品创新提供了宝贵数据支持，进一步提升了金融服务的智能化和精细化水平。

通过自有移动支付产品，银行可以获取更丰富的客户行为数据，用于客户画像、精准营销和风险控制，实现客户数据获取与价值挖掘。移动支付还降低了金融服务的门槛和成本，有助于银行将服务延伸至偏远地区和低收入人群，提升普惠金融水平。例如，通过扫码支付，银行可以为没有条件安装POS机的小微商户提供收款服务，帮助它们接入正规金融体系。同时，移动支付促进了金融科技的深度融合，推动了区块链、物联网等技术在金融领域的应用，进一步提升了服务效率和安全性。银行通过构建开放生态，与第三方机构合作，拓宽了服务边界，增强了市场竞争力。

便捷、安全的移动支付体验可以增强客户对银行App的依赖度和使用频率，提升客户黏性。数据显示，支付功能是银行App用户使用频率最高的功能之一，优质的支付体验能够显著提升App的活跃度和留存率。基于移动支付，银行可以探索新的业务模式，如基于支付数据的信用评估、小额信贷产品等。例如，某银行通过分析小微商户的收款数据，为其提供无须抵押的经营周转贷款，实现业务模式创新。网商银行利用“大雁系统”识别2100万家小微企业，授信超千亿元，助力科创型小微企业发展。百灵系统服务800万用户，平均提额4.5万元，提升融资便利性。通过余利宝等产品，为4000万家小微企业提供理财，实现资金增值。这些创新举措有效降低了金融服务门槛，推动了普惠金融的深入发展。

商业银行在发展移动支付业务时，也需关注和应对相关风险与挑战。支付安全风险是首要考量因素。移动设备和网络环境的复杂性带来了新的安全风险，如账户被盗、恶意软件攻击、信息泄露等，银行需要持续投入，加强安全技术研发和风险防范。为应对支付安全风险，银行需强化多因素认证、加密技术等防护措施，定期开展安全评估。同时，需关注数据隐私保护，严格遵守网络安全法等相关法规，确保用户信息不被滥用。此外，应加强用户安全教育，提升防范意识，构建全方位的安全防护体系。

技术标准与互联互通是行业发展的挑战。不同支付工具和平台技术标准不统一，影响了互联互通和用户体验。市场竞争异常激烈，第三方支付平台凭借先发优势和生态优势，仍占据市场主导地位，银行面临持续的竞争压力。银行需推动行业标准化建设，促进支付工具互联互通，以提升用户体验。银行应加强与第三方支付平台的合作，发挥自身优势，创新服务模式，增强市场竞争力。同时，积极应对监管政策变化，确保合规经营，稳健发展。

移动支付业务的研发、推广和场景建设需要大量投入，银行需平衡投入与产出，确保业务的可持续发展。商业银行需要将移动支付作为数字化转型和客户经营的核心战略之一，持续创新，加强合作，在保障安全合规的前提下，不断提升移动支付服务的能力和水平，以在激烈的市场竞争中占据有利地位。在具体实施中，银行可通过精细化运营，优化资源配置，降低运营成本。同时，利用大数据和人工智能技术，精准洞察用户需求，推出个性化支付产品和服务，提升用户黏性。通过跨界合作，拓展支付场景，增加用户使用频率，形成良性循环，助力银行在移动支付领域实现长期稳健发展。

根据埃森哲的研究报告，到2025年，全球60%以上的银行业交易将通过数字渠道完成，移动支付将持续成为关键增长点。移动支付不是终点，而是通向全方位数字金融服务的起点。到2027年底，我国数字金融市场规模预计将进一步提升，金融机构数字化转型将取得显著成效，数字化经营管理能力大幅增强。通过加强技术研发和风险防范，银行将构建更加完善的安全防护体系，确保用户信息和支付安全。推动技术标准统一和互联互通，提升用户体验，将成为银行在激烈市场竞争中保持优势的关键。同时，银行需密切关注监管政策变化，积极培养用户习惯，确保移动支付业务的可持续发展，助力我国数字经济高质量发展。

手续费收入下降是银行面临的直接经济影响。第三方支付平台往往采取低费率甚至免费策略吸引用户和商户，挤压了银行在收单、转接等环节的传统手续费收入。面对移动支付的兴起导致银行支付业务的手续费收入持续下降的挑战，银行需优化收入结构，拓展多元化业务，如金融科技服务、数据分析和精准营销等，以弥补手续费收入缺口。同时，通过提升支付效率和安全性，增强用户黏性，稳固市场份额。积极布局跨境支付、数字货币等领域，拓展国际市场。加强与国际金融机构合作，推动支付标准国际化，提升全球竞争力。

客户数据流失可能对银行的长远发展产生更深远的影响。支付是获取客户行为数据的重要入口。第三方支付平台掌握了海量的用户消费数据，而银行对这些数据的获取能力减弱，不利于客户画像构建和精准营销。鉴于支付数据是最有价值的金融数据之一，银行需加强与第三方支付平台的合作，共享数据资源，提升数据分析和应用能力，精准把握客户需求，创新金融产品和服务，增强客户黏性，确保在数字化浪潮中立于不败之地。

总而言之，银行通过不断的技术创新和服务优化，积极应对挑战，力求在数字钱包领域占据优势地位。未来，随着5G、物联网等技术的普及，移动支付将更加智能化、场景化，为用户带来更加便捷、安全的支付体验。银行还需加强与互联网平台的深度合作，利用大数据、人工智能等技术，精准洞察用户需求，推出创新支付产品。通过构建开放生态，拓展支付场景，提升用户黏性。同时，深化与产业链上下游企业的合作，形成协同效应，共同打造无缝衔接的支付生态圈。持续优化风控体系，确保支付安全，提升用户信任度。积极布局新兴支付技术，如生物识别、区块链等，抢占未来支付市场先机。通过多维度的创新策略，巩固银行在数字支付领域的领先地位。此外，银行应重视用户隐私保护，遵循数据安全法规，确保信息透明与安全，提升用户信任。通过持续的技术投入和战略布局，银行将能更好地适应数字化变革，稳固其在金融领域的核心地位，以实现可持续发展。

第三章 金融科技驱动下的商业银行管理变革

金融科技的浪潮不仅带来了技术层面的革新，更深层次地驱动着商业银行在业务模式、运营管理、风险控制、客户关系乃至战略、组织和文化等全方位的管理变革。银行不再仅仅是资金的融通中介，而是日益演变为以数据为核心、以科技为驱动、以客户为中心的综合金融服务平台。金融科技的应用，如区块链、云计算等技术，提升了数据处理能力，优化了风险管理体系，增强了客户信任。商业银行通过智能客服、个性化推荐等手段，深化客户关系，提升服务品质。同时，内部管理流程的数字化转型，提高了运营效率，降低了成本，为银行在激烈的市场竞争中赢得先机。金融科技还推动了银行产品创新，推出智能投顾、虚拟信用卡等服务，满足多样化需求。大数据分析助力精准营销，提升客户黏性。区块链技术确保交易透明安全，增强信任。银行积极布局开放银行，通过与第三方平台合作，拓展服务边界，构建开放共赢的金融生态。本章将深入探讨金融科技如何从根本上重塑商业银行的管理范式。

第一节 业务模式创新与数字化转型

金融科技的迅猛发展，正迫使商业银行重新审视传统业务模式，并加速向数字化、智能化、平台化和生态化的方向转型。这不仅是应对外部竞争的需要，更是银行自身可持续发展的内在要求。

在金融科技的驱动下，商业银行业务模式的创新呈现出几个主要方向。首先是平台化（Platformization），商业银行不再仅仅是产品的提供者，而是转变为金融服务的平台构建者和运营者。通过整合内外部资源，银行打造开放的金融生态圈，连接资金方、资产方、技术方和场景方，为客户提供一站式的综合金融解决方案。

普华永道的研究表明，平台模式下的银行能够扩大客户覆盖范围，获取更丰富的数据，实现更精准的风险定价和更个性化的服务，同时降低获客和服务成本。传统银行如同自给自足的农场，生产什么卖什么；而平台化的银行更像一个市场，既有自己的产品，也引入合作伙伴的优质服务，更重要的是构建便捷、安全、高效的交易环境。

其次是场景化，商业银行将金融服务无缝嵌入客户的日常生活、消费、生产经营等各类场景中。例如，在电商平台购物时提供分期付款，在企业ERP系统中集成供应链金融服务。银行通过API将服务能力输出，实现金融即服务（Banking as a Service，BaaS）。

麦肯锡的报告显示，场景化金融能够将客户转化率提升3~5倍，同时降低40%的获客成本。某领先银行与知名旅游平台合作，将其信贷产品嵌入旅行预订流程中，用户在预订机票、酒店时可以选择银行提供的分期支付方案，无须跳转到银行App申请。这种场景化融合大幅提升了转化率，该银行数据显示，场景内的贷款申请转化率比传统渠道高3倍以上。

再次是智能化，借助AI和大数据分析，商业银行能精准洞察客户需求，提供定制化服务。例如，智能投顾根据用户风险偏好推荐投资组合，提升用户体验。智能化是技术驱动的必然结果实现对客户需求的精准洞察、个性化产品推荐、智能化风险控制和高效自动化运营。例如，智能投顾、智能信贷审批、智能客服等应用，正在改变银行的服务方式和内部流程。截至2024年12月，我国网民规模达11.08亿人，互联网普及率达78.6%。庞大的用户基数要求客服系统不仅要智能，更要友好、有温度。通过合理设置人工客服比例，结合智能技术，提升服务效率，尤其针对老年和青少年群体确保服务在线且有效，才能真正增强用户的获得感和幸福感。

最后是开放化，在客户授权的前提下，商业银行通过API向合规的第三方服务提供商（TSPs）开放客户数据和银行服务能力，促进金融创新和竞争，提升客户体验。这要求银行建立安全、标准的API接口和数据共享机制。开放化不仅拓宽了银行服务边界，还促进了跨界合作，形成多赢局面。在开放化模式下，银行与科技公司、电商平台等多方合作，构建生态圈，实现资源共享和优势互补。通过API接口，银行可无缝接入各类生活场景，提供嵌入式金融服务，提升用户黏性。同时，数据共享机制确保信息安全，增强用户信任。开放化不仅能提升服务效率，还能推动金融产品创新，满足多样化需求，助力银行在数字化时代保持竞争力。

这些创新方向并非相互独立，而是相互关联、相互促进，共同推动银行从传统的以产品为中心向以客户为中心的模式转变，重构银行的价值链和盈利模式。商业银行的数字化转型是一个系统性工程，涉及战略、业务、技术、组织和文化等多个层面。其核心内涵在于运用数字技术重塑银行的价值创造方式和核心竞争力。

数字化转型的核心内涵首先是客户体验的极致化。以客户为中心，提供便捷、个性化、无缝的全渠道体验。Forrester研究显示， 客户体验的提升与银行利润增长之间存在显著的正相关关系，客户体验领先的银行比落后者的收入增长快4%~8%。极致的客户体验不仅能提升满意度，还能转化为忠诚度和口碑效应，进而带动新客户增长。其次，数据驱动决策，通过大数据分析精准定位市场需求，优化资源配置，提升运营效率。

业务流程的敏捷化同样重要，通过简化和自动化业务流程，提高响应速度和运营效率。传统银行审批一笔小企业贷款可能需要数周时间，而数字化银行可能只需数小时甚至数分钟。麦肯锡的研究显示，数字化银行的成本收入要比传统银行低20%~30%，主要来自流程优化和自动化。敏捷化还意味着灵活应对市场变化，快速迭代产品与服务，满足动态需求。

决策支持的智能化是数据驱动的关键价值。基于数据分析和AI模型，提升风险管理、产品定价、市场营销等方面的决策质量。埃森哲的报告表明，AI驱动的信贷决策系统比传统模型能多捕捉15%~20%的违约风险，同时减少30%~50%的人工审核工作。AI技术的引入，不仅提升了决策效率，还增强了风险防控能力，为银行构建了更为坚实的“护城河”。通过人机协作，银行职员在AI辅助下能更精准地进行风险评估和决策，进一步优化信贷审批流程。未来，随着大模型技术的不断升级，银行将实现更高水平的智能化服务，推动金融行业的持续创新与发展。

产品与服务的创新化是维持竞争力的必要条件。利用新技术快速迭代并创新金融产品与服务，满足客户动态需求。生态合作的开放化则有助于突破传统边界，与金融科技公司、场景方等合作伙伴共建金融生态，发挥各方优势，实现共赢。通过开放API接口，银行可无缝嵌入各类生活场景，提供嵌入式金融服务，拓宽服务边界。同时，跨界合作催生新型金融产品，如基于消费行为的个性化信贷方案，提升市场竞争力。生态圈的构建不仅增强客户黏性，还促进数据共享，为精准营销和风险控制提供有力支撑，形成良性循环，推动银行持续稳健发展。开放化生态合作还能有效降低创新成本，缩短产品上市周期，提升市场响应速度。通过跨界融合，银行能更精准地把握客户需求，优化服务体验，进一步巩固市场地位。同时，生态圈内数据资源的互通有无，为银行提供了更广阔的数据分析视野，助力其在激烈的市场竞争中保持领先优势。

数字化转型的路径通常包括几个关键阶段。首先是战略层面的顶层设计，制定清晰的数字化转型愿景、目标和路线图，将其提升至全行最高战略层面。例如，招商银行提出的“金融科技银行”战略已成为其核心发展方向。在业务层面，需要对零售、对公、金融市场等核心业务进行全面的数字化重塑，包括产品设计、渠道建设、营销方式、风控模式的数字化升级。在技术层面，需要升级IT基础设施，构建敏捷、弹性的云架构，建设统一的数据中台和业务中台，打通数据孤岛，沉淀通用能力，积极引入和应用AI、大数据、区块链等前沿技术。通过数据中台和业务中台的协同作用，银行能够实现数据的高效流通和业务的灵活响应，提升整体运营效率。同时，强化数据安全和隐私保护，确保技术自主可控，筑牢网络安全防线。在此基础上，持续优化客户体验，推动金融服务向智能化、个性化方向发展，最终实现治理体系和治理能力的现代化提升。

组织层面的变革同样重要，建立适应数字化转型的敏捷组织架构，如设立专门的金融科技部门或子公司，推广跨部门协作团队，培养和引进数字化人才，塑造鼓励创新、快速试错的企业文化。广发银行通过设立金融科技创新委员会、专项创新基金和专业研发团队，构建了完善的创新治理机制。金融科技创新实验室通过深化内外部合作，承担新技术研究与创新场景挖掘，推动金融产品服务创新。系统化的技能培训和比赛，培养了具备开拓精神的金融科技人才，为数字化转型提供支撑。全行各层级的创新队伍形成统筹规划、上下联动的机制，从挖掘客户需求到创意方案落地，确保创新工作高效推进。

数据治理是支撑整个转型的基础，需要建立完善的数据治理体系，确保数据的质量、安全和合规使用，为数字化转型提供高质量的数据基础。中国工商银行软件开发中心编制的《商业银行数字化转型的现状趋势与对策建议》中指出，商业银行数字化转型未来将向业务全面数据化、产品服务更智能化、银行服务全面开放化与生态化方向发展。

零售银行业务是金融科技应用最为活跃、变革最为深刻的领域之一。根据毕马威的研究，2015–2020年，全球零售银行数字化转型投资超过1万亿美元，其中移动银行和数字支付是投资重点。随着技术的不断进步，零售银行业务将进一步融合AI、大数据分析等技术，提升个性化服务能力，优化客户体验。同时，线上线下渠道的无缝衔接，将为客户提供更加便捷、高效的金融服务，推动零售银行业务持续创新，引领行业发展趋势。随着数字普惠金融的深入发展，消费金融机构通过大数据和AI技术，更精准地评估借款人信用，简化贷款流程，降低运营成本，提升了普惠信贷的吸引力。

数字化重塑主要体现在客户获取与经营方式的根本变革。利用线上渠道（App、小程序、社交媒体）进行低成本、大规模获客；通过大数据分析和AI技术实现客户的精准分层和个性化经营。传统银行主要依赖网点布局和广告投放获客，成本高、效率低；而数字化银行通过内容营销、社交传播、场景嵌入等方式，大幅降低了获客成本。波士顿咨询公司的报告显示，数字获客成本比传统渠道低40%～70%。

在产品创新方面，银行推出了纯线上的数字信用卡、消费贷款、小额理财等产品，简化申请流程，提升审批效率。某互联网银行推出的纯线上小额贷款产品，从申请到放款全流程仅需3分钟，极大地提升了客户体验和市场响应速度。此外，银行还通过开放API接口，与第三方平台合作，构建金融生态圈，拓展服务边界；利用区块链技术提升交易透明度和安全性，增强客户信任。数字化风控体系的应用，有效降低了信贷风险，提升了资产质量。通过持续的技术创新和业务模式优化，银行业正逐步实现全面数字化转型，为客户提供更加智能、便捷的金融服务。

服务体验提升是客户感知最直接的变化。银行打造以手机App为核心的移动金融服务平台，提供7×24小时不间断、一站式查询、转账、缴费、理财、生活服务等功能，优化用户界面和交互设计。有调查显示，银行App的用户体验每提高10个百分点，用户的产品使用深度和忠诚度就会增加15个百分点左右。通过智能化客服系统实时解答客户疑问，提升服务响应速度；个性化推荐功能根据用户行为和偏好，精准推送金融产品和服务，增强用户黏性；此外，利用生物识别技术，提升交易安全性，简化操作流程，进一步优化客户体验。

财富管理数字化是典型的应用领域。发展智能投顾、线上理财超市、个性化资产配置建议等，降低财富管理门槛，服务更广泛的客群。传统的高端财富管理服务往往仅面向少数客户，而通过数字化手段，银行可以将专业的财富管理能力下沉至更广泛的大众客户。智能投顾通过算法分析客户风险偏好和财务状况，提供定制化的投资组合建议，实现资产配置的自动化和优化；线上理财超市汇聚各类金融产品，便捷比选，满足多样化需求。数字化财富管理不仅提升了服务效率，还扩大了服务覆盖面，推动了普惠金融的发展。例如，中国建设银行通过“建行惠懂你”平台，引流获客效能显著提升，使普惠型小微企业贷款发放利率降至3.67%。浙商银行全面推进数字化、场景化转型，创新数字化业务产品，加大对民营、小微企业和个体工商户的金融支持，彰显科技赋能普惠金融的实效。

招商银行被广泛认为是国内零售银行业务数字化转型的标杆。其核心策略包括移动优先战略与App经营，将招商银行App和掌上生活App作为零售业务的核心经营平台和客户入口，持续投入资源进行功能迭代和体验优化。通过大数据分析，精准洞察客户需求，推出定制化金融产品，提升客户满意度。同时，利用区块链技术保障数据安全，增强客户信任。招商银行还积极布局金融科技子公司，推动创新项目落地，进一步巩固其数字化转型领先地位。招商银行将MAU（月活跃用户数）作为衡量零售转型成效的关键指标，引导全行资源向线上化、数字化倾斜。持续加大在AI、大数据、云计算等领域的金融科技投入，例如，其信息科技投入从2018年的65.02亿元增长至2023年的141.26亿元。招商银行的零售数字化转型取得了显著成效，客户规模持续增长，零售客户AUM（资产管理规模）稳步提升，成本收入比得到有效控制，盈利能力保持行业领先。其经验表明，坚定的战略决心、持续的技术投入、以客户为中心的理念以及敏捷的组织文化是数字化转型成功的关键。

虽然零售业务的数字化转型更为引人注目，但对公业务的数字化升级同样重要且潜力巨大。企业网上银行与移动银行是最基础的升级方向，为企业客户提供便捷的账户管理、支付结算、融资申请、国际业务等线上服务。某大型银行的对公手机银行实现了对企业账户的全面管理和高频交易功能，让企业财务人员可以随时随地办理业务，大大提升了便利性。此外，通过引入人工智能和机器学习技术，银行能够实时分析企业财务数据，提供精准的风险评估和融资建议，进一步优化企业资金管理，降低运营成本，助力企业实现高质量发展。数字化对公服务不仅提升了银行自身的运营效率，也为企业客户带来了实实在在的便利和效益，成了推动经济转型升级的重要力量。

供应链金融科技是近年来的创新热点，它利用区块链、物联网、大数据等技术，优化供应链金融的融资流程，提高透明度和风控水平，更好地服务链上中小微企业。研究显示，基于科技的供应链金融可以将融资成本降低30%～50%，审批时长从数周缩短至数小时。某大型银行与核心企业合作构建的区块链供应链金融平台，已累计为上千家中小供应商提供融资服务，融资规模超过100亿元。

现金管理服务数字化是企业财资管理的重要支持。为企业提供智能化的账户管理、资金归集、流动性预测、投资理财等现金管理解决方案。例如，某银行的智能现金池系统可以根据企业资金流动规律，自动预测未来现金流缺口，并提供优化建议，帮助企业提高资金使用效率。通过数字化手段，企业不仅能实时监控资金流向，还能精准调配资源，降低财务风险。这种智能化的现金管理服务，不仅提升了企业的财务管理水平，也为银行带来了新的业务增长点，实现了银企双方的共赢。数字化转型的深入推进，正不断重塑金融服务的边界，为经济的高质量发展注入强劲动力。

普惠金融科技应用是金融包容性的体现。银行通过大数据风控模型、线上服务渠道，降低小微企业融资门槛和服务成本，使普惠金融服务的覆盖面扩大和可得性提升。某银行利用对小微商户的交易数据和经营数据分析，开发了无须抵押的小微经营贷产品，贷款审批时长从传统的数周缩短至24小时以内。这不仅大幅提高了小微企业的融资效率，还降低了其融资成本，有效缓解了资金压力。通过持续的技术创新和模式优化，普惠金融科技正逐步打破传统金融服务的局限性，为更多小微企业提供了平等、便捷的金融服务机会，有力推动了社会经济的均衡发展。

交易银行数字化是对公业务转型的重要方向。整合支付结算、贸易融资、现金管理、托管等服务，为企业提供一站式的交易银行解决方案。例如，某大型银行构建的交易银行平台，实现了20多个子系统的整合，为企业提供从国内到跨境的完整交易服务链条。通过数字化手段，该平台大幅提升了企业交易效率和资金周转速度，赢得了广泛的市场认可。未来，随着人工智能和云计算的深度应用，对公业务的数字化转型将进一步深化，为企业带来更加智能化、个性化的金融服务体验。

金融科技也在深刻影响着投资银行和资产管理业务。智能投研已成为趋势，即利用NLP、知识图谱等AI技术，自动抓取和分析海量市场信息、公司财报、研究报告，辅助研究员进行投资分析和决策。例如，某银行研究团队开发的智能研报系统，每天能自动处理数千页研究报告和新闻资讯，生成投资热点摘要，极大提升了研究效率。未来，随着AI技术的不断进步，金融科技将更加精准地预测市场趋势，优化资产配置，提升风险管理能力，推动金融行业向智能化、高效化迈进。

量化交易与算法交易在机构投资中的应用日益广泛。基于数学模型和计算机程序自动执行交易策略，提高交易效率和捕捉市场机会的能力。例如，智能资产配置，类似于零售端的智能投顾，为机构客户和高净值客户提供定制化的资产配置建议与组合管理。数字化客户服务与报告则通过线上平台向客户提供投资组合查询、业绩报告、市场分析等服务，提升客户体验。在风险管理与合规方面，利用科技手段加强对投资组合风险的实时监控和压力测试，自动合规检查和生成报告。

业内高管曾撰文提出，商业银行亟须推动资产管理领域金融科技与业务发展的煲汤式融合，在客户端以加增值，流程端以减提效，投资端以乘立智，风控端以除破险。其强调，通过金融科技赋能，银行能更精准把握市场脉动，优化资源配置，提升服务品质，降低运营成本，最终实现资产管理的全面升级，为客户提供更高效、更安全的财富管理服务。

商业银行在推进业务模式创新和数字化转型的过程中，面临诸多挑战。传统思维束缚与路径依赖是内源性阻力，长期形成的经营理念和业务流程难以在短期内改变。波士顿咨询公司的调查显示，约70%的银行数字化转型项目未能达到预期效果，其中组织文化和传统思维是主要障碍。为应对这些挑战，银行需从顶层设计入手，重塑组织文化，打破部门壁垒，建立跨职能协作机制，培养数字化人才，并引入敏捷开发模式，以灵活应对市场变化，确保数字化转型项目的成功落地。

数据孤岛与数据治理难题是技术障碍。银行的内部数据分散、标准不一、质量不高，难以有效整合和利用。技术与业务融合困难也是普遍现象，技术团队与业务团队之间缺乏有效沟通和协作，技术应用难以真正解决业务痛点。高昂的投入与不确定的产出是财务压力。数字化转型需要持续大量的资金、人才和时间投入，但短期内效果可能不明显，投资回报存在不确定性。组织文化变革阻力来自内部，敏捷、创新、开放的数字化文化与银行传统的层级化、审慎文化之间存在冲突。人才短缺是普遍存在的瓶颈，既懂金融又懂技术的复合型人才严重不足。

此外，监管合规要求在创新过程中始终要谨慎考量，确保符合日益严格的金融监管和数据安全法规，避免合规风险。重塑企业文化要求强化跨部门协同，提升数据治理能力，优化技术与业务融合，合理规划投入产出，培养复合型人才，确保合规与创新并行，稳步推进数字化转型。

成功的数字化转型依赖于几个关键因素。高层领导的决心与推动是首要条件，数字化转型是“一把手”工程，需要最高管理层的坚定支持和持续关注。清晰的战略规划与执行力是行动保障，制定符合自身特点的数字化转型战略，并确保有效落地。建立健全数据治理体系，确保数据质量和安全，是数字化转型的基础。同时，技术基础设施的完善和迭代升级是支撑数字化转型的关键，确保系统能够高效运行并适应业务需求变化。复合型人才的持续培养和引进，能够为数字化转型提供智力支持。

以客户为中心的理念是数字化转型的指引方向，所有创新和变革都应围绕提升客户体验和创造客户价值展开。敏捷的组织与迭代的开发模式是方法论保障，通过快速响应市场变化，小步快跑，持续优化来实现。强大的数据能力和技术支撑是基础设施，构建统一的数据中台，掌握核心技术能力。开放合作的心态有助于扩大视野和提高能力，银行需积极与金融科技公司、场景方等外部伙伴合作，共建生态。持续的投入与人才培养则是长期保障，银行需在资金、技术、人才等方面进行长期、持续的投入。

商业银行的数字化转型是一个长期而复杂的过程，没有一蹴而就的成功，需要银行保持战略定力，勇于创新，不断探索适合自身的发展路径。埃森哲的研究表明，数字化转型成功的银行比竞争对手平均多获得9%的收入增长和26%的利润增长，数字化转型是银行面向未来的必由之路。数字化转型不仅是技术升级，更是思维和文化的全面革新。银行需打破固有壁垒，构建灵活高效的运营体系，确保各环节协同高效。通过数据驱动决策，精准把握市场脉动，提升服务质量和效率。同时，强化风险管理，确保创新在合规框架内稳健推进，最终实现业务与技术的深度融合，赢得市场竞争优势。

第二节 运营管理与效率革命

金融科技的快速发展为商业银行运营管理带来了前所未有的创新机遇，推动商业银行的运营模式向更精简、更高效、更智能转型。传统银行运营模式往往具有效率低下、成本高昂、风险点多等痛点。金融科技的应用，特别是自动化和智能化技术的引入，正在引发一场深刻的运营管理与效率革命。通过智能风控系统，银行能实时监测交易风险，大幅降低欺诈损失；自动化流程则简化了烦琐的业务手续，提升了客户体验。数据驱动的决策机制，让资源配置更加精准高效，为银行持续发展注入强劲动力。与此同时，区块链技术的应用进一步增强了数据透明度和安全性，为银行构建起坚不可摧的信任基石。员工得以从繁杂事务中解放，专注于高价值工作，创新能力显著提升。客户享受到更便捷、个性化的服务，满意度大幅攀升。这场革命不仅重塑了银行的内部生态，更引领了整个金融行业的转型升级。

在金融科技广泛应用之前，商业银行的运营管理普遍存在一系列痛点。首先是业务流程烦琐，人工操作占比高。许多业务流程，如开户、贷款审批、单证处理、对账清算等，依赖大量人工操作，环节多、耗时长、效率低。其次，信息孤岛现象严重，各部门数据难以共享，导致决策滞后，风险难控。数据整合困难，系统间兼容性差，进一步加大了运营成本。再次，风险管理手段单一，缺乏动态监控，难以应对复杂多变的市场环境。最后，客户服务响应慢，个性化需求难以满足，影响了客户忠诚度。金融科技的引入，打破了传统壁垒，实现了流程自动化与数据互联互通，极大提升了银行的运营效率。智能系统能够实时分析数据，精准识别风险，确保决策科学高效。客户服务智能化使得响应速度显著加快，个性化服务精准触达，客户满意度持续提升。

普华永道的研究显示，传统银行51%的运营成本用于处理重复性工作，这些工作通常涉及多个手工步骤和多次数据录入，不仅耗时而且容易出错。例如，处理一笔企业贷款申请，需要经过10多个环节，填写大量纸质表格，材料在不同部门之间传递，至少需要2～3周时间。若遇到申请材料不全或信息有误，时间会更长。整个过程人工干预过多，既耗时又容易出错。引入金融科技后，贷款申请全程线上化，智能审核仅需数小时，大幅缩短了处理时间，减少了人为错误，提升了整体运营效率。

运营成本高是传统银行面临的普遍问题。大量的人力投入、物理网点的运营维护、纸质单证的处理和存储等，都导致银行运营成本居高不下。根据麦肯锡的报告，传统银行的成本收入比通常在50%～60%，其中运营成本占了相当大的比重。通过引入自动化和智能化技术，银行能够大幅简化流程，减少人工操作，降低错误率，显著提升运营效率。例如，智能审核系统可在几分钟内完成对贷款申请的初步审核，大幅缩短了处理时间。同时，数据分析工具能实时监控运营状况，优化资源配置，进一步降低成本。

风险点多、易出错也是传统运营模式的痛点。人工操作容易出现失误，且在复杂流程中难以全面监控，存在操作风险和合规风险隐患。以对账为例，传统银行的跨行、跨境对账往往存在效率低、错误率高的问题，容易导致账实不符或调节时间长。自动化对账系统则能实时比对数据，精准识别差异，有效降低错误率，确保账务准确无误。此外，智能化风控平台通过大数据分析，实时监测异常交易，及时预警，极大提升了风险防控能力。这些技术的应用，不仅优化了运营流程，还增强了银行的抗风险能力，为银行业务的稳健发展奠定了坚实基础。

客户体验不佳是运营效率低下的直接后果。冗长的等待时间、烦琐的办理手续、不同渠道体验不一致等问题，都会影响客户满意度。一项关于银行客户满意度的调查显示，超过60%的客户抱怨银行办理业务流程烦琐和等待时间过长。通过数字化转型，银行可简化流程，提升服务响应速度，实现多渠道一致性体验，从而显著提升客户满意度，增强市场竞争力。数字化技术的应用，如智能客服和移动银行，不仅能实时响应客户需求，还能提供个性化服务，有效解决客户痛点。通过数据分析，银行能精准洞察客户偏好，优化产品和服务，进一步提升客户忠诚度，实现业务增长与客户满意度提升的双赢。

数据分散、决策支持不足也限制了银行的管理效能。银行的运营数据分散在不同系统中，难以整合分析，无法为运营优化和管理决策提供有效支持。此外，传统运营模式响应速度慢，难以快速适应市场变化和客户需求的调整。通过构建统一的数据平台，银行能整合分散的运营数据，利用大数据分析工具，提供精准的决策支持，提升管理效能。同时，灵活的管理机制和开放的创新文化，能促进团队协作，加速响应市场变化，推动银行业务持续创新和发展。

机器人流程自动化（RPA）和AI的结合，是推动银行运营效率革命的关键技术。RPA是一种软件机器人技术，可以模拟人类用户在计算机界面上的操作，执行基于规则的、重复性的任务，在银行运营中的典型应用场景使用广泛。客户开户与资料录入是最常见的应用之一，RPA机器人可以自动从申请表格、身份证件中提取信息，录入核心系统，并进行初步校验。信贷审批辅助是另一重要应用，RPA可以自动收集客户资料、查询征信报告、进行初步风险筛查，辅助信审人员决策。RPA还能在账户管理、报表生成等环节大幅提升效率，减少人为错误。

支付清算与对账是RPA应用价值显著的场景。自动化处理批量支付指令、进行账户对账、生成清算报告，这些原本烦琐的工作可以交给RPA机器人完成。在客户服务支持方面，RPA可以自动回复常见客户咨询、处理简单服务请求、生成工单等。通过RPA与AI的深度融合，银行不仅能提升运营效率，还能实现更精准的风险控制和个性化服务，进一步优化客户体验。

RPA使合规检查与报告生成变得更加自动化，其能够自动抓取交易数据进行合规筛查（如反洗钱名单比对），生成监管报表。财务与人力资源流程，如自动化处理发票、报销、薪资计算等财务和人事流程，也是RPA可以大显身手的领域。RPA的应用不仅限于前台业务，还能深入后台管理，提升整体运营效率。通过自动化数据整合与分析，银行能实时监控业务动态，及时发现潜在风险，确保运营安全。同时，RPA的引入减少了人工操作失误，提高了数据准确性，为银行决策提供了坚实的数据基础。RPA与AI的协同作用，使银行在提升效率的同时，实现精细化管理，优化资源配置，降低运营成本。通过持续的技术创新和流程优化，银行将逐步构建起高效、智能、安全的运营体系，为未来的市场竞争奠定坚实基础。

当RPA与AI技术（如NLP、OCR、机器学习）结合时，可以实现更高级别的智能自动化。例如，AI可以帮助RPA机器人理解非结构化数据（如邮件、合同文本），进行更复杂的判断和决策，从而处理更多样化、更复杂的业务流程。AI的引入使RPA机器人不仅能执行预设任务，还能根据实时数据动态调整策略，提升处理复杂事务的能力。这种智能自动化不仅优化了业务流程，还大幅提升了客户满意度，为银行带来了显著的竞争优势。

根据德勤的研究，银行通过实施RPA和智能自动化，可以实现50%～70%的成本节约，30%～80%的操作时间减少，以及25%～50%的质量提升。在贷后管理领域应用RPA技术，可以自动从多个系统收集和整理客户还款数据、担保物信息变化等，生成预警报告。研究表明，这种自动化可以将工作量减少80%以上，同时显著提升数据准确性，风险预警的及时性和准确性。RPA还能协助进行合规审计，自动提取关键信息，生成审计报告，确保合规性。通过智能分析，RPA能快速识别异常交易，及时预警，降低违规风险。这种高效审计流程不仅提升了合规效率，还增强了银行的风险防控能力，为稳健运营提供了有力保障。

基于数字银行背景下的数字员工管理研究指出，数字员工作为商业银行数字化成果之一，与自然人员工相比有着运行高效、可控性强、成本低等优势。数字员工能在7×24小时不间断工作的情况下，精准执行复杂任务，显著提升业务处理速度。其标准化操作减少了人为误差，增强了数据安全性。通过与AI深度融合，数字员工能自主学习并优化流程，进一步提升银行服务质量和客户体验，助力银行在数字化浪潮中保持领先地位。数字员工的应用除了前台服务，还能深入后台支持，实现全方位的业务覆盖。其灵活性和适应性使得银行能迅速响应市场变化，推出创新产品和服务，满足客户多样化需求。通过持续的技术迭代和优化，数字员工将不断进化，成为银行数字化转型中的核心力量，推动银行业务水平持续提高。

金融科技的发展，特别是流程自动化和信息系统的集成，为银行实现中后台运营的集中化和共享服务创造了条件。通过建立运营共享服务中心（Shared Service Center，SSC），银行可以将分散在各个分支机构或业务条线的标准化、重复性的运营操作（如账户处理、支付清算、呼叫中心、IT支持等）集中处理。

集中处理带来了规模效应与成本节约。大规模集中处理可以提高资源利用率，降低单位运营成本。SSC的建立也促进了流程标准化与服务质量提升，统一的操作流程和质量标准有助于提升服务质量，减少操作风险。同时，SSC的集中监控和数据分析能力，能实时发现运营中的问题，及时调整策略，提升整体运营效率。标准化流程还便于新技术的快速应用和推广，加速银行数字化进程。通过SSC，银行能实现资源优化配置，提升服务响应速度和客户满意度，进一步强化市场竞争力。

专业化分工与效率提升是集中化运营的显著好处。SSC可以培养专业的运营团队，提升处理效率。集中化的运营平台也更灵活地支持新业务、新产品的上线和推广，支持业务快速扩张。此外，SSC的建立还能促进跨部门协作，打破信息孤岛，实现数据共享，提升决策的科学性和精准性。集中化运营模式还能有效应对突发风险，保障业务连续性，为银行的长期稳健发展奠定坚实基础。

麦肯锡的研究显示，通过实施运营集中化和共享服务，银行可以节省20%～30%的运营成本，同时将流程处理时间缩短40%～60%，错误率降低50%～80%。例如，某全国性银行在全国设置了三个区域运营中心，将原来分散在1000多家支行的票据处理、档案管理、对账等后台业务集中处理。通过流程再造、专业分工和技术应用，该银行将大部分业务的处理时间缩短了60%，人力成本降低了40%，差错率降低了80%。这一模式已经成为该行运营转型的基石。集中化运营不仅提升了效率，还增强了风险控制能力，确保了业务的安全性和稳定性。通过数据驱动的决策，银行能更精准地把握市场动态，快速响应客户需求，进一步优化服务体验。这种标准化和自动化相结合的服务模式，使得运营流程更加高效、透明，为银行的持续创新和可持续发展提供了坚实保障。

随着线上渠道的普及，传统银行物理网点的功能和定位正在发生深刻变化。金融科技驱动下的智能网点转型，旨在将物理网点从传统的交易处理中心转变为客户体验中心、咨询服务中心和复杂业务处理中心。

智慧柜员机的引入是这一变革的重要体现。这些智能自助设备集成了多种功能，客户可以通过它们自助办理大部分非现金业务，如开卡、签约、理财购买、业务咨询等，有效分流柜面压力。研究表明，智慧柜员机的部署使得网点柜面交易量减少了约40%，柜员角色逐渐从交易处理者转变为客户顾问。智慧柜员机的广泛应用不仅提升了服务效率，还增强了客户体验。通过数据分析，银行能更精准地识别客户需求，提供个性化服务。此外，智能设备的应用也降低了运营成本，为银行数字化转型提供了有力支撑。

厅堂智能化管理的另一个转型方向是利用人脸识别、客户动线分析等技术，智能识别到店客户身份和需求，引导客户至合适的等待区域或服务渠道，优化厅堂服务流程和减少客户等待时间。通过智能厅堂管理系统，银行可以识别客户身份和历史交易偏好，当客户进入网点后，大堂经理的平板上就会显示个性化的服务建议，如优惠活动推荐或适合该客户的金融产品。这大大提升了服务针对性和客户满意度。智能设备的应用不仅提升了服务效率，还增强了客户体验。通过数据分析，银行能更精准地识别客户需求，提供个性化服务。此外，智能设备的应用也降低了运营成本，为银行数字化转型提供了有力支撑。

线上线下一体化服务（Online to offline，O2O）是智能网点的重要特征。银行通过实现线上预约、线下办理，或者线下体验、线上完成交易等O2O服务模式，提升客户体验的连贯性。研究表明，有效的O2O策略可以提升15%～25%的交叉销售率和客户满意度。通过O2O模式，银行能无缝衔接线上线下服务，提供更便捷的金融体验。客户在线上预约后，线下办理流程简化，节省时间。同时，线下体验区让客户直观感受产品优势，线上完成交易则提升效率。这种融合模式不仅增强了客户黏性，还促进了多渠道业务的协同发展，进一步巩固了银行在数字化时代的竞争优势。

网点功能差异化是资源优化的体现。根据不同区域客户的特点和需求，对网点进行功能定位的差异化改造，如设立财富管理中心、小微企业服务中心、社区银行等。这种差异化策略有助于提高网点的专业服务能力和资源利用效率。通过精准定位，网点能更有效地满足特定客户群体的需求，提升服务质量和市场竞争力。差异化布局不仅优化了资源配置，还增强了客户对银行的信任感和忠诚度，为银行的长期发展奠定了坚实基础。

智能网点转型不仅提升了运营效率，降低了网点运营成本，更重要的是改善了客户体验，强化了银行与客户的连接。在数字化时代，物理网点的价值不再体现在处理简单交易，而是在于提供专业咨询、复杂业务办理和品牌体验。波士顿咨询公司的研究表明，成功实施智能网点转型的银行可以将网点运营成本降低20%～30%，同时提高10%～20%的客户满意度。

大数据和AI技术的应用正在赋能银行精细化的运营管理。通过收集和分析运营过程中产生的各类数据，银行可以更加精准地做出管理决策，优化资源配置，提升运营效率。数据驱动下的智能决策，使银行能够实时监测和预测客户需求，精准推送个性化服务，提升客户黏性。通过协同共享机制打破信息壁垒，银行可以实现跨部门、跨层级的资产信息实时共享，避免资源浪费，进一步优化运营成本。通过构建全周期的数据管理体系，银行在供应链优化、市场预测等领域形成显著数字竞争力，推动国有资产管理模式的现代化转型。

运营绩效分析是基础应用。银行通过构建运营绩效指标体系，实时监控各业务线、部门、流程的运营情况，识别效率瓶颈和优化机会。例如，银行通过分析不同柜员、不同网点的业务处理时间和质量，设定标杆，发现最佳实践，并在全行推广，从而实现整体运营效率的提升。同时，数据驱动的绩效评估机制，能够客观反映员工表现，激发员工的工作积极性，形成良性竞争氛围。通过这种精细化管理和持续优化，银行不仅提升了内部运营效率，还增强了对外服务的响应速度和精准度，进一步巩固了市场领先地位。

预测性运营分析是提前规划的利器。银行基于历史数据和外部因素，预测未来的业务量、客户流量、资源需求等，实现更合理的资源调配和人员排班。例如，通过分析季节、天气、营销活动等因素对网点客流的影响，提前调整人员配置，避免高峰期排队过长或淡季人员闲置。精准预测不仅提升了网点运营的灵活性，还显著提高了客户满意度。通过智能排班系统，银行能够动态调整人力资源，确保在任何时段都能提供高效服务。此外，预测性分析还能帮助银行提前识别潜在风险，制定应对策略，确保业务稳定运行。

流程挖掘与优化是持续改进的基础。流程挖掘与优化是指通过分析系统日志和操作记录，绘制实际业务流程图，发现流程中的延迟、重复、瓶颈等问题，进行有针对性的优化。研究显示，流程挖掘技术可以帮助银行发现25%～30%的流程优化机会，提升15%～25%的处理效率。精细化运营不仅提升运营效率，还通过数据洞察，精准把握市场动态，优化产品和服务，增强客户体验。持续的数据分析和流程优化，能够助力银行在激烈竞争中保持领先地位，实现可持续发展。

智能客服已经成为银行不可或缺的服务渠道。从早期的简单问答机器人，到现在基于深度学习的智能对话系统，银行客服的能力不断提升，可以回答越来越复杂的问题，处理各类服务请求，甚至理解客户情绪，提供更有温度的服务。据统计，先进的银行智能客服可以处理70%～80%的标准客户咨询，大大减轻人工座机的压力，同时将客户等待时间缩短80%以上。智能客服的普及不仅提升了服务效率，还通过数据分析，精准识别客户需求，提供个性化服务，增强客户黏性。银行通过持续优化智能客服系统，实现了服务质量的飞跃，进一步提升了品牌形象和市场竞争力。

远程视频银行是物理网点的延伸。通过视频连接，客户可以与远程的银行专家进行面对面交流，获取专业服务，而无须亲临网点。这种服务模式特别适用于偏远地区或者需要专家咨询的复杂业务，如房贷、投资理财等。麦肯锡的研究表明，远程视频银行可以将成交转化率提高15%～30%，同时降低25%～40%的服务成本。远程视频银行不仅扩大了服务覆盖面，还通过数据分析优化服务流程，提升客户体验。结合智能客服和流程挖掘技术，银行构建了全方位、高效的服务体系，实现了线上线下无缝衔接。

自助服务技术的升级也是重要方向。从传统ATM到新一代的智能自助银行，自助设备的功能越来越强大，可以处理包括开户、理财、外汇等在内的各类业务。生物识别技术、NFC技术的应用，使得自助服务更加安全便捷。客户只需简单操作，即可完成复杂交易，大幅提升业务办理效率。智能自助银行还配备实时远程协助功能，确保操作无忧。数据分析显示，自助服务升级后，客户满意度提升20%，业务处理速度提高30%，有效分流网点压力，优化资源配置，助力银行实现降本增效。自助服务技术的普及，进一步推动银行数字化转型，提升运营效率，降低运营成本。银行通过持续优化自助设备功能，结合大数据分析，精准洞察客户需求，提供个性化服务，增强客户黏性。同时，智能自助银行与远程视频银行、智能客服系统相互协同，构建全方位服务体系，实现线上线下无缝衔接，提升整体服务质量和客户满意度，助力银行在激烈的市场竞争中保持领先地位。

数字化的服务流程管理系统，可以跨渠道追踪客户请求和投诉，确保及时响应和妥善处理。一些银行建立了统一的客户服务工单系统，无论客户通过哪个渠道提出请求，都能得到一致的处理和追踪。金融科技驱动的运营效率革命不仅限于银行自身的业务流程，也扩展到更广阔的金融生态系统。开放银行是这一趋势的重要表现，银行通过API等方式对外开放业务能力和数据，与合作伙伴共同为客户提供服务。

银行API经济正在成为新的价值增长点。银行将支付、账户、验证、数据分析等功能通过标准化API接口对外开放，允许第三方开发者调用这些能力，构建创新应用。例如，将银行的支付功能嵌入电商平台，将账户余额查询功能嵌入企业财务系统，或者将风险评估模型提供给合作的小贷机构。这不仅扩大了银行的业务覆盖面，还促进了金融生态的多元化发展，为客户带来了更加丰富、便捷的金融服务体验。通过API经济，银行能够更精准地把握市场需求，加速产品迭代，增强市场竞争力。

数据共享与协同是开放银行的重要价值。在获得客户授权的前提下，银行与合作伙伴之间安全、合规地共享数据，创造更多价值。例如，银行可以获取电商平台的交易数据，为小微商户提供更精准的信贷服务；同时，电商平台可以获取银行的部分金融数据，为用户提供更个性化的服务推荐。通过数据共享，银行与电商平台实现优势互补，提升服务精准度。银行对智能技术，如5G、AI的应用，进一步优化消费场景，增强用户信任。

生态圈运营效率的提升是共同目标。通过技术连接和流程优化，减少整个金融生态中的摩擦和重复，提升端到端的服务效率。例如，银行与房地产开发商、中介、公证处等合作，打造一站式购房金融服务平台，大幅简化客户办理房贷的流程，减少了等待时间。通过这种跨界合作，客户只需在线提交一次资料，即可完成贷款申请、审批、放款等环节，极大提升了购房体验。同时，银行还能通过数据分析，精准评估客户信用，降低风险。

金融科技赋能的运营效率革命为商业银行带来了多方面的价值。首先，成本的显著降低。通过流程自动化、业务集中化和智能化管理，银行可以大幅减少人力成本和运营成本。研究表明，全面实施金融科技转型的银行可以将运营成本降低20%～40%。其次，客户满意度显著提升。智能化服务减少了等待时间，提升了服务质量和响应速度。客户体验的改善直接转化为忠诚度的提高，进一步带动业务增长。此外，风险管理能力得到强化。借助大数据和AI技术，银行能更精准地识别和防范风险，保障金融安全。综合来看，金融科技赋能不仅提升了银行的核心竞争力，也为整个金融生态注入了新的活力。

错误率降低与风险控制加强是智能自动化的重要价值。AI和机器人技术可以减少人工操作错误，提高业务处理的准确性；同时，通过实时监控和异常检测，可以及时发现并处理潜在风险。自动化流程还提升了合规性，确保操作符合法规要求。智能风控系统能够实时分析海量数据，精准识别欺诈行为，有效降低金融风险。

响应速度提升与客户体验改善是能够直接感知的变化。自动化和数字化流程大大缩短了业务处理时间，从天级缩短到小时级甚至分钟级，显著改善了客户等待体验。例如，传统贷款审批可能需要数周，而通过智能化流程可能只需数小时甚至更短时间。员工效能提升与价值增长是人力资源的重新配置。通过自动化流程处理重复性工作，员工可以将更多精力投入到需要人类判断和创造力的高价值工作中，如客户关系维护、复杂问题解决和创新业务开发。

大规模个性化服务能力的提升是差异化竞争的关键。通过数据分析和AI技术，银行可以在规模化服务的同时，为每个客户提供个性化的体验和建议，实现大规模定制的服务模式。数据驱动决策与持续优化是管理升级的核心。基于海量运营数据的分析，管理层可以作出更加科学、精准的决策，实现业务的持续优化和创新。同时，数据驱动的风险管理能实时监测市场动态，精准预测潜在风险点，确保业务稳健运行。通过不断迭代优化算法，银行能更精准地把握客户需求，提升服务质量和市场竞争力。

在推进运营效率革命的过程中，商业银行也面临一系列挑战。系统整合与数据打通是技术瓶颈，银行往往拥有众多历史系统和数据孤岛，难以实现全面连接和整合，限制了流程自动化和数据分析的效果。

变革管理与人力转型是组织难题，自动化和数字化转型可能引起员工对岗位变化或裁员的担忧，需要妥善处理人力资源转型问题。同时，银行需要培养和引进具备数字技能的新型人才，建立支持创新的文化和激励机制。培育标准化、低成本的解决方案，建设服务商资源池，减少对外依赖，引导企业明确转型路径，深化校企协同，培养专业人才，从而提升员工数字素养，营造良好人才环境，助力银行数字化转型。

安全合规与风险管理是永恒主题，在推进自动化和开放银行的过程中，必须确保系统安全、数据保护和合规运营，防范技术风险和操作风险。创新速度与稳定性往往不可兼得，银行需要在快速创新和维持系统稳定性之间找到平衡点，避免因过快的变革而带来风险。同时，客户信任与品牌建设是长期任务，银行需通过透明沟通和优质服务赢得客户信赖，树立良好品牌形象。持续的技术投入与迭代更新是保持竞争优势的关键，银行应不断探索前沿技术，优化现有系统，确保技术领先地位。

初始投入与长期收益的平衡是财务考量，运营效率革命往往需要大量的前期投入，而收益可能在较长时间内逐步显现，银行需要做好投资规划和预期管理。合理评估投入产出比，制定科学的财务策略，确保资金的有效利用。通过阶段性成果展示和效益分析，增强内外部信心，稳步推进转型进程。同时，建立灵活的调整机制，根据市场变化和实际效果，及时优化资源配置和战略方向，确保长期可持续发展。

展望未来，随着AI、区块链、云计算等技术的持续发展，银行运营管理的效率革命将进入更深层次。AI驱动的超自动化将成为趋势，融合RPA、机器学习、认知自动化等多种技术，实现更智能、更复杂的自动化应用，处理非结构化数据和需要一定判断力的任务。AI技术的深度应用将进一步提升银行服务的个性化和精准度，优化客户体验。区块链技术将增强数据透明度和安全性，云计算则提供强大的数据处理能力，支撑大规模业务扩展。银行需持续关注技术前沿，灵活调整战略，确保在激烈的市场竞争中保持领先。

端到端的客户旅程优化是体验升级的关键，对从客户需求产生到需求满足的全流程进行数字化重构，消除各环节的摩擦点，提供无缝的服务体验。量子计算等前沿技术的应用可能带来算力的革命性提升，解决目前技术难以处理的复杂优化问题，如风险模型计算、投资组合优化等。

普华永道的研究预测，到2030年，人工智能将为全球经济贡献15.7万亿美元，其中银行业将是受益最多的行业之一。通过运营效率革命，商业银行有望释放巨大的生产力潜能，重新定义银行的服务边界和价值创造模式。在数字化浪潮中，银行需不断优化业务流程，提升服务效率，通过智能化工具实现成本控制和风险防范。同时，强化数据治理，确保数据安全和合规使用，为创新提供坚实基础。通过持续的技术融合和业务创新，银行将重塑金融服务生态，实现高质量发展，迎接未来挑战。

在人才培养与发展方面，银行建立了多层次的数字化人才培养体系，如针对管理层的数字化思维培训，针对业务人员的科技应用培训，以及针对IT人员的前沿技术培训等。同时，通过轮岗交流、项目实践、创新竞赛等方式，促进业务与科技人才的深度融合。在金融科技时代，银行的人才结构已经发生了根本性变化。根据麦肯锡的调查，银行先进员工中具有技术背景的比例已从过去的10%左右增长到30%以上。同时，复合型人才——既懂金融业务又懂技术应用的专业人士，成为各大银行竞相争夺的稀缺资源，这类人才往往能够在业务创新中发挥关键作用。银行还需构建开放的学习平台，鼓励员工持续学习新技能，适应快速变化的技术环境。通过校企合作、在线课程等多种途径，拓宽人才培养渠道，确保人才供给与业务需求的高度匹配。此外，建立激励机制，奖励创新成果，激发员工积极性和创造力，形成良性循环，为银行的长期发展奠定坚实的人才基础。

与战略转型相适应，银行的组织架构也需要进行相应的调整和重塑。传统银行的组织架构通常呈现以下特点：条线垂直管理，各业务条线（如零售、对公、金融市场）相对独立运营，协同不足；层级设置多，决策链条长，响应速度慢；总分行管理模式，总行制定策略，分支机构执行，创新活力受限；IT部门处于支持地位，往往不直接参与业务决策。因此，银行应打破壁垒，构建扁平化、跨部门协同的组织架构，提升决策效率；引入敏捷管理机制，促进业务与技术的深度融合，激发创新活力。

在金融科技时代，银行的组织架构需要更加扁平化、敏捷化和协同化，以支持快速创新和客户导向。总行层面设立首席数字官或首席信息官岗位，将其提升至与业务条线平级的战略位置，参与重大决策。成立数字银行部或互联网金融部，整合线上业务资源，推动全渠道整合。

跨条线构建客户体验团队，打破业务条线壁垒，从客户旅程视角优化产品和服务。采用敏捷组织方法，建立产品导向的跨职能团队，包含业务、IT、数据、设计等多领域人才，快速响应市场需求。建立金融科技子公司或创新实验室，作为孵化创新业务和技术的特区，享有更灵活的机制和资源配置权。优化总分行关系，赋予分支机构更多经营自主权，鼓励进行因地制宜的创新实践。

值得注意的是，不同类型的银行可能采用不同的组织转型路径。大型银行往往倾向于建立金融科技子公司或创新部门，与传统业务并行运作，逐步实现整体转型；而中小银行可能更倾向于整体敏捷转型，全面采用新型组织方法和工作方式。波士顿咨询公司的研究显示，在实施敏捷组织转型后，银行可以将新产品开发周期缩短50%～70%，同时显著提升产品质量和客户满意度。一些银行将原本按业务条线划分的部门重组为多个团队，每个团队负责特定的客户旅程或产品场景，如住房金融、出行支付、财富增值等。团队由业务专家、IT开发人员、数据分析师、设计师等多领域人才组成，实行自主管理、迭代交付、持续改进的工作模式。

许多银行设立了专门的金融科技子公司，如中国建设银行的建信金融科技、招商银行的招银云创、浦发银行的金融科技创新投资有限公司等。这些子公司一方面为母行提供金融科技服务，另一方面也面向市场输出科技能力，已经形成了一定的市场影响力。这些金融科技子公司通过与外部科技企业合作，加速技术创新，推动母行数字化转型。同时，内部孵化项目不断涌现，形成良性创新生态，提升银行整体竞争力。

总分行管理体系的优化也是组织转型的重要方向。传统上，总行负责战略规划和产品开发，分支机构主要执行总行策略和销售产品。在数字化时代，这种模式往往反应慢、创新不足。因此，越来越多的银行开始重新定位总分行关系，赋予分支机构更多的经营自主权和创新空间。

例如，某城商行采用了“总行平台化，分行特色化”的管理模式。总行负责构建统一的科技平台、风控体系和产品框架，分行则可以根据当地市场特点，设计差异化的产品组合和营销策略，形成总分协同、各展所长的良性互动。通过这种模式，分行能更灵活应对本地需求，提升市场竞争力，同时总行集中资源进行技术创新，确保整体战略的一致性和高效性。实践证明，这种总分协同机制有效激发了内部创新活力，提升了银行整体运营效率和客户满意度。

“Culture eats strategy for breakfast”即“文化可以把战略当早餐吃掉”，这句被广泛引用的管理格言，用在银行的数字化转型中尤为贴切。再先进的战略，若没有与之匹配的文化土壤，也难以生根发芽、开花结果。数字化转型不仅是技术升级，更是文化重塑。银行需培育开放、协作、创新的文化氛围，打破部门壁垒，鼓励跨领域合作，激发员工主动性和创造力。通过内部培训、激励机制等手段，逐步形成适应数字化时代的组织文化，确保战略落地生根，持续提升银行的核心竞争力。

传统银行文化通常具有稳健审慎、等级导向、规则驱动、风险规避的特点。它强调安全稳定，对风险高度敏感，倾向于维持现状而非追求变革；层级观念强，决策自上而下，基层员工创新活力受限，规章制度严格，流程标准化程度高，但灵活性不足；更看重避免错误，而非追求突破，容错空间有限。这种文化在保障银行稳健经营方面发挥了重要作用，但在金融科技时代，也可能成为创新和转型的障碍。

数字化文化转型是破解组织僵化的关键。金融科技时代的银行文化，需要在保持金融业应有的稳健本质的同时，融入更多的创新、敏捷和开放元素。

创新导向是其核心特征，营造鼓励创新的氛围，容忍适度试错，重视并奖励创新行为。Gartner的研究指出，文化是数字化转型成功的关键因素之一，卓越的创新文化可以使组织实现创新的可能性提高30%以上。

敏捷思维是行动力的保障，强调快速反应、迭代改进、持续学习，形成"快速尝试—失败—学习—再尝试"的工作循环。以客户为中心则是价值导向，从以产品为中心转向以客户为中心，所有决策和行动都以提升客户体验为出发点。在这样文化的滋养下，银行能够迅速捕捉市场变化，精准响应客户需求，不断优化服务流程，从而在激烈的市场竞争中脱颖而出。

数据驱动是决策基础，倚重数据而非经验和直觉作决策，培养假设—验证的实证思维方式。开放协作也是重要特征，打破部门壁垒，促进内部协作；同时开放心态，积极与外部合作。科技赋能助力能力提升，鼓励员工主动学习和应用新技术，提高数字化技能。

文化转型是一项系统工程，难以一蹴而就。成功的文化转型通常包括几个关键要素。高层表率是以上率下的示范，最高管理层需以身作则，通过行动和决策展现对新文化的承诺。麦肯锡的研究表明，高管团队以身作则是文化变革成功的最关键因素之一。中层推动则是承上启下的桥梁，中层管理者需积极践行新文化，并带动基层员工转变观念，形成自上而下的变革合力。基层实践是落地生根的保障，员工需在日常工作中践行新文化理念，逐步形成行为习惯。持续反馈是优化改进的基石，需定期评估文化转型效果，及时调整策略，确保文化变革持续推进。

激励机制是行为引导的重要手段。设计与新文化相匹配的考核激励体系，奖励创新、协作、客户导向等行为。一些银行专门设立创新积分制度，员工参与创新项目、提出改进建议等都可以获得积分，积分不仅与年终奖励挂钩，还可用于兑换培训机会和职业发展资源。员工参与度是文化落地的基石，通过定期组织创新工作坊、开放日等活动，激发全员参与热情。沟通透明是信任构建的关键，建立多渠道沟通机制，确保信息流通无阻，增强团队凝聚力。持续培训是能力保障，提供数字化技能和敏捷思维培训，帮助员工适应新文化要求。标杆引领具有示范效应，树立内部转型成功案例，推广经验，形成正向激励循环。

工作方式变革是日常实践的体现。银行应推广敏捷开发、设计思维、SCRUM（敏捷开发项目管理框架SCRUM）等新型工作方法，改变员工的日常工作习惯。办公环境改造也能促进文化转变，创造开放、协作的物理空间，促进跨部门交流和创意碰撞。多家银行已经开始重新设计办公空间，取消传统的封闭式办公室，转而采用开放式工位、创意讨论区、创新实验室等新型空间布局。通过这些举措，员工在潜移默化中接受新文化熏陶，逐步形成主动创新、协同合作的思维模式，从而推动整个组织在数字化转型中实现质的飞跃。

人才策略是文化变革的支撑。通过引进具有创新精神和数字思维的人才，特别是中高层管理者，加速文化变革。持续沟通和培训是意识提升的过程，通过各类沟通渠道和培训项目，让全体员工理解、认同和实践新文化。通过典型事例和故事传播，强化新文化的价值观和行为规范。

文化转型是一个长期过程，需要持续的努力和耐心。不同银行应根据自身历史、定位和战略目标，找到适合自己的文化转型路径，而非简单照搬其他机构的做法。唯有如此，方能确保文化转型真正融入组织血脉，形成独特的竞争优势，助力银行在数字化浪潮中稳健前行，实现可持续发展。

在金融科技浪潮中，商业银行的战略、组织与文化变革面临诸多挑战。一方面，现有的利益格局、成熟的业务模式和稳定的盈利来源，使得银行缺乏变革的紧迫感；另一方面，资产规模庞大、员工众多、网点体系复杂的传统银行，在转型过程中面临“大船掉头”的困难。战略上，银行需要在稳健与创新之间找到平衡点，既不能因追求稳健而拒绝变革，也不能因追求创新而过度承担风险。组织上，需要处理好传统业务与创新业务、总行与分行、业务部门与科技部门之间的关系，避免内部冲突和资源争夺。文化上，需要在保持银行核心价值观的同时，融入新的文化元素，实现文化的平稳过渡而非断裂式变革。

同时，金融行业的高度监管特性，也对银行的变革提出了特殊要求。银行需要在合规的前提下推进创新，确保变革过程不引发系统性风险和监管问题。面对这些挑战，商业银行可以采取以下策略：建立双轨制转型模式，在保持传统业务稳定的同时，设立创新特区，允许在特定范围内进行大胆探索；实施分阶段、渐进式的转型路径，先从非核心业务或新增业务入手，积累经验后再向核心业务扩展；加强与监管机构的沟通协作，在合规框架内探索创新路径；借鉴成功案例但不照搬复制，结合自身特点找到适合的转型模式。

金融科技时代的银行转型，本质上是一场涉及思维方式、价值创造模式和组织运行机制的全方位变革。它不仅是技术的应用，更是战略的重塑、组织的重构和文化的重生。这需要勇气、智慧、耐心和定力的结合，没有捷径可走，唯有坚定前行。

第四章　未来展望、风险挑战与监管应对

随着金融科技的持续发展和深度应用，商业银行正站在新的历史关口，面临前所未有的机遇和挑战。本章将放眼未来，探讨金融科技在银行业的发展趋势、新兴风险点、应对策略以及全球金融监管的演进与协调，旨在为银行在金融科技时代的可持续发展提供前瞻性思考。

第一节　面临的各种风险挑战

数据安全和隐私保护风险越来越受到关注。银行收集和处理海量客户的个人信息与金融数据，是数据安全和隐私保护的高风险领域。数据泄露事件可能导致严重的法律责任、监管处罚、声誉损害和客户流失。2019年，美国某大型银行因数据保护措施不足，导致超过1亿位客户的个人信息被泄露，最终被处以数亿美元罚款。

全球数据保护法规日益严格，如欧盟的《通用数据保护条例》（GDPR）、我国的个人信息保护法和数据安全法等，对银行的数据合规提出了更高的要求。跨境数据流动面临复杂的法律挑战，全球化经营的银行需要应对不同国家和地区的数据法规，增加了合规复杂性。

大数据分析和AI应用中的隐私风险需要特别关注，如何在利用数据创造价值的同时保护客户隐私，成为银行面临的重要挑战。第三方数据共享和开放银行趋势也带来新的风险点，银行需要确保在与合作伙伴共享数据时不违反隐私法规和客户授权范围。

某银行的数据治理负责人表示：“过去，我们对数据的理解主要是‘资产’，关注如何挖掘价值；现在，我们越来越认识到数据同时也是‘负债’，关

注如何防范风险。建立平衡的数据策略，既能创造价值又能确保安全和隐私，是我们工作的核心。”

AI和算法风险是金融科技时代的新兴挑战。随着AI在信贷审批、风险评估、投资决策等核心业务中的应用日益广泛，其带来的风险也日益凸显。

黑箱问题和可解释性不足是AI应用的主要风险点。复杂的机器学习模型（特别是深度学习模型）通常难以解释其决策过程，这在高风险金融决策中可能引发监管挑战和客户信任问题。一位风险管理专家指出：“当AI模型拒绝了一笔贷款申请，而我们无法清楚解释拒绝原因时，这不仅涉及技术问题，还涉及公平性和合规性问题。”

算法偏见和歧视风险也不容忽视。如果训练数据中包含历史偏见，或者算法设计不当，AI系统可能产生带有偏见的结果，导致对特定群体的不公平。2021年，欧洲某银行的AI信贷评分系统被监管机构调查，因为数据显示该系统可能对特定年龄和种族群体存在系统性偏向。

模型风险和算法稳定性同样是AI应用面临的挑战。在异常市场环境或数据分布变化时，AI模型的性能可能显著下降，导致决策错误。模型的过拟合问题也可能导致其在实际应用中表现不佳。

随着生成式AI和大型语言模型（LLM）的兴起，出现了新的风险点，如幻觉生成（AI生成不准确信息）、提示词注入（通过精心设计的输入操纵AI输出）等，这些风险在金融领域可能导致严重后果。

治理框架不足是当前普遍存在的问题。许多银行尚未建立完善的AI治理框架，对AI系统缺乏从数据收集、模型训练到部署和监控的全生命周期风险管理。

第三方依赖风险在银行数字化转型过程中日益凸显。为加速创新和降低成本，银行越来越依赖第三方科技服务提供商，但这也带来了一系列风险。

金融云服务的集中风险是一个系统性担忧。全球主要云服务提供商数量有限，银行对这些提供商的依赖可能造成集中风险。如果主要云服务提供商发生重大故障或安全事件，可能对整个金融系统产生广泛影响。2021年，亚马逊AWS的区域性服务中断就影响了多家金融机构的业务运行。

第三方科技供应商的合规和安全标准可能与银行自身要求不一致，增加了合规风险。监管机构日益关注银行的第三方风险管理，要求银行对关键供应商进行严格的尽职调查和持续监控。

全球地缘政治风险也影响着科技供应链的稳定性。国际关系紧张可能导致技术壁垒、数据本地化要求、供应链中断等问题，银行需要评估并降低这些风险。第三方服务的中断或质量问题可能直接影响银行的业务连续性和客户服务。应急预案和替代方案的准备对于银行至关重要。

区块链和加密资产带来的新型风险也需要银行密切关注。随着加密资产市场的发展和传统银行开始涉足这一领域，相关风险管理变得越来越重要。

监管不确定性是主要挑战，全球各国对加密资产的监管态度和框架存在显著差异且不断变化，银行面临合规难度和监管套利风险。技术风险也不容忽视，智能合约漏洞、共识机制攻击、私钥管理失误等技术问题可能导致资产损失。2021年发生的多起DeFi协议被黑客攻击事件，造成了数亿美元的资金损失。

加密资产的高波动性也带来市场风险和流动性风险，银行若持有或为客户提供加密资产服务，需要建立相应的风险管理框架。反洗钱和客户身份识别合规在加密资产领域面临特殊挑战，加密交易的匿名性和跨境特性增加了合规难度。

加密资产与传统金融系统的互联互通也带来风险传导问题，银行需要评估这种互联可能带来的系统性风险。一位监管机构代表在行业会议上表示："随着传统银行与加密资产世界的边界日益模糊，如何在鼓励创新和防范风险之间找到平衡点，成为银行和监管者共同面临的课题。"

新型金融科技风险的特点和传统金融风险有显著不同。首先，技术复杂性高，很多风险涉及尖端技术和复杂系统，银行传统风险管理团队可能缺乏相关专业知识。其次，风险传播速度快，数字环境下的风险事件可能在短时间内快速蔓延，传统的人工监控和响应机制可能不足以应对。再次，风险识别难度增大，新型风险往往没有充分的历史数据和成熟的评估方法，难以有效识别和量化。从次，风险波及范围广，一起技术事件可能同时影响大量客户和业务流程，造成广泛影响。最后，风险交叉性和复杂性突出，技术风险、操作风险、声誉风险、合规风险等往往相互交织，难以孤立应对。

霍金斯教授是金融风险管理领域的专家，他指出："金融科技风险的本质是'复合性风险'，它打破了传统风险类别的界限，需要跨领域、跨部门的协作才能有效管理。最危险的风险往往藏在不同风险类别的交叉地带，而这恰恰是传统风险管理框架的盲点。"

银行应对新兴风险的关键策略首先是建立动态风险评估框架。银行需要超越传统的静态风险评估方法，构建更加动态和前瞻性的风险识别和评估机制。此类评估方法包括建立技术风险雷达，持续扫描和评估新兴技术风险；开发情景分析和压力测试方法，模拟极端情况下的风险影响；利用数据分析和AI技术，提升风险早期识别能力。

完善网络安全防御体系是应对日益复杂的网络威胁的关键。采用纵深防御策略，建立多层次安全防线；实施零信任安全架构，不再依赖传统的网络边界防护；加强安全监控和事件响应能力，确保及时发现和处置安全事件；定期进行渗透测试和红队演练，测试安全防护的有效性。

建立全面的数据治理框架同样重要。明确数据所有权、分类和责任，实施差异化的保护措施；加强隐私保护设计，在产品和服务的全生命周期中嵌入隐私保护措施；提升数据质量管理，确保分析和决策依赖的数据准确、完整；建立数据安全事件的应急响应机制，降低事件影响。

张先生是某全球性银行的首席数据官，他这样描述该行的数据治理实践："我们建立了企业级数据地图，对各类数据进行分类分级管理。对于敏感客户数据，我们实施了'最小访问原则'，并通过数据脱敏、访问控制、审计跟踪等技术手段提供多层次保护。同时，我们的数据生命周期管理确保数据在不再需要时得到安全销毁。"

加强AI治理和道德框架建设是管理算法风险的必要措施。建立端到端的AI治理框架，覆盖从设计、开发到部署、监控的全生命周期；强化AI模型的可解释性，特别是在高风险决策应用中；定期评估和审计AI系统的公平性和潜在偏见；建立人类监督和干预机制，避免完全自动化的高风险决策。

优化第三方风险管理是应对供应链风险的关键。强化对关键第三方供应商的尽职调查和持续监控；制定明确的服务水平协议（SLA）和安全要求；建立供应商多元化策略，避免过度依赖单一供应商；制定完善的业务连续性和应急预案，应以对第三方服务中断风险。

银行还需要培养科技风险管理人才，建立跨职能协作机制。引进和培养兼具金融和技术背景的风险管理人才，提升对新兴风险的理解能力。建立技术、业务、风控、法务等部门的协作机制，形成风险管理合力。在高级管理层增设首席信息安全官（CISO）、首席隐私官（CPO）等专门职位，提升风险管理的战略地位。

主动加强与监管机构的沟通合作，理解监管期望，参与监管政策讨论。加入行业组织和信息共享机制，共同应对行业性风险挑战。

张宏是某国有大型银行的首席信息安全官，他强调协作的重要性："我们面对的不仅是针对单一银行的威胁，更多的是针对整个金融体系的系统性风险。没有一家银行能够独自抵御这些威胁，行业协作和信息共享比以往任何时候都更为重要。"

不同类型的银行面临的风险挑战有所不同，应采取差异化的应对策略。大型全球性银行通常面临更复杂的跨境数据合规问题、更广泛的攻击面和系统集成挑战。它们应投资建设先进的安全运营中心（SOC），采用AI辅助的风险检测和响应系统，建立全球一致的风险管理框架，同时满足各地区监管要求。

中小型银行受限于资源和专业能力，可能面临更大的技术风险。它们可以考虑采用安全即服务（SECaaS）模式，与专业安全服务提供商合作；加入银行业网络安全联盟，共享威胁情报和最佳实践；聚焦业务战略需求，采用适合自身规模和风险特点的技术解决方案，避免盲目追求技术复杂性。

数字银行或互联网银行因其业务模式完全线上化，面临更高的网络风险和系统稳定性挑战。它们需要将安全和风险控制嵌入产品设计的每一个环节；建立持续的安全测试和漏洞管理流程；采用先进的实时风险监控和欺诈检测系统，应对快速变化的风险场景。

综上所述，金融科技带来的新兴风险既是挑战，也是银行提升风险管理能力的契机。银行需要构建更加动态、前瞻和整合的风险管理框架，在推动创新的同时确保风险可控，实现可持续发展。

正如某银行首席风险官的洞见："在数字时代，风险管理不再是合规的成本中心，而是战略的价值创造者。卓越的风险管理能力将成为银行核心竞争力的重要组成部分，支持银行在创新与稳健之间找到最佳平衡点。"

第二节　金融科技监管的演进与国际协调

2023年11月，某国际金融中心，一场高规格的金融监管研讨会正在举行。来自全球主要经济体的中央银行和金融监管机构代表齐聚一堂，讨论金融科技带来的监管挑战和应对之策。

监管机构面临着前所未有的挑战，一方面，需要为金融创新留出足够的空间，鼓励科技提升金融服务的普惠性和效率；另一方面，必须有效防范潜在的风险，确保金融体系的稳定和消费者权益的保护。在一个日益互联和数字化的金融世界里，平衡创新与稳定，实现跨境监管协调，已成为各国监管者的共同课题。稳定与创新的平衡也是金融科技时代监管面临的核心困境。随着金融科技的快速发展，传统的金融监管框架面临着日益严峻的挑战，各国监管机构正积极探索适应金融科技特点的新型监管模式。与此同时，金融科技的全球化特性要求加强国际监管协调与合作，共同应对跨境金融风险和监管套利问题。金融科技的监管不仅要注重技术层面的安全，还需关注数据隐私保护和市场公平竞争。同时，监管机构应推动建立统一的数据标准和透明的信息披露机制，确保信息对称，防范市场操纵行为。加强跨部门、跨地区的协作，形成合力，构建多层次、全方位的监管体系，以适应金融科技的复杂性和动态性。

金融科技的蓬勃发展对传统监管框架提出了多方面挑战。

一是创新速度与监管响应之间的时滞。金融科技创新往往以几何级速度发展，而监管规则的制定和调整通常需要经过漫长的研究、征求意见和审批过程，导致监管滞后，错失风险防范的最佳时机。

二是模糊的监管边界和职责重叠。金融科技打破了传统金融业务类型的界限，使得基于业务类型划分的监管框架难以有效应对跨界业务。例如，支付、信贷、理财等功能的融合可能同时涉及多个监管机构的职责范围，造成监管重叠或监管空白。

三是技术复杂性增加了监管难度。AI、区块链、云计算等新技术的复杂性使得监管者在理解和评估相关风险时面临挑战。例如，监管者如何有效评估AI信贷模型的公平性和合规性，如何监管跨境的区块链网络，都是传统监管框架下难以解决的问题。

四是数据治理与跨境数据流动。数据已成为金融科技的核心资产，但不同国家和地区对数据隐私、安全和跨境流动的规定差异巨大，造成监管合规的复杂性。

五是风险的系统性和传染性增强。数字化平台和算法交易等可能提高风险传播速度和扩大风险传播范围，增加系统性风险。

六是非金融科技公司进入金融领域。互联网和科技巨头凭借其技术优势和庞大用户基础进入金融服务领域，但它们可能不完全适用于传统金融监管框架，造成监管套利风险。

七是消费者保护新挑战。金融科技创新可能带来新型消费者风险，如数据泄露、算法偏见、产品复杂性等，需要更新消费者保护框架。

这些挑战导致监管者必须不断调整和优化监管理念、方法和工具，以适应金融科技发展的新形势。面对金融科技的快速发展，全球监管机构积极调整监管理念和方法，逐步形成了一些创新的监管模式和实践。风险导向和原则导向的监管方法是基本思路，监管重点从传统的机构和业务监管转向对风险本质的关注和对功能的监管，注重制定灵活的原则性规定，而非僵化的细则。这种方法能够更好地适应技术和业务模式的快速变化。

监管沙盒（Regulatory Sandbox）是近年来广受欢迎的监管创新工具，为金融创新提供了一个可控的实验环境。监管沙盒允许金融科技企业在有限的客户范围内测试创新产品和服务，暂时豁免部分监管要求，同时受到监管机构的严密监督。这种模式既支持了创新，又控制了潜在风险。

英国金融行为监管局（FCA）率先在2016年启动了监管沙盒项目，此后全球超过50个国家和地区采用了类似机制。据FCA数据，该机构已完成七批沙盒项目，支持了超过200家企业的创新尝试，其中许多已成功进入市场并获得了正式监管许可。

创新促进机制（Innovation Facilitator）是监管沙盒的补充，包括创新中心（Innovation Hub）、监管诊所（Regulatory Clinic）等形式，为金融科技企业提供监管咨询、政策解读和合规指导，降低了创新的监管的不确定性。例如，新加坡金融管理局的金融科技创新实验室不仅提供监管咨询，还组织黑客马拉松、提供资金支持和国际合作机会，全方位促进金融创新。

监管科技（RegTech）和监督科技 （SupTech）正成为提升监管效能的重要工具。RegTech是金融机构使用的技术解决方案，能够帮助其更高效地满足监管要求；而SupTech是监管机构自身采用的技术工具，能够提升监管能力和效率。FCA利用SupTech工具实时监控市场动态，及时发现风险点，确保金融稳定。MAS则通过RegTech平台，助力企业简化合规流程，降低成本。

英国央行 （Bank of England）已经部署了数据分析平台，通过机器学习算法分析银行提交的监管报告，自动识别异常情况和潜在风险，大大提高了风险识别的效率和准确性。美国金融业监管局（FINRA）使用自然语言处理交易数据和通信记录，并使用AI分析，识别可能的市场操纵和内幕交易行为。

开放金融和数据共享监管框架的建立是监管创新的另一个重点。随着开放银行和开放金融的发展，监管机构在促进金融数据共享的同时，也需要确保数据安全和消费者权益。多国已出台相关监管框架，规定数据共享的标准、接口要求、安全规范和责任分配等。例如，欧盟的《支付服务指令》修订版（PSD2）强制要求银行开放账户信息和支付发起接口，英国的开放银行标准 （Open Banking Standard）详细规定了API接口的技术标准和安全要求。这些框架不仅提升了金融服务的透明度和便捷性，还促进了金融科技企业的创新竞争，推动了金融生态系统的健康发展。

金融科技带来的跨境挑战和治理问题逐渐凸显，各国及国际组织正在加强监管协调与合作。全球金融市场的互联互通和金融服务的数字化使得跨境金融活动更加便捷，但也带来了监管挑战。金融科技的无国界特性可能导致监管套利，企业可能选择在监管较宽松的地区开展业务，但服务全球客户。监管规则的不一致增加了全球金融企业的合规成本和复杂性，企业可能需要同时满足多个司法辖区的不同要求。不同国家对数据跨境流动的限制政策差异很大，给数据治理带来了挑战。严格的金融监管与贸易自由化之间存在潜在冲突，数字贸易协定中的条款可能与金融监管目标相冲突。如何平衡创新与风险防范，在维护国家金融主权的同时促进国际合作，是各国面临的复杂挑战。

金融与非金融边界的进一步模糊是不可避免的趋势。随着金融服务的嵌入化和场景化，传统金融业务与平台经济、生活服务等领域的界限日益模糊，监管边界需要重新界定。跨境监管协调的重要性将进一步凸显。金融科技的全球化特性决定了单一国家的监管难以完全有效，因此需要加强国际协调与合作。同时，各国需要在尊重数据主权的基础上，探索数据跨境流动的合理机制。

面向未来，监管机构应当建立更加灵活和适应性强的监管框架，能够根据技术和市场变化快速调整；提升监管自身的数字化水平，加大监管科技投入，实现以科技手段进行有效监管；加强与行业的沟通和合作，构建监管者、市场参与者、技术专家等多方参与的协作机制；在保持审慎监管的同时，为负责任的金融创新预留空间，培育更加包容、普惠和可持续的金融生态。

金融科技时代的监管，不是要在风口上拦截创新的风，而是要为创新构建安全的航道。这需要监管者、市场参与者和技术专家的共同努力，在创新与稳定之间找到最佳平衡点。

结语：拥抱未来

夕阳的余晖洒在一座现代化银行总部大楼的玻璃幕墙上，映照出绚丽的金色。某银行董事长站在顶层会议室的落地窗前，凝望着这座日新月异的城市。20年前，当他第一次踏入银行工作时，柜台前排着长队的客户、厚重的纸质档案、烦琐的手工操作，是银行日常的真实写照。

而今天，银行的大多数交易都在数字世界中完成，客户可能一年也不用踏入物理网点一次。人工智能系统每秒钟处理着数百万笔交易，自动识别风险；大数据算法精准预测客户需求，提前准备个性化方案；区块链技术正在重构贸易融资的基础流程；云计算平台支撑着全行的数字化运营；移动支付已经成为人们生活的标配……

科技改变金融，金融利用科技，这场变革才刚刚开始。

金融科技的浪潮正以前所未有的速度和广度重塑着商业银行的方方面面，改变了银行与客户互动的方式，重构了业务流程和风险管理模型，颠覆了传统的组织架构和文化范式，甚至挑战了银行的根本商业模式和战略定位。我们正处于一个金融科技与商业银行深度融合的时代，这既是充满挑战的变革期，也是蕴含无限可能的机遇期。

从本书的系统探讨中，我们可以归纳出金融科技对商业银行的影响呈现出的几个核心特征：全面性、深刻性、不可逆性和加速性。

全面性体现在金融科技不再局限于银行的某些特定领域或业务条线，而是全方位渗透到银行的各个层面，从前台客户服务到中台风险管理，从后台运营处理到决策支持，从个人银行到对公业务，从传统信贷到财富管理，无一领域能够独立于这场变革之外。

深刻性表现为金融科技不仅是对现有业务的技术升级，更是对银行商业模式、价值创造方式和组织能力的根本性重塑。它改变了银行获客方式、风控逻辑、收入结构甚至核心竞争力的基础。

不可逆性意味着金融科技带来的变革不是短暂的商业周期或技术潮流，而是金融服务本质的长期演进趋势，代表了更高效率、更普惠、更个性化的金融服务方向。任何试图抵制或回避这一趋势的银行，可能面临最终被市场淘汰的风险。

加速性则表现为金融科技创新的速度正在不断加快，从概念验证到规模化应用的周期不断缩短，新技术、新模式的涌现速度远超以往任何时期，使得银行必须建立更敏捷的响应机制，才能跟上变革的步伐。

面对这场深刻而全面的变革，商业银行的应对策略至关重要。基于本书的分析，我们提出以下关键的制胜之道。

以科技重构核心竞争力是基础。未来的银行竞争将越来越取决于金融科技能力，银行需要将科技视为核心竞争力而非支持功能，持续加大科技投入，构建现代化的技术架构，培养专业的科技人才队伍。同时，将数据作为核心资产驱动价值创造，加强数据治理，提升数据质量，建立数据分析能力，让数据真正成为业务决策和服务创新的驱动力。

以客户为中心进行全方位转型是方向。从传统的以产品为中心转向以客户为中心，基于客户全生命周期的金融需求，提供个性化、场景化、智能化的金融服务。重构客户旅程，消除摩擦点，提升全渠道一致的客户体验。

生态开放与场景融合是拓展边界的关键。银行不应再固守传统边界，而应积极拥抱开放银行理念，通过API等方式开放能力，与各类合作伙伴构建开放金融生态。将银行服务深度嵌入客户的生活和商业场景中，实现无处不在的普惠金融服务。

文化与人才变革是成功基石。科技与业务的深度融合需要新型的组织文化和人才结构支撑。培养创新文化，鼓励试错与学习，打造敏捷组织，建立业务与科技的深度协作机制。发展复合型人才队伍，其中的人才既懂金融专业，又理解技术应用，能够在业务与技术的交叉地带创造价值。

风险与合规的科技升级是安全保障。在推动创新的同时，银行不能忽视风险管理和合规要求。应用AI、大数据等技术提升风险识别和控制能力，借助RegTech提高合规效率，构建更加主动、精准、动态的风险管理体系。

创新与稳健的平衡是持续发展的保证。银行既要有创新的勇气与决心，又要保持传统银行的审慎精神。尝试双速 IT 和创新实验室等模式，在保持核心业务稳健运行的同时，为创新提供空间和资源。创新也应遵循循序渐进、风险可控的原则。

战略前瞻与执行力的结合是制胜关键。银行领导层需要具备战略前瞻性，洞察科技趋势和市场变化，制定清晰的转型愿景和路径。同时，强大的执行力是战略落地的保障，需要建立有效的项目管理和绩效考核机制，确保转型目标落到实处。

不同类型的银行需要根据自身情况选择不同的转型路径。全球性大型银行拥有充足资源，可以投入大量资金进行全面的数字化转型，自主研发核心技术能力，但同时面临着组织庞大带来的转型复杂性。区域性中小银行资源相对有限，可以选择特定领域进行差异化突破，或通过合作利用外部技术资源，打造细分市场的独特优势。纯数字银行没有历史包袱，可以基于最新技术架构构建业务模式，但面临获客成本高、盈利模式待证明的挑战。

从全球范围来看，金融科技的发展虽然呈现出同样的趋势，但在不同地区也体现出差异化特点。美国金融科技发展主要依靠市场力量推动，创新活力强但监管碎片化；欧洲注重监管框架的建设，如PSD2等推动开放银行发展；我国以超级应用和科技平台为特色，以普惠金融和移动支付普及为亮点，强调金融中心与科技创新的结合。

放眼未来，金融科技与商业银行的融合发展仍将面临诸多挑战和不确定性。技术风险和安全威胁将持续存在，新技术应用的法律和伦理问题需要探索解决，不同地区监管政策的分化可能带来合规的复杂性，需要克服传统银行的转型阻力。同时，数字鸿沟和金融包容性的平衡、科技巨头与传统银行的竞合关系、开放与安全的平衡等问题，都需要行业共同面对。

前路漫长，但未来令人激动，银行的本质从未改变，仍然是为客户提供安全、可信的金融服务。而科技，则让银行能以更好的方式实现这一使命。

对商业银行而言，金融科技既不是万能的救命稻草，也不是不可阻挡的颠覆性威胁。它是一套强大的工具和方法，能够帮助银行更好地履行其金融中介和服务提供者的核心职能，解决金融服务中长期存在的效率、成本、可得性和用户体验等问题。

成功的银行将是那些能够理解技术本身并非目的，而是服务于更高层次金融价值创造的手段的银行；是那些既能拥抱创新又不忘传统银行稳健基因的银行；是那些以开放心态融入更广阔金融生态，同时保持自身核心竞争力的银行。

金融科技时代的成功银行家，需要既是金融专业人士，又是技术洞察者；既是风险管理者，又是创新催化剂；既懂得效率，又理解体验；既尊重传统，又拥抱变革。

拥抱变革，智胜未来。金融科技的浪潮不可阻挡，而商业银行的价值与使命历久弥新。在这个充满挑战与机遇的新时代，唯有以开放的心态拥抱科技，以敏捷的步伐适应变革，以客户为中心持续创新，商业银行才能在金融科技的浪潮中生存下来，并且实现蓬勃发展，继续扮演现代经济中不可或缺的金融中介与服务提供者角色，为社会经济的高质量发展贡献力量。

参考文献

[1] 巴曙松，白海峰.金融科技的发展历程与核心技术应用场景探索[J].清华金融评论，2016，（11）：99–103.

[2] 陈雨露.当前全球中央银行研究的若干重点问题[J].金融研究，2020，（2）：1–14.

[3] 程雪军.法律金融学视野中金融科技的监管困境与系统治理[J].武汉大学学报（哲学社会科学版），2024，77（2）：171–184.

[4] 郭党怀.商业银行零售业务数字化转型的发展逻辑与思考[J].银行家，2019，（2）：54–56.

[5] 郭峰，熊云军.中国数字普惠金融的测度及其影响研究：一个文献综述[J].金融评论，2021，13（6）：12–23，117–118.

[6] 郭晔，未钟琴，方颖.金融科技布局、银行信贷风险与经营绩效——来自商业银行与科技企业战略合作的证据[J].金融研究，2022，（10）：20–38.

[7] 郝蕾.国有银行上市改革及引入境外投资者的模型分析[J]. 经济管理，2008，（12）： 61–68.

[8] 胡滨，程雪军.金融科技、数字普惠金融与国家金融竞争力[J].武汉大学学报（哲学社会科学版），2020，73（3）：130–141.

[9] 黄益平，黄卓.中国的数字金融发展：现在与未来[J].经济学（季刊），2018，17（4）：1489–1502.

[10] 李苍舒，沈艳.数字经济时代下新金融业态风险的识别、测度及防控[J].管理世界，2019，35（12）：53–69.

[11] 李建军，姜世超.银行金融科技与普惠金融的商业可持续性——财务增进效应的微观证据[J].经济学（季刊），2021，21（3）：889–908.

[12] 李文红，蒋则沈. 金融科技 （FinTech） 发展与监管：一个监管者的视角[J].金融监管研究，2017，3（1）：13.

[13] 李真，李茂林，朱林染. 银行金融科技与企业金融化：基于避险与逐利动机[J]. 世界经济，2023，（4）：140–169.

[14] 李小荣，王文桢. 资本市场开放与企业劳动力投资[J]. 中央财经大学学报，2021，（5）：65–79.

[15] 李逸飞，李茂林，李静.银行金融科技、信贷配置与企业短债长用[J].中国工业经济，2022，（10）：137–154.

[16] 刘丹阳，黄志刚. 金融科技，OFDI 与经济高质量发展——基于“双循环”相互促进的视角[J]. 中国管理科学，2023，31（11）：151–164.

[17] 刘东民，宋爽.数字货币、跨境支付与国际货币体系变革[J].金融论坛，2020，25（11）：3–10.

[18] 刘贯春，张军，刘媛媛.金融资产配置、宏观经济环境与企业杠杆率[J].世界经济，2018，41（1）：148–173.

[19] 孟娜娜，粟勤，雷海波.金融科技如何影响银行业竞争[J].财贸经济，2020，41（3）：66–79.

[20] 金洪飞，李弘基，刘音露. 金融科技、银行风险与市场挤出效应[J]. 财经研究，2020，46（5）：52–65.

[21] 潘峰华，蒙莎莎. 金融化、金融全球化和金融地理学发展[J]. 经济地理，2021，41（10）：106–116.

[22] 邱晗，黄益平，纪洋. 金融科技对传统银行行为的影响——基于互联网理财的视角[J]. 金融研究，2018，461（11）：17–30.

[23] 石贝贝，夏晓雪，姜付秀.融资约束文献综述：基于中国制度背景的分析[J].中央财经大学学报，2023，（1）：58–68.

[24] 盛天翔，范从来. 金融科技、最优银行业市场结构与小微企业信贷供给[J]. 金融研究，2020，480（6）：114–132.

[25] 宋敏，周鹏，司海涛.金融科技与企业全要素生产率——“赋能”和信贷配给的视角[J].中国工业经济，2021，（4）：138–155.

[26] 谭德凯，田利辉.民间金融发展与企业金融化[J].世界经济，2021，44（3）：61–85.

[27] 王聪聪，党超，徐峰，等.互联网金融背景下的金融创新和财富管理研究[J].管理世界，2018，34（12）：168–170.

[28] 王正位，周从意，廖理，等.消费行为在个人信用风险识别中的信息含量研究[J].经济研究，2020，55（1）：149–163.

[29] 夏立军，方铁强.政府控制、治理环境与公司价值——来自中国证券市场的经验证据[J]. 经济研究，2005，（5）：40–51.

[30] 谢绚丽，王诗卉.中国商业银行数字化转型：测度、进程及影响[J].经济学（季刊），2022，22（6）：1937–1956.

[31] 杨东.监管科技：金融科技的监管挑战与维度建构[J].中国社会科学，2018，（5）：69–91，205–206.

[32] 杨望，徐慧琳，谭小芬，等.金融科技与商业银行效率——基于DEA-Malmquist模型的实证研究[J]. 国际金融研究，2020，（7）：56–65.

[33] 余明桂，潘红波. 政府干预、法治、金融发展与国有企业银行贷款[J]. 金融研究，2008，（9）：1–22.

[34] 余明桂，马林，王空.商业银行数字化转型与劳动力需求：创造还是破坏?[J].管理世界，2022，38（10）：212–230.

[35] 张勋，万广华，张佳佳，等.数字经济、普惠金融与包容性增长[J]. 经济研究，2019，54（8）：71–86.

[36] 张正平，崔宇彤..金融科技与新质生产力发展：理论分析与实证检验[J].技术经济与管理研究，2025，（6）：75–82.

[37] 周雷.金融科技理论与应用[M].北京：人民邮电出版社，2022.

[38] 方伟.金融科技2.0[M].北京：人民邮电出版社，2023.

[39] 高金智库《法律金融科技对个人信用风险化解的应用研究》联合课题组.法律金融科技破解个贷难题[M].上海：上海交通大学出版社，2024.

[40] 黄益平，杜大伟.数字金融革命[M].北京：北京大学出版社，2023.

[41] 腊阳，山丘.互联网消费金融[M].北京：机械工业出版社，2023.

[42] 凌力.区块链与金融科技[M].北京：北京大学出版社，2024.

[43] 金爱民，陈伟.科技金融生态的区域实践[M].上海：上海交通大学出版社，2023.

[44] 沈沁.金融集聚、科技创新与城市经济发展[M].北京：化学工业出版社，

2024.

[45] 王腾鹤，辛泓睿，黄永彬.一本书读懂数字货币[M].北京：机械工业出版社，2020.

[46] 孙芳城，伍桂林，蒋水全.数字普惠金融，知识产权保护与企业创新[D].东北农业大学，2022，41（12）：38–49.

U0937055

民族地区财政转移支付的绩效评价与制度创新

雷振扬　成艾华　著

人民出版社

责任编辑:陈寒节
责任校对:湖　傕

图书在版编目(CIP)数据

民族地区财政转移支付的绩效评价与制度创新/雷振扬,成艾华著.
—北京:人民出版社,2010.5
ISBN 978-7-01-008568-5

Ⅰ.民…　Ⅱ.①雷…②成…　Ⅲ.民族地区-地方财政-财政制度-支付方式-研究-中国　Ⅳ.F812.7

中国版本图书馆 CIP 数据核(2010)第 236257 号

民族地区财政转移支付的绩效评价与制度创新
MINZU DIQU CAIZHENG ZHUANYI ZHIFU DE
JIXIAO PINGJIA YU ZHIDU CHUANGXIN

雷振扬　成艾华　著

人民出版社 出版发行
(100706　北京朝阳门内大街 166 号)

北京瑞古冠中印刷厂印刷　新华书店经销

2010 年 5 月第 1 版　2010 年 5 月北京第 1 次印刷
开本:710 毫米×1000 毫米　1/16　印张:18.5
字数:275 千字　印数:1-3000 册

ISBN 978-7-01-008568-5　定价:38.00 元

邮购地址:100706　北京朝阳门内大街 166 号
人民东方图书销售中心　电话:(010)65250042　65289539

目录

第一章 导 论

第一节 研究目的与意义

一、研究背景

通过特殊的财政政策，增加对少数民族地区的资金投入，帮助民族地区发展经济社会事业，逐步缩小与发达地区的差距，是有中国特色的社会主义民族政策的重要内容。

民族地区财政具有自身的特殊性。与一般地区财政不同，民族地区财政是由民族地区政治、经济、历史、文化等多方面因素决定的。首先，由于自然、历史等原因的限制，我国民族地区大多是不发达地区或欠发达地区，经济基础薄弱、市场发育不完善，经济社会发展长期处于落后状态。由于经济发展水平低，财政的集资能力差，财政资金十分困难。而在财政支出中，非生产性开支所占比例大，缺乏财力进行生产性投入。其次，我国少数民族地区一般都处在边疆地区，幅员辽阔、地广人稀。这种特殊的地理位置，直接影响着行政管理成本和文化、教育、卫生等项事业费用的支出，使得这些地区除需要一般的行政开支外，还有许多特殊的开支需要顾及。同时，许多少数民族有自己的语言、文字和风俗习惯，本着民族平等、民族团结、保护民族文化的原则，一些民族自治地方政府管理是两种语言、两种文字并行，还要考虑相应的民族文化、民族习俗、民族节日等因素，这相应地增加了政府的财政开支。最后，由于民族自治地方特殊的地理位置，一些民族地区是大江

大河的源头和生态保护的重地，因此，民族地区环境保护的任务也十分繁重。

新中国成立以来，国家充分考虑民族地区的特殊性，对民族地区财政一直实行特殊的优惠政策。特殊的财政优惠政策在发展民族经济、巩固边疆、加强民族团结和促进祖国统一等方面，发挥了十分重要的作用。

从1994年1月1日起，中央为了建立与市场经济相适应的规范的财政税收管理体制，开始对各省、自治区、直辖市及计划单列市实行分税制的财政管理体制。在新体制下，共享税的分成比例及税收增长返还系数的确定等方面，采取了“一刀切”的做法，没有像以往的改革那样，对少数民族地区做出单独的明确规定。由于分税制改革是在最大限度保证地方既得利益不变的前提下进行的，税收返还和补助制度尚不规范，受历史上形成的基数法制约较大。这种过渡性安排，虽然有利于消除新旧体制过渡中来自地方的阻力，但这种以1993年为基数对地方给予税收返还的做法，不仅使分税制财政体制显得极不规范、不科学，同时，也未能有效解决由于历史原因造成的地区间财力分配不均和公共服务水平差距较大的问题。

对于民族自治地方来说，更重要的问题是分税制改革没有充分考虑民族地区财政支出的特点，即其各项开支的费用比一般地区要多得多，从而采取特殊的照顾措施。分税制实施的1994年，民族自治地方的财政受到了很大的冲击。

此后，针对分税制给民族地区带来的困难和问题，国家在过渡期财政转移支付、民族地区转移支付、一般性转移支付等具体政策安排上，对民族地区实施倾斜，以缓解民族地区财政运行上的特殊矛盾。

为配合西部大开发战略的实施，国务院决定从2000年起加大对民族地区的转移支付力度，支持民族地区发展，并出台了民族地区转移支付办法。

九届全国人大常委会修正的《中华人民共和国民族区域自治法》（以下简称《民族区域自治法》）第三十二条规定，“民族自治地方在全国统一的财政体制下，通过国家实行的规范的财政转移支付制度，享受上级财政的照顾。”第六十二条规定，“随着国民经济的发展和财政收入的增长，上级财政

逐步加大对民族自治地方财政转移支付力度。通过一般性财政转移支付、专项财政转移支付、民族优惠政策财政转移支付以及国家确定的其他方式,增加对民族自治地方的资金投入,用于加快民族自治地方经济发展和社会进步,逐步缩小与发达地区的差距。"

为逐步缓解部分民族地区财力紧张状况,2003 年 10 月,党的十六届三中全会通过的《中共中央关于完善社会主义市场经济体制若干问题的决定》提出,要"进一步完善转移支付制度,加大对中西部地区和民族地区的财政支持"。

2005 年 5 月,国务院第 89 次常务会议通过《国务院实施〈中华人民共和国民族区域自治法〉若干规定》,其中第 9 条规定,国家要"充分考虑民族自治地方的公共服务支出成本差异,逐步加大对民族自治地方财政转移支付力度;上级政府有关部门各项专项资金的分配,应当向民族自治地方倾斜。上级财政支持民族自治地方财政保证民族自治地方的国家机关正常运转、财政供养人员工资按时足额发放、基础教育正常经费支出;上级人民政府出台的税收减免政策造成民族自治地方财政减收部分,在测算转移支付时作为因素给予照顾;国家规范省级以下财政转移支付制度,确保国家对民族自治地方的转移支付、税收返还等优惠政策落实到自治县"。

2005 年 5 月,胡锦涛同志在中央民族工作会议上的讲话中提出:"要完善与民族区域自治制度相适应的政策性转移支付,逐步加大对民族地区财政转移支付的力度"。

总体来看,财政转移支付已成为国家帮助民族地区经济社会发展的最重要的财政经济政策。实践证明,国家对民族地区财政转移支付的政策倾斜,对缓解民族地区财政困难,保障民族地区社会事业的正常发展,均衡和缩小民族地区与全国的财力差异等起到了重要的作用。但同时也看到,在构建和谐社会和全面建设小康社会的进程中,民族地区财政转移支付制度还存在一些问题,需要结合民族地区发展实际进行绩效评估和完善创新。

二、问题提出

由于受历史、自然、人口分布等因素的影响,我国大部分民族地区公共服务供给的成本过高,地方财政无法提供与全国大体均衡的社会公共服务。为了帮助民族地区加快发展,国家对民族地区财政转移支付实施政策倾斜,并明确提出了要进一步加大对民族地区的转移支付力度,促进地区间基本公共服务的均等化。在这样的背景下,对民族地区财政转移支付的绩效进行科学的评价,深入探讨这一制度在运行中存在的问题和创新之策,以便更好地发挥其在推动和促进民族地区经济社会发展中的作用,是十分必要的。

国外对转移支付实施效果的研究较为成熟。罗伊·巴尔(Bahl Roy)在著作 *Urban Public Finance in Developing Countries*(1992)中,安瓦尔·沙赫(*Anvar Shah*)在 1994 年世界银行发展报告 *The Reform of Intergovernmental Fiscal Relations in Developing and Emerging Countries* 中,把纵向失衡(vertical imbalance)与横向失衡(horizontal imbalance)理论作为合理调剂财政资金、协调区域间经济社会发展的重要依据加以阐释,提出了在各级政府间支出和收入划分基础上,矫正政府间财政纵向、横向失衡,确保各级政府具有提供相应的基本公共服务的财政能力,以实现各地区间公共服务水平均等化的一般理论和方法。这对于分析研究我国国情下的财政转移支付具有参考价值。

国内基于一般地区层面定量研究财政转移支付政策绩效的成果较多。王磊在 2006 年建立了一个政府间转移支付与地方公共产品供给的模型,结果表明,1994 年以来,转移支付政策的公共服务均等化效应非常弱,甚至在一些省份起着拉大公共服务差距的作用。张雪平在 2004 年通过对 31 个省市区地方财政自给系数及中央对地方的累计补助的测算和排序分析,发现地方财政自给系数与中央对地方的转移支付严重错位,未能实现公平原则,出现苦乐不均,影响了地方公共服务水平均等化的实现进程。黄佩华在 2003 年通过建立转移支付与地区经济发展水平的回归方程分析,指出现行的转移支付制度存在与均等化目标相悖的地方,转移支付与地区财政收入

和人均 GDP 存在高度的正相关关系,有悖于公共服务均等化的目标。王铮、葛昭攀在 2002 年运用泰尔指数对地区间财政差距进行了分析,研究表明,1994 年以来,地区间的财政差距不仅没有缩小,反而扩大了。各地区财力差距的持续扩大,直接影响到各地区公共服务的水平和质量,拉大地区间社会发展差距。这类研究基本支持了民族地区公共服务的数量和质量差距有进一步拉大趋势的结论。有些学者的研究得出的结论不尽相同,如曹俊文、罗良清(2006)通过对各地区转移支付效果系数的测算,说明虽然不均衡的局面未被完全打破,但现行的转移支付制度对均衡地区间的财力水平仍起到了一定的作用;刘玉、刘毅(2003)通过大量的数据分析,剖析了财政转移支付政策对均衡地区财政能力和缩小地区公共服务水平差距的影响,认为尽管我国现行的财政转移支付制度在制定与运行环节中还存在许多不完善的地方,但总体而言,仍发挥了一定的积极作用,部分实现了既定目标。

从国内现有的研究成果看,专门针对民族地区财政转移支付政策效应的研究较少。梁积江在 2003 年、张春慧在 2003 年、赵春盛在 2005 年等对民族地区财政转移支付实施效果进行了研究,得出的结论基本相同,即尽管国家加大了对民族地区转移支付的政策倾斜和资金投入,但由于民族地区自身发展的特殊性及转移支付制度固有的内在缺陷,目前与发达地区及全国整体水平相比,民族地区公共服务的数量和质量差距有进一步拉大的趋势。但已有的研究难以反映民族地区财政转移支付的动态效应与变化趋势,且需定量研究进行规范验证。

由此给我们提出了这样的问题:就整体而言,民族地区财政转移支付对均衡民族地区财政能力的动态效果究竟如何呢?今后的发展趋势怎样?在民族地区财政转移支付的制度安排中,各类别转移支付在均衡民族地区财政能力中起到了什么样的作用?民族地区财政转移支付对均衡民族地区基本公共服务的效果怎样?在基本公共服务均等化的视角下,如何实现民族地区财政转移支付的制度创新?

三、研究意义

本研究以民族地区基本公共服务均等化为视角,结合地方统计资料和个案研究,对民族地区财政转移支付的均衡绩效进行纵向和横向比较分析和综合评价,并在此基础上,对民族地区财政转移支付进行制度创新设计,这对完善创新国家对民族地区的财政扶助政策,促进民族地区经济社会发展,具有重要的理论与实践价值。

第一,本研究致力于探讨和回答民族地区财政转移支付对提升基本公共服务建设水平的重大理论问题,为加快民族地区社会经济发展提供理论支持。当前,不少人对于民族地区财政转移支付制度建设与提升民族地区基本公共服务水平、协调区域发展、构建和谐社会的意义缺乏足够的认识,在理论上还存在不少困惑。如:新时期实施民族地区财政转移支付倾斜政策的必要性及其内在逻辑是什么?民族地区现行的财政转移支付体制与民族地区基本公共服务水平均等化建设是什么关系?民族地区基本公共服务均等化与协调区域发展、构建和谐社会的关系是什么?与其他地区相比,民族地区财政转移支付体制的特殊性如何体现?等等。本研究将充分考虑民族地区财政转移支付的特殊性,重点阐明新时期民族地区财政建设的必要性和可能性,分析民族地区财政转移支付制度建设与加快民族地区基本公共服务建设及协调区域发展、构建和谐社会建设的内在联系;同时,本研究还力求阐明新时期民族地区财政转移支付的建设目标、基本内容、结构安排、制度特征及其运行机制,从而为民族地区财政转移支付制度建设提供理论支持。

第二,本课题致力于探讨民族地区财政转移支付的运行状况,通过大量的实证研究,定量反映民族地区财政转移支付的动态均衡效应与变化趋势,为新时期实施民族地区财政转移支付提供制度选择。作为国家财政转移支付制度的重要组成部分,民族地区财政转移支付有其自身特殊性。分税制建立以来,随着国家财政能力的不断增加,用于均衡地区财政能力的转移支付也在不断增加,国家财政转移支付制度的均衡效应在不断增强;国家在过

渡期财政转移支付、民族地区转移支付、一般性转移支付等具体政策安排上,对民族地区实施倾斜,以缓解民族地区财政运行上的特殊矛盾。但是,在公平和效率的思考中,人们不仅对于为什么要实施民族地区财政转移支付制度的政策倾斜存在种种疑虑,而且对于当前民族地区财政转移支付的均衡效果及其动态变化趋势更是缺乏准确的判断。如当前民族地区财政能力与全国及非民族地区的差距到底有多大?变化趋势如何?作为财政转移支付的各项制度安排,对民族地区财政能力的均衡效应怎样?民族地区财政转移支付对均衡民族地区基本公共服务的效能如何?本研究将通过大量的统计描述和计量模型分析,把民族地区与全国及非民族地区进行对比,综合测评民族地区财政转移支付的均衡效应。

第三,本课题致力于探讨构建民族地区财政转移支付制度的内容及结构安排,进一步明确完善民族地区财政转移支付制度的工作重点和发展方向。当前,国家财政转移支付政策还有待于进一步完善,这不仅反映在中央与地方财政收支与分享的比例分配上,而且对于各项财政转移支付的制度安排等方面也存在很大的争议。如税收返还比例的大小,一般性转移支付的公式计算,专项转移支付的合理分配等等。作为民族地区财政转移支付,对其进行制度构建更是莫衷一是。如怎样在进一步规范国家财政转移支付制度的进程中充分考虑民族地区财政转移支付的特殊性?如何实施对民族地区财政转移支付政策倾斜?民族地区财政转移支付中事权与财权如何相结合?民族地区财政转移支付结构的具体安排等等。本研究将在分析借鉴各国财政转移支付制度建设经验的基础上,充分考虑民族地区财政转移支付的特殊性,对民族地区财政转移支付的内容、模式、途径等进行全面的探讨,为民族地区财政转移支付制度建设提供方案选择,也为未来民族地区财政转移支付制度的立法和决策工作提供参考。

第四,本研究致力于探讨在新的发展背景下民族地区财政转移支付的制度创新,力图构建民族政策制度创新的一般分析框架。改革开放30年来,少数民族和民族地区发展成就巨大,少数民族群众生活变化巨大,许多民族地区实现了跨越式发展,面貌为之一新。这30年,是民族地区发展最

好、发展最快、少数民族群众得到实惠最多的时期。与此同时,改革开放导致的社会转型与社会变迁,使既有民族政策贯彻执行的环境发生了重大变化,民族地区发展面临一系列新的情况与问题,具体的操作性的民族政策需要与时俱进,完善创新。本研究通过对民族地区财政转移支付制度运行一般规律的总结,紧密结合民族地区发展实际,对民族地区财政转移支付进行定量评价,最后对民族地区财政转移支付进行制度创新设计,建立了一个新的分析框架。这不仅为新时期新阶段民族地区财政转移支付制度的完善创新提供了可行的方案,而且也可以为新时期其他民族政策的完善创新提供借鉴。

第五,本课题研究有利于推动公共政策学、财政学、区域经济学和民族经济学等多学科的进一步融通发展。民族地区财政转移支付制度建设涉及到公共政策学、财政学、区域经济学和民族经济学等众多学科内容,通过本研究,可以促进各学科加强对民族地区财政经济政策的研究和相关专家对民族地区发展的关注。同时,本研究在规范分析的基础上,选择几个有代表性的民族地区作为数据采集点进行实地调研,综合运用区域经济学、民族经济学、公共财政学的理论和方法进行研究,拓宽研究的视野,增强研究成果的适应性,使研究结果能通过多学科的检验。

第二节　研究思路与主要内容

一、研究思路

(一)总体目标

本课题研究的总体目标是,在深入分析理解民族地区财政转移支付的制度设计及其特殊性的基础上,以民族地区财政转移支付对均衡民族地区财政能力及提升民族地区基本公共服务水平为切入点,采用纵向和横向比较研究方法,结合实地调研和个案研究,对民族地区财政转移支付的绩效进行综合评价,以此为基础,提出完善民族地区财政转移支付制度的创新性方

案。

（二）基本思路

第一，通过统计分析，以人均财政收入相对差异系数来衡量转移支付前的民族地区财政收入能力差异状况，以人均财政支出相对差异系数衡量总转移支付后民族地区实际可支配财政能力的差异状况，明确转移支付规模对民族地区财政能力的均等化效应；第二，通过引入相对变异系数，对民族地区财政转移支付结构的均等化效应进行定量评价；第三，对民族地区基本公共服务水平与全国及非民族地区进行对比，揭示民族地区基本公共服务水平的纵向和横向差距及其动态变化；第四，构建转移支付与民族地区公共产品或服务供给的模型，分析转移支付政策对均衡民族地区公共服务水平差距的影响；第五，从民族地区的实际出发，以实现民族地区基本公共服务均等化为目标，对民族地区转移支付进行制度创新，构建符合民族地区发展要求的转移支付制度的基本框架。

二、主要内容

本课题通过定量研究，分析比较民族地区财政转移支付的规模、结构及其动态变化，并以基本公共服务均等化为视角，对民族地区财政转移支付的基本公共服务均等化效应进行了思考与研究。研究结果表明，由于受历史、自然、人口分布等因素的影响，我国大部分民族地区自我积累与发展能力有限，社会经济发展水平低，财政自给能力弱。近年来，国家逐渐加大了对民族地区的财政转移支付力度，但考虑到民族地区基本公共服务基础差、存量低，基本公共服务成本较高，大量的特殊支出挤占基本公共服务开支等客观现实，国家对民族地区财政转移支付投入仍显不足，民族地区基本公共服务支出的需求缺口较大。在借鉴国外较为成熟的财政转移支付模式的基础上，引入民族地区财政转移支付均等化模型，对民族地区财政转移支付进行制度创新。

第一章阐述了本课题研究的背景与意义，在对国内外相关研究进行评析的基础上，提出了本研究的基本思路，陈述了本研究成果的主要内容和创

新之处,最后简要介绍了本研究实证分析的方法模型和样本数据。

第二章对民族地区财政转移支付的发展历程分阶段进行梳理,并就国家财政转移支付对民族地区财政的影响进行统计分析。研究结果表明,国家对民族地区财政一直实行特殊的优惠政策。从1949~1979年,为财政补助时期;从1980~1993年,为财政补助递增时期;从1994年至今,为分税制体制下的民族地区财政转移支付时期。过渡期财政转移支付、民族地区转移支付和一般性转移支付等制度安排中,都体现了党和国家对民族地区财政转移支付的政策倾斜。从实施效果看,民族地区财政收入呈现快速增长的态势,尤其是西部大开发以来增长更快。财政支出出现了更快的增长,这充分说明民族地区得到了国家的大力帮助。民族地区财政支出的增长,为民族地区经济社会发展及基本公共服务建设提供了强有力的保证。从财政转移支付规模看,增长较快,尤其是随着西部大开发的实施,国家进一步加大了对民族地区财政支持的力度,体现了上级财政对民族地区的照顾。但即使是这样,民族地区财政发展仍然处于落后状态。与发达地区相比,民族地区仍然存在着巨大的差距。从民族地区财政转移支付贡献度看,民族地区地方财政支出对财政转移支付的依赖性强,有一半以上的财政支出需要中央的财政转移支付来支持,这表明财政转移支付制度对民族地区的意义非常大,在一定程度上缓解了民族地区的财政困难。

第三章主要对财政转移支付的纵向均衡和横向均衡效应进行分析。从1990~2006年我国财政转移支付规模的数据看,分税制以来,我国财政转移支付规模呈现不断上升的趋势。从财政转移支付的纵向均衡效应看,与分税制前相比较,转移支付占中央本级财政收入比重和中央本级财政收入占全国财政收入比重都有所提高。1994年前,转移支付在中央财政本级收入的比重保持在60%左右,经过分税制的改革后,比例增到1994年的82.2%,之后略有下降,到2005年,达到69.40%。中央财政收入在全国财政收入结构中的比重在分税制改革后维持在50%左右,上升力度大,有力地提高了中央的可支配财力,为划拨转移支付奠定了财力基础。同时,经过财政转移支付后,地方财政自给能力大大提高。中央补助地方及地方上解

中央后,地方财政的"结构性赤字"得到了弥补,中央财政"结构性剩余"转变成了中央财政净收入占比明显低于本级支出,两级财政收支占比的不对称局面得以改善。从历年财政转移支付的横向均衡绩效变化趋势来看,分税制改革之初,其横向平衡效应未能有效发挥,经过几年的调整后,特别是随着近几年转移支付规模的不断扩大,横向均衡效应有了较大的提高。财政转移支付对均衡地区间财政能力的差距起到了一定的作用,并且横向均衡效应在不断加强。但分税制以来,财政转移支付前各地区的财政能力差异呈现拉大的趋势,财政转移支付制度只是起到事后弥补落后地区收支差额的作用,却没有从实质上促使落后地区提高本级可支配的财政能力,缩小地区间的财政能力差异的横向效应并未真正发挥出来。

第四章以民族地区为专门研究对象,研究财政转移支付对民族地区的横向均衡效应。通过转移支付前后民族地区人均财政收入和人均财政支出的排名分析表明,经过中央财政转移支付,地区间财政均衡效应已得到了较大程度的提高,特别是对民族地区财力水平有了较大的提高,财政转移支付在均衡民族地区地方财力方面发挥了较好的作用。从财政转移支付的动态变化看,财政转移支付虽然在一定程度上提升了民族地区的财政支出水平,但对于提升民族地区自身发展能力,尤其是对于增加民族地区财政收入能力建设方面发挥的作用相对有限,只能说起到了事后补偿作用。以转移支付前全国31个省市区人均财政收入的泰尔指数衡量,民族地区人均财政收入与非民族地区的差距在不断拉大。从转移支付后的泰尔指数看,经过转移支付后的民族地区与非民族地区的差距已不明显,民族地区作为整体而言与非民族地区相比财政能力的差距很小。从部分地区内部差异来看,民族地区财政能力的区内差异在进一步扩大。表现最为典型的是西南民族地区和西北民族地区的差异,具体为西北民族地区地方财政收支占比持续上升,而西南民族地区财政收支占比却出现了较大幅度的下降。

第五章主要从各类别转移支付的划拨规模、划拨原则、地区分布、存在的问题等来具体分析我国转移支付结构,并对其动态变化进行考察。分析表明,作为我国转移支付中资金规模最大的税收返还,由于分配方法是采用

“基数法”进行分配,导致地区间差距扩大,与均等化转移支付的目标相冲突。2002年实行的所得税基数返还也与均等化转移支付的目标相冲突。原体制补助与上解实质上是一种横向转移支付,“自下而上”和“自上而下”的资金双向无偿流动通常不能达到调节横向失衡的效果。随着转移支付绝对规模的不断扩大,其所占比例也不断缩小。在财力性转移支付中,主要向中西部落后地区倾斜,东部发达地区所得较少。一般性转移支付按照公平、公正、循序渐进和适当照顾老少边地区的原则,主要参照各地标准财政收入和标准财政支出的差额及可用于转移支付的资金规模等客观因素,按统一公式计算确定。但从总体规模来看,与发达国家规范的转移支付制度相比,10%左右的比例仍相对较小。专项转移支付呈不断上升的趋势,从专项转移支付的支出项目看,逐步向公共财政方向转变,近年来,用于公共支出、地区均衡发展等方面的专项转移支付比重逐步加大;从专项转移支付的地区分布看,主要为西部地区和东北地区省区,东部发达地区省份相对较少。

第六章就不同类别转移支付的地区间均衡效应进行实证研究,并以民族地区为重点研究对象,就各类别转移支付对均衡民族地区财政能力的效应进行比较分析,得出相应的结论。通过转移支付前后全国人均财政能力的基尼系数与相对差异系数的比较,可以看出,通过财政转移支付,全国31个省市区财力均衡程度大为提高,但各类别财政转移支付结构的均衡效应相差较大。在我国的财政转移支付最主要的几种形式中,所得税基数返还在均衡地区财力中起到了负效作用;税收返还在横向均衡地区财力的绩效是低效的;而财力性转移支付,尤其是其中的一般性转移支付的均衡绩效最高;原体制定额补助和上解比例较小,但均衡绩效也较为明显;专项转移支付虽然在均衡地区财政能力上也能够较好地发挥作用,但其绩效还有待进一步提高。从各类别财政转移支付对民族地区的均衡效应看,民族地区转移支付和原体制定额补助的均衡绩效I高,但其所占比例较小;财力性转移支付,尤其是其中的一般性转移支付均衡民族地区财政能力绩效也较为明显;专项转移支付虽然在均衡民族地区财政能力上也能够发挥作用,但绩效I仅为0.09,还有待于进一步提高。所得税基数返还在均衡民族地区财力

中起到了负效作用，而消费税和增值税税收返还对均衡民族地区财力的绩效是低效的。

第七章通过选取民族地区基本公共服务财政支出数据，与全国及非民族地区进行对比，对民族地区基本公共服务均等化效应进行了评价。结果表明，民族地区与全国及非民族地区基本公共服务支出差距较小，但考虑到民族地区当前基本公共服务水平较低，基本公共服务成本较高的现实，国家对民族地区基本公共服务投入仍显不足，民族地区基本公共服务支出的需求缺口较大。值得我们注意的是，财政转移支付对提升民族地区基本公共服务支出效应更为明显，等量财政转移支付对提升民族地区各分项基本公共服务支出效应更为明显，尤其是对教育投入的提升。这说明，与全国及非民族地区相比，民族地区财政自我供给能力较差，财政转移支付对提升地区基本公共服务水平的穷人边际效应要高于富人边际效应。因此，需要进一步增加对人均支出水平较低、发展水平较低的民族地区的财政转移支付力度，充分发挥财政转移支付的基本公共服务均等化功效。

第八章对以上评价结论进行了总结，从民族地区财政转移支付规模、结构和基本公共服务均等化效应三个方面对现行的民族地区财政转移支付存在的主要问题进行分析。从财政转移支付的规模看，财政转移支付制度只是起到事后弥补民族地区收支差额的作用，却没有从实质上促使民族地区提高本级可支配的财政能力，缩小地区间的财政能力差异的横向效应并未真正发挥出来。尤其是对于增加民族地区财政收入能力建设方面发挥的作用相对有限。经过国家财政转移支付后，民族地区作为整体而言与非民族地区相比，财政能力的差距很小，但可用财力仍差距较大。民族地区财政能力的区内差异在进一步扩大。从民族地区财政转移支付的结构看，税收返还对民族地区的均衡绩效较低，对民族地区财政能力均衡绩效最高的是原体制补助，其次为一般性转移支付，但其规模较小，均等化作用有限。专项转移支付对民族地区均衡绩效有待于进一步提升。从财政转移支付对民族地区基本公共服务均等化效应看，目前民族地区人均基本公共服务财力支出与全国差距已较小。但民族地区基本公共服务存在基础差，存量低的特

点。与一般地区相比,民族地区具有相当的特殊性,财政支出成本相对较高,财政负担沉重。国家对民族地区基本公共服务投入仍显不足,民族地区基本公共服务支出的需求缺口较大。

第九章从财政转移支付规模、结构和具体分配方法三个方面,解析了美国、加拿大、澳大利亚、德国、日本、印度等国家财政转移支付的基本制度安排,并就其对我国财政转移支付制度设计的启示进行归纳总结。即中央政府拥有较大财力是进行财政转移支付的基本条件;根据本国实际,合理运用各种转移支付形式;注重财政转移支付的基本公共服务均等化功能;转移支付的计算有统一的公式和客观标准;注重逐步建立较规范的横向财政转移支付制度。第十章对民族地区财政转移支付制度创新进行了研究,提出民族地区财政转移支付的制度创新,需要充分考虑民族地区的特殊情况,通过国家实行规范的财政转移支付制度,对民族地区财政转移支付进行合理的倾斜。在总体原则指导下,本章就一般性转移支付的分配方法进行了模型设计与测算。比较所设计的规范化转移支付制度实施后的横向均等化效果,可以看出,通过规范化转移支付,横向均衡效应有了较大的改善。本章还就模型计算结果对民族地区财政能力的影响进行了分析。从人均转移支付的增加可以看出,尽管与其他地区相比,民族地区人均财政转移支付相对较高(如西藏、青海等),但考虑其财政支出需求的影响,现有的转移支付力度仍显不足。在实行规范的财政转移支付制度的基础上,国家还需要进一步考虑民族地区的特殊情况,对民族地区财政转移支付进行倾斜。具体表现在,对民族地区特殊转移支付制度安排、逐步建立横向转移支付制度、理顺民族地区不合理的财税收入政策、提高民族地区财政收入能力等方面。最后,对进一步完善民族省区对下转移支付制度提出了相应的对策建议。

三、创新之处

本课题研究的创新之处在于:

(一)新的研究视角。本课题研究突破现有的对转移支付制度的绩效评估主要集中在一般地区层面的局限,以民族地区为专门对象,重点对民族

地区转移支付制度绩效的动态效应进行综合评价和规范验证，并与全国及非民族地区进行对比，阐明了国家对民族地区转移支付的现实状况与实际效能。

（二）新的分析框架。本课题研究在对民族地区财政转移支付制度创新研究中，通过对民族地区财政转移支付制度运行一般规律的总结，紧密结合民族地区经济发展实际，以基本公共服务均等化为视角，对民族地区财政转移支付的均衡绩效进行定量评价，在此基础上，提出了对民族地区财政转移支付制度完善创新的内容及结构安排，进一步明确完善民族地区财政转移支付制度的工作重点和发展方向，为新时期民族政策的完善创新建立了一个新的分析框架。

（三）研究方法上的创新。本课题研究针对民族地区的实际，以定量研究方法为主，综合运用多种统计方法和计量模型，对民族地区转移支付的绩效进行评价与分析。研究方法的创新，为绩效评价和制度创新提供了科学、有力的支撑。

（四）民族地区转移支付制度设计上的创新。本课题研究提出了民族地区财政转移支付制度创新的总体原则，即民族地区财政转移支付要充分考虑民族地区的实际，以实现基本公共服务均等化为目标，科学地设计转移支付的评估因素，并合理确定权重，进行制度创新。并通过规范化财政转移支付计量模型的构建，用“因素法”代替“基数法”，选取一些不易受到人为控制的、能反映各地收入能力和支出需求的客观性因素，如人口数量、城市化程度、人口密度等，设计出一套科学的公式，对各地的财政收入能力和财政支出需求进行测算，以此确定各省市区应获得的一般性转移支付的数额。这对于进一步完善和规范我国现有的转移支付制度有重要的参考价值。

第三节 方法模型与样本数据

一、方法模型

本研究重点探讨民族地区财政转移支付的均衡绩效，基本上属于实证分析的范畴，即主要回答“是什么”、“为什么”之类的命题。当前，在民族地区财政转移支付研究领域，对“应该怎样”给予了更多的关注。本研究不是对过去相关研究的一个简单的重复，而是从财政转移支付的规模、结构及基本公共服务水平诸方面，对民族地区与全国及非民族地区的差距进行纵向和横向对比分析，并注重对财政转移支付绩效的定量评价，力图通过本研究，对民族地区与全国及非民族地区差距的程度、动态变化及其趋势有更为清晰的判断。当然，本研究也涉及到规范分析的方法，但所占比例相对较小。

实证研究中，我们使用了尽可能多的数理工具去揭示、检验和验证相关命题，力求实现规范分析与实证分析的紧密结合。主要的方法模型有：

(1)基本的统计方法。用来刻画民族地区与全国及非民族地区财政转移支付前后的均衡效应、各类别财政转移支付的均衡绩效、基本公共服务水平与财政投入差距的纵向和横向分布格局及其动态变化与趋势。基本的统计方法包括标准差、基尼系数、泰尔指数、相对变异系数以及泰尔指数的地区分解、相对变异系数的结构分解等。通过这些统计方法，获得民族地区与全国及非民族地区财政能力、基本公共服务水平差异的总体情况、结构分布及其动态变化，为计量分析奠定基础。

(2)基于财政转移支付与民族地区基本公共服务供给的计量模型，包括横截面回归模型、时间序列数据模型。通过建立地区基本公共服务供给回归模型，分别对民族地区、全国及非民族地区进行回归，比较其影响因素及其差异的程度，并就某分项公共服务支出作为解释变量进行考察。

(3)规范化财政转移支付计量模型。在民族地区财政转移支付的制度

创新中,本研究对各地的财政收入能力和财政支出需求进行测算。采用“因素法”代替“基数法”,在因素的选择上,用税制因素、人口因素、自然环境因素、经济实力因素、社会发展因素和特殊因素等确定各地的需求水平。既考虑各地经济发展水平的高低、财政能力的强弱,又考虑到各地公共服务支出成本的差异。在估算各地区财政收入能力时,本研究的基本假定是地方政府的财政收入能力取决于各地方的经济发展水平和地方税收努力程度。即每个省市区在全国平均税率下应该征得的税收收入代表地方财政收入能力水平。最后,根据各省市区财政收入能力和财政支出需求的差距总额,对一般性转移支付进行分配。

(4)调查研究方法。在规范分析的基础上,选取内蒙古自治区、广西壮族自治区、恩施土家族苗族州、湘西土家族苗族自治州、环江毛南族自治县等几个有代表性的民族地区作为数据采集点进行实地调研,检验并调整分析目标。

二、样本尺度

1. 空间尺度

考虑到统计数据的完整性、可得性及连续性,本研究的样本空间尺度是中国内陆地区的31个省市区。对财政转移支付涉及到的计划单列市方面的数据,并入其所在省市统一计算。

对于民族地区与非民族地区的划分,没有采用民族自治地方的定义。考虑到5个民族自治区和3个多民族省(云南、贵州、青海)是我国民族地区的典型代表,参照郑长德(2001)的定义,将其作为我们的研究对象,来反映民族地区财政转移支付的一般特征。其主要原因是获得部分省市区实证研究的数据资料相对容易一些。在民族地区内部划分时,由于西藏与西北民族地区的财政收支状况更为类似,为方便分析,我们把西藏列为西北地区计算。西南民族地区指广西、云南和贵州,西北民族地区指西藏、新疆、宁夏、内蒙和青海。

本研究以民族地区作为重点研究对象,同时,参照目前比较普遍采用的

东部、中部和西部地区的划分，进行对比分析。最为常用的是以东、中、西部三大地区作为分析的地域单元，其中东部地区包括北京、上海、天津、辽宁、江苏、浙江、山东、广东、海南、福建10个省市，中部地区包括黑龙江、河北、山西、安徽、江西、湖北、湖南、河南、吉林9个省，西部地区包括四川、重庆、陕西、内蒙古、宁夏、云南、广西、贵州、新疆、青海、甘肃、西藏12个省市区。

2. 时间尺度

本研究总体上涵盖了1995～2006年一共12年的中央对省级财政转移支付状况，也有部分数据分析扩展到1952～2006年，如对地方和中央财政收入与财政支出的分析。

总体看，本研究数据来源受到了较大的限制。由于数据可获得性的制约，凡是涉及到财政转移支付结构的实证研究，时间跨度不得不缩短至2000～2005年，部分转移支付数据（如各省市区财力性转移支付及专项转移支付），只能收集到2005年数据。其原因在于，财政部国库司、预算司编著的《地方财政统计年鉴资料2005》，在中国财政经济出版社2007年才正式出版，而且各年度统计资料只涉及到消费税、增值税税收返还收入、所得税基数返还收入、原体制定额补助、原体制上解、一般性转移支付数据等财政转移支付结构分项。

三、重要概念界定

1. 财政转移支付

财政转移支付也称财政转移支出，本意是财政资金转移或转让，主要是指上下级预算主体之间按照法定标准进行的财政资金的相互转移。除特别说明，财政转移支付、转移支付、划拨补助均为政府间财政转移支付之意。本文重点研究中央向省、市、自治区下拨财政转移支付资金的纵向和横向均衡效应。

2. 财政转移支付制度

转移支付制度是基于各级政府收入能力和支出需求的不一致，以实现各地公共服务水平均衡化为目标而实行的一种财政平衡制度。规范的转移

支付制度是调节各级政府财政收支、平衡区域经济差异的重要手段,它的主要目标是实现公共服务水平的均衡化。本文重点研究省级财政转移支付制度安排,对省级以下的地方转移支付制度只在第十章中作定性分析。

3. 民族地区财政转移支付制度

《民族区域自治法》规定,民族自治地方在全国统一的财政体制下,通过国家实行的规范的财政转移支付制度,享受上级财政的照顾。新中国成立以来,国家充分考虑到了民族地区的特殊性,对民族自治地方财政一直实行特殊的优惠政策。5个民族自治区和3个多民族省(贵州、青海、云南)是我国民族地区的典型代表,为方便比较分析,参照一些学者的定义,将其作为我们的研究对象。①

民族地区财政转移支付的制度创新,需要在充分考虑民族地区特殊情况前提下,通过国家实行的规范的财政转移支付制度,对民族地区财政转移支付进行合理的倾斜。

4. 基本公共服务均等化

我国现阶段的基本公共服务是指在我国社会主义市场经济基本框架初步建立但还需继续完善的条件下,政府为实现社会的公平和公正目标,通过完善财政体制和提供财政保障(包括一般性转移支付和专项转移支付)来使不同地区政府确保本地区居民有机会、有能力、有权力接近的与公民基本权利有关的公共服务项目,包括医疗卫生(或者叫公共卫生和基本医疗)、基本教育(义务教育)、社会救济、就业服务和养老保险。基本公共服务是政府的基本责任,是公民的基本权利,它体现了发展的社会属性。

在进行基本公共服务均等化分析时,面临着测度指标选择问题,即到底均衡化标准测度的是“投入(input)”、“产出(output)”还是“效果(outcome)”?例如对“基本医疗”这一公共服务的标准测度,是用“人均公共卫生投入额、千人病床数、千人医生比”这类投入指标,或是用“人均门诊率、

① 郑长德:《论西部民族地区人力资源的开发与人力资本的形成》,《人口与经济》2001年第3期。下文如果没有特别的交代,都把民族地区的范围界定为5个民族自治区和3个多民族省。

千人手术数”这类产出指标，还是用“新生儿死亡率、预期寿命”这类最终效果指标。①

本文在第七章的分析中，首先采用平均受教育年限、万人卫生床位数、万人卫生人员数、铁路密度、公路密度及参加养老保险人数比等几个代表性指标，对民族地区教育、卫生服务、基础设施及社会保障等基本公共服务水平进行量化，并与全国及非民族地区进行对比，明确民族地区基本公共服务水平的现状，即产出水平指标。然后从教育事业费、卫生经费、社会保障支出和文体广播事业费四个方面测度民族地区财政支出项目中基本公共服务的均等化效应，即投入水平指标。并在第八章综合考虑了民族地区基本公共服务成本高、存在大量的特殊财政支出的现实，对民族地区财政转移支付均衡基本公共服务的效果进行了评价，得出了民族地区基本公共服务支出需求缺口较大的结论，即均等化最终效果指标。

① 国务院发展研究中心课题组：《主体功能区形成机制和分类管理政策研究》，中国发展出版社2008年版，第87页。

第二章 民族地区财政转移支付概况

民族地区财政体制具有特殊性。新中国成立以来,国家充分考虑到了民族地区的特殊性,对民族自治地方财政一直实行特殊的优惠政策。本章拟首先对民族地区财政转移支付的发展历程分阶段进行梳理,并从国家财政转移支付对民族地区财政的影响进行统计分析。在论述中,除特别说明,财政转移支付、转移支付、划拨补助均为政府间财政转移支付之意。

第一节 民族地区财政转移支付的发展历程

由于自然、历史等原因的限制,我国民族地区经济社会发展长期处于落后状态。由于经济发展水平低,财政的集资能力低。而在财政支出中,非生产性开支所占比例大,缺乏财力进行生产性投入。新中国成立以来,国家充分考虑到了民族地区的特殊性,对民族自治地方财政一直实行特殊的优惠政策。国家对民族地区的财政支持政策,大体经历了三个阶段。

一、财政补助时期(1949~1979)

20 世纪 50 年代初,国家在全国范围内逐步建立起统一领导、分级管理的财政体制,建立了中央、省和县(市)三级财政,奠定了财政分级管理的基础。在这一体制下,实行“划分收支、分级管理”的办法,对收入进行分类分成。与此同时,国家授予民族自治地方一定的财政自治权。中央政府于 1952 年颁行了《民族区域自治实施纲要》,规定了民族自治地方的财政自治权:“在国家统一的财政制度下,各民族自治地方自治机关有权依照中央人

民政府和上级人民政府对财政权限的划分,管理本自治区域内的财政。”1953年11月,政务院在关于编造1954年预算草案的指示中,规定民族自治区在财政上应有一定范围的自治权力,其财政管理在中央统一领导、分级管理的原则下,暂时采取民族自治区统收统支的办法。除关税、盐税和国营企业收入外,所有在该自治区的一切收入(不论固定比例分成收入与中央调剂收入)均归其统收;而该自治区的一切支出,由自治区统支。统收统支有余者,上解中央;不足者由中央补助。根据这一规定,民族自治地方的财政收支范围比一般的省级政府大。

1958年5月,经全国人大常委会批准颁行的《民族自治地方财政管理暂行办法》,是新中国历史上第一个专门规范中央财政对民族自治地方实行财政转移支付的法律文件。该办法在1954年《宪法》和1952年《民族区域自治实施纲要》赋予民族自治地方财政管理权的基础上,较为详尽地规范了自治区、自治州和自治县三级民族自治地方的预算收支划分、财政支出基础数、预算预备费、预算周转金等优惠措施和办法。与以后出台的关于自治地方财政转移支付的法律法规相比,该办法最为突出之处在于,明确规定了上级各级财政保证自治地方财政“达到收支平衡”,充分体现了中央政府对民族自治地方财政的强有力支持。在公共经济学看来,该办法从根本上解决了我国民族自治地方的纵向财政不平衡问题。从世界各国的财政政策角度来看,该办法对地方财政的支持力度也是十分突出的。但遗憾的是,这一办法到1960年就停止执行了。

1963年12月,国务院批转了《财政部、民族事务委员会关于改进民族自治地方财政管理的规定(草案)》,决定从1964年起,实行“核定收支、总额计算、多余上交,不足补助、一年一变”的办法,扩大了民族自治地方政府的财权,增加了机动财力。第一,民族地区设立预备费的比例均比同级一般

地方政府高出2个百分点。[①] 第二,每年按照上年正常支出决算数,另加5%的“民族地区机动金”。第三,增加一笔民族自治地方补助费,作为解决民族自治地方一些特殊性开支的专款。同时实行对边远山区、边远牧区的民族贸易企业,在自有资金、利润留成、价格补贴方面实行三项照顾。第四,收入超收全部归民族自治地方使用,中央不参与分成,而一般地区的超收,中央要参与分成。这一政策在1966年开始的“文化大革命”中没有得到执行,但其中关于中央财政对民族自治地方“财政三项照顾”的政策在“文革”期间仍未中断。据统计,1964~1979年,中央财政共拨出少数民族地区补助费、民族自治地方机动金和预备费照顾三项合计为34.07亿元。

二、财政补助逐年递增时期(1980~1993)

1980年2月,国务院颁布了《关于实行“划分收支、分级包干”财政管理体制的通知》,根据各地区的不同情况实行四种不同的办法。其中对内蒙古、新疆、西藏、宁夏、广西、云南、青海、贵州实行特殊的民族地区财政体制,保留原来对自治地方财政所做的特殊规定。为了照顾民族地区发展生产和文化教育事业,中央对民族地区实行定额补助,其数额每年递增10%。原体制在民族自治地方设置的机动金、比一般地区多设的预备费、民族地区补助费“三项照顾”,均纳入地方包干范围,5年不变。5自治区和3多民族省对所属自治州、自治县的补助定额递增多少,由有关省区确定。一般省内的自治州、自治县如何照顾,由各省自行规定。

1984年10月,《民族区域自治法》颁布实施。在这部全面规范我国民族区域自治制度的国家基本法当中,民族自治地方的财政自治权得到了全面规范,主要新增了:(1)民族自治地方的财政收入和财政支出项目,由国务院按照优待民族自治地方的原则规定;(2)民族自治地方的自治机关依

① 民族自治地方(云南省和青海省享受自治区的优惠)的预备费高于一般地区,自治区的预备费按照支出总额的5%计算,自治州的预备费按照支出总额的4%计算,自治县的预备费按照支出总额的3%计算。参见周平、方盛举、夏维勇:《中国民族自治地方政府》,人民出版社2007年版,第150页。

照国家财政体制的规定，财政收入多于财政支出的，余额上缴上级财政，上缴数额可以一定几年不变；收入不敷支出的，由上级财政机关补助；(3)上级国家机关合理核定或者调整民族自治地方的财政收入支出的基数。

1985年3月，为了适应利改税改革和贯彻中央关于经济体制改革的决定的精神，在1980年到1984年5年财政改革经验的基础上，国务院决定从1985年起实行"划分税种、核定收支、分级包干"的新体制。这一体制基本上按照利改税第二步改革以后的税种设置，划分了中央和地方两级财政收入，并设置共享收入。财政支出仍按企事业的隶属关系划分，对于不宜实行包干的专项支出，仍由中央拨款，不列入地方财政支出包干范围。

为了照顾民族地区的发展需要，对5个自治区和3个多民族省份，按照中央财政核定的定额补助数额，在5年内继续实行每年递增10%的办法。中央财政对民族地区的补助数额，在1980年至1987年间，8年共补助了500多亿元。① 另外，从1986年起设置扶贫贴息贷款和以工代赈资金，其中一部分用于少数民族地区。

中央对民族地区财政照顾每年递增10%的财政转移支付规定，执行了近8年后，于1988年7月被国务院《关于地方实行财政包干办法的决定》终止。从1988年起，将每年递增10%改为按1987年递增10%后的补助数额固定下来，对5个自治区及青海、云南、贵州、海南、甘肃、吉林等少数民族较多的省份实行定额补助方法。

总体来看，20世纪80年代的财政体制改革力度比较大，调动了地方的积极性。对民族地区财政考虑也是比较充分的，照顾的力度也是比较大的。据统计，1980年至1991年，国家财政对5个自治区和3个多民族省的体制补助数额达800多亿元，增强了民族地区的财政实力，对促进民族地区的经济社会发展发挥了非常关键的作用。上述8省区财政收入由1979年40多亿元增长到1991年的260多亿元，年均增长率达到15.9%。

① 周平、方盛举、夏维勇：《中国民族自治地方政府》，人民出版社2007年版，第152页。

三、分税制体制下的民族地区财政转移支付时期(1994～)

1992年,国务院决定进行分税制试点。当时选择了辽宁、浙江、天津及新疆等9个省、自治区、直辖市进行试点。这次试点基本上以税种来划分中央和地方的财政收入,设中央固定收入、地方固定收入和共享收入。其中,对共享税规定了两类分成比例,一般地区实行中央和地方"五五"分成,少数民族地区"二八"分成。对试点地区,凡地方财政固定收入加上分享收入小于地方财政支出基数的部分,由中央财政给予定额补贴;对于民族地区,给予适当照顾。这次试点改革,既具备了一般分税制的某些因素,又保留着财政"包干"的某些做法,是在建立社会主义市场经济条件下进行财政体制改革的一次大胆尝试。

1993年11月,党的十四届三中全会通过了《中共中央关于建立社会主义市场经济体制若干问题的决定》,提出积极推进财税体制改革,改革重点之一,是把现行地方财政包干制改为在合理划分中央与地方事权基础上的分税制,建立中央税收和地方税收体系。同年12月,国务院颁布《关于实行分税制财政管理体制的决定》,规定从1994年1月1日起,我国开始对各省、自治区、直辖市及计划单列市实行分税制的财政管理体制。具体内容主要有:第一,按照中央政府与地方政府的事权划分,确定各级财政的支出范围。第二,根据事权与财权相结合的原则,按税种划分中央与地方的收入。第三,中央对地方税收返还数额以1993年为基数年核定。第四,为顺利推进分税制,1994年实行分税制以后,原体制的分配格局暂时不变,过渡一段时间再逐步规范。与此同时,逐步建立中央财政对地方税收返还和转移支付规范化的制度。第五,建立健全分级预算制度,硬化各级预算约束,中央和地方财政不得互相挤占收入。第六,分设中央税务机构和地方税务机构。

从1994年分税制改革的方案看,新体制在全国统一实施,中央为了建立与市场经济相适应的规范的财政税收管理体制,在共享税的分成比例及税收增长返还系数的确定等方面,采取了"一刀切"的做法,再没有像以往的改革一样,对少数民族地区作出单独的明确规定。由于分税制改革是在

最大限度保证地方既得利益不变的前提下进行的,税收返还和补助制度尚不规范,受历史上形成的基数法制约较大。这种过渡性安排,虽然有利于消除新旧体制过渡中来自地方的阻力,但这种以 1993 年为基数对地方给予返还的做法,不仅使新体制显得极不规范、不科学,同时,也没能有效解决由于历史原因造成的地区间财力分配不均和公共服务水平差距较大的问题。

对于民族自治地方来说,更重要的问题是分税制改革没有充分考虑民族地区财政支出的特点,即其各项开支的费用比一般地区要高得多,未能采取特殊的照顾措施。分税制实施的 1994 年,民族自治地方的财政受到了很大的冲击。

在分税制改革实施后,国家在过渡期财政转移支付、民族地区转移支付、一般性转移支付等具体政策安排上,对民族地区实施倾斜,以缓解民族地区财政运行上的特殊矛盾。

(一)过渡期财政转移支付

从 1995 年起,实行了过渡期转移支付办法。由于民族地区财源基础薄弱,人均财政收入水平低,财力对财政收入的增长弹性较差,加之民族地区主要分布在西部边远地带,自然条件较为艰苦,人口稀少,财政支出成本较高。如果按照一般省市转移支付的计算方法,难以体现中央对民族地区的倾斜政策。为贯彻《民族区域自治法》,帮助民族地区解决财政困难,过渡期对民族地区的转移支付进行单独安排。就是中央每年增加安排一部分资金,采用相对规范的做法,重点解决一些困难地区特别是民族自治地方的财政困难。1995 年,中央财政根据财力状况,选择一些客观性及政策性因素,采取相对规范的办法,从收入增量中拿出 20 亿元对人员经费和公用经费之和占财力 80% 以上的地方进行无条件转移支付,实施过渡期转移支付办法。其主要目的是逐步调整地区利益分配格局,重点缓解地方财政运行中的突出矛盾,并体现对民族地区的适度倾斜。

根据 1995 年及其后各年的过渡期转移支付办法,过渡期转移支付分为一般性转移支付和民族优惠政策转移支付。

一般性转移支付额根据各地区标准支出、标准收入以及一般性转移支

付系数计算确定;民族优惠政策转移支付是对少数民族地区在享受一般性转移支付之后额外实施的照顾性转移支付。

过渡期转移支付办法对民族地区主要有两方面的照顾:一是在计算财政收支标准时,考虑了民族地区的特殊情况;二是民族地区除享受一般性转移支付外,还享受民族优惠政策转移支付。由于各民族地区之间经济发展也不平衡,在过渡期转移支付中,根据各民族地区财政困难程度的不同,分档确定了民族优惠政策转移支付补助系数。①

据国家民委1998年的统计,中央财政1995年在中央收入增量部分中,安排了对民族自治地方政策性转移支付额17亿元,1996年安排了34亿元左右,1997年安排近50亿元,做到了逐年递增。②

1995年实施的过渡期财政转移支付办法,考虑了各地区行政区域内的少数民族人口等客观因素,把民族省区和自治州辖区内的人均财力、转移支付系数、省区的财力增长率、自治州相对与全国地州以及本省地州人均财力的水平等因素考虑进了政策性转移支付的范围之内,体现了国家对民族自治地方的支持。但在实施过程中,中央财政用于政策性转移支付的财政资金数额较少,在1995年开始实施时,仅有20亿元财力,而同期中央对地方的税收返还和体制补助分别是2337.55亿元和2470.62亿元。到1999年政策性转移支付额才达到75亿元,占全国地方财政支出的0.78%。这种转移支付方式不仅对实现均衡财政的作用微乎其微,而且没有体现出对民族地区应有的照顾。

(二)民族地区转移支付

为配合西部大开发战略,进一步支持民族地区发展,中央财政从2000年起,对少数民族地区专门实行民族地区转移支付,用于解决少数民族地区

---

① 以1999年为例,一般性转移支付补助系数全国统一定为收支差额的6%,而民族优惠政策转移支付补助系数则从4%到12%不等。这样,在计算有关地区转移支付分享总额中,对标准支出大于标准收入的民族省区来说,按其标准收支差额,最低可以得到10%、最高可以得到18%的补助,而非民族省区只能得到全国统一6%的补助。参见王朝才、王继洲:《在建立规范的财政转移支付制度中扶持民族地方发展的措施研究》,《经济研究参考》2004年第12期。

② 黄勇:《民族地区财政转移支付制度研究》,中央民族大学2004年硕士论文,第26页。

的特殊困难。其资金来源有二:一是2000年专项增加对民族地区政策性转移支付10亿元,今后每年按上年中央分享的增值税收入增长率递增;二是对8个民族省区及非民族省区的民族自治州的增值税收入,采用环比办法,将每年增值税收入比上年增长部分的80%转移支付给民族地区。这部分增量的一半按来源地返还,以调动地方增加收入的积极性;同时,考虑到民族地区经济发展水平客观上存在差异及地区之间财力不均衡等情况,为体现公平原则,将另外一半按照因素法通过转移支付方式分配给地方。

具体测算方法是:

(1)按来源地分配的转移支付额。各民族地区按来源地分配的转移支付额,在增值税环比增量40%的基础上,扣除税收返还中增值税增量后确定。用公式表示为:

某地区于增值税增量挂钩的转移支付额 = 该地区增值税环比增量 × 40% - 该地区税收返还增值税增量

其中,民族地区的税收返还按分税制财政体制的规定计算。

(2)按因素法分配的转移支付额。对各地区按因素法分配的转移支付,根据其标准支出大于标准收入的差额和转移支付系数计算。用公式表示为:

某地区按因素法分配的转移支付额 = (该地区标准财政支出 - 该地区标准财政收入) × 该地区转移支付系数

其中,标准财政支出和标准财政收入参照普通财政转移支付办法计算确定。转移支付系数根据各省区人员经费占其地方标准财政收入的比重分档确定。①

民族地区转移支付的对象为民族省区和非民族省区的民族自治州。2006年起,又将非民族省区的民族自治县(旗)也纳入转移支付范围。

① 李萍、许宏才主编:《中国政府间财政关系图解》,中国财政经济出版社2006年版,第75—76页。

2000～2007 年,民族地区转移支付从 25.5 亿元增加到 172.7 亿元,增加 5.8 倍,年均增长 31.4%(见图 2－1)。尤其是 2004 年到 2005 年增长最快,从 77 亿元增加到 159 亿元,增长了 2 倍多。

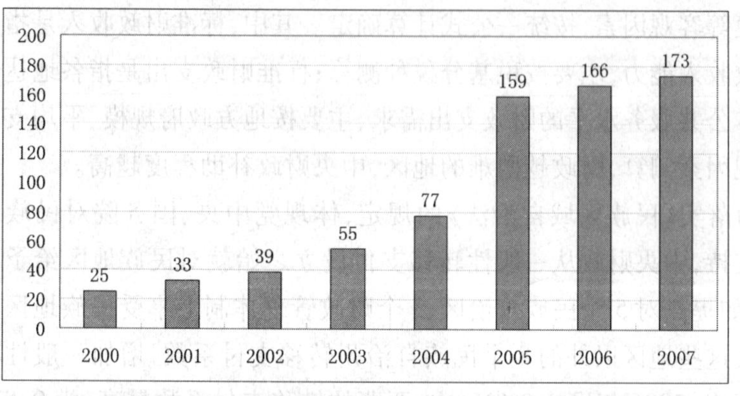

图 2－1 民族地区财政转移支付年度分布表 单位:亿元

资料来源:2000～2005 年数据来源于李萍、许宏才主编:《中国政府间财政关系图解》,中国财政经济出版社 2006 年版,第 76 页。2007 年数据来源于《财政收入地方本级支出占 76.9%》,http://finance.sina.com.cn/g/20080221/08224529339.shtml。

(三)一般性转移支付

2001 年修改后的《民族区域自治法》第三十二条规定,"民族自治地方在全国统一的财政体制下,通过国家实行的规范的财政转移支付制度,享受上级财政的照顾。"第六十二条规定,"随着国民经济的发展和财政收入的增长,上级财政逐步加大对民族自治地方财政转移支付力度。通过一般性财政转移支付、专项财政转移支付、民族优惠政策财政转移支付以及国家确定的其他方式,增加对民族自治地方的资金投入,用于加快民族自治地方经济发展和社会进步,逐步缩小于发达地区的差距。"

2002 年实施的所得税收入分享改革,明确中央因改革增加的收入全部用于一般性转移支付,建立了一般性转移支付资金稳定增长的机制。同时,过渡期转移支付概念不再使用,改为"一般性转移支付",原来的一般性转

移支付改称“财力性转移支付”。

一般性转移支付按照公平、公正、循序渐进和照顾老少边地区的原则，主要参照各地标准财政收入和标准财政支出的差额及可用于转移支付的资金规模等客观因素，按统一公式计算确定。其中，标准财政收入是指各地区的财政收入能力，主要按税基分税种测算；标准财政支出是指各地达到均等化基本公共服务水平的财政支出需求，主要按地方政府规模、平均支出水平和客观因素测算，财政越困难的地区，中央财政补助程度越高。

为落实《民族区域自治法》的规定，体现党中央、国务院对民族地区的政策支持，中央财政从一般性转移支付设立之始就对民族地区给予了特殊照顾，如提高对5个民族自治区、3个财政管理体制上享受民族地区待遇的省以及这些地区以外的8个民族自治州转移支付系数，增加一般性转移支付额等。① 2006年民族8省区中，西藏的转移支付系数最高，为0.87，内蒙古自治区0.73为最低，当年全国平均转移支付系数为0.57。即使是转移支付系数最低的民族地区也比全国平均水平高出0.16个百分点。民族地区一般性转移支付总量呈现逐年递增的态势，2000年到2007年，中央财政累计安排8个民族省区一般性转移支付2096.83亿元。

此外，在财政转移支付其他制度的安排上，也体现了国家对民族自治地方的照顾。如在调整工资转移支付的安排中，经国务院批准，对调整工资及离退休费的增加，沿海经济发达地区自行解决；对财政困难的老工业基地和中西部地区，由中央财政给予适当补助，对民族地区给予照顾，对民族地区的补助系数在同等非民族地区补助系数的基础上适当提高。②

---

① 转移支付系数是根据当年普通转移支付规模以及存在缺口地区标准收支差额确定，并参照各地困难程度适当调整。具体办法是，普通转移支付规模的50%部分按照统一的系数对缺口进行补助，其余50%部分考虑各地困难程度进行分配。

② 在1999年7月1日，调整工资转移支付规定，根据人员经费和公用经费占可支配财力的比重在60%～100%之间的地区分四个档，补助系数分别为0.6、0.65、0.7、0.75；民族地区调增5个百分点。李萍、许宏才主编：《中国政府间财政关系图解》，中国财政经济出版社2006年版，第73页。

第二节 财政转移支付对民族地区财政的影响

自1952年《民族区域自治实施纲要》颁行以来，我国《宪法》《民族区域自治法》和相关行政法规中都有关于民族地区财政转移支付的规定，民族地区是财政转移支付政策的受益者。在各个历史时期，民族地区从中央财政获得的巨大支持，维持地方政府正常运转和加强地方建设，为当地人民提供基本的公共服务等方面发挥了重要作用。

一、民族地区财政收入大幅度增加

新中国成立初期，民族地区经济基础和财政实力都很薄弱。1952年，民族地区财政收入仅为4.96亿元，其中5个自治区为3.81亿元，民族自治州县为1.15亿元。改革开放以来，民族地区财政收入呈现快速发展的态势（见图2－2）。尤其是西部大开发以来增长更快，到2005年，民族地区财政收入达到1046.31亿元，其中5个自治区为800.56亿元，民族自治州县为245.75亿元。

在1952～1980年财政补助阶段，民族地区财政收入从4.96亿元增加到31.07亿元，年均增长率为18.15%（见表2－1），其中5个自治区年均增长率为16.86%，自治州县为22.43%；在1980～1994财政补助递增时期，①民族地区财政收入从31.07亿元增加到201.49亿元，年均增长率最快，达到36.57%，其中5个自治区年均增长率为34.92%，自治州县达到最高值40.86%；在1994～2005年分税制时期，民族地区财政收入增长略有下降，为34.94%，其中5个自治区年均增长率为39.33%，自治州县下降更快，为24.96%，低于自治区14.37个百分点。

---

① 1993年地方财政收入出现了较大幅度的增长，但数据真实性值得质疑，因此选取1994年数据计算。主要是由于在分税制改革实施前的1993年，由于地方财政收入与税收返还额度直接相关，各地区争着多报地方财政收入，使得该年数据的真实性大打折扣。

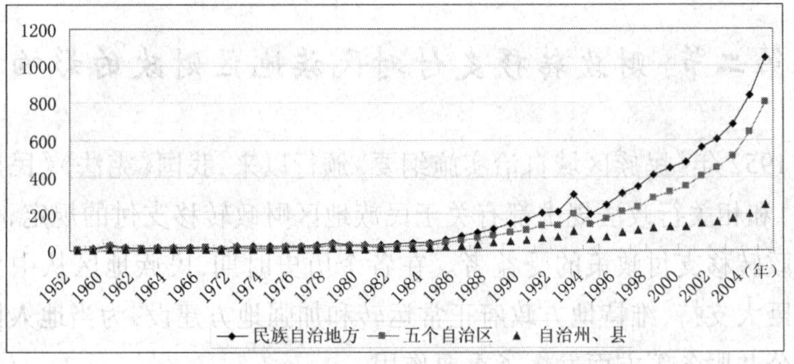

图 2-2　少数民族自治地方财政收入　单位:亿元

资料来源:《中国财政年鉴 2006》,第 405 页。

注:5 个自治区是指内蒙古自治区、西藏自治区、宁夏回族自治区、新疆维吾尔自治区和广西壮族自治区;自治州、县(旗)是指除上述 5 个自治区以外各省市所属的少数民族自治州、自治县(旗)。

表 2-1　民族地区财政收入增长分布表

年份	财政收入(亿元)			年均增长率(%)		
	民族自治地方	5 个自治区	自治州、县	民族自治地方	5 个自治区	自治州、县
1952	4.96	3.81	1.15	/	/	/
1980	31.07	22.44	8.63	18.15	16.86	22.43
1994	201.49	139.97	61.52	36.57	34.92	40.86
2005	1046.31	800.56	245.75	34.94	39.33	24.96

资料来源:《中国财政年鉴 2006》,第 405 页。

与此同时,民族自治地方财政收入占 GDP 比重也出现了一定程度的增长(见表 2-2)。1995 年,民族自治地方财政收入占 GDP 比重为 5.06%,2000 年上升到 6.11%,到 2005 年,地方财政收入占 GDP 比重增长到 6.54%。

表2-2 民族自治地方财政收入及其占GDP比重 单位:亿元

	1995年	2000年	2004年	2005年
GDP	4901.14	7486.15	12518.62	15705.93
地方财政收入	248.1	457.5	825.8	1026.4
比重(%)	5.06	6.11	6.60	6.54

资料来源:《中国民族统计年鉴2006》,第238页。

二、民族地区财政支出快速增长

与此同时,民族地区财政支出出现了更快的增长(见图2-3)。1952年民族地区财政支出仅为4.39亿元,其中5个民族自治区为3.34亿元,民族自治州县为1.05亿元。到2005年,民族地区财政支出达到3114.84亿元,其中5个民族自治区为2158.08亿元,民族自治州县为956.76亿元。如此快速的增长,一方面与我国财政体制改革有关,另一方面也说明财政转移支付为民族地区经济社会发展及基本公共服务建设提供了强有力的保证。

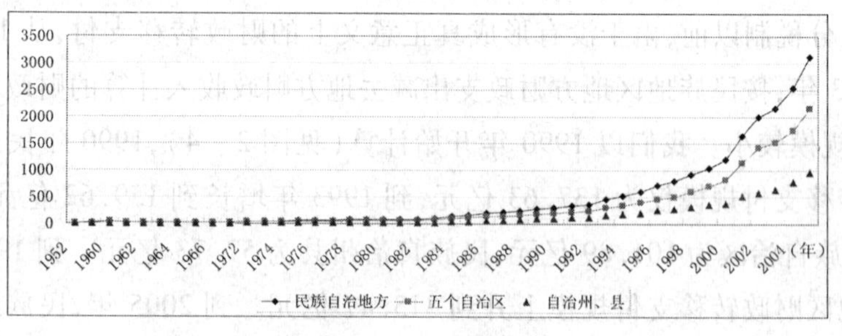

图2-3 民族自治地方财政支出 单位:亿元

资料来源:《中国财政年鉴2006》,第405页。

在1952~1980年财政补助阶段,民族地区财政支出从4.39亿元增加到81.2亿元,年均增长率为60.33%(见表2-3),其中5个自治区年均增长率为61.03%,自治州县为58.13%,如此快速的增长应该与1952年财政支出基数较低有关;在1980~1994财政补助递增时期,民族地区财政支出

从81.2亿元增加到516.96亿元,年均增长率最低,为35.78%,其中5个自治区年均增长率为29.47%,自治州县达到56.78%;在1994~2005年分税制时期,民族地区财政支出增长开始加快,年均增长率为41.88%,其中5个自治区年均增长率为44.79%,自治州县为36.35%。

表2-3 民族地区财政支出增长分布表

年份	财政支出(亿元)			年均增长率(%)		
	民族自治地方	5个自治区	自治州、县	民族自治地方	5个自治区	自治州、县
1952	4.39	3.34	1.05	/	/	/
1980	81.2	62.45	18.75	60.33	61.03	58.13
1994	516.96	338.52	178.44	35.78	29.47	56.78
2005	3114.84	2158.08	956.76	41.88	44.79	36.35

资料来源:《中国财政年鉴2006》,第405页。

三、民族地区财政转移支付规模扩大

在分税制以前,由于没有形成真正意义上的财政转移支付,从1952年到1993年,按民族地区地方财政支出减去地方财政收入计算的财政转移支付看,规模较小。我们以1990年开始计算(见图2-4),1990年民族地区财政转移支付规模仅为137.63亿元,到1993年增长到159.62亿元,其中5个民族自治区为101.89亿元,民族自治州县为57.73亿元。到1994年,民族地区财政转移支付规模上升到315.47亿元。到2005年,民族地区财政转移支付规模达到了2068.53亿元,其中5个民族自治区为1357.52亿元,民族自治州县为711.01亿元。

从表2-4可以看出,随着西部大开发的实施,国家进一步加大了对民族地区财政支持的力度。1999~2005年,民族地区财政转移支付规模年均增长率为35.04%,其中5个自治区年均增长率为36.89%,自治州县为31.87%,远高于1994~1999年民族地区财政转移支付的增长状况。尤其在2002年实施的所得税收入分享改革,使民族地区财政转移支付规模进一

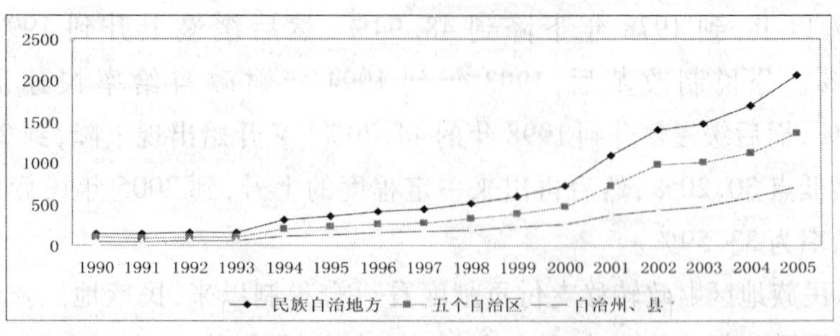

图 2-4 民族自治地方财政转移支付规模 单位:亿元

资料来源:《中国财政年鉴 2006》。

注:这里财政转移支付规模以地方财政支出减去地方财政收入计算。

步扩大,由 2001 年的 1091.77 亿元上升到 2002 年的 1397.31 亿元。体现了上级财政对民族地区的照顾。

表 2-4 民族地区财政转移支付增长分布表

年份	财政转移支付规模(亿元)			年均增长率(%)		
	民族自治地方	5 个自治区	自治州、县	民族自治地方	5 个自治区	自治州、县
1990	137.63	93.09	44.54	/	/	/
1994	315.47	198.55	116.92	25.84	22.66	32.50
1999	599.06	378.98	220.08	14.98	15.15	14.71
2005	2068.53	1357.52	711.01	35.04	36.89	31.87

资料来源:《中国财政年鉴 2006》。

四、民族地区财政发展仍然处于落后状态

与发达地区相比,民族地区仍然存在着巨大的差距。这主要是民族地区由于受历史、地理和现实等诸多因素影响,致使其自身经济发展相对落后,税基小、税源窄,人均供养财政人口比例大,在现行财政体制和制度的支配下,财政贫困仍是民族地区财政问题的基本特点和现状。

从民族地区财政自给率看(见图 2-5),1966 年以前,财政自给率普遍

在80%以上,到1978年下降到48.94%,然后缓慢上升到1993年的65.47%。分税制改革后,1993年到1994年财政自给率快速下降到38.98%,而后缓慢攀升到1998年的44.70%,又开始出现下降,到2002年达到最低点30.20%,然后再出来一定程度的上升,到2005年民族地区财政自给率为33.59%。

从民族地区财政转移支付贡献度看,①分税制以来,民族地区财政转移支付在财政本级支出的占比比较大,从1993年的34.52%上升到1994年的61.02%,并一直维持较高的水平。民族地区地方财政支出对财政转移支付的依赖性强,有一半以上的财政支出需要中央的财政转移支付来支持,其中2002年达到最高点69.80%,2005年民族地区财政转移支付仍占到地方财政支出的66.41%。

这说明民族地区财政支出有60%左右依靠财政转移支付,民族地区对于中央的财政转移支付的依赖程度比较大,财政转移支付制度对民族地区的意义重大,它在一定程度上缓解了民族地区的财政困难。

① 转移支付对地方财政的贡献度表示地区所获得的财政转移支付在本级财政支出中的比重,即地方财政本级支出中有多少是依靠财政转移支付来支撑的,比重高则财政转移支付对该省的财政贡献度大,地方财政支出对其的依赖性强,反之则弱。

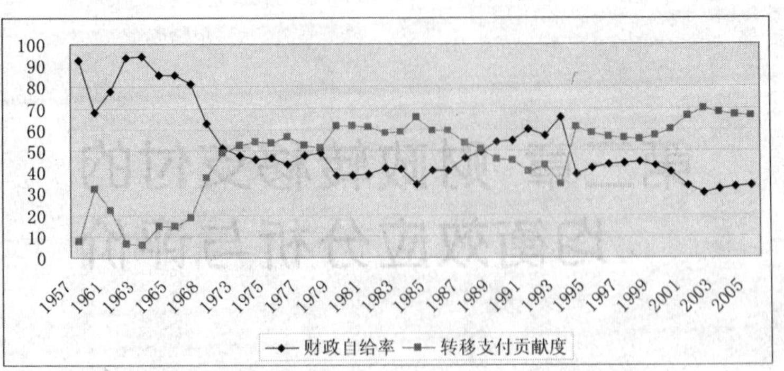

图 2－5 民族地区财政自给率与财政转移支付贡献度分布图 单位:%

注:财政自给率:地方财政收入/地方财政支出＊100

转移支付对地方财政的贡献度＝转移支付总额/地方财政支出总额＊100,

财政转移支付以地方财政支出－地方财政收入计算。

第三章 财政转移支付的均衡效应分析与评价

《民族区域自治法》规定,民族自治地方在全国统一的财政体制下,通过国家实行的规范的财政转移支付制度,享受上级财政的照顾。因此,要研究民族地区财政转移支付的均衡效应,必须首先就我国财政转移支付制度进行分析。一般来讲,转移支付制度是基于各级政府收入能力和支出需求的不一致,以实现各地公共服务水平均衡化为目标而实行的一种财政平衡制度。规范的转移支付制度是调节各级政府财政收支、平衡区域经济差异的重要手段,它的主要目标是实现公共服务水平的均衡化。本章主要对财政转移支付的纵向均衡和横向均衡效应进行分析,研究中央向省、市、自治区下拨财政转移支付资金,不涉及省级以下的地方转移支付制度。

第一节 分税制体制以来我国财政发展状况

一、财政收入占 GDP 比重不断上升

从图中可以看出(见图 3 - 1),我国财政收入占 GDP 比重在 1978 年以前都维持在较高水平,达到 30% 左右。1978 ~ 1994 年,财政收入占比出现快速下降,由 1978 年的 31.10% 下降到 1994 年的 10.80%。分税制改革以后,财政收入占 GDP 比重出现了稳定的增长,到 2005 年,这一比例达到了 17.30%。财政收入的增长,为国家宏观调控实现规范的财政转移支付提供了坚实的基础。但总体来看,我国财政收入占 GDP 的比重仍然偏低,致使

没有充裕的资金进行转移支付。虽然财政收入占GDP的比重在1994年税制改革后逐年提高，扭转了自改革开放以来比重逐年降低的局面，但与发达国家45%的比重相比仍然相距甚远，甚至比发展中国家25%的比重也低很多。①

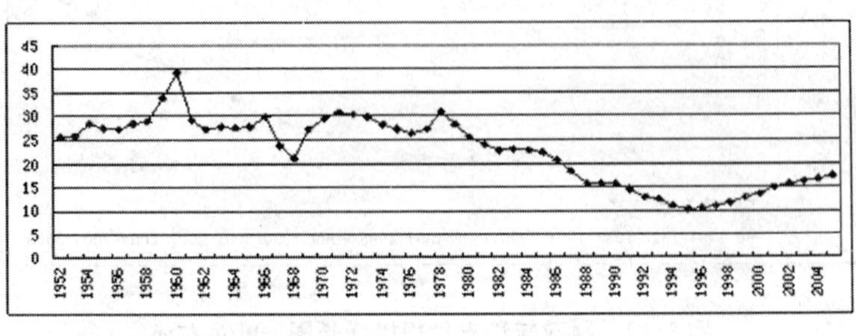

图3－1 财政收入占国民生产总值比重 单位：%

资料来源：《中国财政年鉴2006》，中国财政杂志社编辑出版，第371页。

注：国家财政收入中不包括国内外债务收入。

二、财政转移支付的总量不断增加

在一定条件下，一个适宜的转移支付规模无疑将为其顺利达到预期目标提供重要的保证。规模过小，政府利用财政手段进行的宏观调控力度就会受到限制，调节不到位，无法达到转移支付的预期目标。而另一方面，规模过大又会影响到地区发展经济的自主性和积极性，特别是在有着多番财政体制变革经历的中国。

通过收集整理1990～2006年财政转移支付规模的数据（见图3－2），可以看出，分税制以来，我国财政转移支付规模呈现不断上升的趋势。分税制以前，1990～1993年转移支付大致在550亿元左右，规模较小。分税制改革后，转移支付规模增加到1994年的2389.09亿元，然后一直保持较快速度的增长，尤其是1999年以来，随着西部开发战略的实施、对城镇社会保障的重视和农村税费改革，我国政府间转移支付规模一年上一个台阶。到

① 朱瑾：《西部民族地区财政转移支付制度研究》，新疆大学2005年博士论文。

2002 年所得税分享制度改革,财政转移支付规模进一步扩大,到 2005 年增加到 11484.02 亿元。

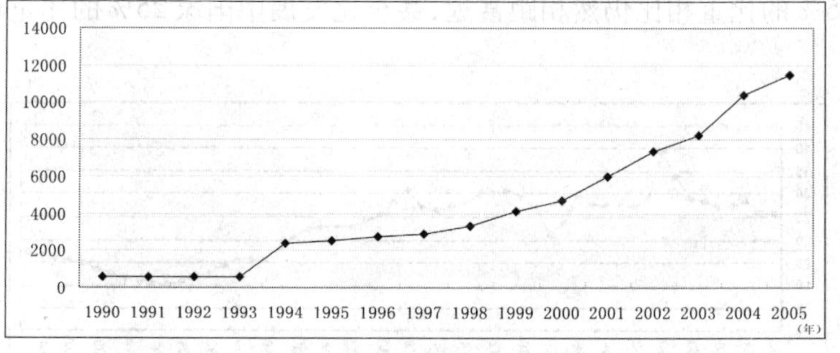

图 3-2 财政转移支付规模增长图 单位:亿元

数据来源:《中国财政年鉴 2006》,中国财政杂志社编辑出版,第 396 页。

注:财政转移支付规模为中央补助地方支出。

三、财政转移支付的相对规模不断扩大

(一)财政转移支付占财政收入比重

财政转移支付的相对规模能进一步说明国家转移支付力度。从财政转移支付规模占全国财政收入比重看(见图 3-3),1994 年达到最高值 45.78%,然后出现一定程度的下降。到 1997 年下降到分税制改革以来的最低点 33.02%,然后有所回升,到 2004 年达到 39.43%,到 2005 年又下降到 36.29%。

(二)转移支付在中央财政中的相对规模

财政转移支付相对规模的扩大,表示中央财政在转移支付支出方面的拨付力度增加。这一方面说明每年中央财力实际转移到地方财力的力度,实现中央财政收入向地方财政支出的转变;另一方面也从侧面说明了中央对下拨补助的重视程度,转移支付在中央财政政策中的重要性的变化。

同时,中央向地方的财政转移支付是建立在中央本级可实际支配的财政能力基础之上的,中央财政能力的变化也很大程度上影响了转移支付的拨付程度,即转移支付的拨付受制于中央财政能力,通常中央的财政能力用

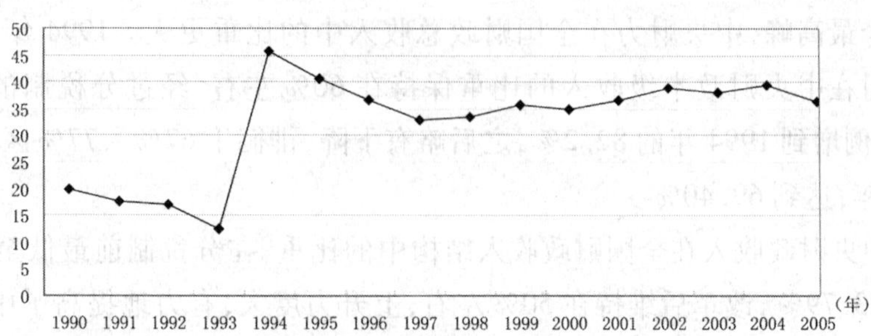

图 3－3　财政转移支付占财政收入比重　单位:%

资料来源:《中国财政年鉴 2006》,第 371 页。

注:国家财政收入中不包括国内外债务收入。

其本级收入在全国财政总收入的比例来表示。

从图中可以看出(见图 3－4),这两个比重基本呈现同向运动,即是说中央财政收入在国家财政总收入比重大,则相应会划拨更多的转移支付资金,反之亦然,比例始终保持在同步发展的水平。

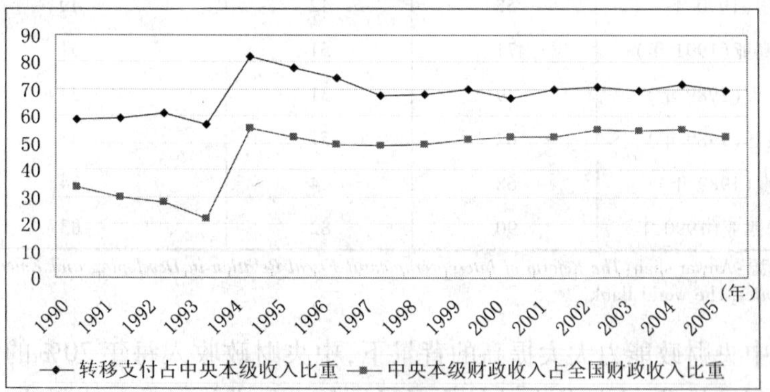

图 3－4　转移支付在中央财政中的相对规模　单位:%

资料来源:《中国财政年鉴 2006》,第 396 页计算整理。

注:本表收入中不包括国内外债务收入,支出中不包括国内外债务还本付息支出和用国外借款安排的基本建设支出。

同时,与分税制前的占比相对比,这两个比重都有所提高,在 1994 年达

到一个最高峰,中央财力在全国财政总收入中的比重更大。1994 年前,转移支付在中央财政本级收入的比重保持在 60% 左右,经过分税制的改革后,比例增到 1994 年的 82.2%,之后略有下降,徘徊于 67% ~77% 区间,到 2005 年,达到 69.40%。

中央财政收入在全国财政收入结构中的比重,在分税制前最低至 1993 年的 23.79%,改革后维持在 50% 左右,上升力度大,有力地提高了中央的可支配财力,为划拨转移支付奠定了财力基础。但是世界上多数国家中央财政收入在全国财政收入结构中的比重都在 60% 以上(见表 3 - 1),这表明中央政府调控地方的能力还有待于进一步加强。①

表 3 - 1 不同类型的国家中央财政收入与支出的相对规模②

单位:%

国别	转移支付前中央收入的比重	转移支付后中央收入的比重	中央支出的比重
英国(1990 年)	89	71	70
美国(1990 年)	58	42	49
澳大利亚(1991 年)	71	51	51
加拿大(1989 年)	49	31	34
阿根廷(1989 年)	62	57	53
印度(1989 年)	68	44	54
印度尼西亚(1990 年)	90	82	83

资料来源:Anwar shah:*The Reform of Intergovernmental Fiscal Relation in Developing and Emerging Market Economics*, The world Bank.

在中央财政能力大大提高的背景下,中央财政收入每年 70% 的财力是向下进行了转移,本级的财政结构通过转移支付进行了重大的调整。另外,

① 中央财政收入占全国财政收入的比重已经上升到 50% 以上,但由于大量的税收返还,中央财政实际可支配财力增量打了折扣。如果把税收返还约计入地方收入,中央财政占财政收入的真实比重应该在 30% 左右。文小才:《我国财政转移支付制度中存在的问题与完善的对策》,《北方经济》2007 年第 7 期。

② 朱萍:《论我国现阶段政府间转移支付规模的合理界限》,《上海财经大学学报》2007 年第 1 期。

它也反映出财政转移支付随着分税制的实施也受到了极大重视，占据了中央财政的大部分支出。

从转移支付占中央总支出与地方总收入的比重看（见表3－2），从1999年到2005年，转移支付占中央财政总支出（中央本级支出＋转移支付总量）比重呈现稳步上升态势，从1999年的49.60%上升到2005年的56.68%。同时，地方财政收入中也有近一半（2005年达到43.20%）来自中央的转移支付。

表3－2 转移支付占地方总收入及中央总支出比重

年份(年)	转移支付总量(亿元)	占中央总支出(%)	占地方总收入(%)
1999	4086.61	49.60	42.21
2000	4665.31	45.80	42.14
2001	6001.95	50.99	43.48
2002	7351.77	52.05	46.33
2003	8261.41	52.68	45.61
2004	10407.96	56.87	46.67
2005	11484.02	56.68	43.20

数据来源：根据《中国财政年鉴2000～2006》相关数据收集整理。

四、财政转移支付规模相对偏小

（一）财政转移支付规模占GDP比重偏小

从财政转移支付规模占GDP比重看（见图3－5），1990～1993年相对规模较小，并呈现不断下降的趋势，财政转移支付规模由1990年的占比3.14%下降到1993年的1.54%；从1993年到1994年迅速提高到4.96%，然后出现一定程度的下降，到1997年下降到分税制改革以来的最低点3.62%。而此期间国内生产总值一直稳步上升，表明我国转移支付规模与经

济增长的相关性不强。[①]

1997 年以后,财政转移支付规模占 GDP 比重开始出现持续上升,2004 年达到 6.51%,到 2005 年又下降到 6.27%。总体而言,财政转移支付规模相对 GDP 规模还是较小。

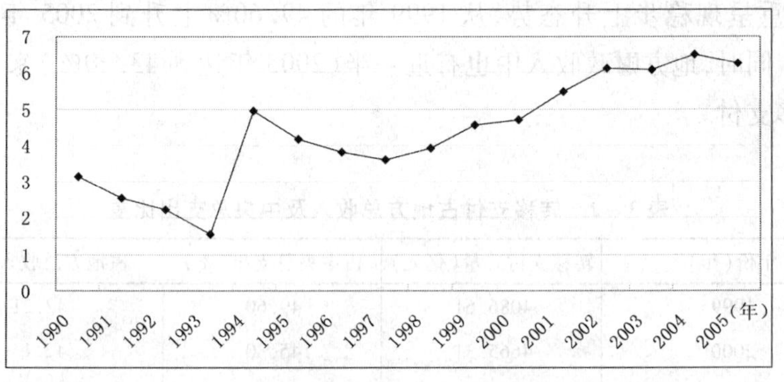

图 3-5 财政转移支付占 GDP 比重 单位:%

资料来源:GDP 总量数据来源于《中国财政年鉴 2006》,第 371 页。

(二)大量的财政性资金游离于财政预算之外

规范的转移支付制度要求财政预算统一、完整。我国的预算外资金还未纳入统一预算。虽然 2005 年我国的财政收入占 GDP 的比重只有 17.30%,但是我国政府支配的财力远不止这个数。仅财政部门有统计的预算外资金,约相当于财政收入的 1/2。此外,还有各种难以统计的制度外收入,数额也相当可观。大量的财政性资金游离于财政预算之外,在一定程度上降低了转移支付的效果。

① 宋超、绍智:《我国财政转移支付规模问题研究》,《地方财政研究》2005 年第 1 期。

第二节 财政转移支付的纵向均衡效应

一、财政纵向不均衡的形成

从国际经验看,各国政府通常都划分为中央政府与地方政府几个级次,由于每级政府的支出责任与收入能力不对等,为了保证各级政府能够履行其职能,必须对各级政府的财力进行再分配。上下级政府之间财政收入能力与支出责任不对称,也被称之为财政纵向不平衡。

事权在各级政府之间的划分,决定了各级政府所承担的公共服务范围和项目,进而决定了各级政府相应的支出责任。世界各国在事权划分上,一般将涉及国家主权、安全、市场统一和全国经济稳定的,受益普及于全国范围的重大事权划归中央政府,如国防、外交、宏观经济管理、重大的基础研究、全国性的基础设施等。为了提高政府活动的有效性和更加符合居民的需要,大量具体的、地区性的公共设施和基础设施等职能都划给了地方政府。从总体上看,事权划分的结果是,地方政府提供大部分具体的公共服务,因此,在整个政府支出中,地方政府比中央政府承担了更多的支出责任。

从我国中央财政收支所占比重的情况看(见图 3 - 6),中央财政收支占比大致可以划分为四个阶段。第一阶段:1953 ~ 1957 年收支平衡阶段,收支比重维持在 70% 以上,以中央支出占主体;第二阶段:1958 ~ 1984 年,中央财政收入急剧下降,而支出比重仍占到 50% 左右,收不抵支;第三阶段:1984 ~ 1993 年,中央收支在 30% 左右,维持平衡;第四阶段:1994 ~ 2005 年,中央财政收入快速上升到 50% 以上,支出仍维持在 30% 左右,收大于支。而地方财政收支比重与之刚好相反(见图 3 - 7),在分税制体制下,支出达到了 70% 左右,而收入比重在 50% 以下。

这主要是由于在分税制财政体制下,中央和地方各级政府收入划分大体遵循公平、效率、受益、方便征收管理等基本原则,其核心是收入划分不能扭曲市场机制的作用,有利于征收管理,有利于整体经济效率和国家经济管

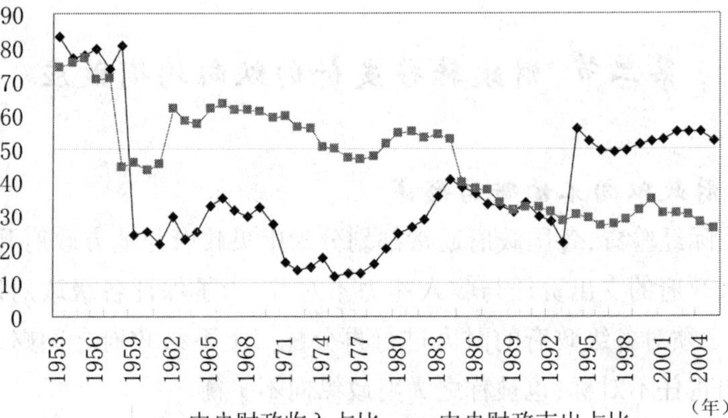

图 3－6　1953～2005 年中央财政收入支出比重　单位：%

资料来源：《中国财政年鉴 2006》，第 397－398 页计算整理。

注：本表收入中不包括国内外债务收入，支出中不包括国内外债务还本付息支出和用国外借款安排的基本建设支出。

理以及宏观调控等。因此，一些税源较大、跨地区征收的增值税，一般都划为中央税或共享税，以保证必要的调节手段和国内市场的统一。从受益原则和征管效率考虑，财产税、营业税和其他一些小税种，划归地方税。这样划分收入的结果是，中央集中了较大比例的收入，而地方政府的自有收入在整个政府收入中占据较少的份额。政府间事权和收入划分的结果是：地方政府承担了大部分支出责任，中央政府集中了较多的收入，从而形成了各级政府之间支出责任和自有收入的不均衡。

这形成了所谓的纵向财政不平衡。当地方政府收入不能保证其合理的支出需要时，就要求通过政府间的财政资金转移支付来弥补地方的财力，以保证各级政府都能履行其职责。

通过财力向中央政府的适度集中，形成强化中央政府宏观调控能力是分税制财政管理体制所追求的一种效果，由此造成的纵向财力不平衡是这种财政管理体制运行的常态。财政转移支付就是要解决中央、地方两级财

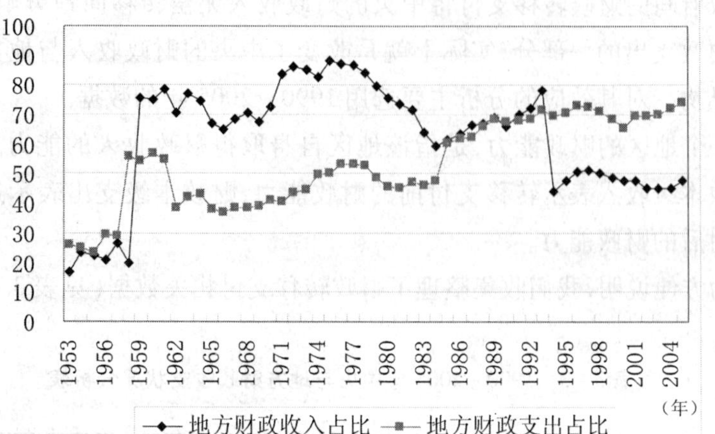

图 3－7 1953～2005 年地方财政收入支出比重 单位:%

资料来源:《中国财政年鉴 2006》。

政收支结构不对称所造成的财政结构性失衡问题。因此,财政转移支付的纵向均衡效应,是指在进行了财政转移支付后,地方财政收支状况是否有所改善,中央、地方两级财政的收支结构是否达到平衡状态。

二、财政转移支付纵向均衡效应的实证研究

我国在实行分税制改革后,中央地方两级财政的收入格局发生了重大变化,收入集中在中央,支出又分散在地方,从而造成了地方政府的本级收支失衡,地方财政困难,进而形成中央与地方两级财政纵向结构上的失衡。

本文中的财政结构主要是指中央与地方两级财政的财政收入与支出结构,用中央与地方两级财政的本级收入在全国总收入中的比重、其本级财政支出在全国财政总支出中的比重来表示。按常理,一级财政的平衡是指该级财政收入等于财政支出,这里的等于只是近似等于,收略大于支或者收略小于支。在平衡时,财政收入与支出在全部总收入和总支出中的比重,应呈现对应的结构,即一定水平的财政收入比重应负担相同水平的财政支出责任。

政府间的财政转移支付将中央的财政收入无偿转移向地方财政,承担地方财政支出的一部分,实际上就是改变了中央的财政收入与地方的财政支出结构。对其效应的分析主要选用1990~2005年的数据。

一个地区的财政能力,是指该地区自身取得财政收入的能力。本文所举财政本级收入表示转移支付前的财政能力,财政本级支出表示进行了转移支付后的财政能力。

为方便说明,我们收集整理了财政转移支付相关数据(见表3-3)。

表3-3 1990~2005年中央与地方财政收支状况分析表

单位:亿元

年份(年)	地方上解中央	中央对地方的净转移	地方财政本级支出	中央财政本级支出	地方财政本级收入	中央财政本级收入	地方净收入	中央净收入
1990	482.19	103.09	2079.12	1004.47	1944.68	992.42	2047.77	889.33
1991	490.3	64.45	2295.81	1090.81	2211.23	938.25	2275.68	873.8
1992	558.64	37.86	2571.76	1170.44	2503.86	979.51	2541.72	941.65
1993	600.31	-55.68	3330.24	1312.06	3391.44	957.51	3335.76	1013.19
1994	570.05	1819.04	4038.19	1754.43	2311.6	2906.5	4130.64	1087.46
1995	610.01	1924.05	4828.33	1995.39	2985.58	3256.62	4909.63	1332.57
1996	603.88	2118.64	5786.28	2151.27	3746.92	3661.07	5865.56	1542.43
1997	603.8	2252.87	6701.06	2532.5	4424.22	4226.92	6677.09	1974.05
1998	597.13	2724.41	7672.58	3125.6	4983.95	4892	7708.36	2167.59
1999	598.13	3488.48	9035.34	4152.33	5594.87	5849.21	9083.35	2360.73
2000	599.12	4066.19	10366.65	5519.85	6406.06	6989.17	10472.25	2922.98
2001	590.96	5410.99	13134.56	5768.02	7803.3	8582.74	13214.29	3171.75
2002	637.96	6713.81	15281.45	6771.7	8515	10388.64	15228.81	3674.83
2003	618.56	7642.85	17229.85	7420.1	9849.98	11865.27	17492.83	4222.42
2004	607.17	9800.79	20592.81	7894.08	11893.37	14503.1	21694.16	4702.31
2005	711.96	10772.06	25154.31	8775.97	15100.76	16548.53	25872.82	5776.47

资料来源:《中国财政年鉴2006》,第396页计算整理。

(一)地方财政自给能力大大提高

首先,从地方财政能力来看,地方财政自给能力大大提高。地方财政自给能力是指地方政府为了实现地方政府职能的需要,通过组织各种地方财政资金以满足职能需求的程度。一般而言,地方自给能力越高,其依赖中央财政的程度越低,反之亦然。通常认为,财政自给系数 = 本级财政收入/本级财政支出,代表转移支付前的地方财政自给能力;地方财政净收入/本级财政支出则代表转移支付后的地方财政能力。将两个比值进行比较,以考察上级划拨的转移支付资金对其财政支付能力的影响程度。如果同期后者值高于前者,则说明财政转移支付提高了地方的财政支付能力,有利于地方财政收支失衡的调节,对中央、地方两级财政纵向失衡起到了弥补的作用。

我们分别对这两个比值作图,结果如下(见图 3-8)。

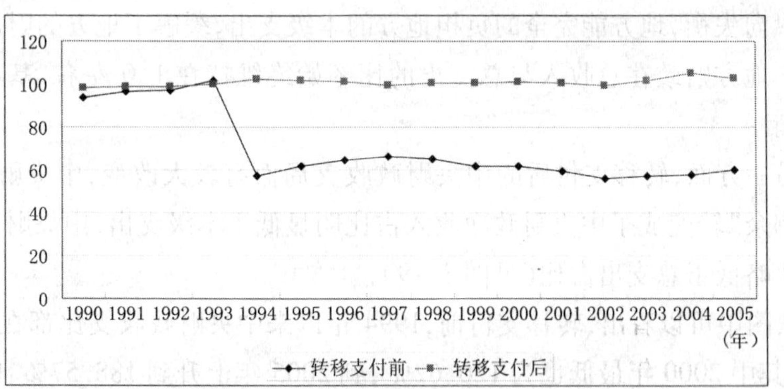

图 3-8 转移支付前后地方财政自给能力变化 单位:%

资料来源:《中国财政年鉴 2006》。

从图中可以看出,1994 年后的地方财政自给能力大大降低,浮动于 60%左右,最低的 2002 年仅为 55.72%,即 2002 年地方财政凭本级收入仅能应付 55.72%的支出需求,另外大部分需要从其他途径获得收入,其中中央的补助则为最主要的方式。到 2005 年,转移支付前的地方财政自给率为 60.03%。

在财政转移支付后,[1]地方财政能力有了较大幅度的提高。1990～1993年,此变化还不明显,而分税制后基本都能自给,有些年份还略有盈余。到2005年,这一比例为102.86%,说明此时的财政转移支付使财政资金从中央转移向地方,极大地提高了地方支出能力,起到了缓解地方财政困难的作用。

(二)财政收支结构得以改善

从财政收支结构来看,中央补助地方及地方上解中央后,地方财政的“结构性赤字”得到了弥补,两级财政收支占比的不对称局面得以改善。这表明了此时中央与地方的净收入格局发生了变化。在本级支出不变的情况下,地方净收入占比与支出占比基本对称,即是说地方本级支出负担程度都有相应的净收入能力程度来支撑,弥补了在转移支付前的中央与地方两级财政纵向失衡,地方能完全的负担地方的本级支出,缓解了地方的财政支付负担。地方财政在总收入与总支出的比率始终维持在1.0左右,基本实现了平衡。

另一方面,转移支付后的中央财政收支局面有较大改变,中央财政“结构性剩余”转变成了中央财政净收入占比明显低于本级支出,中央财政总收入占比略低于总支出占比(见图3-9)。

从图中可以看出,转移支付前,1994年以来中央财政收支比都在160%上下,其中2000年最低也为126.62%,到2005年上升到188.57%,收入远大于支出,出现了“结构性剩余”;转移支付后,收支比例仅为60%左右,2000年最低为52.95%,到2005年为65.82%,出现了财政赤字。这说明通过转移支付财政资金的无偿转移,实际上也让地方的财政支出负担转移到了中央,中央几乎承担了全部的财政赤字,缓解地方财政困难。但是我们要注意的一点是,在我国的财政体制下,地方虽然可以运用预算外资金或历年结余来弥补部分赤字,但毕竟只是杯水车薪,只有中央政府才拥有公债发行权、税收立法权等,因而中央更有能力化解财政赤字,因此现在的财政结

① 地方财政收入加上转移支付净额。

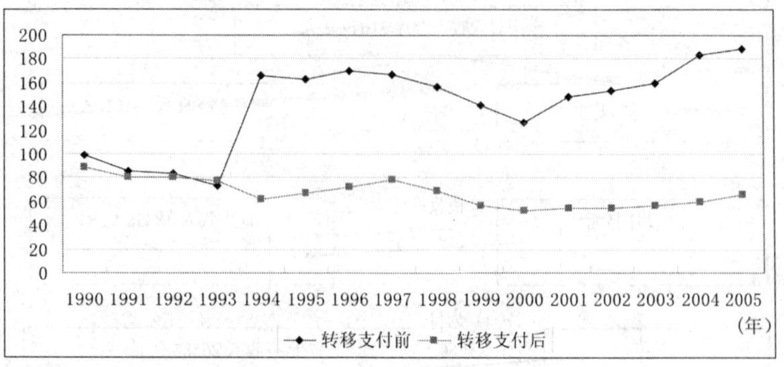

图 3 – 9 转移支付前后中央财政收支比例的变化 单位:%

资料来源:《中国财政年鉴 2006》。

构可认为是基本符合我国的财政现状的。同时,我们也可以看出,近几年来中央财政赤字占 GDP 比重呈现出下降的趋势(见图 3 – 10)。

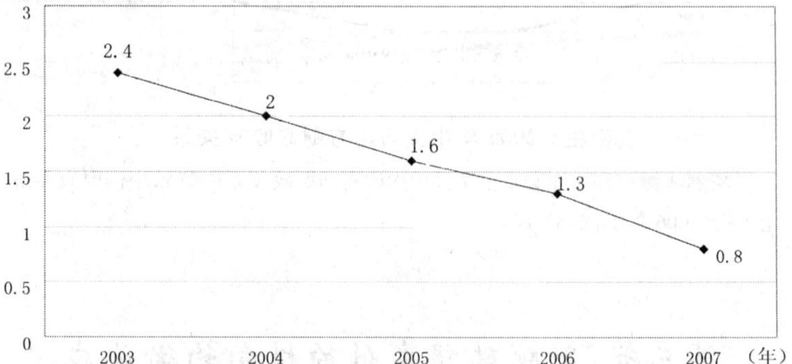

图 3 – 10 2003 ~ 2007 年中央财政赤字占 GDP 比重趋势 单位:%

资料来源:财政部:《2003 – 2007 年中央财政赤字占 GDP 比重趋势》,http://www.gov.cn/2008ysbg/content_929185.htm。

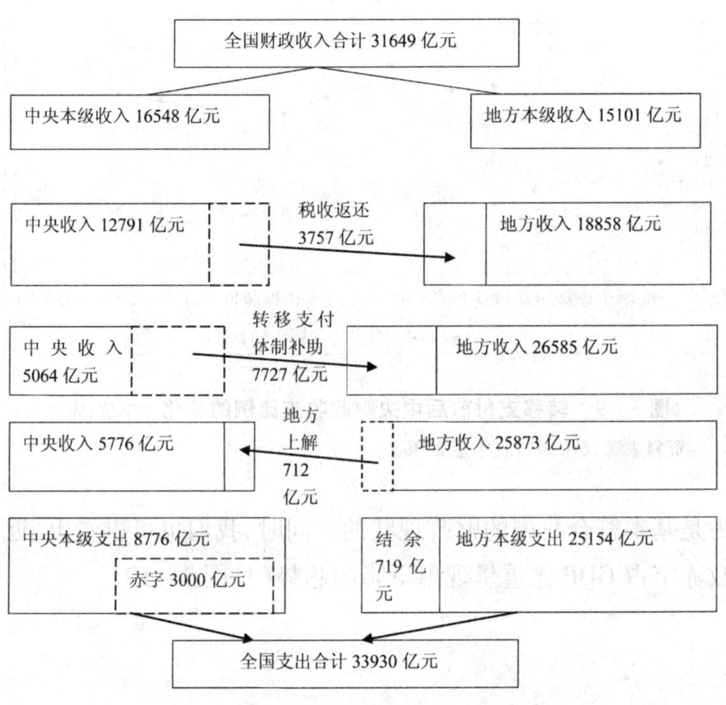

专栏　2005 年中央与地方财政收支关系

资料来源：李萍、许宏才主编：《中国政府间财政关系图解》，中国财政经济出版社 2006 年版，第 42 页。

第三节　财政转移支付的横向均衡效应

一、横向失衡的原因分析

横向财政不平衡，其含义是指在同级地方政府之间在收入能力、支出水平以及最终在公共服务能力上所存在的差异。

它首先与体制有关。在不规范的财政体制中，由于忽视财政横向均衡，造成各地区之间在公共服务能力上存在较大差异，表现为在相同的公共服务项目上，地区之间的服务水平和质量上存在较大差异，在一些贫困地区某

些基本公共服务设施极为短缺,难以达到最低的公共服务标准。

地区间收入能力的客观差异是造成横向财政不平衡的一个基本原因。由于地区间的经济发达程度、经济结构、都市化程度、人口分布不同,加之税基的规模和税源的集中程度等方面存在很大差异,因此,必然造成地区间收入能力上的差异。

此外,各地区在相同支出项目上,单位支出成本存在着较大的差别。各地区之间由于自然地理环境不同,社会经济结构和人口分布状况也不同,因此,在提供相同的公共服务时,在单位支出成本费用上存在着客观差别。条件较差的地区在提供相同项目同样水平的公共服务时,需要更多的支出。

在政府间进行转移支付时,必须同时考虑到由于客观因素差异造成的各地区收入能力和支出成本上的差异,最终实现各地区在公共服务能力上的均等化,为此需要一个规范的转移支付制度。

我们主要选用各省、市、自治区历年来的相关数据做横向比较。首先,考察各地区间的财政转移支付规模的差距;其次,用基尼系数的变化考察各地区财政转移支付前后横向不平等程度的年度变化;最后,从各地区本级财政收入与支出的变异系数(离散程度)来比较财政转移支付前后地方财力的变化情况,并对其横向均衡效应进行分析。

二、财政转移支付规模地区间的差距分析

由于我国省际间的自然资源、历史文化、经济基础等差异所导致的各地区的财政能力、财政支出成本、基础公共服务水平等方面的巨大差距,中央所拨付的转移支付资金规模也差异极大,考察财政转移支付资金的横向效应,我们首先从各省市区所获得的转移支付规模入手。

(一)各地区获得的财政转移支付规模

为了方便进行研究,我们以各个地区在获取转移支付前后的人均财力对比来反映转移支付财政均等化效果。因此,我们将各地区的地方人均财政收入视为各地区接受转移支付前的财力水平,将各地区地方人均财政支

出视为各地区接受转移支付后的财力水平。[①] 按人均财政转移支付规模 = 人均财政支出 - 人均财政收入计算。

图 3 - 11 反映了 2006 年各地区人均财政转移支付规模。从图中可以看出，我国 31 个省市区人均财政转移支付规模差距明显。其中人均财政转移支付最高的西藏达到 6606.27 元，而最低的浙江省仅为 348.70 元。其中排名相对靠前的依次为西藏、青海、新疆、宁夏等经济发展落后地区，而排名靠后的依次为浙江、广东、江苏、山东等发达地区。

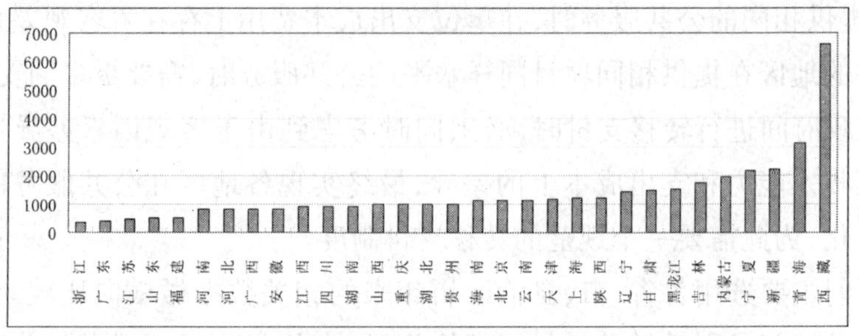

图 3 - 11　2006 年各地区人均财政转移支付规模　单位:元

资料来源:各地区人均转移支付根据《中国统计年鉴 2007》计算整理。

注:各地区人均财政转移支付 = (各地区地方财政支出 - 地方财政收入)/各地区总人数。

(二)财政转移支付规模与财政能力的关系分析

财政转移支付的目的是均等化地区间的公共服务能力，公共服务能力又受制于地方财政能力。其横向均衡效应的一个前提，就反映在所拨付的财政转移支付规模是否是基于地方财政能力之上。按常理，地方财政能力弱的则应享受更多的财政转移支付，反之则少，甚至是零规模的转移支付。从上文可知，人均财政转移支付的绝对规模地区间的差异是显著的，那么它是否与地区财政能力的显著差异是相关的呢？这需要来考察两者的关系。

地方财政能力，在此使用的是财政转移支付前的各省市自治区的地方

① 曹俊文、罗良清:《转移支付的财政均等化效果实证分析》,《统计研究》2006 年第 1 期。

财政的本级收入人均值来衡量,财政转移支付规模,仍选用各地人均财政转移支付金额。笔者用1998~2006年的相关数据,对人均财政本级收入和人均财政转移支付的关系进行实证分析。

首先,分别计算出2006年31个省市区人均财政转移支付与人均财政收入,做出两者的散点图,进行比较(见图3-12)。

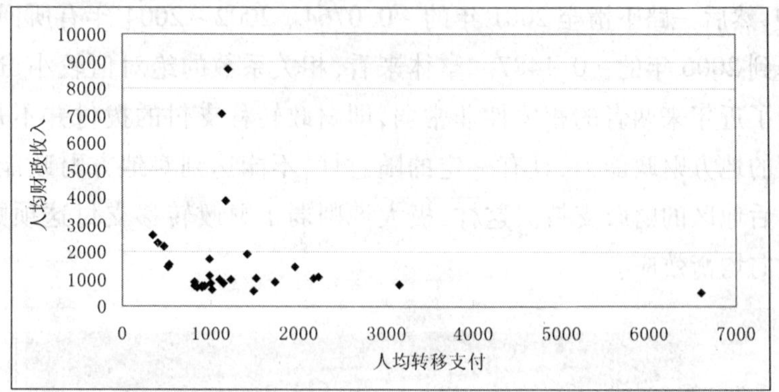

图3-12 2006年31个省市区人均财政转移支付与人均财政收入散点图

资料来源:各地区人均转移支付根据《中国统计年鉴2007》计算整理。(单位:元)

从图中可以看出,两者的相关性比较弱,我们可以用相关系数来度量其相关度,其中相关系数的计算公式为:

$$P_{xy}=\frac{\frac{1}{n}\sum_{j=1}^{n}(x_j-\mu_x)(x_j-\mu_y)}{\sigma_x\cdot\sigma_y}$$

通过计算,可以得出,2006年各地区人均财政转移支付与人均财政收入的相关系数为-0.1487,即两者之间呈现弱负相关。这表明,2006年人均财政转移支付与地方财政能力的相关性是负相关,即地方财政能力弱,能得到较多的转移支付,这应该符合财政转移支付制度设计的初衷。但我们也可以看出,相关系数较小,不能达到对地方财政能力弱、发展落后地区的

财政支持。这样,极大地削弱了财政转移支付这项财政政策的政策效应,也使得财政转移支付资金从划拨这一步就在横向平衡效应方面大打折扣。

同理,对 1998 ~2006 年各地区人均财政收入和人均转移支付的数据做相关性分析,可得下图(见图 3 -13)。可以看出,1998 ~2006 年的人财政转移支付与人均财政本级收入相关系数从 0. 1400 上升到 1999 年的 0. 1759,然后一路下滑至 2001 年的 -0. 0764。2002 ~2004 年有所回升,然后下降到 2006 年的 -0. 1487。整体来看,相关系数的绝对值较小,这充分地说明了近年来两者的相关性非常弱,即财政转移支付的拨付并不是依据各省市的地方财政能力,具有一定的随意性,不能达到对地方财政能力弱、发展落后地区的财政支持。这样,极大地削弱了财政转移支付这项财政政策的横向均衡效应。

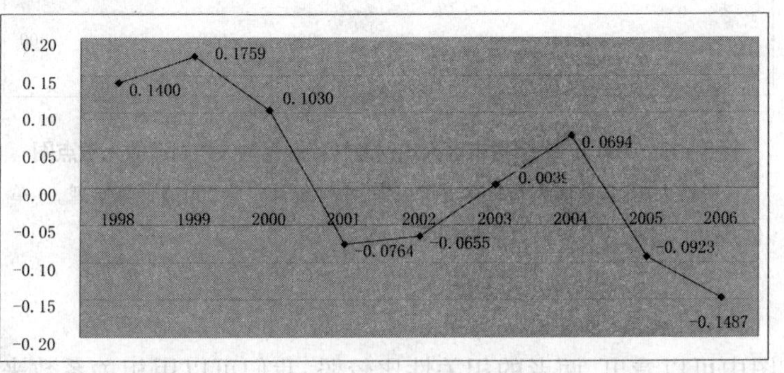

图 3 -13　1998 ~2006 年人均财政转移支付与人均财政收入相关系数

三、财政转移支付横向效应的实证研究

我国各地区间财政能力差异明显,本文将人均财政收入与人均财政支出作为衡量省际间财政平衡程度的尺度,做如下假设:

1. 人均财政本级收入差异代表在财政转移支付前地区的财政能力差异;

2. 人均财政本级支出差异代表财政转移支付后地区的财政能力差异。

将人均财政本级收入与人均财政本级支出差异程度做比较,则可以反

映现财政转移支付在缩小地方财政能力方面是否起到作用,究竟作用到什么程度。如果后者差异程度小于前者,则说明进行了财政转移转移支付后,地方的财政能力差距缩小了,财政转移支付制度在横向平衡方面产生了效应,反之则没有。

(一)转移支付前后财政能力基尼系数的测算

为了比较财政转移支付对各地区财政能力差距的变化,我们引入计算地区差距变化水平的基尼系数来加以说明。根据 Fei,Rains 和 Kuo(1978)的定义,①其计算公式为:

$$G=\frac{2}{n}u_y,-\frac{n+1}{n},u_y=\sum_{i=1}^{n}iR_i/\sum_{i=1}^{n}R_i,$$

用来衡量转移支付前后各地区财政能力的年度变化,其中的 $R_1〈R_2〈R_3〈\cdots\cdots R_n$,$n=31$,代表 31 个省市区,$R_i$ 代表第 i 个地区的人均财政收入(人均财政支出),G 代表基尼系数。表 3-4 显示了以人均财政收入(人均财政支出)计算的 31 个省市区转移支付前后财政能力的基尼系数,可以清楚地看出,1998~2006 年间 31 个省市区转移支付前后财政能力的差异变化。

表 3-4 1998~2006 年各地区财政转移支付前后财政能力的基尼系数

年份(年)	人均财政收入	人均财政支出	差额
1998	0.4009	0.3321	0.0688
1999	0.4107	0.3319	0.0788
2000	0.4044	0.3100	0.0944
2001	0.4395	0.3299	0.1096
2002	0.4463	0.3363	0.1100
2003	0.4486	0.3401	0.1085
2004	0.4493	0.3279	0.1214
2005	0.4479	0.3182	0.1297
2006	0.4341	0.2975	0.1366

① Fei,John C. H.,Gustav Rains and Shirley W. Y. Kuo,"1978:Growth and the Family Distribution of Income by Factor Components",*Quarterly Journal of Economics*,1992(1),pp. 17~53.

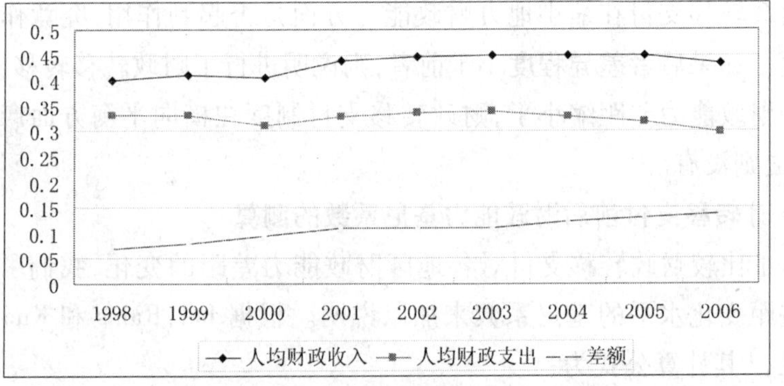

图 3-14 1998~2006 年各地区财政转移支付前后财政能力的基尼系数

资料来源:根据 1999~2007 年各年《中国统计年鉴》计算整理所得。

从图 3-14 中可以看出,以财政转移支付前的人均财政收入度量的各地区财政能力差异,基尼系数都在 0.4 以上,差距较为明显。从年度变化看,1998~2004 年,基尼系数呈现出上升的趋势,尤其是 2000 年到 2001 年上升最为明显,人均财政收入基尼系数从 2000 年的 0.4044 上升到 2001 年的 0.4395。到 2004 年达到最高,为 0.4493,到 2006 年有所下降,为 0.4341,但仍较 2000 年以前的人均财政收入差距要大。

财政转移支付后,以人均财政支出度量的各地区财政能力差距出现了较大程度的缩小,基尼系数都在 0.35 以下,这也表明财政转移支付在缩小地区财政能力差异上起到了一定的效果。从年度变化看,与人均财政收入基尼系数曲线较为类似,但总体来看,从 1998~2004 年,基尼系数呈现出下降的趋势。其中以 2000 年为第一个转折点,人均财政支出基尼系数在 2000 年到 2001 年上升最为明显,从 2000 年的 0.3100 上升到 2001 年的 0.3299。到 2003 年达到最高,为 0.3401,然后又出现下降,到 2006 年下降到最低点 0.2975,较 2000 年以前的人均财政支出差距还要小。

以人均财政收入与人均财政支出基尼系数差额度量的财政转移支付效果看,整体处于缓慢上升过程中,由 1998 年的 0.0688 上升到 2006 年的 0.1366,这也表明财政转移支付在均衡地区间财政能力的差距起到了一定

的效果,并且横向均衡效应在不断加强。

(二)转移支付前后财政能力相对差异系数的测算

同样,我们也可以用相对差异系数的变化来衡量财政转移支付对均衡各地区间财政能力的效应。由于我国人口差距较大,本章采用加权的变异系数作为相对差异系数。具体计算公式如下:①

$$V_r = \sqrt{\sum_{i=1}^{n}(R_i - \overline{R})^2 P_i / \overline{R}} \qquad V_c = \sqrt{\sum_{i=1}^{n}(C_i - \overline{C})^2 P_i / \overline{C}}$$

其中,V_r 表示人均财政收入(地方财政本级收入)的加权变异系数,R_i 表示第 i 省的人均财政收入,$\overline{R}$ 表示全国人均财政收入,V_c 表示人均财政支出的加权变异系数,C_i 表示第 i 省的人均财政支出,$\overline{C}$ 表示全国人均财政支出,P_i 表示第 i 省人口在全国总人口中的比重,1997 年重庆直辖前 $n=30$,1997 年重庆直辖后 $n=31$。

表 3-5 显示了以人均财政收入(人均财政支出)计算的 31 个省市区转移支付前后财政能力的相对变异系数,可以清楚地看出,1998～2006 年间 31 个省市区转移支付前后财政能力的差异变化。

表 3-5 1998～2006 年各地区财政转移支付前后财政能力的相对变异系数

单位:%

年份(年)	人均财政收入	人均财政支出	差额
1990	79.24	50.12	29.12
1991	78.47	50.41	28.06
1992	74.69	49.63	25.06
1993	71.56	52.54	19.02
1994	77.6	56.1	21.5
1995	79.06	61.07	17.99
1996	80.3	62.07	18.23

① 余珊:《我国政府间财政转移支付制度的绩效研究》,西南大学 2006 年硕士论文,第 40 页。

1997	82.42	65.27	17.15
1998	82.95	64.82	18.13
1999	85.53	64.72	20.81
2000	84.15	62.41	21.74
2001	92.33	60.24	32.09
2002	95.62	60.79	34.83
2003	97.29	64.58	32.71
2004	98.39	64.72	33.67
2005	95.87	60.84	35.03
2006	91.98	55.20	36.78

资料来源:根据 2005 ~ 2007 年各年《中国统计年鉴》计算整理所得。1990 ~ 2003 年数据来源于余珊:《我国政府间财政转移支付制度的绩效研究》,西南大学 2006 年硕士论文,第 40 页。

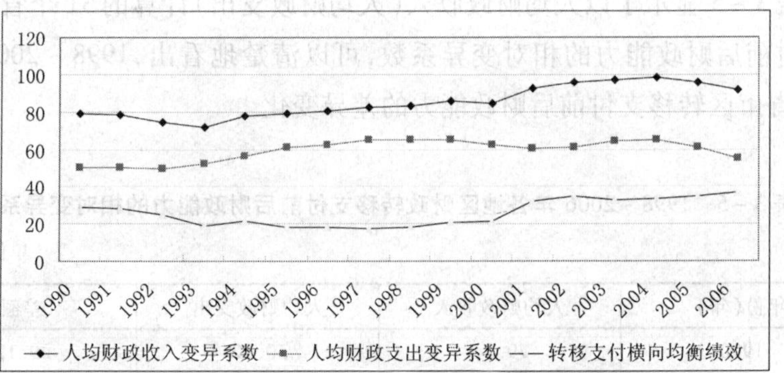

图 3 - 15　1998 ~ 2006 年各地区财政转移支付前后财政能力的相对变异系数(单位:%)

从图 3 - 15 中可以看出,以财政转移支付前的人均财政收入度量的各地区财政能力差异看,1990 ~ 2000 年相对变异系数都在 80% 左右;2000 年以后,相对变异系数更大,2004 年达到最高点 98.39%,到 2006 年有所下降,仍为 91.98%,差距较为明显。财政转移支付后,以人均财政支出度量

的各地区财政能力相对变异系数都出现了较大程度的缩小，大致在60%左右，这表明财政转移支付在缩小地区财政能力的差异起到了一定的效果。

分税制前1990～1993年间，人均财政收入变异系数逐步下降，到1993年为最低点71.56%，然而分税制后的人均财政收入变异系数却一路攀升，由1994年的77.6%增长到了2004年的最高点98.39%，虽然到2006年有所下降，但仍达到91.98%。这充分说明分税制以来，在财政转移支付前各地区的财政能力差异呈现拉大的趋势，而财政转移支付制度只是起到事后弥补落后地区收支差额的作用，却没有从实质上促使落后地区提高本级可支配的财政能力，缩小地区间的财政能力差异的横向效应并未真正发挥出来。

分税制前，1990～1993年间的人均财政支出变异系数稳定在50%左右，但是分税制后则从1994年56.1%增长到了2004年的64.72%，最高值为1997年的65.27%，浮动于64%上下，这与分税制前相比明显偏高，虽然2005年和2006年有所下降，其中，2006年下降到了55.20%。这说明现行的财政转移支付制度的横向平衡与分税制前相比效应不甚理想，财政转移支付在缩小地区间财政能力差异方面的横向平衡绩效是低于改革之前的，但近几年横向均衡效应明显提高。

从历年的财政转移支付横向均衡绩效变化趋势来看，自1994年比1993年前有一个较大落差后，一直徘徊于17%～18%左右，变化幅度比较小，但是从1997年开始这一绩效有一个较为明显的提高，到2002年达到最高点34.83%，2003年有小幅回落，但2003～2006年，财政转移支付在横向均衡绩效稳定上升，提高到2006年的36.78%，明显高于分税制改革前的水平。这说明分税制改革之初，其横向平衡效应未能有效发挥，经过几年的调整后，特别是随着近几年转移支付规模的不断提高，横向均衡效应有了较大的提高。财政转移支付对均衡地区间财政能力的差距收到了一定的效果，并且横向均衡效应在不断加强。

第四章 民族地区财政转移支付的均衡效应分析

在上章对国家财政转移支付横向均衡效应进行了定量分析的基础上，本章将考虑31个省市区内部的差异变化，以民族地区为专门研究对象，研究财政转移支付对民族地区的横向均衡效应。5个民族自治区和3个多民族省（贵州、青海、云南）是我国民族地区的典型代表，为方便比较分析，参照一些学者的定义，将其作为我们的研究对象。① 通过民族8省区转移支付前后地方人均财政收支的变化并与全国31个省市区进行对比，来反映民族地区财政转移支付均衡效应的一般特征。

第一节 民族地区财政转移支付效应现状

为了方便进行研究，我们将各地区的地方人均财政收入视为各地区接受转移支付前的财力水平，将各地区地方人均财政支出视为各地区接受转移支付后的财力水平。把民族地区（8省区）与全国31个省市区进行对比，来反映民族地区财政转移支付的一般特征。

① 郑长德：《论西部民族地区人力资源的开发与人力资本的形成》，《人口与经济》2001年第3期。下文如果没有特别的交代，都把民族地区的范围界定为5个民族自治区和3个多民族省。

一、民族地区人均财政收支比较

2006年，我国31个省市区人均地方财政收入为1417.44元，①但各地区分布不均衡，差别较大（见图4－1）。人均地方财政收入排名前8位的分别为上海、北京、天津、浙江、广东、江苏、辽宁和山西，除山西省为中部地区外，都为东部发达省市，人均地方财政收入达到2841.06元，与31个省市区平均值1417.44元相比，多出1423.62元；排名后8位的分别为西藏、甘肃、贵州、安徽、江西、河南、广西和四川（从低到高排列），都为中西部地区，人均地方财政收入只有697.30元，低于31个省市区平均水平720.14元，其中最低的西藏地方财政收入仅为518.17元，而最高的上海高达8683.60元，是西藏地方人均财政收入的16.76倍。

民族8省区地方人均财政收入排名最前的为内蒙古，排名全国第11位，位于全国平均水平以上；其次为新疆，排名全国第13位。以下依次分别为宁夏、云南、青海、广西、贵州和西藏，分别排名全国31个省市区的第14位、第20位、第22位、第25位、第29位和第31位，都位于全国平均水平之下。

从人均地方财政支出看，2006年，人均地方财政支出为2356.62元，地方财政支出排名前8位的分别是上海、北京、西藏、天津、青海、内蒙古、辽宁和新疆（其中民族地区占到4位），人均地方财政支出达到4967.71元，高出31个省市区平均水平2611.09元；排名后8位的分别为河南、安徽、广西、江西、贵州、四川、湖南、河北和湖北（其中民族地区占到2位），人均地方财政支出只有1634.13元，低于31个省市区平均水平722.49元。从民族8省区转移支付后的地方人均财政支出看，排名最前的为西藏，排名第3

① 为统一计算与比较各年度的地区人均财政收支，本文选用各年度《中国统计年鉴》的31个省市区地区财政收支与当年的总人口数进行计算，人均地方财政收支＝地方财政收支/各地区人口数，这与各年度《财政统计年鉴》公布的人均财政收支有些差异，如《中国财政年鉴2006》公布的2005年北京人均财政收入为6065.39元，本文用上述方法计算的结果为5976.66元。如没有特别的交代，下文同。

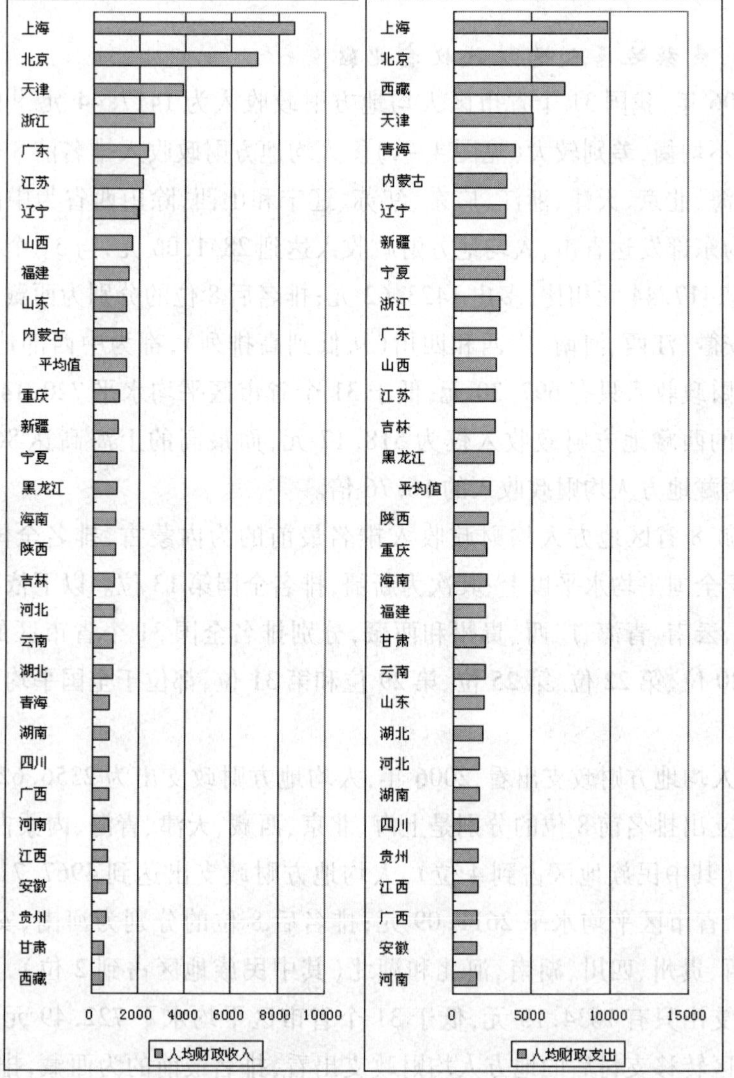

图 4-1 2006 年各地区地方人均财政收入与财政支出分布图 单位:元

资料来源:根据《中国统计年鉴 2007》数据计算整理。

注:本表财政收支为地方本级收支。

位，其后为青海、内蒙、新疆和宁夏，分别排名第5位、第6位、第8位和第9位，都位于全国平均水平以上；以下依次分别为云南、贵州和广西，分别排名全国31个省市区的第22位、第28位和第30位，都位于全国平均水平之下。

比较地方人均财政收入和财政支出的差距，可以看出，经过中央财政转移支付，地区间财政均衡效应已得到了较大程度的提高，特别是对民族地区财力水平有了较大的提高，这说明财政转移支付在均衡民族地区地方财力方面发挥了较好的作用。

二、民族地区人均财政收支差额分析

分析2006年人均地方财政收支的差额，中央对地方财政转移支付人均达到939.18元。其中人均财政转移支付排名前5位的都为民族地区，分别是西藏、青海、新疆、宁夏和内蒙古（见图4－2），人均财政转移支付数额分别为6606.27元、3146.33元、2239.07元、2182.98元和1955.59元。其他民族地区如云南、贵州和广西，分别为1145.69元、1021.63元和819.96元，排名在第13位、第16位和第24位。除广西人均地方财政收支差额位于全国平均水平之下外，其他7个民族省区都在全国平均水平之上。人均地方财政收支差额排名后5位的分别为浙江、广东、江苏、山东和福建（从低到高排列），都为东部发达地区，人均财政转移支付数额分别为348.70元、401.85元、472.28元、512.61元和527.06元。可以看出，中央财政通过集中财力、统筹分配，对缓解落后地区尤其是民族地区地方财政困难收到了较好的效果。

第二节 民族地区转移支付的均衡效应分析

转移支付对民族地区的均衡效应具体如何呢？我们首先对民族地区2006年的横向数据进行分析，然后对1998～2006年的年度变化数据进行纵向研究，明确其均衡效应的变化及其进一步演变的趋势。

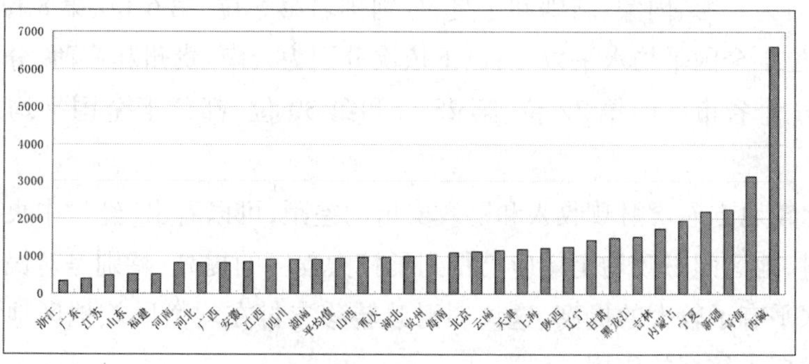

图4－2　2006年各地区人均财政收支差额分布图　单位：元

资料来源：根据《中国统计年鉴2007》数据计算整理。

一、民族地区转移支付的横向效应分析

从2006年民族地区地方财政收入占比看（见表4－1），民族地区由于地方经济发展较为落后，税源不足，地方财政收入普遍较低，最高的云南才达到31个省市区地方财政收入的2.08%，最低的西藏仅为0.08%。2006年，民族地区地方财政收入合计1630.37亿元，占比8.91%，与民族地区人口占比14.59%相比，差距较大。

从2006年民族地区转移支付后的地方财政支出占比看（见表1），通过转移支付制度体系，国家不断加大对民族地区的财力性转移支付补助，帮助缓解财政困难的民族地区财政运行中的突出矛盾，保障机关单位干部职工工资的正常足额发放和政权机构正常运转、社会事业正常发展等最基本的公共支出需要，从而达到了均衡和缩小民族地区与全国的财力差异。2006年，民族地区最高的云南达到了31个省市区地方财政支出的2.94%，最低的宁夏也达到了0.63%。民族地区地方财政支出占比都要高于财政收入占比，其中提升幅度最大的为西藏，从0.08%提高到0.66%，最低的是广西，从1.87%提高到2.40%，仅增长了28.34%。民族地区地方财政支出合计4332.41亿元，占比14.24%，与民族地区人口占比14.59%相比，低

0.35 个百分点，大致相当。

表 4-1 2006 年民族地区地方财政收入与支出占全国比重

地区	财政收入（亿元）	占地方财政收入比重（%）	财政支出（亿元）	占地方财政支出比重（%）
内蒙古	343.38	1.88	812.13	2.67
广　西	342.58	1.87	729.52	2.40
贵　州	226.82	1.24	610.64	2.01
云　南	379.97	2.08	893.58	2.94
西　藏	14.56	0.08	200.20	0.66
青　海	42.24	0.23	214.66	0.71
宁　夏	61.36	0.34	193.21	0.63
新　疆	219.46	1.20	678.47	2.23
合　计	1630.37	8.91	4332.41	14.24

资料来源：根据《中国统计年鉴 2007》数据计算整理。
注：本表财政收支为地方本级收支。

从人均指标看，分别取 2005 年地方人均财政收入排名前 8 位、排名后 8 位及民族地区 8 省区进行计算，分析比较财政转移支付的均衡效应，进一步说明国家对民族地区财政转移支付的倾斜程度（见表 4-2）。

从表中可以看出，转移支付前，31 个省市区地方人均财政收入为 1417.44元，转移支付后地方人均财政支出为 2356.62 元。其中前 8 位的发达省市人均地方财政收入达到 2841.06 元，是 31 个省市区加权平均值的 200.44%，转移支付后的地方人均财政支出为 3244.11 元，是 31 个省市区加权平均值的 137.66%，下降了 62.78 个百分点。

2006 年，人均地方财政收入后 8 位的省市区为 697.30 元，仅为 31 个省市区加权平均值的 49.19%，转移支付后的地方人均财政支出为 1610.66 元，是 31 个省市区加权平均值的 68.35%，与转移支付前相比上升了 19.16 个百分点。

而2006 年民族地区 8 省区，转移支付前的地方人均财政收入为 865.42 元，为 31 个省市区加权平均值的 61.06%，转移支付后的地方人均财政支

出为2299.71元，是31个省市区加权平均值的97.59%，基本与全国31个省市区平均水平相当，上升了36.53个百分点。这也充分表明国家对民族地区财政转移支付的倾斜程度有所加强。

表4－2 2006年财政转移支付均衡效应分析表

31省市区	人均财政收入（元）	平均值的百分比（%）	人均财政支出（元）	平均值的百分比（%）
人均财政收入前8位	2841.06	200.44	3244.11	137.66
人均财政收入后8位	697.30	49.19	1610.66	68.35
民族地区8省区	865.42	61.06	2299.71	97.59
31省市区加权平均值	1417.44	100.00	2356.62	100.00

资料来源：根据《中国统计年鉴2007》数据计算整理。
注：1. 本表财政收支为地方本级收支。
2. 平均值根据31个省市区人口加权平均。

二、民族地区转移支付的纵向均衡效应分析

（一）民族地区财政收入与支出占比

为了分析民族地区财政转移支付的纵向效应，取1995年至2006年地方财政收入占比与地方财政支出占比两个指标予以说明。

2000年西部大开发前的5年间，民族地区地方财政收入占比维持在10%以上，但大致呈现下降的趋势；而地方财政支出基本上都处在15%以下，支出与收入占比之差在5%以下，最低的1998年地方财政支出与收入占比之差为3.83%（见图4－3）。可以看出，国家对民族地区的财政转移支付虽起到了一定作用，但总体来看，支持力度还很不够。

2000年西部大开发后，一方面，民族地区8省区地方财政收入占比急剧下降，由2000年的占比9.83%迅速下降到2001年的9.20%，到2005年，民族地区地方财政收入占比仅为8.93%，2006年这一比例又减少到8.91%。另一方面，民族地区地方财政支出占比与2000年相比明显上升，由2000年的地方财政支出占比14.36%上升到2001年的15.27%，到2002年地方财政支出占比更是上升到15.64%，达到最高，超过了民族地区人口

占比的14.59%。[1] 2003年又有所下降,为14.82%,到2006年下降到14.24%。

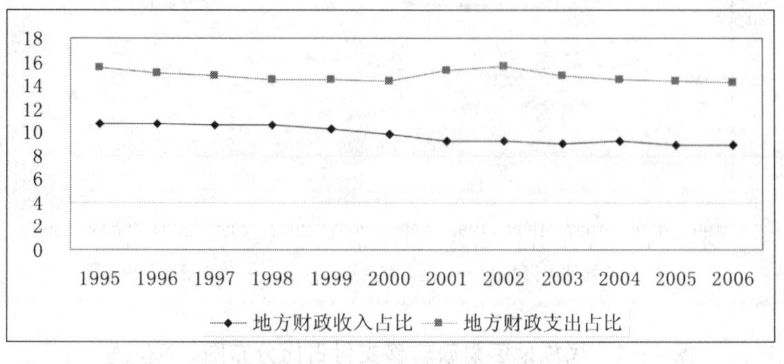

图4-3 1995~2006年民族地区地方财政收支占比分布图(单位:%)

资料来源:根据《中国统计年鉴1996~2007》数据计算整理。

注:本表财政收支为地方本级收支。

(二)民族地区财政转移支付占比

为了更直观地反映国家对民族地区财政转移支付的支持效果,我们取民族地区财政转移支付占比指标,并在图中加入财政收入占比和财政支出占比对照说明(见图4-4)。

从图中可以看出,民族地区财政转移支付占比大致保持在20%~25%之间,总体上支持力度较大。分时间段看,从1994年分税制改革到西部大开发之前,民族地区财政转移支付占比一直下降,从1995年的23.22%下降到1999年的21.27%;伴随着西部大开发政策的实施,民族地区转移支付占比快速上升,从2000年的21.53%上升到2001年的24.15%,达到最高。但政策的持续性不强,2001年后又出现了一定程度的回落,下降到最低点2004年的21.25%,再缓慢上升到2006年的22.28%。

与此同时,我们还可以看出,民族地区地方财政收入占比与西部大开发前相比,呈下降趋势。这说明财政转移支付虽然在一定程度上提升了民族

① 人口占比按《中国统计年鉴2007》中公布的2006年各地区人口数量计算。

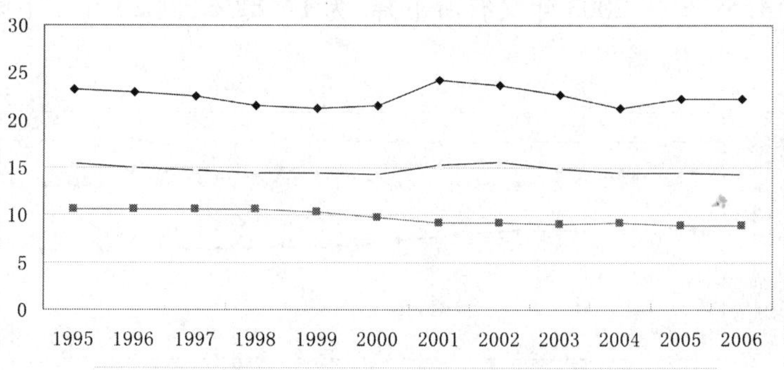

图4－4　民族地区财政转移支付占比分布图　单位:%

资料来源:根据《中国统计年鉴1996～2007》数据计算整理。

注:财政转移支付取地方财政支出减去地方财政收入计算。

地区的财政支出水平,但对于提升民族地区自身发展,尤其是对于增加民族地区财政收入能力建设方面发挥的作用相对有限,只能说起到了事后补偿作用。这样就容易形成民族地区地方财力增长缓慢,进而对国家转移支付依赖度更高的状况。

第三节　民族地区财政转移支付的差异分解

我们把全国31个省市区划分为民族地区与非民族地区,①利用泰尔指数(Theil Index)②定量测算国家财政转移支付在民族地区与非民族地区的差异及其程度,并将民族地区与非民族地区的总差异分解成区间差异和区内差异,分析这种差异到底是由于区间还是区内差距造成的。

---

①　民族地区为民族8省区,其余的为非民族地区。由于1997年前重庆直辖市没有成立,计算中1997年重庆直辖前 n＝30,1997年重庆直辖后 n＝31。

②　杨云彦、田艳平、秦尊文:《全球化与中部崛起》,湖北人民出版社2005年版,第23页。

一、基本思路与方法

本文选取人均财政收入与人均财政支出两个指标,分别计算泰尔指数用来衡量民族地区与非民族地区财政能力的差异。人均财政本级收入差异代表在财政转移支付前地区的财政能力差异;人均财政本级支出差异代表财政转移支付后地区的财政能力差异。通过计算转移支付前后人均财政收支的泰尔指数,分析差异形成的原因,即差异的产生是由区间差异带来的,还是区内差异带来的。

然后将人均财政本级收入与人均财政本级支出差异程度做比较,则可以反映现阶段财政转移支付在缩小民族地区与非民族地区财政能力方面是否起到作用,究竟作用到什么程度。如果后者差异程度小于前者,则说明进行了财政转移转移支付后,地方的财政能力差距缩小了,财政转移支付制度在横向平衡方面产生了效应,反之则没有。

泰尔指数定义为:

$$T = \sum_{i=1}^{n} Y_i \ln\left(\frac{Y_i}{X_i}\right)$$

在这里:X_i = 第 i 个民族地区的人口占总人口的比重,Y_i = 第 i 个民族地区的财政收支占总的财政收支的比重。将全国分成民族地区与非民族地区,容易得出全国31个省市区总差异等于民族地区与非民族地区区间差异与区内差异之和:

$$T_{总} = T_{区间} + T_{区内} = T_{区间} + \sum_{g=民族地区+非民族地区} Y_g * T_g$$

其中:泰尔指数 $T_{区间}$ 用来衡量民族地区与非民族地区的差异,$T_{区内}$ 用来衡量地区内的差异;Y_g 表示区域 G 的财政收支占总财政收支的比重,泰尔指数 T_g 用来衡量区域 G 内差异。计算结果见表4-3、表4-4。

二、人均财政收入的泰尔指数分析

表 4-3 1995～2006 年人均财政收入泰尔指数分布表

年份	$T_{总}$	$T_{区间}$	$T_{区内}$	$T_{民族地区}$	$T_{非民族地区}$
1995	0.1970	0.0059	0.1911	0.0364	0.2096
1996	0.1969	0.0060	0.1909	0.0441	0.2085
1997	0.2047	0.0063	0.1984	0.0476	0.2165
1998	0.2083	0.0065	0.2018	0.0423	0.2208
1999	0.2228	0.0079	0.2149	0.0336	0.2357
2000	0.2307	0.0093	0.2214	0.0237	0.2430
2001	0.2692	0.0131	0.2561	0.0218	0.2798
2002	0.2792	0.0131	0.2661	0.0268	0.2904
2003	0.2775	0.0104	0.2671	0.0125	0.2923
2004	0.2836	0.0133	0.2703	0.0355	0.2941
2005	0.2815	0.0146	0.2669	0.0432	0.2888
2006	0.2484	0.0147	0.2337	0.0414	0.2525
平均值	0.2417	0.0101	0.2316	0.0341	0.2527

从衡量转移支付前的地区间人均财政收入相对差异的泰尔指数看(见表4-3),1995-2006年全国31个省市区泰尔指数总差异平均为0.2417,这种总差异可以进一步分解为民族地区与非民族地区人均财政收入的差异,其中区间差异平均为0.0101,区内差异为0.2316,区间差异对总差异的贡献度为4.18%,区内差异对总差异的贡献度为95.82%,区域总差异主要是区内差异造成的。

从动态变化看,转移支付前的人均财政收入总差异大体呈上升趋势,从1995年的0.1970上升到2005年的0.2815,2006年略有下降,为0.2484,这表明各省市区间人均财政收入的差异在持续扩大;其中,区间差异呈现持续上升的趋势,从1995年的0.0059上升到2006年的0.0147,上升幅度高

达149.15%，这表明民族地区人均财政收入与非民族地区的差距在不断拉大，这也进一步验证了前面的分析；区内差异也呈现上升态势，从1995年的0.1911上升到2004年的0.2703，然后又有所下降，在2006年仍达到0.2337。因而可以说，就考察期间的12年内，全国31个省市区人均财政收入的总差异是持续上升的，而这种上升既表现为民族地区与非民族地区之间差距不断拉大，而且区内差异也表现为持续上升的态势。但两者相比较，总差异主要是区内差异带来的。

分地区具体来看，非民族地区内部差异较大，平均泰尔指数为0.2527，而民族地区内部差异较小，平均泰尔指数为0.0341。非民族地区内部差异远大于民族地区内部差异，当然，这也与我们对非民族地区的划分有关。①

从年度变化看，1995～2006年，非民族地区区内差异总体呈现出不断上升的趋势，由1995年的0.2096持续上升到2004年的0.2941，达到最高点，2004年后有所回落，到2006年仍达到0.2527，这表明非民族地区区内人均财政收入差异呈现不断扩大的态势；而民族地区的内部差异呈现出两边高，中间低的特征。1995年到1998年，区内差异在0.04以上；随着西部大开发政策的实施，1999年差异开始变小，从1999年到2003年持续下降，2003年下降到最低值0.0125；到2004年区内差异又快速上升到0.0355，2006年达到0.0414，这说明民族地区区内差异在1999～2003年期间有所缩小后，从2004年又开始扩大。

① 由于我们分析的重点为民族地区与非民族地区的差异，把非民族地区的范围界定为23个省市，这样的划分涵盖了非民族地区东、中、西地区之间的差异。

三、人均财政支出的泰尔指数分析

表 4－4　1995～2006 年人均财政支出泰尔指数分布表

年份	$T_{总}$	$T_{区间}$	$T_{区内}$	$T_{民族地区}$	$T_{非民族地区}$
1995	0.1356	0.0005	0.1351	0.0794	0.1452
1996	0.1333	0.0002	0.1331	0.0770	0.1431
1997	0.1424	0.0001	0.1423	0.0771	0.1537
1998	0.1405	0.0000	0.1405	0.0709	0.1523
1999	0.1402	0.0000	0.1402	0.0660	0.1528
2000	0.1288	0.0000	0.1288	0.0587	0.1406
2001	0.1268	0.0002	0.1266	0.0766	0.1356
2002	0.1276	0.0004	0.1272	0.0931	0.1335
2003	0.1358	0.0005	0.1353	0.0715	0.1464
2004	0.1382	0.0000	0.1382	0.0760	0.1486
2005	0.1276	0.0000	0.1276	0.0808	0.1354
2006	0.1036	0.0001	0.1035	0.0777	0.1078
平均值	0.1317	0.0002	0.1315	0.0754	0.1413

从衡量转移支付后的各地区间人均财政支出相对差异的泰尔指数看（见表 4－4），1995－2006 年全国 31 个省市区总差异平均为 0.1317，远小于转移支付前的人均财政收入差异水平，这表明财政转移支付在均衡地区间财政能力起到了一定的效果。

通过把总差异进一步分解为民族地区与非民族地区人均财政支出的差异，其中区内差异平均为 0.1315，区间差异平均为 0.0002，区域总差异主要是区内差异造成的，而区间差异相当小，中间有几个年份接近于零。这说明经过转移支付后的民族地区与非民族地区的差距已不明显，民族地区作为整体而言与非民族地区相比财政能力的差距很小。从动态变化看，转移支付后的人均财政支出总差异大体上呈下降趋势，从 1995 年的 0.1356 下降

到2006年的0.1036。其中西部大开发政策的实施起到了较为明显的效果,总差异从1999年的0.1402快速下降到2000年的0.1288,进一步下降到2002年的0.1276,但2003年和2004年差距又开始扩大,2004年达到0.1382,然后又下降到2006年的0.1036,达到最低点。

区间差异也呈现持续下降的趋势,从1995年的0.0005下降到2006年的0.0001,这表明财政转移支付后民族地区与非民族地区的财政能力差距在进一步缩小;区内差异也呈现下降态势,从1995年的0.1351下降到2006年的0.1035,也是中间2003年和2004年差距有所扩大,但明显低于西部大开发前的差异水平。因而可以说,转移支付后全国31个省市区人均财政支出的总差异是持续下降的,同时,区间差距和区内差距也表现为不断缩小的态势,其中,西部大开发政策的实施是差距持续缩小的一个重要转折点。

分地区内部差异来看,转移支付后非民族地区人均财政支出内部差异较大,平均泰尔指数为0.1413,但要小于转移支付前的人均财政收入水平的差异程度。从1995~2006年分年度变化看,非民族地区区内差异总体呈现出不断下降的趋势,由1995年的0.1452持续下降到2005年的0.1354,到2006年下降最快,达到最低点0.1078,这表明财政转移支付后非民族地区财政能力的差距在进一步缩小,尤其在2006年财政转移支付的效果尤为明显。

而民族地区平均泰尔指数为0.0754,远大于其财政转移支付前的人均财政收入的差异水平,这说明转移支付后,民族地区财政能力的区内差异在进一步扩大。其中西部大开发政策的实施成为一个重要的分水岭(见图4-5)。

西部大开发前,从1995年到1999年,民族地区人均财政支出的泰尔指数开始变小,从1995年的0.0794持续下降到2000年的0.0587,伴随着西部大开发的实施,2001年快速上升到0.0766,2002年达到最高点0.0931,然后出现一定的回落,到2006年下降到0.0777,差距仍相对较大。可以看出,转移支付后,民族地区人均财政支出区内差距表现出进一步扩大的趋势。

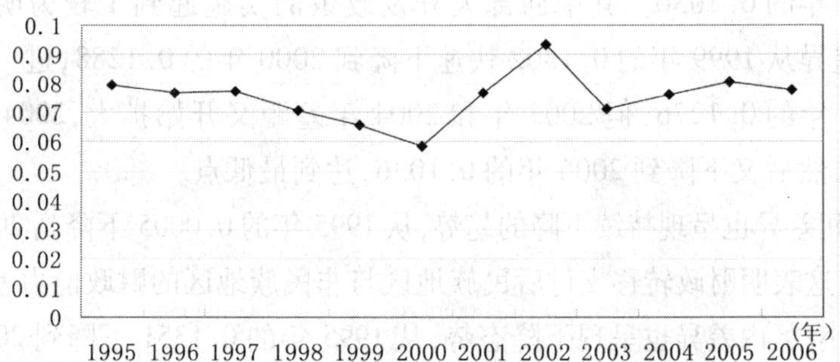

图 4－5　1995～2006 年民族地区人均财政支出区内差异

四、民族地区财政转移支付的区内差异分析

(一)民族地区内部差异状况

为进一步比较民族地区财政转移支付的内部差异,我们分别计算出 1998 年～2006 年各民族省区人均地方财政收支差额,来分析民族地区财政转移支付的内部差别状况(见图 4－6)。从图中可以看出,民族地区内部财政转移支付差别较为明显。

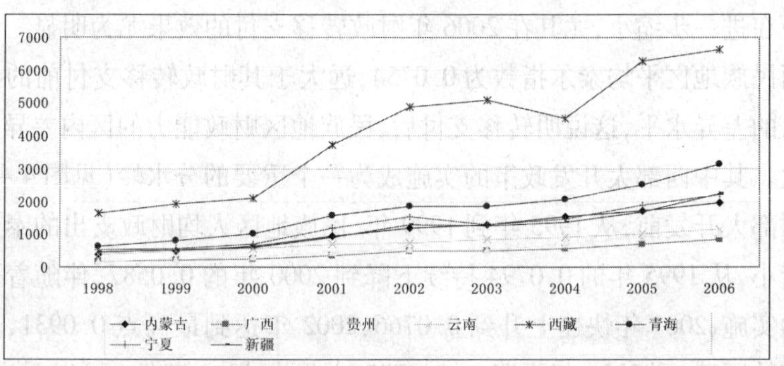

图 4－6　1998～2006 年民族地区人均地方财政收支差额分布图　单位:元

资料来源:根据《中国统计年鉴 1999～2007》数据计算整理。

注:本表财政收支为地方本级收支。

西部大开发以前，民族地区各省区财政转移支付增长较为平稳，西部大开发实施后，从2000～2001年，西藏、青海、宁夏、新疆和内蒙古各省区财政转移支付增长迅速，而广西、云南和贵州增长较为缓慢，分化进一步明显。

西部大开发后，按财政转移支付的规模与增长状况大致可以分为四类（见表4－5）。第一类为西藏，财政转移支付规模大，增长迅速。2000年，其人均财政转移支付为2083.38元，2006年，增长到6606.27元，增长了198.68%，年均增长率为31.01%；第二类为青海，2000年其人均财政转移支付为997.63元，2006年，增长到3146.33元，增长了149.91%，年均增长率为30.77%；第三类为宁夏、新疆和内蒙古，人均财政转移支付增长快。按其人口加权平均计算，2000年，3个自治区人均财政转移支付数额为665.40元，2006年，增长到2097.84元，增长了215.28%，年均增长率为30.75%；第四类为云南、贵州和广西，按其人口加权平均计算，2000年3个民族省区人均财政转移支付数额为374.84元，2006年增长到991.11元，增长了164.41%，年均增长率为23.49%。可以看出，对于第四类民族地区，与其他民族地区相比，人均财政转移支付规模小，增长速度也较慢，尤其是广西，人均财政转移支付数额位于民族8省区最低水平，2000年，人均财政转移支付为248.24元，到2006年增长到819.96元，远低于民族地区平均转移支付水平1434.28元。

表4－5 四类民族地区人均转移支付差异分析

类别	民族省区	2000年（元）	2006年（元）	增长率（%）	年均增长率（%）
第一类	西藏	2083.38	6606.27	217.09	31.01
第二类	青海	997.63	3146.33	215.38	30.77
第三类	宁夏、新疆和内蒙古	625.40	2097.84	215.28	30.75
第四类	云南、贵州和广西	374.84	991.11	164.41	23.49

资料来源：根据《中国统计年鉴1999～2007》数据计算整理。

注：第三类和第四类民族省区人均转移支付数额按其人口加权平均计算。

（二）西南民族地区与西北民族地区的差异分析

通过以上的分析，可以看出，民族地区财政转移支付的内部差异表现最为

典型的是西南民族地区和西北民族地区的差异(见表4－6)①。从横向看,2006年西北民族地区人口占比为4.55%,地方财政支出占比为6.90%,而西南民族地区人口占总人口比重为10.04%,②地方财政支出占比仅为7.34%。从纵向看,1995～2006年,西南民族地区地方财政收入占比呈现逐年下降的趋势,从1995年的7.25%下降到2006年的5.19%,地方财政支出也呈现出持续下降的态势,由1995年的9.55%下降到2005年的7.34%;而西北民族地区地方财政收支占比都呈现出上升的趋势,其中地方财政收入占比由1995年的3.41%上升到2005年的3.72%,地方财政支出占比由1995年的5.91%上升到2005年的6.90%,2002年最高达到7.37%。

表4－6　西南民族地区与西北民族地区财政收支占比分布表(单位:%)

年份	西南民族地区		西北民族地区	
	地方财政收入占比	地方财政支出占比	地方财政收入占比	地方财政支出占比
1995	7.25	9.55	3.41	5.91
1996	7.21	9.11	3.48	5.88
1997	7.17	9.08	3.48	5.71
1998	7.09	8.59	3.56	5.88
1999	6.80	8.61	3.49	5.83
2000	6.45	8.36	3.39	6.00
2001	6.02	8.55	3.18	6.72
2002	5.89	8.27	3.34	7.37
2003	5.66	7.91	3.34	6.90
2004	5.56	7.72	3.65	6.70
2005	5.23	7.55	3.70	6.82
2006	5.19	7.34	3.72	6.90

资料来源:根据1996～2007各年《中国统计年鉴》收集整理。

---

①　由于西藏与西北民族地区的财政收支状况更为类似,为方便分析,我们把西藏列为西北地区计算。西南民族地区指云南、贵州和广西,西北民族地区指西藏、新疆、宁夏、内蒙和青海。下文如没有特别交代,与此类同。

②　人口比例以2006年各地区人口总数计算,数据来源于《中国统计年鉴2007》。

从图4-7来看,西北民族地区和西南民族地区地方财政收支占比之差在1995年基本相当。从1995年到2000年,国家对西北民族地区财政转移支付维持在一个比较稳定的水平,从2000年西部大开发开始,对西北民族地区财政转移支付快速上升,从2000年的2.61%上升到2001年的3.54%,又进一步上升到2002年的4.03%,随后下降到2004年的3.05%,到2006年为3.18%。

而对于西南民族地区,西部大开发前,从1995年的2.3%下降到1996年的1.90%,1997年基本持平,到1998年又下降到1.50%的水平,1999和2000年有所上升并维持在1.90%的水平。西部大开发后,从2000年的1.91%快速上升到2001年的2.53%,随后出现一定程度的下降,到2006年为2.15%。

这说明,财政转移支付对西北民族地区的支持力度远大于西南民族地区,两者差别明显。尤其在西北民族地区地方财政收支占比持续上升的态势下,西南民族地区财政收支占比却出现了较大幅度的下降。可以看出,财政转移支付对提升西南民族地区财政能力的效应不明显,民族地区内部分化较为严重。

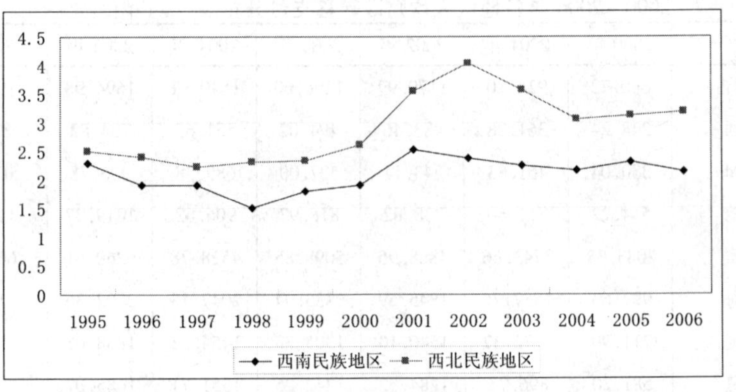

图4-7 1995~2006年各地区地方财政收支占比之差分布图(单位:%)

资料来源:根据《中国统计年鉴1999~2007》数据计算整理。

(三)西南民族地区部分省区财政能力与全国差距越拉越大

通过上文的分析,我们可以看出,财政转移支付对提升西南民族地区财政能力的效应不明显。我们列出2000~2006年民族8省区人均财政转移支付数额,以西南民族地区的广西壮族自治区为例来做进一步分析(见表4-7)。

从表中可以看出,广西人均财政转移支付规模与全国31个省市区及民族8省区加权平均水平相比较,广西远低于民族8省区的平均水平,也一直位于全国31个省市区平均水平之下,并且差距有进一步拉大的趋势。从广西与全国31个省市区的人均财政转移支付的差额看,2000年,全国31个省市区为320.71元,广西为248.24元,相差72.47元,到2006年,全国31个省市区为939.18元,广西为819.96元,差距进一步扩大为119.22元。并且从表中还可以看出,2000年~2006年8个民族省区中仅有广西人均财政转移支付数额一直低于全国31个省市区平均水平。与民族8省区整体水平相比,广西人均财政转移支付数额相差更大,2006年民族8省区人均转移支付数额为1434.28元,是广西的1.75倍,差距更为明显。

表4-7　2000~2006年各地区人均财政转移支付分布表　(单位:元)

地区	2000年	2001年	2002年	2003年	2004年	2005年	2006年
内蒙古	640.72	924.80	1179.99	1296.60	1540.91	1694.98	1955.59
广西	248.24	361.28	483.46	494.02	551.65	704.82	819.96
贵州	330.04	461.83	543.11	537.00	689.38	906.78	1021.63
云南	544.22	711.80	738.82	818.97	906.62	1019.47	1145.69
西藏	2083.38	3743.66	4888.96	5098.85	4518.78	6260.61	6606.27
青海	997.63	1557.76	1845.59	1835.94	2047.13	2503.36	3146.33
宁夏	711.99	1172.37	1540.10	1305.33	1454.93	1888.08	2182.98
新疆	581.20	896.75	1284.52	1242.25	1351.71	1685.07	2239.07
民族8省区加权平均值	485.66	696.89	859.97	886.37	997.84	1225.25	1434.28
31个省市区加权平均值	320.71	420.50	530.63	574.88	687.67	800.33	939.18

资料来源:根据1996~2007各年《中国统计年鉴》收集整理。

我们分别列出广西从2000年到2006年各项财政收支指标，并与其在全国31个省市区的排名进行纵向对比，可以看出（见表4－8），广西与全国相比，都位于全国31个省市区平均水平之下，差距较为明显，且差距有不断拉大的趋势。

从表中分析，2000年广西地方财政收入为147.05亿元，2006年上升到342.58亿元，就绝对数量看呈现不断上升的趋势，但从其在全国31个省市区的排名看，从2000年排名第17位下降到2006年的第21位；从广西人均地方财政收入看，从2000年的327.59元上升到2006年的725.96元，排名却从2000年的第20位下降到2006年的第25位。

再从转移支付后的地方财政支出排名看，2000年广西地方财政支出为258.49亿元，在31个省市区中排名第19位，2001年至2003年有所上升，到2004年又下降到第21位，2006年地方财政支出为725.96亿元，排名上升到第19位；从人均地方财政支出看，2000年为575.82元，排名第25位，到2002年和2003年有所回升，2004年又下降到第28位，2006年广西人均地方财政支出为1545.91元，排名进一步下降到第29位。

从广西地方财政收支占比看，地方财政收入占比从2000年到2005年出现持续下降的趋势，从2000年的占比2.30%下降到2006年的1.87%；广西地方财政支出占比2000年为2.47%，2002年上升到2.75%，随后在2003～2006年持续下降，到2006年为2.40%。

可以看出，广西与全国31个省市区平均水平相比，各项财政收支指标都出现了一定程度的下降，表现为转移支付前的地方财政收入及其人均水平排名持续下降；转移支付后的人均地方财政支出占比及其人均水平排名也呈现较为明显的下降趋势。这表明广西财政能力与全国差距已经形成且差距仍在持续扩大，中央对广西转移支付的均等化功能并没有得到很好的体现。根据国家2000年人口普查数据计算，当年广西壮族自治区少数民族人口总数为1683万人，占全省人口的38.38%，其少数民族人口占全国少数民族人口比重

为15.99%，在5个自治区中排名第1位。[①] 很显然，广西所得到的转移支付补助与广西的总人口、少数民族人口比重等在全国的排位是极不相称的，应逐步加大对广西的转移支付力度，规范并相应提高对广西的各项财力性和专项性转移支付水平。

表4-8　2000~2006年广西地方财政收支状况表

财政收支状况	2000年	2001年	2002年	2003年	2004年	2005年	2006年
财政收入数额(亿元)	147.05	178.67	186.73	203.66	237.77	283.04	342.58
财政收入排名	17	17	17	18	19	19	21
人均财政收入(元)	327.59	373.16	387.25	419.31	486.34	607.37	725.96
人均财政收入排名	20	21	23	23	23	24	25
财政支出数额(亿元)	258.49	351.65	419.86	443.6	507.47	611.48	729.52
财政支出排名	19	17	16	18	21	20	19
人均财政支出(元)	575.82	734.44	870.71	913.33	1037.99	1312.19	1545.91
人均财政支出排名	25	25	23	24	28	28	29
地方财政收入占比(%)	2.30	2.29	2.19	2.07	2.03	1.90	1.87
地方财政支出占比(%)	2.47	2.68	2.75	2.57	2.46	2.43	2.40

资料来源：根据2001~2007各年《中国统计年鉴》收集整理。

① 成艾华：《人口转变、人力资本与民族地区经济增长》，民族出版社2007年版，第13~14页。

第五章 我国财政转移支付结构分析

现行中央对地方的转移支付主要可分为三类：一是税收返还和体制性补助。[①] 主要包括消费税和增值税“两税”返还、所得税基数返还、原体制定额补助与上解、年终结算补助或上解等；二是财力性转移支付，主要目标是促进各地方政府提供基本公共服务能力的均等化，包括一般性转移支付、民族地区转移支付、调整工资转移支付、农村税费改革转移支付和县乡财政奖补资金等；三是专项转移支付，包括一般性预算专项拨款、国债补助等，旨在实现中央的特定政策目标，实行专款专用，主要用于社会保障、农业支出、科技支出、教育支出、医疗卫生支出等方面。本章将从这三大类转移支付及其各分类的划拨规模、划拨原则、地区分布、存在的问题等来具体分析我国转移支付结构，并对其动态变化进行考察。

第一节 税收返还和体制性补助

一、税收返还

税收返还主要分为“两税”税收返还（增值税和消费税）及所得税基数返

① 有些文献认为财政转移支付不应包含税收返还，原因是就税收返还资金的使用来看，中央政府并不能安排和调剂使用税收返还，它只是中央和地方政府间收入的划分，是在特定的条件下政府间财政资源转移的一种形式。参见李学军、刘尚希主编，《地方政府财政能力研究》，《中国财政经济出版社》2007 年版，第 145 页。在李萍、许宏才主编《中国政府间财政关系图解》，中国财政经济出版社 2006 年版中转移支付也不包含税收返还。在本文中由于涉及到财政转移支付的制度变迁，特将其划分到转移支付内面进行分析。

还。

(一)“两税”税收返还

中央政府以1993年为基期年,以地方净上划收入数额(消费税的100%加上增值税的75%减去中央下划)作为中央对地方税收返还基数,保证1993年地方既得利益。1994年以后,税收返还额在1993年基数上逐年递增,递增率按增值税和消费税平均增长率的1:0.3系数确定,如数返还地方,即每增长1%的增值税和消费税,中央财政对地方的税收返还增长0.3%,并以环比方式逐年递增,成为新的税收返还基数。如果地方上划中央收入达不到核定基数,中央按实际收入数返还。“两税返还”的计算公式为:

某年度中央对地方的“两税”税收返还数额 = 上年度中央对地方的“两税”返还额×(1 + 该地区“两税”增长率×0.3)

从“两税”税收返还的总量来看(见表5-1),1994年中央对地方税收返还额为1799亿元,占转移支付总量的75.4%。此后税收返还的绝对额每年都有所增加,且增长幅度较为稳定,2005年达到2859亿元。然而税收返还在转移支付中所占的比重却逐年下降,并且在1998年以后下降速度明显加快,到2005年这一比重减少到24.90%,与1994年相比下降了50.4个百分点。尽管如此,相对于目前其他类型转移支付规模较小的状况,税收返还仍然是我国转移支付中资金规模最大的一部分。

表5-1 分税制以来“两税”返还规模及其比重

单位:亿元

年份	“两税”返还	转移支付总量	比重(%)
1994年	1799	2389.09	75.30
1995年	1867	2534.06	73.68
1996年	1949	2722.52	71.59
1997年	2012	2856.67	70.43
1998年	2083	3321.54	62.71
1999年	2121	4086.61	51.90

2000 年	2207	4665.31	47.31
2001 年	2309	6001.95	38.47
2002 年	2410	7351.77	32.78
2003 年	2527	8261.41	30.59
2004 年	2711	10407.96	26.05
2005 年	2859	11484.02	24.90

资料来源:李萍、许宏才主编:《中国政府间财政关系图解》,中国财政经济出版社 2006 年版,第 92 页。转移支付总量数据为历年中央对地方税收返还和补助支出,来源于各年度《中国财政年鉴》。

从 2005 年"两税"税收返还的地区分布看(见图 5-1),主要集中在东部发达地区,排名前 5 位依次为广东、上海、江苏、浙江和山东;而排名后 5 位的依次为西藏、宁夏、青海、海南和新疆,都为经济发展水平相对落后的地区。

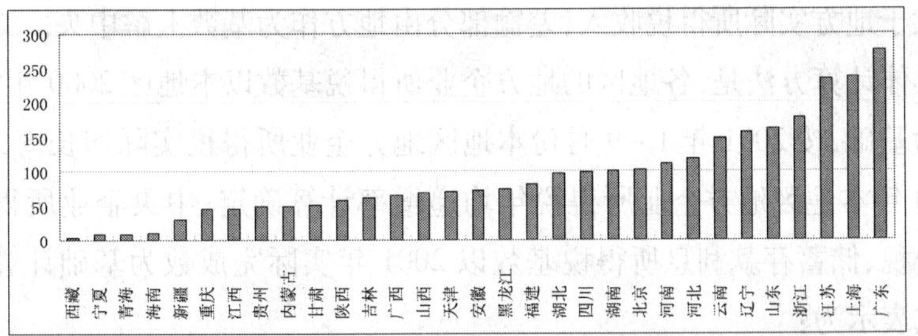

图 5-1 2005 年分地区"两税"税收返还分布图 单位:亿元

资料来源:财政部国库司、预算司编:《地方财政统计年鉴资料 2005》,中国财政经济出版社 2007 年版,第 1671 页。其中各单列市转移支付数额并入了其所在省市。

这主要是由于"两税"税收返还的分配方法是采用"基数法"进行分配,不利于缩小地区间的差距。28① 同时,"两税"税收返还既没有规定具体的用

① "基数法"仅仅考虑了地方既得利益,而没有考虑各地收入能力和支出需要的客观差异,也缺乏较为合理的客观标准,难以解决落后地区与发达地区长期存在的地区间财力不均的问题。

途,也没有服务于政府规定的特定政策目标。其基本思路是保既得利益,按收入来源地进行返还。一般而言,上划中央的基数越大,说明对中央的贡献越大,中央返还越多。因此,“两税”税收返还可能导致地区间差距扩大,这与均等化转移支付的目标相冲突。

(二)所得税基数返还

为进一步规范中央和地方政府之间的分配关系,建立合理的分配机制,减缓地区间财力差距的扩大,支持西部大开发,2002 年国务院出台了《关于印发所得税收入分项改革方案的通知》,并决定从 2002 年 1 月 1 日起实施。

改革方案规定:“所得税改革的基本原则是:……第二,保证地方既得利益,不影响地方财政的平衡运行。……”据此,为维护地方既得利益,中央决定,以 2001 年为基期,按改革方案确定的分享范围和比例计算,地方分享的所得税收入,如果小于地方实际所得税收入差额部分由中央作为基数返还地方;如果大于地方实际所得税收入,差额部分由地方作为基数上解中央。

具体计算方法是,各地区的地方企业所得税基数以本地区 2000 年实际完成数为基础,按 2001 年 1 ~9 月份本地区地方企业所得税实际增长率或 1999 ~2000 年本地区地方企业所得税年均递增率计算确定;中央企业所得税、个人所得税、储蓄存款利息所得税基数以 2001 年实际完成数为基础计算确定。用公式表示为:

中央对某地区所得税基数返还额 =(2001 年该地区中央企业所得税实际完成数 + 个人所得税实际完成数 + 储蓄存款利息所得税实际完成数) - 2000 年该地区地方企业所得税 ×2001 年 1 ~9 月份该地区地方企业所得税实际增长率

或者是:

中央对某地区所得税基数返还额 =(2001 年该地区中央企业所得税实际完成数 + 个人所得税实际完成数 + 储蓄存款利息所得税实际完成数) - 2000 年该地区地方企业所得税 ×1999 年至 2000 年该地区地方企业所得税年均递增率

所得税基数返还实行以来,2002 年和 2003 年其规模为 898.01 亿元,2004 年有所下降,为 897.58 亿元,①2005 年仍维持在 897.58 亿元的水平。由于所得税返还数额相对稳定,其在财政转移支付中的比重逐渐降低,由 2002 年的占比 12.21% 下降到 2005 年的 7.82%。

2005 年所得税基数返还在各省市区间具体分布如下(见图 5-2)。可以看出,所得税返还数额排在前 5 位都是东部沿海发达省份,分别是上海、北京、天津、广东和浙江;排在后 5 位的依次是江西、青海、甘肃、贵州和陕西,都是中西部经济发展相对落后的省份,与"两税"税收返还一样,所得税基数返还也与均等化转移支付的目标相冲突。

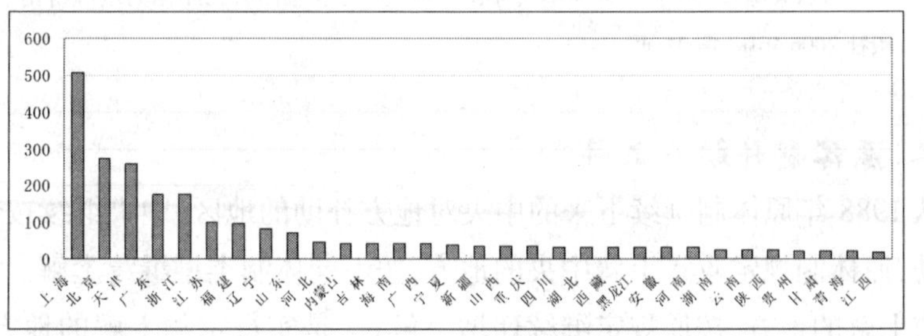

图 5-2 2005 年各省区所得税返还分布图 单位:亿元

资料来源:财政部国库司、预算司编:《地方财政统计年鉴资料 2005》,中国财政经济出版社 2007 年版,第 1671 页。

与此同时,国务院决定从 2002 年 1 月 1 日起实施所得税收入分享改革,将按企业隶属关系等划分中央与地方所得税收入的办法,改为中央与地方按统一比例分享。

改革的主要内容是:中央保证各地区 2001 年地方实际所得税收入基数,实施增量分成。2002 年所得税收入中央与地方各享 50%;2003 年以后中央分享 60%,地方分享 40%。中央因改革所得税收入分享办法增加的收入全部用于对地方主要是中西部地区的一般性转移支付。2002~2005 年,中央集中

① 其中 2004 年和 2003 年所得税的变化数由于山西省的数据由 12.29 变为 11.86 亿元。

用于一般性转移支付的所得税增量情况见图 5－3。

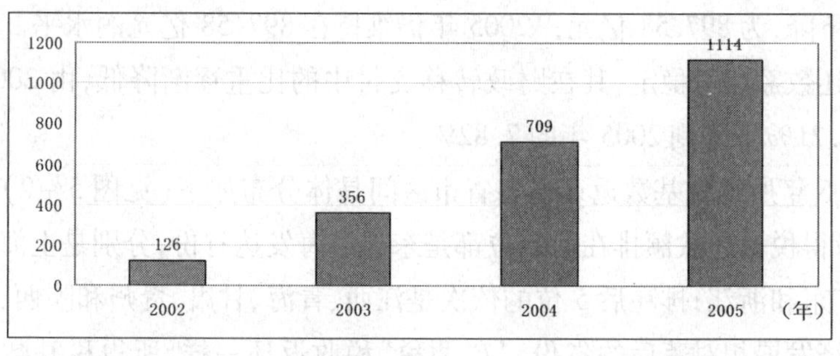

图 5－3　2002～2005 年中央集中用于一般转移支付的所得税增量

资料来源：李萍、许宏才主编：《中国政府间财政关系图解》，中国财政经济出版社 2006 年版，第 31 页。

二、原体制补助与上解

从 1988 年原体制延续下来的中央对地方补助的地区，中央继续按规定给予补助；原体制规定收入上解中央的地方，按不同体制类型继续上解。一是实行递增上解的地方，按原规定继续递增上解；二是实行定额上解的地方，按确定的上解额，继续定额上解；三是实行总额分成的地区和原分税制试点地区，暂按 1993 年的实际上解数，并核定一个递增率，每年递增上解。从 1995 年开始，中央政府取消了对地方政府体制上解的递增率，实行定额上解的办法。原体制上解总规模 1998 年至 2005 年都为 538.15 亿元。

总体来看，原体制上解主要来自于经济发达省份，规模较小，其中 2005 年原体制上解规模最大的是上海市，为 120 亿元，其次是江苏省 80.72 亿元。

原体制补助总规模逐年略有增长，其中原体制上解或补助地区的分布没有发生变化。同时，绝大多数省份的上解或补助规模也固定不变，只有西藏等个别省区的补助额有所增加，这反映出了中央对其政策倾斜。① 2005 年原体制补助规模为 130.14 亿元，其中补助规模最大的是西藏自治区为 40.8 亿元，

① 西藏原体制补助 2003 年为 36.8 亿元，2004 年为 38.8 亿元，2005 年为 40.8 亿元。逐年递增 2 亿元。

其次是新疆维吾尔自治区 19.37 亿元。

2005 年原体制补助与上解的地区分布如下(见图 5-4)。从中可以看出,由于分配方式多年保持不变,已和目前的状况不相适宜了,造成了一些财政本级收入少、自给能力弱的省份仍要向中央上解部分甚至更多的财政收入,而一些财政本级收入多、自给能力强的省份却只上解较小的部分,补助和上解额的固定不变,造成了新的不公平和不合理程度加剧。

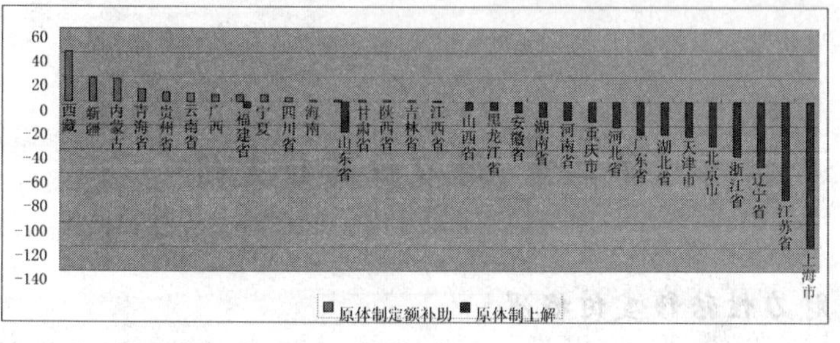

图 5-4 2005 年各省区原体制补助与上解分布图 单位:亿元

资料来源:财政部国库司、预算司编:《地方财政统计年鉴资料 2005》,中国财政经济出版社 2007 年版,第 1671 页。

原体制补助与上解实质上是一种横向转移支付,本意是通过富裕地区上缴部分收入,贫困地区获得补助来达到均等化的目的,这在理论上是符合均等化目标的。但由于各地区的上缴额和补助额是在老体制下按"基数法"确定的,这种包含着"自下而上"和"自上而下"的资金双向无偿流动通常是双方讨价还价的结果,缺乏客观的依据,明显不能达到调节横向失衡的效果。随着转移支付绝对规模的不断扩大,其所占比例也不断缩小。2000 年原体制上解占财政转移支付规模的比例为 11.54%,2005 年下降到了 4.69%。同样地,原体制定额补助占比也由 2000 年的 2.58% 下降到 2005 年的 1.13%。

总体上来说,税收返还和原体制补助与上解两种转移支付形式的实行,其本意就是为在过渡期尽量减小新的财政转移支付制度对地方财政收支能力的冲击,它们在财政转移支付规模中所占的绝对规模,保证了地方财政不会在分税制后收支结构严重错位,缓解了地方财政在过渡期的收不抵支的状况,提高

了地方财政的可支配财力的额度，对于调节中央地方两级财政失衡的效果也是明显的。

另外，为了保持财政体制的相对稳定性，中央财政在每个财政年度结束后，对一些由于体制变动、中央新出台的措施等因素引起中央和地方财力转移以及因中央与地方相互交叉收支和因政策变化而对地方收支所带来的影响，通过财政结算进行调整，调整的结果既有中央对地方的补助，又有地方对中央的上解。

第二节 财力性转移支付

一、财力性转移支付概况

财力性转移支付主要包括：一般性转移支付、民族地区转移支付、县乡财政奖补资金、调整工资转移支付、农村税费改革转移支付及其他财力性转移支付等。地方可以按照相关规定统筹安排和使用上述资金，其中，一般性转移支付所占规模较大。

分税制以来，财力性转移支付增长最快（见图5－5）。从图中可以看出，财力性转移支付从1995年的99亿元增加到了2005年的3812亿元，增长了38.51倍。从财力性转移支付占转移支付总量的比例看，1995年占比为4.14%，2005年增加到了33.19%。

分地区看（见图5－6），2005年人均财力性转移支付排名前6位的分别是西藏、青海、宁夏、新疆、内蒙古和吉林，中西部落后地区较多，其中西藏达到1580元；东部发达地区较少，排名后6位的依次为北京、浙江、广东、江苏、上海和福建，北京仅为1.43元。

二、财力性转移支付分类

（一）一般性转移支付

作为1994年分税制改革的配套措施，1995年中央财政在调查研究并借

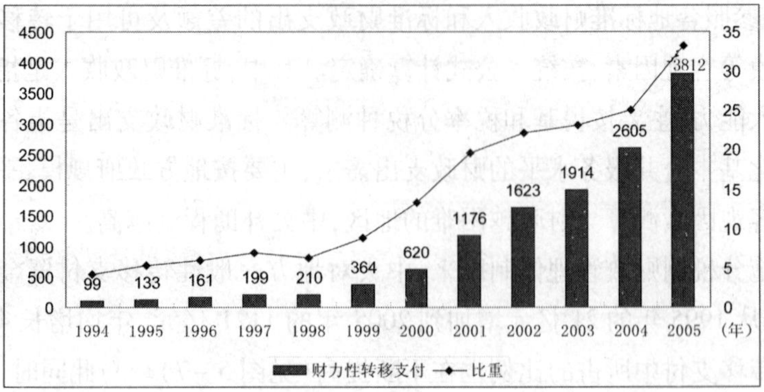

图 5－5 财力性转移支付 单位:亿元、%

资料来源:李萍、许宏才主编:《中国政府间财政关系图解》,中国财政经济出版社 2006 年版,第 51 页。

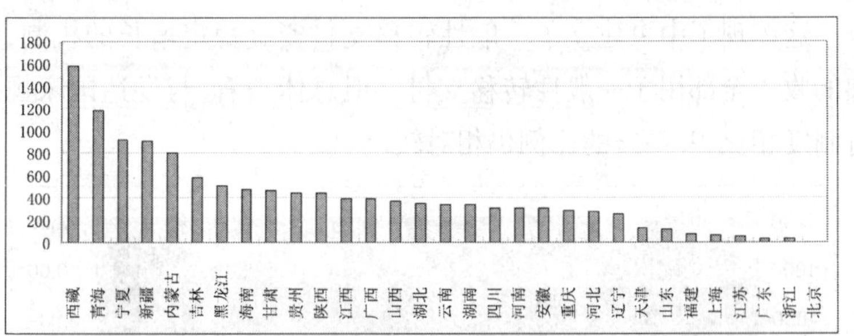

图 5－6 2005 年财力性转移支付分地区分布 单位:元

资料来源:人均财力性转移支付来源于李萍、许宏才主编:《中国政府间财政关系图解》,中国财政经济出版社 2006 年版第 100 页。人口数据来源于《中国统计年鉴 2006》,其中单列市人口数据来源于各单列市人口信息网。

鉴国际经验的基础上,制定了规范的转移支付办法,取名为“过渡期转移支付”,经国务院批准后于 1995 年开始实施。2002 年实施的所得税收入分享改革,明确中央因改革增加的收入全部用于一般性转移支付,建立了一般性转移支付资金稳定增长的机制。同时,将过渡期转移支付概念,改为“一般性转移支付”,原来的一般性转移支付改称“财力性转移支付”。

一般性转移支付按照公平、公正,循序渐进和适当照顾老少边地区的原

则,主要参照各地标准财政收入和标准财政支出的差额及可用于转移支付的资金规模等客观因素,按统一公式计算确定。其中,标准财政收入是指各地的财政收入能力,主要按税基和税率分税种测算。标准财政支出是指各地区达到均等化基本公共服务水平的财政支出需求,主要按地方政府规模、平均支出水平和客观因素测算。财政越困难的地区,中央补助程度越高。

实施分税制财政管理体制以来,中央对地方一般性转移支付资金规模不断扩大,从1995年的21亿元增加到2005年的1121亿元,年均增长48.8%,在财政转移支付中所占的比例也在不断提高(见图5-7)。与此同时,一般性转移支付资金分配办法也在不断完善。

从图中可以看出,一般性转移支付所占比例不断提升,从1995年占比0.83%增加到2005年的9.75%,尤其是从2000年开始,一般性转移支付占比增长较快,从1.82%增加到2003年的4.60%,到2004年增长更快,达到了7.16%。这体现了中央建立了一般性转移支付资金稳定增长的机制,把因改革增加的收入全部用于一般性转移支付。但总体来看,与发达国家规范的转移支付制度相比,9.75%的比例仍相对较小。

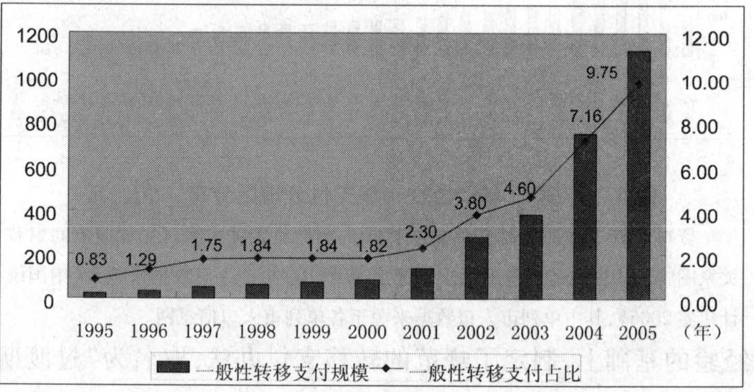

图5-7 1995~2005年一般性转移支付规模与比例

资料来源:财政部国库司、预算司编:《地方财政统计年鉴资料2005》,中国财政经济出版社2007年版,第1671页。

分地区看(见图5-8),2005年享受一般性转移支付的省市区为25个,人均一般性转移支付排名前6位的分别是西藏、青海、宁夏、新疆、内蒙古和吉林,中西部落后地区较多,其中西藏达到1002.16元;东部发达地区较少,排名后6位的依次为福建、山东、河北、辽宁、云南和重庆,福建仅为15.39元。

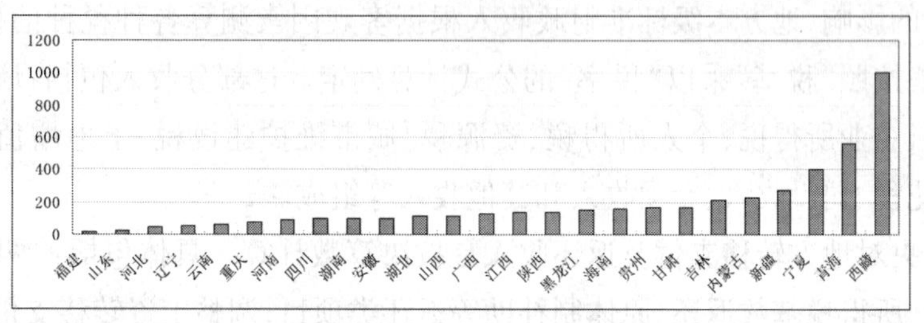

图5-8　2005年人均一般性转移支付分地区分布　单位:元

资料来源:财政部国库司、预算司编:《地方财政统计年鉴资料2005》,中国财政经济出版社2007年版,第1671页。

2005年,一般性转移支付由普通转移支付、民族因素转移支付、革命老区转移支付和边境地区转移支付构成。为强化管理,2006年起,革命老区转移支付和边境地区转移支付从一般性转移支付中剥离,单独下达。我们主要分析普通转移支付和民族因素转移支付。

1.普通转移支付

普通转移支付是一般性转移支付的主体。2005年,普通转移支付为948.6亿元,占到一般性转移支付的85%。普通转移支付具有典型的均衡拨款特征,在测算普通转移支付时,按照公平、公正、规范、透明的原则,参照影响地方财政收支的客观因素测算各地的标准财政收支,对存在收支缺口的地区按照一定的系数进行补助。转移支付系数主要取决于转移支付资金总量、地方标准财政收支缺口总额以及各地的财政困难程度等因素。计算公式为:

地区普通转移支付 =(标准财政支出 - 标准财政收入)×转移支付系数

(1)标准财政收入

标准财政收入主要包括地方本级标准财政收入、中央对地方转移支付及税收返还收入(扣除了地方上解)两项。

为了避免地区间财政收入差异、税收征管努力程度等因素对普通转移支付测算的影响,地方本级标准财政收入根据客观因素测算各种税种的标准收入,统一按照“税基”乘以“税率”的公式计算确定。这部分收入包括:增值税、营业税、企业所得税、个人所得税、资源税、城市维护建设税、土地增值税、契税、印花税、罚没收入、专项收入和其他收入等组成。

中央对地方转移支付及返还收入是按决算数计算。具体包括:“两税”税收返还、所得税基数返还、原体制补助等返还类项目;调整工资转移支付、民族地区转移支付、农村税费改革转移支付、降低农业税税率及取消农业特长税减收转移支付、县乡财政奖补资金、结算补助、其他补助等财力性转移支付;专项拨款中的分部门事业费补助和社会保障转移支付。计算地方标准收入时扣除了地方上解支出。从标准财政收入的地区分布看,[①]排名前6位的依次为上海、北京、西藏、天津、广东和青海。后6位依次为安徽、河南、贵州、江西、四川和广西,都为中西部省区。

(2)标准财政支出

由于近期内普通转移支付的目标是缓解财政困难地区财政运行中的突出矛盾,保障机关事业单位职工工资发放和机构正常运转等基本公共支出需要,所以在计算地方标准支出时主要包括经常性支出,即行政公检法、教育、离退休、卫生、农林水利等部门的支出,都与财政供养人员密切相关。

标准财政支出测算总体上由二部分构成:一是确定全国统一的省、地、县级财政供养人数,并根据部门制定出相应的标准定额,二者相乘即得到财政供养人员的支出;二是根据不同部门确定全国统一的公共经费内容及标准,其中,取暖费和事业费按照财政供养人数乘以标准定额支出,行政和公检法部门

① 由于全国31个省市区人口、经济规模相差较大,我们选取人均标准财政收入进行比较。

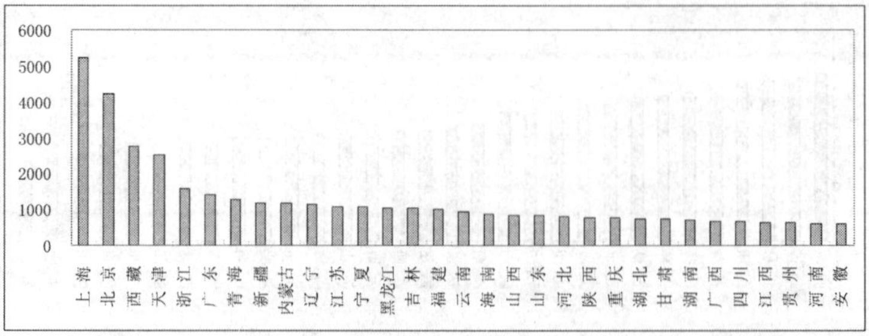

图 5 – 9a 2005 年各地区人均标准财政收入 单位:元

资料来源:标准财政收入数据来源于李萍、许宏才主编:《中国政府间财政关系图解》,中国财政经济出版社 2006 年版,第 72 页。其中各单列市转移支付数额并入了其所在省市。各地区人口数量来源于《中国统计年鉴 2006》。

增加了车辆燃料修理费,教育部门考虑校舍面积分摊维修费和生均设备费等。

从我国地方财政供养人数看,根据各地决算报表,2005 年地方财政供养人口为 4778 万人,比上年增长 6.4%。2005 年财政供养系数为 3.67%①,各地区财政供养系数分布不平衡,其中直辖市和计划单列市供养系数较高,内蒙古、青海、宁夏和西藏等人口密度较小的地区财政供养系数也较高(见图 5 – 9b),其中西藏最高达到 5.8%。相比较,人口密度较大的省市区财政供养系数较小,其中最低的安徽为 2.7%。

专栏:2005 年标准财政供养人数的确定

2005 年各地区标准财政供养人数由两部分组成:一是标准在职职工人数;二是离退休人数。财政部在计算标准在职职工人数时,是假定在其他条件相同的情况下,人口规模、密度相同的行政区域,财政供养人数大体相等。基于这一理念,以 2004 年在职职工人员信息

① 财政供养系数 = 财政供养人数/地区总人口。反映各地区"养人"的负担程度。参见李萍、许宏才主编《中国政府间财政关系图解》,中国财政经济出版社 2006 年版,第 150 页。

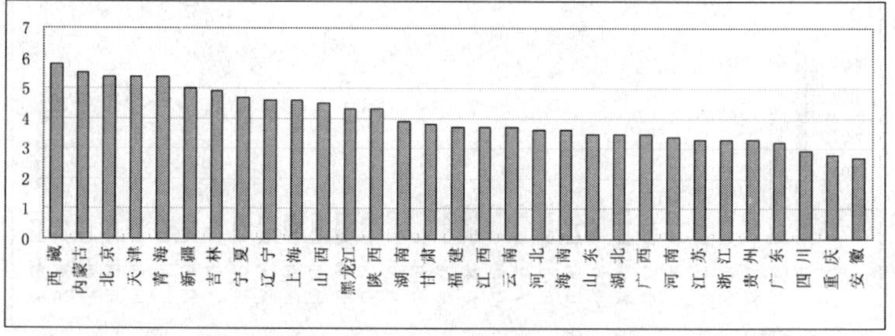

图 5－9b　2005 年各地区财政供养系数　单位:%

资料来源:李萍、许宏才主编:《中国政府间财政关系图解》,中国财政经济出版社 2006 年版,第 150 页。

数据为基础,参照各地人口规模和辖区可居住面积等因素,依据回归方法确定的权重,分省、地、县三级分别计算各地标准在职职工人数。将标准在职职工人数再按照核定的 2003 年各地区省、地、县的实际结构以及各级公检法、农林水、文体、教育和其他部分的比例进行分解,即为分级分部门的标准财政供养人数。

按照财政部的这一计算方案,标准财政供养人数可以设定为:省级标准在职职工人数采用实际数;地级标准在职职工人数根据各地区总人口、市辖区人口、可居住面积三因素数额以及根据总人口、市辖区人口、人口密度三者分档确定的在职职工人数定额计算确定。总人口、市辖区人口、可居住面积三因素的权重分别为 20%、70% 和 10%。具体计算时,地级市又分为省会城市、计划单列市、其他地级市三组。地级市标准在职职工人数包括其所辖区。

地区、州(盟)标准在职职工人数根据各地区总人数和可居住面积两因素数额以及根据总人口、人口密度分档确定的在职职工人数定额计算确定。总人口、可居住面积两因素的权重分别为 85% 和 15%。

在实际测算中,财政部测算时也作了一些技术调整。一是标准在职职工人数对实际数(按全国平均增长率统一适当调整后数据,

下同)调整幅度控制在正负10%。但由于地区之间县级财政供养人员实际增幅悬殊较大,为淡化矛盾,对财政供养人员实际增幅超过15%的考虑超过部分的一半适当调增。二是由于财政供养人数与都市化程度有一定的相关性,对城市人口占总人口比重高于全国平均水平9个百分点的,标准在职职工人数调增4%,高于7%~9%之间的,调增2%;低于全国平均水平9个百分点的,标准在职职工人数调减4%,低于7%~9%之间的,调减2%。三是对于可居住面积不到其全部国土面积50%的地区(新疆),按照可居住面积因素计算的标准财政供养人数适当调增。另外,考虑到西藏情况比较特殊,其地级和县级标准财政供养人员暂用实际值替代。

我们认为,虽然财政部实际测算时作了一些技术上的修订,但其基本理论前提(即人口规模、密度相同的行政区域,财政供养人数应大体相等)仍然没有改变。换言之,新疆独特的自然因素(人口、面积、很长的边界线)和人口结构(少数民族人口占据多数、且分布很不均衡)在计算标准财政供养人数时很容易被忽略,结果导致标准财政供养人口数被少算,地方财力和现实的财政能力被低估。

因此,尽管在确定新疆标准职工人数时考虑了可居住面积因素,但总的是按各地区总人口和可居住面积两因素数额以及根据总人口、人口密度分档来确定在职职工人数。而且可居住面积因素的权重只有15%。因此对于新疆这种地广人稀的西部不发达地区来说,不能反映它的实际情况。由于许多特殊的因素使得新疆要行使内地省份同样的事务,财政供养人口比例要远高于内地。具体来讲,包括由于少数民族多需要配备少数民族干部;由于双语教学需要配备少数民族语言老师增加了教师人数;新疆市场化程度不高,政府财政间接财政供养人口比重相对较高;国家安全因素间接增加了财政供养人口等。

李学军、刘尚希主编:《地方政府财政能力研究——以新疆维吾尔自治区为例》,中国财政经济出版社2007年版,第150页。

从人均标准财政支出的地区分布看（见图5－10），排名前6位的依次为西藏、青海、天津、北京、上海和宁夏，除3个直辖市外，其他3个均为民族地区，体现了民族地区地广人稀、自然环境恶劣、人均财政支出相对较大的特点。后6位依次为广东、河南、山东、安徽、浙江和江苏，都为人口相对密集的东部和中部省份，这也体现了由于人口相对密集，相应人均行政成本较低的特点。

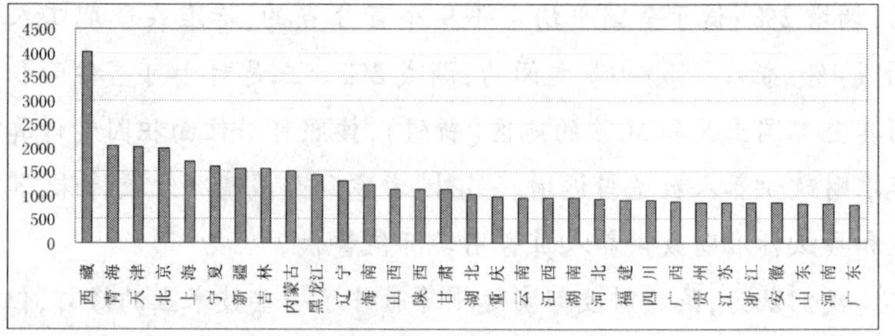

图5－10　2005年各地区人均标准财政支出　单位：元

资料来源：李萍、许宏才主编：《中国政府间财政关系图解》，中国财政经济出版社2006年版，第150页。

从2005年各地区人均标准财政收支差额看（见图5－11），排名前6位的依次为西藏、青海、宁夏、吉林、新疆和黑龙江，民族地区占到4位，其中西藏差额为1271元，黑龙江也达到387元；而排名后6位的依次为上海、北京、浙江、广东、天津和江苏，都为东部发达省市，人均标准财政收入大于支出，其中上海达到3501元，江苏也达到了226元。

（3）转移支付系数

转移支付系数是根据当年一般性转移支付规模（即中央用于一般性转移支付的资金总额）以及各地区标准收支差额确定。一般性转移支付规模的50%按照统一系数对缺口进行补助，另外50%考虑各地困难程度进行分配。困难程度的衡量参照恩格尔定律的基本原理，用各地维持基本运转支出占标准收入的比重来衡量。其中，基本支出包括行政公检法、教育、其他部分的标准人员经费和基本公用经费以及离退休经费，这一比重越高，说明该地区越困难。

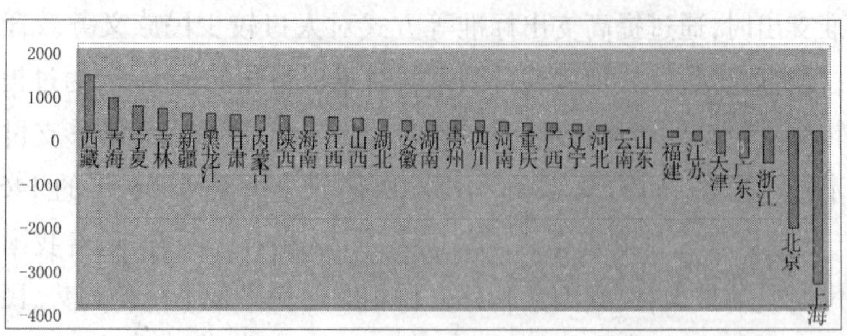

图 5－11　2005 年各地区人均标准财政收支差额分布表

资料来源：李萍、许宏才主编：《中国政府间财政关系图解》，中国财政经济出版社 2006 年版，第 150 页。

注：人均标准财政收支差额＝人均标准财政支出－人均标准财政收入

地方财政标准支出的测算，虽然具有条块清楚、简捷易算的特点，但是作为转移支付的一个重要变量，它存在着明显的缺陷。目前，转移支付是建立在“实际收入”与“实际支出”的缺口上的补贴，而要体现转移支付的均等化原则，这个“缺口”应该是“实际收入”与“支出需求”的缺口。以应该达到的“支出需求”代替“实际支出”，就是为了缩小由于地区间经济发展水平差异所导致的公共服务水平的差异。因此，标准财政收入相对比较客观，而在“支出需求”的计算中除了考虑各项支出最基本的因素外，还应考虑地区发展成本差异、政府负担率和负担成本等因素。为此，对地方标准财政支出的测算就需要创新与发展。①

2. 民族因素转移支付

在一般性转移支付方面，考虑到我国民族地区主要分布在西部边远地带，自然条件艰苦，财源基础薄弱，人均财政收入水平低，财政支出成本较高，财政收入自给率低，按照统一分配办法，难以充分体现其成本差异。中央财政对民族地区给予照顾，主要体现在三个方面：充分考虑民族地区的特殊支出因素，如宗教支出、双语教育等；为扶持人口较少民族加快发展，在测算一般性转移

① 杨先明、王卫昆：《财政转移支付制度研究——主持者言》，《思想战线》2006 年第 6 期。

支付标准支出时,通过提高支出标准等方式对人口较少民族义务教育给予特殊照顾;在有些少数民族地区特殊因素暂时难以量化的情况下,通过提高对民族地区转移支付系数增加补助。从1995~2005年,民族因素转移支付绝对数量呈现不断上升的趋势,从1995年的10亿元上升到2005年的146亿元,2006年,此项因素安排的资金约175亿元。① 从相对比例看,随着我国一般性转移支付规模的扩大,民族因素转移支付相对比例呈现下降的趋势,民族因素转移支付占一般性转移支付比例从1995年的47.62%下降到2005年的13.04%。

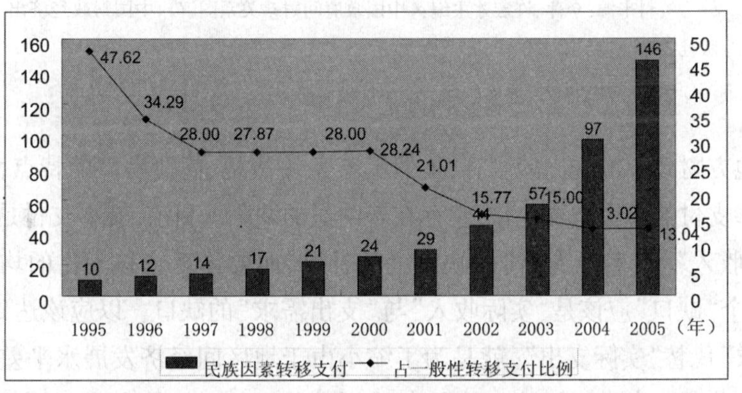

图5-12 1995~2005年民族因素转移支付 单位:亿元、%

资料来源:李萍、许宏才主编:《中国政府间财政关系图解》,中国财政经济出版社2006年版,第57页。

3. 一般性转移支付的地区分布

从2005年人均一般性转移支付的地区分布看(见图5-13),与人均标准财政收支差额的地区分布大致类似,但民族8省区排名普遍前移。这表明一般性转移支付制度安排中对民族地区的财政支持有所倾斜。2005年,人均一般性转移支付排名前8位的分别是西藏、青海、宁夏、新疆、内蒙古、吉林、甘肃

① 《中央财政6年对民族省区转移支付8600亿》,http://www.chinatax.gov.cn/n480462/n480483/n480675/n6368230/n6368350/6679734.html。

和贵州,其中民族地区占到了6位;排名后8位的分别是福建、山东、河北、辽宁、云南、重庆、河南和四川。通过计算,2005年8个民族省区从中央得到的一般性转移支付资金占到了中央一般性转移支付资金总额的30.46%。另外,从接受一般性转移支付的省市区数量看,从1995年的18个增加到了2005年的25个,表明有越来越多的省出现了财力上的不平衡。

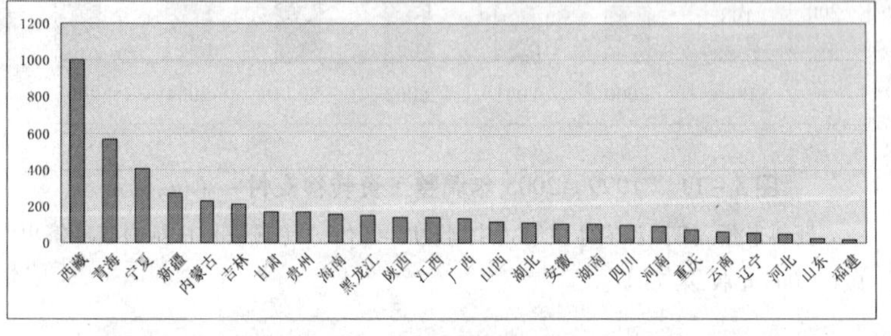

图5-13 2005年人均一般性转移支付 单位:元

资料来源:财政部国库司、预算司编,《地方财政统计年鉴资料2005》,中国财政经济出版社2007年版,第1671页。

(二)调整工资转移支付

1998年实施积极的财政政策时,出台了提高中低收入者收入水平的一系列政策。由于各地区的财政状况差别较大,对增加工资支出的承受能力各不相同。经国务院批准,对调整工资及离退休费增加的支出,沿海经济发达地区自行解决;对财政困难的老工业基地和中西部地区,由中央财政给予适当补助;对民族地区给予照顾,促进调增收入分配政策在全国范围内贯彻落实。1999年以来,中央先后5次出台了增加机关事业单位职工工资和离退休人员离退休费政策,并出台了发放一次性年终奖金政策。其中,前两次调资及年终奖金补助中,民族省区转移支付系数在财政状况同档次非民族省区转移支付系数的基础上增加5个百分点;后三次调资对民族省区实行100%补助。1999~2005年调整工资转移支付见图5-14。

(三)民族地区转移支付

从2000年起,对少数民族地区专门实行民族地区转移支付制度,用于解

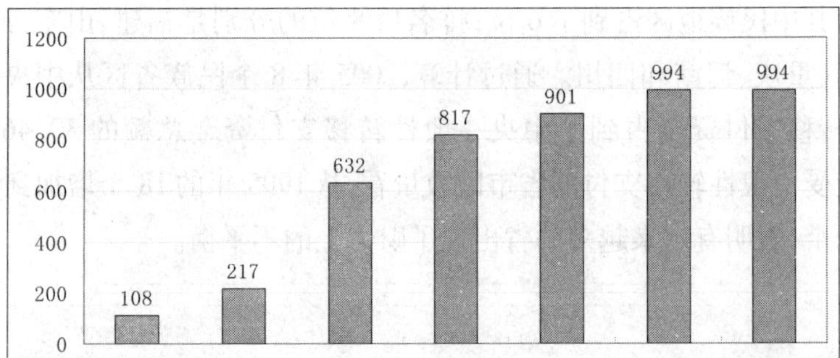

图 5-14　1999～2005 年调整工资转移支付　单位:亿元

资料来源:李萍、许宏才主编:《中国政府间财政关系图解》,中国财政经济出版社 2006 年版,第 73 页。

决少数民族地区的特殊困难。其资金来源有:一是 2000 年专项增加对民族地区政策性转移支付 10 亿元,此后每年按上年中央分享的增值税收入增长率递增;二是对 8 个民族省区及非民族省区的民族自治州的增值税收入,采用环比办法,将每年增值税收入比上年增长部分的 80% 转移支付给民族地区。其中,这部分增量的一半按来源地直接返还给民族地区,以调动地方增加收入的积极性,另一半则遵循公平原则,按照因素法通过转移支付方式分配给地方(包括西藏自治区)。增值税增量的其余 20% 为中央收入,不再参与中央对地方按"1:0.3"系数计算的税收返还,以缓解民族地区经济发展水平客观上存在的差异以及地区间财力不平衡现象。2000～2005 年民族地区转移支付额由 25.53 亿元增加到 159 亿元(见图 5-15)。2006 年,为统一民族地区政策、促进民族地区和谐发展,又将民族省区及非民族省区的民族自治州以外的民族自治县纳入转移支付范围。

(四)农村税费改革转移支付

为贯彻落实党的十六届三中全会决定和中央农村工作会议精神,继续推进农村税费改革,进一步减轻农民负担,调动农民种粮积极性,保障粮食安全,促进全面建设小康社会,根据《中共中央、国务院关于促进农民增加收入若干

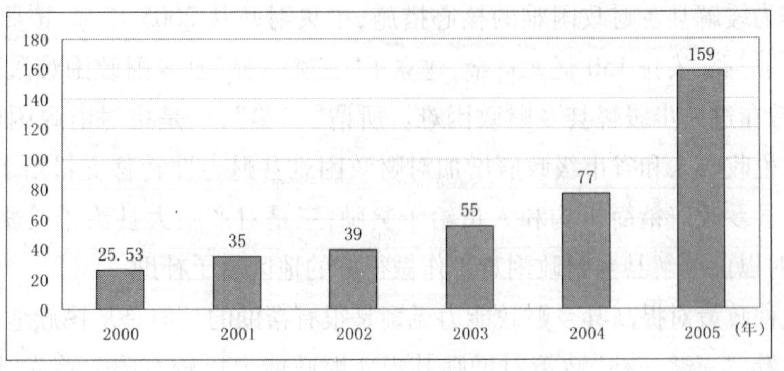

图 5－15 2000～2005 年民族地区转移支付 单位:亿元

资料来源:李萍、许宏才主编《中国政府间财政关系图解》,中国财政经济出版社 2006 年版,第 76 页。

政策的意见》(中发[2004]1 号)有关规定,从 2004 年起,取消除烟叶外的农业特产税;吉林、黑龙江全面取消农业税(含牧业税、农业税附加),河北、内蒙古、辽宁、江苏、安徽、江西、山东、河南、湖北、湖南、四川等 11 个粮食主产省(自治区)农业税税率降低 3 个百分点;其余省、自治区、直辖市农业税税率总体上降低 1 个百分点。农业税附加随正税同步降低。由此减少的地方财政收入,沿海发达地区原则上自行消化,粮食主产区和中西部地区由中央财政适当给予转移支付补助。地方财政减收额原则上以 2002 年为基期,按农业特产税和农业税实收(含附加)计算确定。中央财政补助比例分别为中西部粮食主产区 100%、非粮食主产区 80%、东部粮食主产区(含福建)50%。2001～2005 年,中央财政共安排农村税费改革转移支付 1807 亿元。从 2001 年的 80 亿元增加到 2005 年的 654 亿元,民族地区大多作为粮食非主产区,只能得到 80% 的补助。

(五)缓解县乡财政困难转移支付

针对县乡财政困难,2005 年中央财政下达了《关于切实缓解县乡财政困难的意见》,从完善体制、创新机制、加强管理等方面提出了缓解县乡财政困难的综合性措施,争取用 3 年左右的时间,使县乡财政困难状况得到较大缓

解。作为缓解县乡财政困难的核心措施,中央财政从2005年起,按照“以奖代补”的思路,安排150亿元资金,建立了“三奖一补”县乡财政困难激励约束机制,旨在进一步缓解县乡财政困难。所谓“三奖”,一是指对财政困难县政府增加税收收入和省市级政府增加对财政困难县财力性转移支付给予奖励;二是对县乡政府精简机构和人员给予奖励;三是对产粮大县给予奖励。“一补”是对以前缓解县乡财政困难工作做得好的地区给予补助。

这种政策对提高县乡财政能力无疑是很有帮助的。但是从民族地区的现实情况看,“三奖一补”政策对增强其现实财政能力比较有限。首先,民族地区许多困难县都已经背负着沉重的债务负担,单靠提前偿还债务给予奖励这种措施,很难从根本上解决问题。其次,民族地区特殊的地理和人口结构,很难在机构精简上取得很大进展。同时,民族地区大多不属于产粮大省的范畴,“三奖一补”政策对民族地区的惠及面不大。

(六)其他财力性转移支付

其他财力性转移支付主要包括中央实施某些宏观调控政策后,中央对地方财政减收所进行的财力性补助,如固定资产投资方向调节税暂停征收财政减收补助、实施天然林保护工程地方减收补助、退耕还林还草减收补助等。其中有些项目具有专项性质,但大部分为财力性补助性质。从1994~2005年中央对地方其他财力性转移支付增长看(见图5-16),其他财力性转移支付从1994年到2001年增长较快,但2001年后基本维持稳定,随着国家主体功能区建设的实施,这部分转移支付将会得到较快的增长。

第三节 专项转移支付

专项转移支付是按照政府间支出责任的划分,由上级政府对承办委托事务、共同事务以及符合上级政府政策导向事务的地方政府所给予的补助。该类补助专款专用,所以又称为有条件补助或者专项拨款。专项转移支付在实现中央政府意图,调控地方政府行为方面发挥了重要作用。

专项转移支付在设立初期,项目少,数额也很小,年均几十亿元。1994年

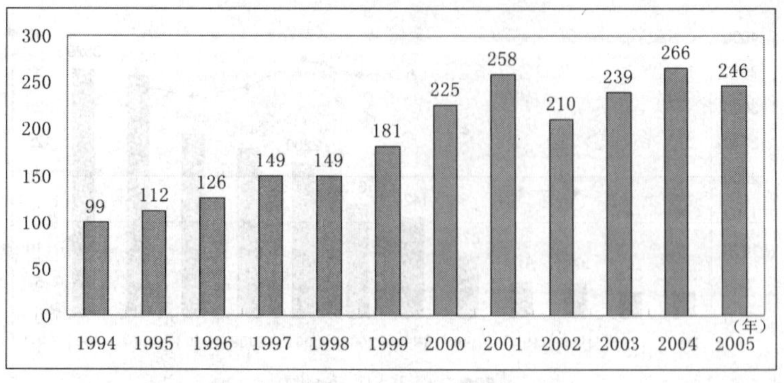

图 5－16 1994～2005 年中央对地方其他财力性转移支付 单位:亿元

资料来源:李萍、许宏才主编:《中国政府间财政关系图解》,中国财政经济出版社 2006 年版,第 82 页。

实行分税制财政体制后,专项转移支付范围越来越广,规模越来越大,除原有的防治自然灾害支出以外,还有支援农业支出、基本建设支出、支援不发达地区和民族地区发展资金支出等。

一、专项转移支付规模

1994 年至 2005 年,从绝对规模看(见图 5－17),专项拨款呈不断上升的趋势,尤其是 1998 年以后,增长速度明显加快。1994 年中央对地方的专项拨款额度为 361 亿元,到 2005 年达到了 3529 亿元,为 1994 年的近 10 倍。从相对规模看,1994 年和 2005 年中央对地方的专项拨款额分别占同期中央对地方转移支付总额的 15.11% 和 30.73%,增长了 1 倍多。其中,1994 年到 2001 年专项转移支付呈现不断增长的态势,到 2001 年增加到 36.65%,然后,缓慢下降到 2005 年的 30.73%。

二、专项转移支付类型

(一)按照事权划分的转移支付类型

在我国,在“专项转移支付”这个项目下大体涵盖了“中央委托地方事务

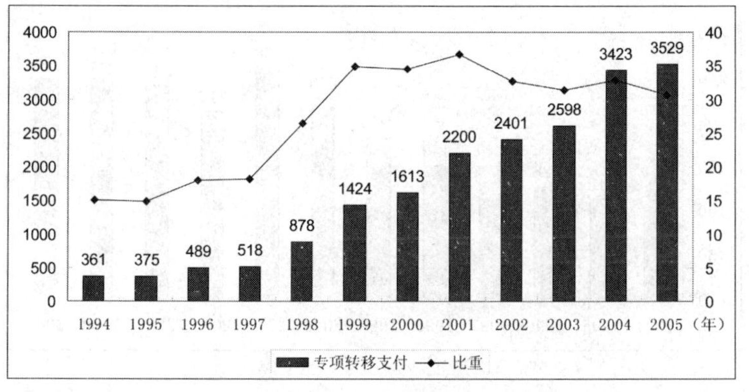

图 5-17 1994~2005 年专项转移支付 单位:亿元

资料来源:李萍、许宏才主编:《中国政府间财政关系图解》,中国财政经济出版社2006年版,第51页。

引致的转移支付"。① 按照现行中央政府与地方政府事权划分范围,专项转移支付可以分为以下几种类型:

1. 中央政府事权范围内的专项转移支付

主要有以下两种:一是属于中央政府事权范围,但是由地方政府具体组织实施更能达到预期目标,中央财政将这部分事权支出通过专项转移支付转移给地方政府,如军队离退休干部安置类专款;二是中央政府为了特定的政策目标需要安排一定专项转移支付,如地方政府按照中央的特殊政策要求行使宏观调控、维护社会稳定等方面所需要的支出,老少边穷地区广播电视设备更新专款、归侨生活补助专款等属于此类。

2. 中央政府和地方政府共同事权范围内的专项转移支付

按照事权划分,有些支出属于地方政府事权开支的范畴,但是中央政府又要求地方政府达到中央确定的某一政策目标,中央财政为此设立对地方的专款补助。如"米袋子"实行省长负责制,粮食收购方面的支出应当由地方政府

① 对属于地方事权的,应由地方安排支出的项目,中央财政不再安排专项拨款。参见:《完善我国财政转移支付制度的探讨综述》,http://www.lunwentianxia.com/product.free.9816230.1/。

承担。但为了保护农民种粮积极性,中央要求各级地方政府按照保护价格敞开收购农民手中的余粮,因此增加的支出,中央和地方财政按照比例分担,中央设立补助地方粮食风险基金专项转移支付,这部分专款占整个专项转移支付比重较大。

在实际工作中,由于中央与地方政府的事权范围缺乏明确界定,中央政府在为委托性事务或共同负担事务提供资金方面没有形成规范统一的办法,拨款的确定存在随意性,财政资金的使用效果缺乏有效的监督。因此,对此类转移支付的认识和制度设计还有待完善。①

(二)按支出项目的分类

专项转移支付的支出项目,从分税制以前的支持企业发展逐步向公共财政方向转变。近年来,用于公共支出、地区均衡发展等方面的专项转移支付比重逐步加大(见图5-18)。2005年,专项转移支付主要集中在社会保障补助支出、基本建设支出、支援农业支出、抚恤和社会救济费及文教科卫等事业费

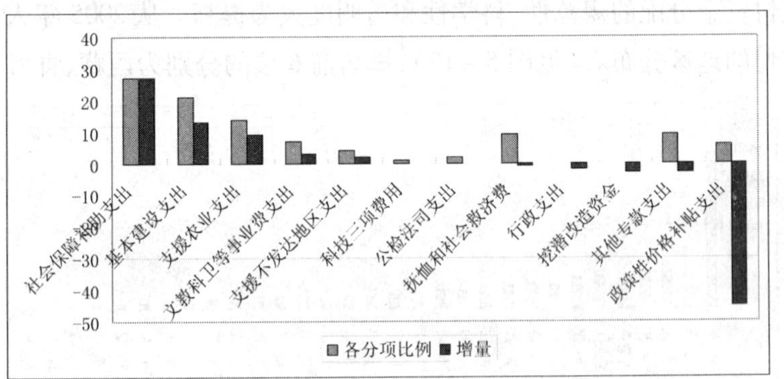

图5-18 1994年和2005年专项转移支付分项目支出比重

资料来源:根据李萍、许宏才主编:《中国政府间财政关系图解》,中国财政经济出版社2006年版第87页收集整理。

① 刘尚希、李敏:《论政府间转移支付的分类》,http://www.studa.net/jingji/081006/14320110-2.html。

支出等方面,这5项占比就集中了专项转移支付的78%,其中社会保障补助支出更是占到了27%。

从比例的增量看,专项转移支付资金各支出项目的规模也有所变化。其中,社会保障补助支出、基本建设支出、支援农业支出、文教科卫等事业费支出及支援不发达地区支出等项目都有了不同程度的提高,而在政策性价格补贴支出、挖潜改造资金、行政支出等项目上出现了较大幅度的下降。可以看出,专项转移支付用于竞争性领域的比重在逐步减少,而用于公共支出方面的比重正逐步加大。

三、专项转移支付地区分布

为规范和加强中央对地方专项拨款的管理,依法行政,提高财政资金使用的效益,确保财政改革各项政策措施的顺利实施,2000年中央财政下达了《中央对地方专项拨款管理办法》。目前,大部分中央专款也依照客观因素分配,转移支付资金分配的规范性、科学性和透明度大为提高。从2005年人均专项转移支付的地区分布看(见图5－19),排名前6位的分别为西藏、青海、宁夏、

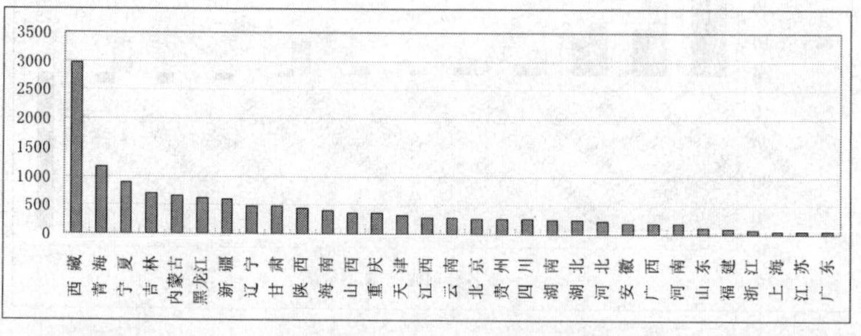

图5－19　2005年各地区人均专项转移支付　单位:元

资料来源:人均专项转移支付来源于李萍、许宏才主编:《中国政府间财政关系图解》,中国财政经济出版社2006年版,第100页,其中各单列市转移支付数额并入了其所在省市。人口数据来源于《中国统计年鉴2006》,其中单列市人口数据来源于各单列市人口信息网。

吉林、内蒙古和黑龙江,主要为西部地区和东北地区省区,其中西藏人均专项

转移支付达到2984元;排名后6位的依次为广东、江苏、上海、浙江、福建和山东,都为东部发达地区省份。2005年,广东人均专项转移支付为52.37元。

第四节 财政转移支付结构问题分析

一、税收返还和体制性补助

(一)税收返还

税收返还的制度设计不利于公共服务均等化的实现。新体制下采取的税收返还制度,是在保证既得利益的基础上进行的,这对1994年“分税制”的改革起了重要的推动作用。中央对地方上划的税收按基期年如数返还,并逐年递增,税收额多的地区得到的返还额多,其财力充裕,而税收额少的地区得到的返还额少,财力依旧不足。

从税收返还的制度安排上看,首先,为了保护地方既得利益,中央对地方的税收返还是按“基数法”原则确定额度,即1994年是按各地区1993年的实际收入作为基数进行定额,从而导致了地区收入不均衡的局面延续下来,实际上是延续了原体制下的利益分配格局。

其次,以后各年的税收返还增加额与该地区的增值税和消费税的增长率挂钩。然而很明显的是,税收增长率高的地区正是那些财力强的地区,富裕地区比贫困地区得到税收返还额更多。最终的结果是,税收返还照顾了富裕地区的既得利益,而不是缩小贫富差距。

这种资金分配标准不仅不能解决历史原因所造成的财力分配不均和公共服务水平差距大的问题,反而在新的体制下肯定并拉大了这一差距,因此其横向均衡的绩效差。

这种形式的财政转移支付是反映既得利益的转移支付,财政横向平衡绩效很差。然而,它却处于绝对主力地位,2005年仍占到转移支付总额的32.72%。从其均衡绩效看,在均衡地方财力中“两税”返还一直处于较低的水平,而所得税基数返还均衡效应为负,拉大了地方财政能力差距。尽管随着转

移支付规模的扩大,两者所占比重持续下降,但其削弱财政转移支付均等化功能的作用仍较明显。

(二)原体制补助与上解

从2005年原体制补助与上解的地区看,由于分配方式多年保持不变,已和目前的状况不相适宜。其缺乏客观的依据,造成了一些财政本级收入少,自给能力弱的省份仍要向中央上解部分甚至更多的财政收入,而一些财政本级收入多、自给能力强的省份却只上解较小的部分。

原体制补助与上解本意是通过富裕地区上缴部分收入,同时贫困地区获得补助来达到均等化的目的,这理论上符合均等化的目标。然而,实际上各地区的上缴额和补助额是在老体制下按"基数法"确定的,明显不能达到很好地调节横向失衡的效果。

二、财力性转移支付

从严格意义上来讲,在转移支付形式中,真正属于均等化转移支付形式的实际上只有一般性转移支付,但其所占比重很小。从一般性转移支付所占比例看,从1995年占比0.83%增加到2005年的9.75%。从2000年开始,一般性转移支付占比增长较快,从1.82%增加到2003年的4.60%,到2004年增长更快,达到了7.16%。其原因是中央建立了一般性转移支付资金稳定增长的机制,把因改革增加的收入全部用于一般性转移支付。但总体来看,与发达国家规范的转移支付制度相比,9.75%的比例仍相对较小。2007年在财政收入32.4%的增长情况下,占比也只有13.8%。① 因此,均等化作用有限。

从1995年起,实行一般性转移支付办法,基本思路是参照国际通行做法,按照规范和公正的原则,根据客观因素计算确定各地区的标准财政收入和标准财政支出,以各地标准财政收支的差额作为财政转移支付的分配依据,以调节地区间财力差距,促进公共服务均等化。由于基础性统计数据不完整,有些数据甚至还不在统计之内;现有的一些数据质量不高,准确性欠佳;某些数据

---

① 史明霞:《深化财税体制改革的思考》,《中央财经大学学报》2008年第9期。

缺乏代表性等等因素都给使用“因素法”带来了很大的负面影响。统计和会计数据的不真实,增加了建立规范的转移支付制度的技术难度。因此,目前只有一般性转移支付是按“因素法”,采用客观公式来计算的,分配方法较为合理,在实践中具有横向平衡的正效应,其他多种方式的转移支付在计算分配上采用“基数法”,存在主观臆断性,因而绩效也较低。总体上说,作为帮助落后地区发展重要手段的转移支付,资金结构及资金分配的不合理,没有起到有效促进区域经济协调发展的目的。

三、专项转移支付

专项转移支付的初衷是加强中央对地方的宏观调控能力、支援贫困地区及应付一些突发事件,因此在理论上是有较强的均等化积极效应的转移支付。但是在实践中,专项转移支付的均等化效应却没有发挥出来,未能很好体现中央政府的政策意图。

第一,专项转移支付资金中有相当一部分不是按客观标准和合理的程序分配的。有相当一部分专项经费是在基数法的基础上评主观臆断来划拨,没有与中央政府的特定政策目标相联系,甚至有部分成为了固定拨款,明显有悖于专项拨款的宗旨。

第二,专项转移支付往往要求地方财政提供一定的配套资金。这本是从调动地方政府的积极性,促进整体效益改善的角度出发的,但由于在政策设计时,没有充分考虑地方财政能力的差异而区别对待,使得这种分配方式明显有失偏颇。富裕地区能出较高的配套资金,所以能得到更多的拨款,而贫困地区则处于不利地位,要么放弃转移支付,要么在财政困难的压力下,上报虚假数字,挪用其他支出项目的财政资金来套取中央的专项转移支付,这又在很大程度上加重了贫困地区的财政负担。可见,富裕地区与贫困地区的财力差距可能会由此而增大,而不是理想中的缩小。

第三,专项转移支付项目重复设置、多头审批的现象严重,其分配范围几乎涵盖了所有的预算支出科目,与一般性转移支付也缺乏分工与协调,不仅不利于规范政府间的财政关系,而且使专项转移支付对地方财政支出的鼓励、诱

导和调控作用不断弱化。

总之,专项转移支付虽然从理论上讲具有横向平衡的功能,但许多专项拨款是提高地方财政效率的同时再兼顾公平,横向平衡效应大打折扣,无助于地区差距的缩小。专项转移支付在分配上的不规范使得更多的资金流向了富裕地区,“马态效应”使其产生均等化的负效应。

专栏:

专项转移支付规模过大,且运行不规范。专项转移支付是着眼于解决地区间具有外溢性的公共物品或公共服务的提供问题,着眼于国家宏观调控、促进各地协调发展和调整产业结构、优化资源配置的政策目标,但是,目前对专项转移支付的准入不甚明确,专项转移支付规模过大。2005 年,专项转移支付的数额占中央对地方转移支付数额的 31%。另外,部分专项转移支付项目设置交叉重复、分配制度不够完善、资金投向较为分散。据不完全统计,2005 年中央财政分配的 239 项专项转移支付项目中,有 41 项内容交叉重复,涉及资金 156.37 亿元;有 65 项没有管理办法或管理办法未公开,涉及资金 705.89 亿元,占专项转移支付资金总额的 20%。按项目分配的专项转移支付有 71 项(不包括预算内基本建设和国债投资项目),涉及资金 545.55 亿元,具体分配到 44149 个项目,其中 10 万元以下的项目 8825 个,平均每个项目 4.36 万元。

“十万元以下的项目也需要国家批吗?”有专家发出了这样的疑问。

资料来源:《李金华“提交”2005 年度审计清单》,http://news.sohu.com/20060628/n243983357.shtml。

综上所述,一方面,我国现行的财政转移支付资金结构中税收返还等存在维护既得利益偏向,有些仍采用的是“基数”和“增长率”的分配方法,转移支

付的数额和增长率均以来源地的税收为依据，不考虑地区差别，不能有效地发挥调节省际间财政差异的作用，而有均等化功能的财力性转移支付却受制于其较小的规模，绩效大打折扣；另一方面，尽管中央财政的一般性转移支付明显向中、西部地区倾斜，但是从中央财政向地方财政转移的全部财力（包括税收返还）中，经济发达的东部地区所占数量仍然具有明显优势。由此可见，我国在财政转移支付结构制度安排上的不合理，是造成转移支付横向平衡效应低的原因之一。

第六章 民族地区财政转移支付结构的均等化效应评价

通过上一章财政转移支付结构的分析，可以看出，尽管我国现行的财政转移支付制度安排日趋合理，但财政转移支付资金项目比较繁杂，各项资金的划拨规模、划拨的原则与其作用也都大不相同，因此有必要对各项转移支付资金在横向均衡地区间财力的效应进行比较。本章拟先就不同类别转移支付的地区间均衡效应进行实证研究，比较其对地方财力的均等化效应；然后，以民族地区为重点研究对象，就各类别转移支付对均衡民族地区财政能力的效应进行比较分析，得出相应的结论。

第一节 财政转移支付结构的均衡效应分析

一、各类别转移支付分布

按照第五章财政转移支付结构的分析，我们收集整理了2005年各项财政转移支付数据（见表6－1）。其中，地方财政收入表征转移支付前的地方财力水平。在税收返还和原体制补助中，拟考察消费税与增值税税收返还、所得税基数返还、原体制定额补助和原体制上解各转移支付类别的均衡效应；由于财力性转移支付涵盖类别较多，受数据资料的限制，[①]本文拟考察财力性转移支

① 在《地方财政统计年鉴资料2005》中没有民族地区转移支付、县乡财政奖补资金、调整工资转移支付、农村税费改革转移支付及其他财力性转移支付的地区数据，暂不予考察。

付总量,并对其中一般性转移支付的均衡效应进行重点考察;最后,对专项转移支付总量的均衡效应进行分析。

表6-1 2005年各地区财政转移支付结构 单位:亿元

地区	地方财政收入	消费税、增值税税收返还收入	所得税基数返还收入	原体制定额补助	原体制上解	财力性转移支付	其中:一般性转移支付	专项转移支付
北　京	919.21	102.33	42.16	/	36.63	0.22	/	41.53
天　津	331.85	69.99	26.93	/	28.56	13.00	/	35.06
河　北	515.7	117.05	30.91	/	20.66	190.09	32.3	162.05
山　西	368.34	68.56	11.86	/	7.03	122.50	39.39	124.07
内蒙古	277.46	48.53	10.7	18.42	/	191.52	54.08	156.66
辽　宁	675.27	155.52	34.58	/	54.14	104.94	23.03	207.00
吉　林	207.15	61.75	11.92	1.07	/	157.17	57.81	187.57
黑龙江	318.21	73.76	12.26	/	7.61	191.18	57.29	238.75
上　海	1417.4	236.68	89.82	/	120	10.56	/	12.09
江　苏	1322.68	233.49	76.11	/	80.72	42.74	/	49.50
浙　江	1066.6	176.34	86.87	/	45.48	13.25	/	37.96
安　徽	334.02	71.32	19.49	/	9.36	185.59	61.28	120.72
福　建	432.6	80.23	34.64	5.42	5.42	25.29	5.44	34.85
江　西	252.92	45.99	7.76	0.45	/	168.08	59.25	122.93
山　东	1073.12	160.56	66.55	1.59	25.03	104.23	22.83	116.32
河　南	537.65	110.07	29.09	/	15.22	284.73	85.05	179.32
湖　北	375.52	96.62	19.26	/	26.92	201.00	62.92	140.24
湖　南	395.27	100.69	16.99	/	12.14	212.41	63.23	165.43
广　东	1807.21	274.59	163.1	/	26.82	27.01	/	48.15
广　西	283.04	64.83	19.39	6.08	/	179.20	61.75	89.21
海　南	68.68	10.04	3.56	1.71	/	39.30	12.94	33.01
重　庆	256.81	45.03	9.68	/	16.41	79.40	20.92	100.99
四　川	479.66	97.96	27.95	3.43	/	250.42	79.67	215.96
贵　州	182.5	48.52	8.27	7.42	/	163.58	61.96	99.63

云　南	312.65	147.89	11.35	6.73	/	150.63	26	125.54
西　藏	12.03	3.56	0.93	40.8	/	43.77	27.76	82.66
陕　西	275.32	57.33	9.34	1.2	/	162.62	52.07	166.34
甘　肃	123.5	51.65	5.41	1.26	/	119.92	43.58	126.60
青　海	33.82	8.97	1.09	9.86	/	63.92	30.7	63.72
宁　夏	47.72	8.86	2.32	5.33	/	54.56	23.9	53.34
新　疆	180.32	30.61	7.27	19.37	/	182.67	55	121.95

资料来源：本年地方财政收入、消费税、增值税税收返还收入、所得税基数返还收入、原体制定额补助、原体制上解、一般性转移支付数据来源于财政部国库司、预算司编：《地方财政统计年鉴资料 2005》，中国财政经济出版社 2007 年版，第 1671 页。为统一计算口径，对出口退税专项上解予以剔除。财力性转移支付和专项转移支付根据李萍、许宏才主编：《中国政府间财政关系图解》，中国财政经济出版社 2006 年版进行了整理。为统一比较，计划单列市并入了相应的省市。

二、转移支付结构均衡效应的定量评价

（一）评价的基本思路和方法

1. 基本思路

在具体评价中，本文统一用地区人均财力进行比较。其中用人均地方财政收入代表转移支付前的地方财政能力差异；然后计算出加入各分项人均转移支付后的地区财力变化（见表 6－2），再进一步对加入各分项人均转移支付后的地方财力差异状况进行考察。比较各类别转移支付前后的地方财政能力差异的变化，就能说明该项转移支付的均衡绩效。

表 6－2　加入各项转移支付后的人均地方财力分布

单位：元

地区	转移支付前财力水平	加消费税、增值税税收返还收入	加所得税基数返还收入	加原体制定额补助	减原体制上解	加财力性转移支付	其中：一般性转移支付	加专项转移支付
北　京	5976.66	6642.00	6250.78	5976.66	5738.49	5978.09	5976.66	6246.68
天　津	3181.69	3852.73	3439.88	3181.69	2907.86	3306.33	181.69	3517.83
河　北	752.74	923.59	797.85	752.74	722.58	1030.20	799.88	989.27
山　西	1097.88	1302.24	1133.23	1097.88	1076.93	1463.01	1215.29	1467.69

内蒙古	1162.87	1366.26	1207.71	1240.07	1162.87	1965.55	1389.52	1819.45
辽 宁	1599.79	1968.23	1681.71	1599.79	1471.52	1848.40	1654.35	2090.19
吉 林	762.70	990.06	806.59	766.64	762.70	1341.38	975.55	1453.31
黑龙江	833.01	1026.10	865.10	833.01	813.09	1333.48	982.98	1458.01
上 海	7971.88	9303.04	8477.05	7971.88	7296.96	8031.27	7971.88	8039.88
江 苏	1769.47	2081.83	1871.29	1769.47	1661.48	1826.65	1769.47	1835.69
浙 江	2177.62	2537.65	2354.98	2177.62	2084.77	2204.68	2177.62	2255.12
安 徽	545.78	662.32	577.63	545.78	530.49	849.04	645.92	743.04
福 建	1223.76	1450.72	1321.75	1239.09	1208.43	1295.30	1239.15	1322.35
江 西	586.69	693.37	604.69	587.73	586.69	976.57	724.12	871.84
山 东	1160.38	1334.00	1232.34	1162.10	1133.32	1273.09	1185.07	1286.16
河 南	573.19	690.53	604.20	573.19	556.96	876.74	663.86	764.36
湖 北	657.65	826.87	691.38	657.65	610.51	1009.67	767.85	903.26
湖 南	624.83	784.00	651.69	624.83	605.64	960.61	724.79	886.34
广 东	1965.64	2264.30	2143.04	1965.64	1936.47	1995.02	1965.64	2018.01
广 西	607.38	746.50	648.99	620.43	607.38	991.93	739.89	798.82
海 南	829.47	950.72	872.46	850.12	829.47	1304.11	985.75	1228.14
重 庆	917.83	1078.77	952.43	917.83	859.19	1201.61	992.60	1278.77
四 川	584.10	703.39	618.13	588.27	584.10	889.04	681.11	847.08
贵 州	489.28	619.36	511.45	509.17	489.28	927.83	655.39	756.38
云 南	702.58	1034.92	728.09	717.71	702.58	1041.08	761.01	984.70
西 藏	434.30	562.82	467.87	1907.22	434.30	2014.44	1436.46	3418.41
陕 西	740.11	894.22	765.22	743.33	740.11	1177.26	880.08	1187.26
甘 肃	476.10	675.21	496.95	480.96	476.10	938.40	644.10	964.15
青 海	622.84	788.03	642.91	804.42	622.84	1800.00	1188.21	1796.32
宁 夏	800.67	949.33	839.60	890.10	800.67	1716.11	1201.68	1695.64
新 疆	897.11	1049.40	933.28	993.48	897.11	1805.92	1170.75	1503.83

资料来源：各项转移支付数据来源同上，为统一比较，计划单列市并入了相应的省市。各地区人口数量来源于《中国统计年鉴 2006》，其中计划单列市人口数据来源于各单列市人口信息网。

2. 主要方法

在具体评价方法上，首先，我们用各分项转移支付前后地方财力基尼系数的变化来比较其均衡绩效。具体计算公式为：

$$G=\frac{2}{n}u_y-\frac{n+1}{n},u_y=\sum_{i=1}^{n}iR_i\Big/\sum_{i=1}^{n}R_i$$

其中的 $R_1<R_2<R_3<\cdots\cdots R_n,n=31$，代表31个省市区，$R_i$ 代表第 i 个地区的人均财政能力，G 代表基尼系数。然后比较加入各分项财政转移支付前后基尼系数的变化，就可以衡量该类别财政转移支付的均衡绩效。

但由于各项转移支付的规模不同，比较不同转移支付项目的绩效，必须结合各项转移支付资金的比重，因此，我们有必要对加入各分项人均转移支付前后的地区财政能力相对变异系数进行计算，具体计算公式为：

$$V_r=\sqrt{\sum_{i=1}^{n}(R_i-\bar{R})^2P_i/\bar{R}}$$

其中，V_r 表示地区人均财政能力的加权变异系数，R_i 表示第 i 省的人均财政能力，$\bar{R}$ 表示全国人均财政能力，P_i 表示第 i 省人口在全国总人口中的比重，$n=31$。各分项转移支付前后相对差异系数的变化（$E=V_r''-V_r$）就代表了该项转移支付资金的绩效。[①] 然后，计算出各项转移支付资金比重 P，就可以用转移支付资金绩效/比重 I（$I=(V_r''-V_r')/P$）来进一步表征其绩效，如果该比值越大，则表明该项财政转移支付在平衡地区财力方面是高效的，反之则是低效的。

（二）计算结果分析

根据上面的计算方法，我们分别得出以下结论：

1. 基尼系数

从表6-3中可以看出，转移支付前的地方人均财政收入的基尼系数为0.4479，高于国际警戒线0.4的水平，地方财政能力分布不均衡。转移支付

① 其中 V_r' 表示转移支付前地方人均财政收入的相对变异系数，V_r'' 表示进行各分项人均财政转移支付后的相对变异系数。

后，地方人均财政能力的基尼系数减少到0.3167，均衡程度大为提高。

表6-3 转移支付前后地方财政能力的基尼系数变化

转移支付前	0.4479	加财力性转移支付	0.3275
加消费税、增值税税收返还收入	0.4304	其中：一般性转移支付	0.3896
加所得税基数返还收入	0.4510	加专项转移支付	0.361
加原体制定额补助	0.4334	转移支付后	0.3167
减原体制上解	0.4355		

从各分项看，加入消费税、增值税税收返还收入后，地方财政能力的基尼系数变为0.4304，减少了0.0175，表明“两税返还”对均衡地方财政能力起到了一定程度的作用，但均衡效应较小。其中均衡效应最强的是财力性转移支付（见图6-1），转移支付前后基尼系数的变化为0.1204；其次为专项转移支付和一般性转移支付，分别为0.0869和0.0583；原体制定额补助和原体制上解的均衡效应较小，分别为0.0145和0.0124。尤其值得我们关注的是所得税基数返还前后，基尼系数增加了0.0031，这表明加入所得税基数返还后的均衡效应为负，进一步加大了地方财政能力的差距。

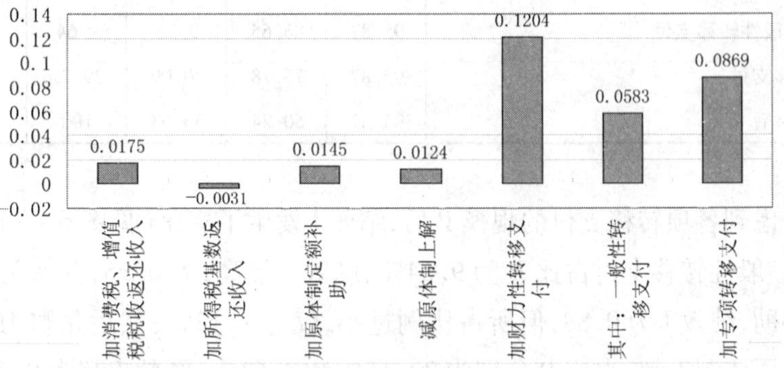

图6-1 转移支付前后地方财政能力的基尼系数变化

2. 相对变异系数

从表6－4计算的结果看，转移支付前，地方人均财政收入的相对变异系数为95.87%，转移支付实施后地方人均财政能力的相对变异系数减少到60.24%，均衡绩效E为35.63%，考虑到其资金规模后的绩效I为0.36。

从各分项转移支付的均衡绩效E看，最高为财力性转移支付，达到了24.54%，其次为专项转移支付和一般性转移支付，分别为20.09%和9.22%；然后，消费税、增值税税收返还、原体制上解和原体制定额补助分别为4%、3.53%和0.98%，所得税基数返还收入后的均衡效应为负，为负0.41%。这与前面计算基尼系数的均衡效应基本一致。

表6－4　转移支付前后地方财政能力的相对变异系数变化

单位：%

各项转移支付	V_r'	V_r''	E	P	I
消费税、增值税税收返还收入	95.87	91.87	4.00	24.61	0.16
所得税基数返还收入	95.87	96.29	−0.41	7.72	−0.05
原体制定额补助	95.87	94.89	0.98	1.12	0.88
原体制上解	95.87	92.37	3.51	4.63	0.76
财力性转移支付	95.87	71.34	24.54	32.15	0.76
其中：一般性转移支付	95.87	86.65	9.22	9.64	0.96
专项转移支付	95.87	75.78	20.09	29.77	0.67
转移支付后	95.87	60.24	35.63	100	0.36

考虑到各项转移支付的规模P后，绩效I发生了变化（见图6－2）。可以看出，一般性转移支付占比P为9.64%，绩效I最高，为0.96；其次为原体制定额补助，绩效I为0.88，但所占比例过小，仅为1.12%；然后是财力性转移支付和原体制上解，占比P分别为32.15%和4.63%，绩效I都为0.76；专项转移支付所占比重为29.77%，绩效I并不高，为0.67；消费税、增值税税收返还占到财政转移支付比重为24.61%，但绩效偏低，仅为0.16；占比为7.72%的所得税基数返还其均衡绩效I为负值，为负0.05，进一步拉大了地区财政能

力的差异。

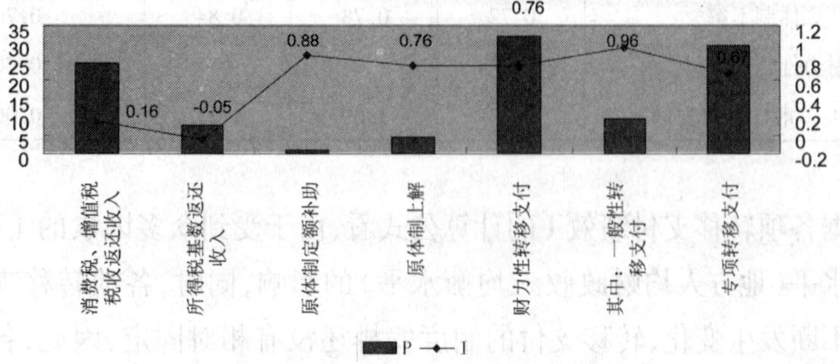

图6-2 各分项财政转移支付的比重和绩效 单位:%

综上所述,我国的财政转移支付最主要的几种形式中,所得税基数返还在均衡地区财力中起到了负效作用,税收返还在横向均衡地区财力的绩效是低效的,而财力性转移支付,尤其是其中的一般性转移支付的均衡绩效最高,原体制定额补助和上解比例较小,但均衡绩效也较为明显;对于专项转移支付,虽然在均衡地区财政能力上也能够较好地发挥作用,但其绩效还有待于进一步提高。

(三)均衡绩效的动态分析

相应地,根据上面的方法,我们分别计算出2000年、2003年、2004年和2005年中各分项转移支付的均衡绩效I,来比较分析其均衡绩效的动态变化(见表6-5)。[①]

表6-5 各年度转移支付的绩效

各项转移支付	2000年	2003年	2004年	2005年
消费税、增值税税收返还收入	0.06	0.13	0.17	0.16
所得税基数返还收入	/	-0.10	-0.07	-0.05

① 由于数据的限制,我们只计算了其中几种类型的转移支付。数据来源:财政部国库司、预算司编:各年度《地方财政统计年鉴资料》,中国财政经济出版社2007年版。

原体制定额补助	0.58	0.88	0.96	0.88
原体制上解	0.72	0.78	0.84	0.76
财力性转移支付	/	/	/	0.76
其中:一般性转移支付	0.83	1.09	1.11	0.96

根据各项转移支付绩效Ⅰ的计算公式看,由于受到众多因素的干扰,如初始均衡水平(地方人均财政收入均衡水平)的影响,同时,各项转移支付的比重也在不断发生变化,转移支付的制度安排还没有相对固定,因此,各年度转移支付绩效的动态变化表现出的规律性不强。

但总体来看,通过年度变化的比较,可以看出,税收返还的均衡绩效一直较低,特别是2000年仅为0.06;从所得税基数返还的均衡绩效看,一直呈现负均衡效应,但随着所占比重的逐渐降低,负向作用在不断减弱;从原体制定额补助和原体制上解的均衡绩效看,一直保持在较高的水平;而一般性转移支付均衡绩效最高,在2004年达到了1.11,在横向均衡中一直发挥着重要的作用。

第二节　各项转移支付对民族地区的均衡效应分析

上一节的分析主要基于31个省市区进行,这节内容将把全国31个省市区分为民族地区(民族8省区)和非民族地区,以民族地区作为重点研究对象,考察各项转移支付对均衡民族地区财政能力的效应。同时,参照目前比较普遍采用的东部、中部和西部地区的划分,①进行对比分析。最后,为考察民族地区内部差异性,对民族8省区内部的转移支付排名也进行分析。

① 最为常用的是以东、中、西部三大地区作为分析的地域单元,其中东部地区包括北京、上海、天津、辽宁、江苏、浙江、山东、广东、海南、福建10省、市,中部地区包括黑龙江、河北、山西、安徽、江西、湖北、湖南、河南、吉林9省,西部地区包括四川、陕西、内蒙古、宁夏、云南、广西、贵州、新疆、青海、甘肃、西藏12个省、自治区。

一、税收返还和原体制补助

(一)消费税、增值税税收返还

我们主要考察民族地区获得消费税、增值税税收返还的比例及人均水平，并与非民族地区及东中西部地区进行对比分析。

1. 民族地区消费税、增值税税收返还比例

通过收集整理2000年、2003年、2004年和2005年31个省市区消费税、增值税税收返还数据，计算出民族地区所占比例，并与其他地区进行对比(见表6-6)。可以看出，消费税、增值税税收返还收入在各地区分配不均衡，主要集中在东部发达地区，占到了50%以上，中西部获得的返还收入相对较少。2000年民族地区获得的消费税、增值税税收返还收入占比为13.16%，2003年进一步减少为12.57%，到2004年上升到12.67%，2005年又下降到12.65%，小于民族地区人口占比的14.59%，并且呈现出逐年下降的趋势。

表6-6 民族地区消费税、增值税税收返还比例分布

单位:%

地区	2000年	2003年	2004年	2005年
民族地区	13.16	12.57	12.67	12.65
非民族地区	86.84	87.43	87.33	87.35
东部	51.93	53.06	52.65	52.45
中部	26.06	25.54	25.86	26.08
西部	22.01	21.40	21.49	21.46

资料来源：各项转移支付原始数据来源于各年度《地方财政统计年鉴资料》，财政部国库司、预算司编，中国财政经济出版社2007年版。

2. 民族地区人均消费税、增值税税收返还收入

从人均消费税、增值税税收返还收入看(见表6-7)，民族地区呈现逐年上升的态势，由2000年的161.81元上升到2005年的193.96元。但与全国31个省市区平均水平相比较，一直低于全国平均水平，由2000年人均水平相

差13元扩大到2005年相差28.86元,差距呈现逐步扩大的趋势,与非民族地区差距更大。

表6－7　民族地区人均消费税、增值税税收返还收入

单位:元

地　区	2000年	2003年	2004年	2005年
内蒙古	134.85	159.73	179.70	203.39
广　西	116.93	120.24	127.12	139.12
贵　州	105.99	108.02	115.88	130.08
云　南	305.39	309.53	327.86	332.34
西　藏	89.69	104.01	121.90	128.52
青　海	129.15	149.68	157.14	165.19
宁　夏	117.08	127.00	140.65	148.66
新　疆	113.77	133.10	145.59	152.29
31个省市区	174.81	196.87	209.52	222.82
民族地区	161.81	168.91	181.28	193.96
非民族地区	176.96	201.66	214.36	227.73

资料来源:各项转移支付原始数据来源于各年度《地方财政统计年鉴资料》,财政部国库司、预算司编,中国财政经济出版社2007年版。

从民族8省区内部看,从高到低依次为云南、内蒙古、青海、新疆、宁夏、广西、贵州和西藏。其中仅有云南排名在全国31个省市区平均水平之上。从其在31个省市区的排名及其变化看(见表6－8),云南省排名最好,2005年排名第6位,①其次为内蒙古,排名第12位;以下依次为青海、新疆、宁夏、广西、贵州和西藏,除青海排名第18位以外,其他都排名在第20位以下,最低的西藏排名第26位;从其年度变化看,2000年到2005年,内蒙古、西藏排名出现

① 一般来讲,两税返还与经济发展水平密切相关。但是,"两税返还"的规模还与各地区经济结构有关,云南省整体经济总量不高,由于是我国烟草大省,消费税数额很大,因此税收返还规模也比较大。参见宋超、绍智:《我国财政转移支付规模问题研究》,《地方财政研究》2005年第1期。

了一定程度的上升，贵州、新疆持平，其他省区均出现了一定程度的下降。

表6-8 民族8省区在全国31个省市区的排名及其变化

地 区	2000年	2003年	2004年	2005年
内蒙古	14	14	14	12
广 西	21	24	24	24
贵 州	25	26	27	25
云 南	4	6	6	6
西 藏	29	27	25	26
青 海	16	16	17	18
宁 夏	20	23	22	23
新 疆	22	19	19	22

资料来源：各项转移支付原始数据来源于各年度《地方财政统计年鉴资料》，财政部国库司、预算司编，中国财政经济出版社2007年版。

（二）所得税基数返还

按照同样的方法，计算所得税基数返还对民族地区财政能力的均衡效应。

1. 民族地区所得税基数返还比例

通过收集整理2005年31个省市区所得税基数返还数据，计算出民族地区占其比例，并与其他地区进行对比（见图6-3）。可以看出，2005年所得税基数返还在各地区分配更不均衡，东部发达地区占到了69.56%，西部获得最少，为12.67%；民族地区获得的所得税基数返还收入占比仅为6.83%。这也使得所得税基数返还在均衡民族地区的效应更差。

2. 民族地区人均所得税基数返还收入

从人均所得税基数返还收入看（见图6-4），2005年民族地区为32.88元，不到31个省市区平均水平的一半，与非民族地区差距更大。从民族地区内部人均所得税基数返还看，内蒙古为44.84元，排名第11位。最低的青海仅为20.07元，排名第30位。

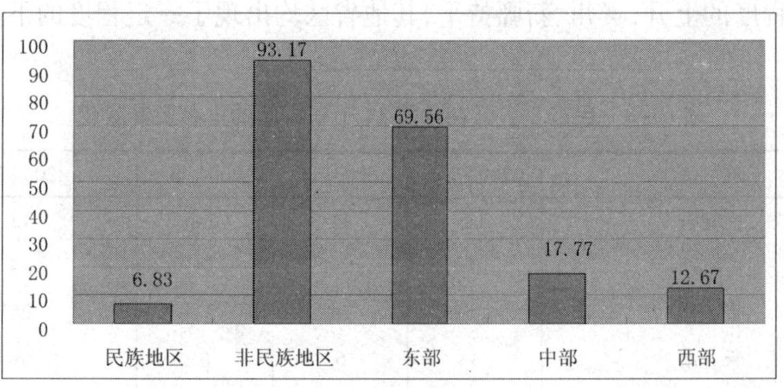

图 6－3　2005 年民族地区所得税基数返还比例分布　单位:%

资料来源:各项转移支付原始数据来源于《地方财政统计年鉴资料 2005》,财政部国库司、预算司编,中国财政经济出版社 2007 年版。

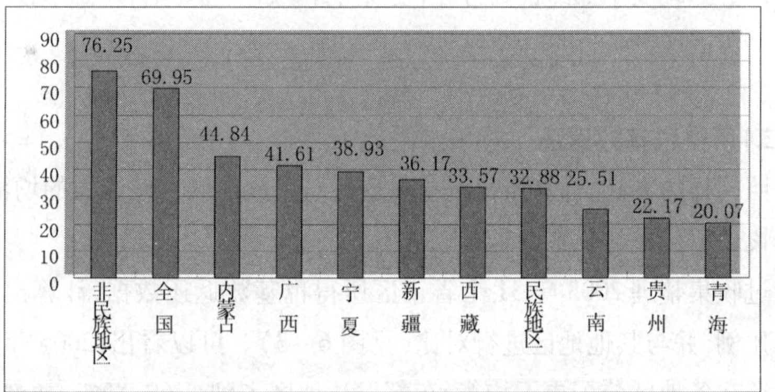

图 6－4　民族地区人均所得税基数返还收入　单位:元

资料来源:各项转移支付原始数据来源于《地方财政统计年鉴资料 2005》,财政部国库司、预算司编,中国财政经济出版社 2007 年版。

(三)原体制补助与原体制定额上解

当前,原体制补助与原体制定额上解资金安排相对较为固定,只有西藏的原体制补助按每年 2 亿元递增。因此,本文仅就 2005 年原体制定额补助和原体制上解对民族地区的均衡效应进行分析。

从原体制定额补助在民族地区的分布看(见图6-5),2005年原体制补助规模为130.14亿元,西部地区占到92.13%,其中民族地区占到87.61%。其中补助规模最大的是西藏自治区为40.8亿元;其次是新疆维吾尔自治区19.37亿元。

从原体制上解看,全部分布在非民族地区,民族地区属于净补助地区,其中东部地区占到上解总额的78.57%,其次为中部地区占到18.39%,西部地区为3.05%。从这样的分布可以看出,通过进行原体制补助与上解,对民族地区财政能力的均衡效应是很强的,但总体来看,这两种转移支付所占比例过小,而且由于其相对固定,随着转移支付总体规模的扩大,今后比例还会进一步降低。

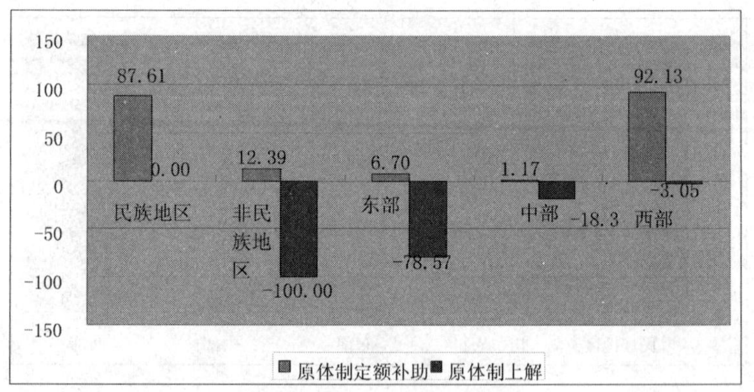

图6-5 2005年原体制定额补助与原体制上解的地区分布 单位:%

资料来源:各项转移支付原始数据来源于《地方财政统计年鉴资料2005》,财政部国库司、预算司编,中国财政经济出版社2007年版。

二、财力性转移支付

财力性转移支付包括一般性转移支付、民族地区转移支付、县乡财政奖补资金、调整工资转移支付、农村税费改革转移支付及其他财力性转移支付等。由于受到资料的限制,本文只对2005年的财力性转移支付及2000~2005年

的一般性转移支付进行分析。

(一)2005 年财力性转移支付

1. 民族地区财力性转移支付比例

通过收集整理2005 年31 个省市区财力性转移支付数据,计算出民族地区占其比例,并与其他地区进行对比(见图6-6)。可以看出,2005 年财力性转移支付主要集中在中西部地区,其中中部地区占到了45.85%,西部地区占比为43.96%,东部地区只占到了10.19%。由此可见,财力性转移支付对均衡地区间财力差异发挥了较好的作用。民族地区获得的财力性转移支付占比为27.57%,这使得财力性转移支付在均衡民族地区的财政能力方面起到了较大的作用。

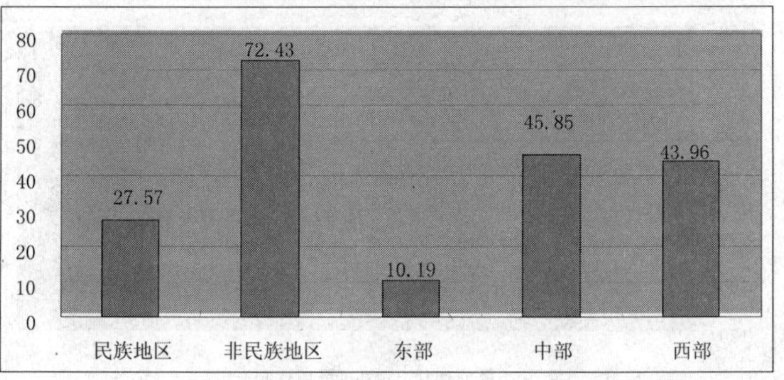

图6-6 2005 年民族地区财力性转移支付比例分布 单位:%

资料来源:李萍、许宏才主编:《中国政府间财政关系图解》,中国财政经济出版社2006 年版,第100 页。其中单列市数据并入了相应的省份。

注:地方财力性转移支付包括一般性转移支付、民族地区转移支付、县乡财政奖补资金、调整工资转移支付、农村税费改革转移支付及其他财力性转移支付。

2. 民族地区人均财力性转移支付

从人均财力性转移支付看(见图6-7),2005 年民族地区为552.14 元,相当于31 个省市区平均水平的2 倍。从民族地区内部人均财力性转移支付看,

民族8省区都位于全国31个省市区平均水平之上,排名前5位都为民族省区,其中西藏、青海、宁夏、新疆和内蒙古分别为1580.25元、1177.14元、915.36元、908.83元和802.69元,依次排名第1~5位。贵州、广西和云南低于民族地区平均水平,分别为438.54元、384.54元和338.50元,排名分别为第10位、第13位和第16位。

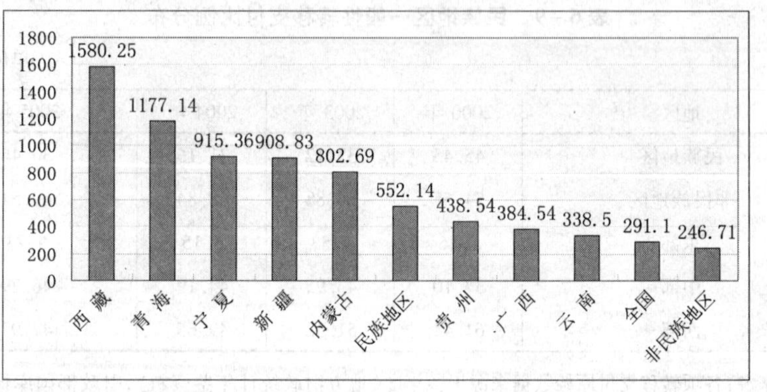

图6-7 2005年民族地区人均财力性转移支付 单位:元

资料来源:李萍、许宏才主编:《中国政府间财政关系图解》,中国财政经济出版社2006年版,第100页。其中单列市数据并入了相应的省份。

(二)一般性转移支付

1. 民族地区一般性转移支付比例

通过收集整理2000年、2003年、2004年和2005年31个省市区一般性转移支付数据,计算出民族地区占其比例,并与其他地区进行对比(见表6-9)。可以看出,一般性转移支付主要集中在中西部地区。分年份看,2000年西部地区占比最高,为61.44%,中部地区为37.10%,东部地区为1.46%;2005年西部地区占比最高,为47.97%,中部地区为46.29%,东部地区为5.73%。可以看出,随着一般性转移支付总量的增加,西部地区占比持续下降,中部地区有所上升,而东部地区上升相对幅度更大。

2000年,民族地区获得的一般性转移支付占比为45.45%。随着一般性

转移支付规模和比重的加大,民族地区所占一般性转移支付的比例呈现下降的趋势,2003 年减少到 33.12%,到 2005 年又下降到 30.46%。但总体来看,民族地区一般性转移支付占比较高,对均衡民族地区财政能力起到了很好的提升作用。

表 6－9　民族地区一般性转移支付比例分布

单位:%

地区	2000 年	2003 年	2004 年	2005 年
民族地区	45.45	33.12	31.16	30.46
非民族地区	54.55	66.88	68.84	69.54
东部	1.46	4.53	6.15	5.73
中部	37.10	43.95	44.19	46.29
西部	61.44	51.52	49.65	47.97

资料来源:各项转移支付原始数据来源于各年度《地方财政统计年鉴资料》,财政部国库司、预算司编,中国财政经济出版社 2007 年版。

2. 民族地区人均一般性转移支付

从人均一般性转移支付看(见表 6－10),民族地区呈现逐年快速上升的态势,由 2000 年的 21.65 元上升到 2005 年的 182.90 元,增长到了 8.4 倍。与 31 个省市区平均水平相比较,一直远高于其平均水平,其中 2000 年人均水平高出全国平均水平 14.88 元,到 2005 年高出 95.61 元,这表明一般性转移支付均衡民族地区财政能力的效果较好。

表 6－10　民族地区人均一般性转移支付

单位:元

地　区	2000 年	2003 年	2004 年	2005 年
内蒙古	33.25	104.39	172.53	226.66
广　西	10.18	41.24	73.86	132.51
贵　州	22.04	56.41	105.12	166.11

云　南	0.89	20.64	41.18	58.43
西　藏	116.03	396.05	704.74	1002.17
青　海	85.71	201.95	414.66	565.38
宁　夏	50.53	137.69	272.96	401.01
新　疆	41.09	107.29	193.48	273.63
31 个省市区	6.77	29.63	57.57	87.29
民族地区	21.65	66.99	122.47	182.90
非民族地区	4.31	23.21	46.43	71.03

资料来源：各项转移支付原始数据来源于各年度《地方财政统计年鉴资料》，财政部国库司、预算司编，中国财政经济出版社 2007 年版。

从 2005 年民族 8 省区内部人均一般性转移支付看，从高到低依次为西藏、青海、宁夏、新疆、内蒙古、贵州、广西和云南。其中西藏、青海、宁夏、新疆和内蒙古排名全国第 1 ~ 5 位（见表 6 – 11），贵州和广西分别排名第 8 位和 13 位；仅有云南在全国 31 个省市区排名相对靠后，为第 21 位。从 2000 ~ 2005 年排名变化看，西藏、青海、宁夏、新疆和内蒙古一直排名全国第 1 ~ 5 位，贵州和广西排名都出现了一定程度的下降，分别由第 6 位和第 10 位下降到了第 8 位和第 13 位；云南省排名最差，大致保持第 21 位和第 22 位不变。

表 6 – 11　民族 8 省区人均一般性转移支付排名及其变化

地区	2000 年	2003 年	2004 年	2005 年
内蒙古	5	5	5	5
广　西	10	13	13	13
贵　州	6	6	9	8
云　南	22	21	21	21
西　藏	1	1	1	1
青　海	2	2	2	2
宁　夏	3	3	3	3
新　疆	4	4	4	4

资料来源：各项转移支付原始数据来源于各年度《地方财政统计年鉴资料》，财政部国库司、预算司编，中国财政经济出版社 2007 年版。

（三）民族地区转移支付

民族地区转移支付初始规模较小，2000 年仅为 25 亿元，2000 年～2005 年呈现快速增长的态势，尤其是 2004～2005 年增长最快，从 77 亿元增长到 159 亿元。同时，民族地区转移支付占转移支付规模总量的比例也呈现增长的趋势，2000 年占比仅为 0.54%，2004 年增长到 0.74%，2005 年扩大到 1.38%。但总体看来，民族地区转移支付所占比例相对较小，与一般性转移支付增长相比，民族地区转移支付增长相对缓慢。2000 年，民族地区转移支付规模为一般性转移支付的 40.32%，2005 年这一比例缩小到 16.75%。

三、专项转移支付

（一）民族地区专项转移支付比例

通过收集整理 2005 年 31 个省市区专项转移支付数据，计算出民族地区占其比例，并与其他地区进行对比（见图 6－8）。可以看出，2005 年专项转移支付主要集中在中西部地区，其中中部地区占到了 41.66%，西部地区占比为 40.55%，东部地区只占到了 17.79%，可以看出，专项转移支付对均衡地区间财力差异发挥了一定的作用；民族地区获得的专项转移支付占比为 22.92%，高出其人口占比 8.33 个百分点，这也体现了专项转移支付对民族地区等经济欠发达地区的倾斜。

（二）民族地区人均专项转移支付

从人均专项转移支付看（见图 6－9），2005 年民族地区为 425 元，比 31 个省市区平均水平高出 181.81 元。从民族地区内部人均专项转移支付看，民族 8 省区中有 6 个位于全国 31 个省市区平均水平之上，依次为西藏、青海、宁夏、内蒙古、新疆和云南，分别为 2984.12 元、1173.48 元、894.97 元、656.58 元、606.72 元和 282.11 元，依次排名为第 1、第 2、第 3、第 5、第 7 和第 16 位。贵州和广西分别为 267.10 元和 192.44 元，位于全国 31 个省市区平均水平之下，排名分别为第 18 位和第 24 位。尤其是广西，比全国平均水平低出 78.13 元，也低于非民族地区平均水平。

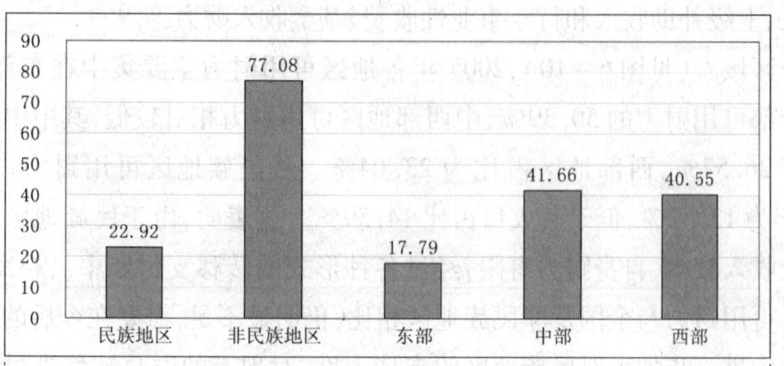

图6-8 2005年民族地区专项转移支付比例分布 单位:%

资料来源:李萍、许宏才主编:《中国政府间财政关系图解》,中国财政经济出版社2006年版,第100页,其中单列市数据并入了相应的省份。

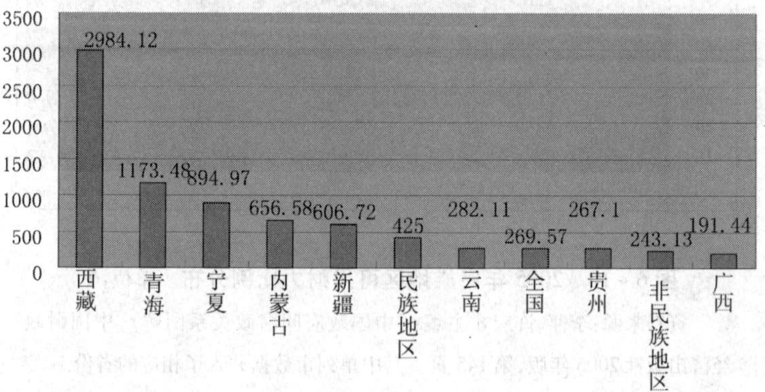

图6-9 民族地区人均专项转移支付 单位:元

资料来源:李萍、许宏才主编:《中国政府间财政关系图解》,中国财政经济出版社2006年版,第100页,其中单列市数据并入了相应的省份。

四、可用财力

最后,我们用可用财力指标来表征转移支付后民族地区地方财政能力状况。按照一般的定义,可用财力包括一般预算收入加体制结算收入,不包括专

项收入、上级补助收入和行政事业性收费、基金收入财力等。①

分区域看(见图6－10),2005年各地区可用财力主要集中在东部地区,占到全部可用财力的50.39%,中西部地区可用财力相对较低,其中中部地区占到了26.57%,西部地区占比为23.04%。从民族地区可用财力占比看,2005年为13.52%,低于其人口占比14.59%。这表明,由于民族地区地方本级财政收入较少,自身财力有限,经过各种形式的转移支付和中央补助后,民族地区可用财力与全国及非民族地区相比,仍明显不足,需要在今后的财政制度安排中进一步加大对民族地区的支持力度,对现有的财政转移支付制度进行改革与创新,真正体现国家对民族地区财政转移支付的倾斜。

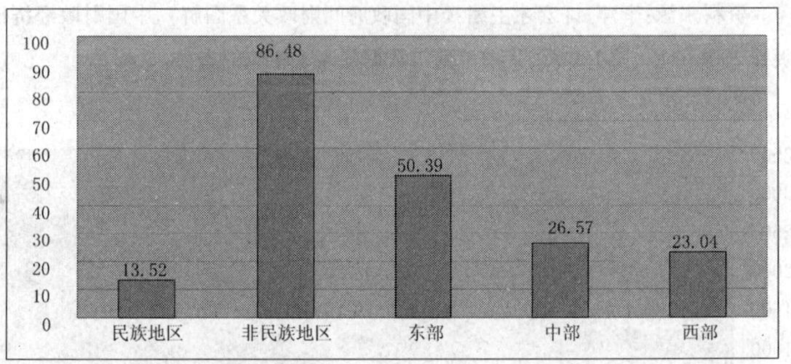

图6－10 2005年民族地区可用财力比例分布 单位:%

资料来源:李萍、许宏才主编:《中国政府间财政关系图解》,中国财政经济出版社2006年版,第145页。其中单列市数据并入了相应的省份。

从人均可用财力看(见图6－11),2005年民族地区为1591.25元,全国31个省市区平均水平为1710.77元,高出民族地区119.52元,非民族地区为

① 由于中央规定了专项转移支付的具体使用用途,不作为地方可用财力计算。可用财力指标更能反映地方政府的财政能力。在可用财力的计算中,参见财政部预算司编《中国省以下财政体制2006》,中国财政经济出版社2007年版第167页。可用财力＝地方本级收入＋税收返还＋所得税基数返还＋原体制补助＋一般性转移支付＋调资转移支付＋农村税费改革转移支付＋取消农业特产税降低农业税率财政减收转移支付＋缓解县乡财政困难补助＋定额结算补助＋减免农业税的企事业单位划转补助＋其他补助－原体制上解－税务经费等专项上解－出口退税专项上解。

1731.10元,高出民族地区139.85元,民族地区与全国及非民族地区差距明显。从民族地区内部人均可用财力看,民族8省区中有5个位于全国31个省市区平均水平之上,依次为西藏、青海、内蒙古、新疆和宁夏,分别为4981.95元、2313.08元、2287.93元、2079.60元和2001.68元,依次排名为第3、第7、第8、第11和第12位。云南、广西和贵州分别为1427.64元、1210.30元和1131.10元,不仅低于全国平均水平,也低于民族地区平均水平,排名分别为第19位、第22位和第27位。其中人均财力最低的贵州与全国人均可用财力相比,低了579.67元。

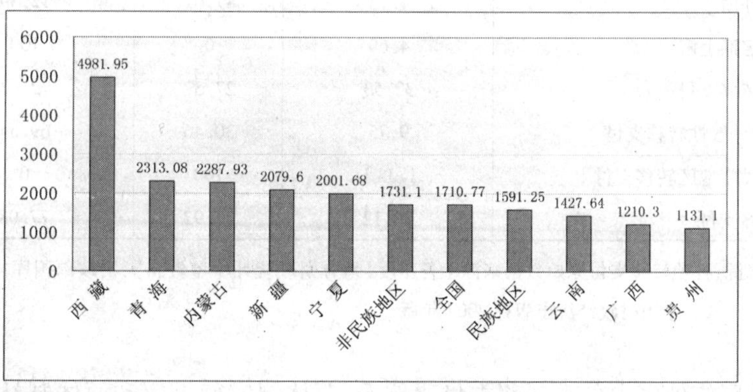

图6-11 2005年民族地区人均可用财力分布 单位:元

资料来源:李萍、许宏才主编:《中国政府间财政关系图解》,中国财政经济出版社2006年版,第145页。其中单列市数据并入了相应的省份。

第三节 民族地区转移支付结构均衡效应的综合评价

通过以上的分析,可以看出,各项转移支付对均衡民族地区财政能力的作用不同,而且在民族8省区内部差别较大。为了综合评价其均衡效应,我们把2005年几种主要转移支付占比状况做出总表,进行综合分析(见表6-12)。

一、民族地区各项转移支付占比分析

表6－12　2005年各项转移支付对民族地区均衡效应分析表

单位:%

各项转移支付	占转移支付总额比例	民族地区占比	非民族地区占比
消费税、增值税税收返还	24.90	12.65	87.35
所得税基数返还	7.82	6.83	93.17
原体制补助	1.13	87.61	12.39
原体制定额上解	4.69	0	100
财力性转移支付	32.53	27.57	72.43
其中:一般性转移支付	9.75	30.46	69.54
民族地区转移支付	1.38①	100	0
专项转移支付	30.12	22.92	77.08

资料来源:各项转移支付原始数据来源于各年度《地方财政统计年鉴资料》,财政部国库司、预算司编,中国财政经济出版社2007年版。

从民族地区占各项转移支付比例看,原体制定额上解和原体制补助无疑体现了对民族地区的倾斜,但就2005年其比例看,分别占转移支付总量的1.13%和4.69%,对提升民族地区财政能力所起的作用相对有限。民族地区在消费税、增值税税收返还收入中只占到12.65%,所得税基数返还中民族地区占比更少,为6.83%,低于其人口百分比14.59%,而且这两项转移支付所占比例较大,分别为24.90%和7.82%。这表明进行这两项转移支付后,民族地区与非民族地区及全国的差距进一步扩大,这两项转移支付在均衡民族地区财政能力中起到了较大的负面作用。考虑到财力性转移支付和专项转移支付在当前转移支付比重最高,占转移支付总额的比重分别为32.53%和

① 2005年民族地区转移支付对象为5个自治区、3个财政体制上享受民族地区待遇的省以及这些地区以外的3个民族自治州,由于缺少各省区民族地区转移支付具体数据,这里我们取2005年民族地区转移支付的总量(159亿元)近似看作对民族8省区的民族地区转移支付进行分析。

30.12%，因此，这两种转移支付对均衡民族地区的作用至关重要。从表中可以看出，民族地区占财力性转移支付和专项转移支付的比例分别为27.57%和22.92%，相比较而言，财力性转移支付对提升民族地区财政能力的均衡效应更为明显，尤其是其中的一般性转移支付，民族地区占比为30.46%，横向均衡效应更强。

二、民族地区转移支付结构均衡效应的定量评价

（一）评价的基本思路和方法

在具体评价中，我们按照前面的思路，用各项转移支付前后民族地区财力占比的变化来反映各分项转移支付的均衡效应。其中用地方财政收入占比代表转移支付前的民族地区财政能力差异；然后计算出加入各分项转移支付后的民族地区财力占比的变化。比较加入各类别转移支付前后民族地方财政能力占比差异的变化，就能说明该项转移支付对民族地区的均衡绩效。

但由于各项转移支付的规模不同，比较不同转移支付项目的绩效，必须结合各项转移支付资金的比重。相应地，用 P_0 表示民族地区转移支付前财政收入占全国地方财政收入的比重，P_i 表示加入各分项转移支付后民族地区财政能力占比。各分项转移支付前后财政能力占比的变化 $E(E = P_i - P_0)$ 就代表了该项转移支付资金的绩效。然后，计算出各项转移支付资金比重 P，就可以用转移支付资金绩效/比重 $I(I = (P_i - P_0)/P)$ 来进一步表征其绩效，如果该比值越大，则表明该项财政转移支付在平衡地区财力方面是高效的，反之则是低效的。

通过收集整理，2005年加入各项转移支付后，地方财力分布如下（见表6－13）。

表6－13　2005年加入各项转移支付后的地方财力

单位:亿元

地　区	本年地方财政收入	加消费税、增值税税收返还收入	加所得税基数返还收入	加原体制定额补助	减原体制上解	加财力性转移支付	其中:一般性转移支付	加专项转移支付
北京市	919.21	1021.54	961.37	919.21	882.58	919.43	919.21	960.74
天津市	331.85	401.84	358.78	331.85	303.29	344.85	331.85	366.91
河北省	515.7	632.75	546.61	515.7	495.04	705.79	548	677.75
山西省	368.34	436.9	380.2	368.34	361.31	490.84	407.73	492.41
内蒙古	277.46	325.99	288.16	295.88	277.46	468.98	331.54	434.12
辽宁省	675.27	830.79	709.85	675.27	621.13	780.21	698.3	882.27
吉林省	207.15	268.9	219.07	208.22	207.15	364.32	264.96	394.72
黑龙江	318.21	391.97	330.47	318.21	310.6	509.39	375.5	556.96
上海市	1417.4	1654.08	1507.22	1417.4	1297.4	1427.96	1417.4	1429.49
江苏省	1322.68	1556.17	1398.79	1322.68	1241.96	1365.42	1322.68	1372.18
浙江省	1066.6	1242.94	1153.47	1066.6	1021.12	1079.85	1066.6	1104.56
安徽省	334.02	405.34	353.51	334.02	324.66	519.61	395.3	454.74
福建省	432.6	512.83	467.24	438.02	427.18	457.89	438.04	467.45
江西省	252.92	298.91	260.68	253.37	252.92	421	312.17	375.85
山东省	1073.12	1233.68	1139.67	1074.71	1048.09	1177.35	1095.95	1189.44
河南省	537.65	647.72	566.74	537.65	522.43	822.38	622.7	716.97
湖北省	375.52	472.14	394.78	375.52	348.6	576.52	438.44	515.76
湖南省	395.27	495.96	412.26	395.27	383.13	607.68	458.5	560.7
广东省	1807.21	2081.8	1970.31	1807.21	1780.39	1834.22	1807.21	1855.36
广　西	283.04	347.87	302.43	289.12	283.04	462.24	344.79	372.25
海　南	68.68	78.72	72.24	70.39	68.68	107.98	81.62	101.69
重庆市	256.81	301.84	266.49	256.81	240.4	336.21	277.73	357.8
四川省	479.66	577.62	507.61	483.09	479.66	730.08	559.33	695.62
贵州省	182.5	231.02	190.77	189.92	182.5	346.08	244.46	282.13
云南省	312.65	460.54	324	319.38	312.65	463.28	338.65	438.19
西　藏	12.03	15.59	12.96	52.83	12.03	55.8	39.79	94.69
陕西省	275.32	332.65	284.66	276.52	275.32	437.94	327.39	441.66
甘肃省	123.5	175.15	128.91	124.76	123.5	243.42	167.08	250.1
青海省	33.82	42.79	34.91	43.68	33.82	97.74	64.52	97.54
宁　夏	47.72	56.58	50.04	53.05	47.72	102.28	71.62	101.06
新　疆	180.32	210.93	187.59	199.69	180.32	362.99	235.32	302.27

资料来源:本年地方财政收入、消费税、增值税税收返还收入、所得税基数返还收入、原体制定额补助、原体制上解、一般性转移支付数据来源于财政部国库司、预算司编:《地方财政统计年鉴资料2005》,中国财政经济出版社2007年版,第1671页。为统一计算口径,对出口退税专项上解予以剔除。财力性转移支付和专项转移支付根据李萍、许宏才主编《中国政府间财政关系图解》,中国财政经济出版社2006年版,进行了整理。

(二)计算结果分析

根据上面的计算方法,计算结果如下表(见表6-14)。

从表6-14计算的结果看,转移支付前民族地区财政收入占全国地方财政收入比重为8.93%,转移支付实施后民族地区财政能力占比增加到14.37%,均衡绩效E为5.44%,考虑到其资金规模后的绩效I为0.05。

从民族地区各分项转移支付的均衡绩效E看,最高为财力性转移支付,达到了3.74%,其次为专项转移支付和一般性转移支付,分别为2.64%和1.51%;民族地区转移支付、原体制定额补助、消费税、增值税税收返还和原体制上解分别为0.96%、0.68%、0.60%和0.34%,所得税基数返还收入后的均衡效应为负,为负0.12%。

表6-14 各项转移支付对民族地区地方财政能力的均衡绩效

单位:%

各项转移支付	P0	Pi	E	P	I
消费税、增值税税收返还收入	8.93	9.53	0.60	24.61	0.02
所得税基数返还收入	8.93	8.81	-0.12	7.72	-0.02
原体制定额补助	8.93	9.61	0.68	1.12	0.61
原体制上解	8.93	9.27	0.34	4.63	0.07
财力性转移支付	8.93	12.67	3.74	32.15	0.12
其中:一般性转移支付	8.93	10.44	1.51	9.64	0.16
民族地区转移支付	8.93	9.90	0.96	1.38	0.70
专项转移支付	8.93	11.57	2.64	29.77	0.09
转移支付后	8.93	14.37	5.44	100.00	0.05

考虑到各项转移支付的规模P后,民族地区绩效I发生了变化。可以看出,民族地区转移支付,占比P为1.38%,所占比例较小,但对民族地区均衡效应的绩效I最高,为0.70;其次为原体制定额补助,占比为1.12%,对民族地区均衡效应的绩效I为0.61;然后是一般性转移支付和财力性转移支付,占比P为9.64%和32.15%,绩效I为0.16和0.12;专项转移支付,所占比重为

29.77%，但绩效I并不高，为0.09，占比4.63%的原体制上解的绩效为0.07；消费税、增值税税收返还占到财政转移支付比重的24.61%，但对均衡民族地区财政能力的绩效偏低，仅为0.02；占比为7.72%的所得税基数返还对均衡民族地区财力的绩效I为负值，为-0.02，进一步拉大了民族地区与全国财政能力的差异。

可以看出，在财政转移支付最主要的几种形式中，所得税基数返还在均衡民族地区财力中起到了负效作用，而税收返还在均衡民族地区财力的绩效是低效的，这与我们一般的理解并不一样。①

民族地区转移支付的均衡绩效I最高，其次为原体制定额补助，每一单位的民族地区转移支付和原体制补助分别提升民族地区财政能力占比0.70和0.61个百分点，但其所占比例较小；财力性转移支付，尤其是其中的一般性转移支付均衡民族地区财政能力绩效也较为明显；专项转移支付虽然在均衡民族地区财政能力上也能够发挥作用，使得民族地区财政能力占比由8.93%提高到了11.57%，但绩效I仅为0.09，还有待于进一步提高。

（三）民族地区均衡绩效的动态分析

相应地，根据上面的方法，我们分别计算出2000年、2003年、2004年和2005年中各分项转移支付的均衡绩效I，来比较分析其均衡绩效的动态变化（见表6-15）。

表6-15　民族地区各年度转移支付的均衡绩效动态变化

各项转移支付	2000年	2003年	2004年	2005年
消费税、增值税税收返还收入	0.018	0.024	0.025	0.024
所得税基数返还收入	/	-0.017	-0.020	-0.015
原体制定额补助	0.548	0.648	0.688	0.609
原体制上解	0.078	0.080	0.086	0.072

① 按照一般的理解，税收返还进一步拉大了民族地区与全国的财力差距，应该为负值。但根据我们的计算，税收返还后民族地区财政能力占比在全国地方财政能力的比重有所上升，虽然绩效较差。

财力性转移支付	/	/	/	0.116
其中：一般性转移支付	0.256	0.195	0.184	0.156
民族地区转移支付	0.654	0.759	0.803	0.695

资料来源：各项转移支付原始数据来源于各年度《地方财政统计年鉴资料》，财政部国库司、预算司编，中国财政经济出版社。为方便比较，取小数点后三位。

根据各项转移支付对民族地区财政能力的均衡绩效Ⅰ看，因受众多因素的干扰，各年度转移支付绩效的动态变化表现出的规律性不强。

通过年度变化的比较，可以看出，税收返还的均衡绩效一直较低，在0.02左右；从所得税基数返还的均衡绩效看，一直呈现负均衡效应，但随着所占比重的逐渐降低，2005年负向作用有所减弱；从原体制定额补助看，绩效最高，普遍在0.6以上；一般性转移支付均衡效应一直保持在较高的水平，但其均衡民族地区财政能力的均衡绩效Ⅰ呈现下降的趋势，从2000年的0.256持续下降到2005年的0.156。其原因主要是由于民族地区所占一般性转移支付的比例下降，2000年民族地区获得的一般性转移支付占比为45.45%，2003年减少到33.12%，到2005年又下降到30.46%。民族地区转移支付的均衡绩效Ⅰ一直较高，2000年为0.654，2004年上升到0.803，到2005年又下降为0.695。这说明尽管近年来民族地区转移支付得到了一定的增长，但相对其他类型的转移支付，增长仍相对缓慢。具体体现在与一般性转移支付的比较看，2000年，民族地区转移支付规模为一般性转移支付的40.32%，2005年这一比例缩小到16.75%。

第七章 民族地区基本公共服务均等化评价

财政转移支付的最终目标是为了实现基本公共服务的均等化。从转移支付的结构看，我国转移支付的制度安排，无论是一般性转移支付还是专项转移支付都向基本公共服务领域倾斜。但是，由于多种因素的制约，民族地区的基本公共服务还存在较多问题，与发达地区比较还存在较大的差距。摸清民族地区基本公共服务存在的问题，理清发展的思路，是贯彻落实党的十七大提出的统筹区域发展、推进基本公共服务均等化、巩固和发展社会主义民族关系等重要思想的需要。本章选取民族地区基本公共服务财政支出数据，与全国及非民族地区进行对比，对民族地区基本公共服务均等化效应进行评价。

第一节 民族地区基本公共服务水平比较分析

在进行基本公共服务均等化分析时，面临着测度指标选择问题，即到底均衡化标准测度的是“投入(input)”、“产出(output)”还是“效果(outcome)”？例如对“基本医疗”这一公共服务的标准测度，是用“人均公共卫生投入额、千人病床数、千人医生比”这类投入指标，或是用“人均门诊率、千人手术数”这类产出指标，还是用“新生儿死亡率、预期寿命”这类最终效果指标。[①] 本文将采用平均受教育年限、万人卫生床位数、万人卫生人员数、铁路密度、公路密度

---

① 国务院发展研究中心课题组：《主体功能区形成机制和分类管理政策研究》，中国发展出版社2008年版，第87页。

及参加养老保险人数比等几个代表性指标，对民族地区教育、卫生服务、基础设施及社会保障等基本公共服务水平进行量化，并与全国及非民族地区进行对比，明确民族地区基本公共服务水平的现状。

一、民族地区教育

测算教育水平指标很多，本文采用平均受教育年限指标来刻画民族地区教育水平的现实状况。我们使用常用的测算方法，具体步骤如下：

1. 从《中国统计年鉴》(1996～2007)中收集并整理1995～2006年民族8省区的各地区分性别、受教育程度的6岁及6岁以上人口数据。

2. 定义各种受教育程度的受教育年限。在这里我们作如下赋值：[①]规定文盲或半文盲(不识字或识字很少，未上过学或扫盲班)程度(用W表示)的平均受教育年限为2年；小学程度(用X表示)的平均受教育年限为6年；初中程度(用C表示)的平均受教育年限为9年，高中和中专程度(用G表示)的平均受教育年限为12年，大专及以上程度(用D表示)的平均受教育年限为16年。

3. 用各种受教育程度的人数分别乘以它们各自被定义的平均受教育年限并求和，得到各个地区受教育年限总量。

$$T_e = W \times 2 + X \times 6 + C \times 9 + G \times 12 + D \times 16$$

4. 用各个地区受教育年限总量除以各个地区6岁及6岁以上人口总数，便得到各个地区的平均受教育年限。

$$e = T_e / T_r$$

在公式中，表示平均受教育年限，表示受教育年限总量，表示6岁及6岁以上人口总数。

① 王金营：《人力资本与经济增长理论与实证》，中国财政经济出版社2001年版，第118—133。

使用该方法，我们得到全国各省市区 1995 ~ 2006 年的平均受教育年限，[①]为比较的方便，我们取 1995 年度和 2004 年度各省市区平均受教育年限，进行比较（见图 7 - 1）。

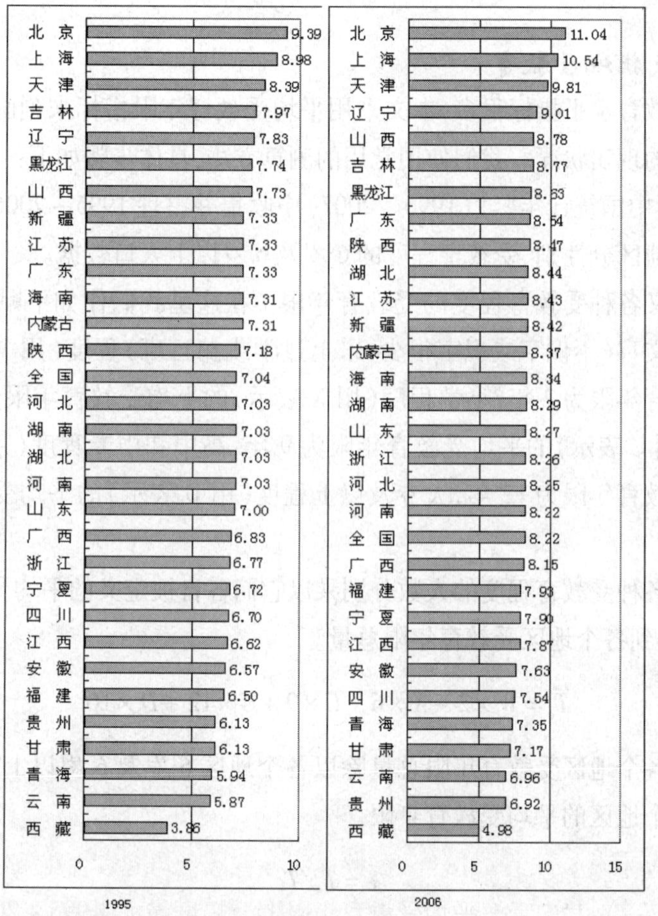

图 7 - 1　1995 年、2006 年全国各省市区平均受教育年限（单位：年）

资料来源：1996 年、2007 年《中国统计年鉴》。

① 由于 1997 年以前没有重庆市的相关数据，考虑到我们研究的重点是民族地区，为了统一口径，直接把重庆和四川进行合并，然后进行比较。

从1995、2006年全国各地区平均受教育年限横向对比看，在民族地区各省区中，新疆和内蒙古平均受教育年限较高，1995年和2006年两个年度都在全国平均水平以上，而广西和宁夏排名在全国平均水平之下，尤其是贵州、青海、云南和西藏4个省区，排名居全国后几位的位置，平均受教育年限最低。

1995年，全国平均受教育年限为7.04年，最高的北京为9.39年。从民族地区各省区来看，最高的为新疆，1995年达到7.33年，排名第8位，高于全国平均水平（7.04年）。其次为内蒙古，平均受教育年限为7.31年，排名第12位。其余6个省区平均受教育年限排名在全国平均水平之下，其中广西和宁夏分别排名第19位和第21位，贵州、青海、云南和西藏，分别排名全国倒数第5位、第3位、第2位和第1位。最低的西藏1995年为3.86年，整体文化素质距离小学文化程度（6年）还有相当的距离，和最高的北京平均受教育年限相差5.53年。

2006年，全国平均受教育年限为8.22年，最高的北京为11.04年，整体文化素质在初中以上。从民族地区各省区来看，最高的仍为新疆，2006年达到8.42年，排名下降到第12位，其次为内蒙古，平均受教育年限为8.37年，排名第13位，与1995年排名比也略有下降；其余6个省区平均受教育年限排名在全国平均水平之下，其中广西和宁夏分别排名第20位和第22位，青海、云南、贵州和西藏，分别排名全国倒数第5位、第3位、第2位和第1位。最低的西藏2006年平均受教育年限为4.98年，整体文化素质仍没有达到小学文化程度（6年），和最高的北京相差6.06年。

从1995年至2006年平均受教育年限的纵向对比来看，在这12年间全国平均受教育年限上升了1.18年，民族地区各省区平均受教育年限上升幅度较大（见图7-2），其中青海平均受教育年限上升幅度最大，1995~2006年上升了1.41年，上升幅度位于第6位；其次为广西和宁夏，平均受教育年限分别上升了1.32年和1.18年，上升幅度分别位于第8位和第17位，平均受教育年限的上升幅度排在全国平均水平之上。西藏、云南、新疆和内蒙12年来平均受教育年限也取得了较大的上升，分别上升了1.12年、1.09年、1.09年和1.06年。值得引起注意的是贵州，一方面平均受教育年限较低，另一方面在

12 年间平均受教育年限的增长幅度慢，增长了 0.79 年，增长幅度位于第 30 位。

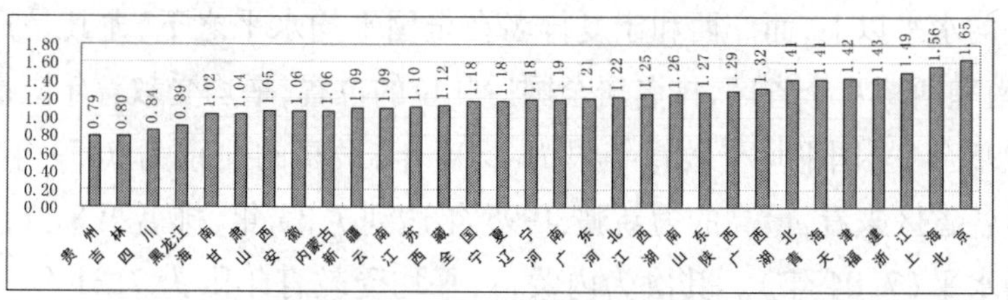

图 7－2　1995～2006 年全国各省市区平均受教育年限增长图　单位：年

资料来源：1996～2007 年《中国统计年鉴》。

具体从民族各省区 1995～2006 年各年度平均受教育年限的增长看（见表 7－1），可以看出：第一，民族地区 8 省区的平均受教育年限 1995～2006 年是稳步上升的。1995 年大部分省区的平均受教育年限低于 7 年，而 2006 年则除了西藏为 4.98 年较低外，其余省区的平均受教育年限均接近 7 年或在 7 年以上，而且有 3 个省区（内蒙古、广西和新疆）还突破了 8 年。第二，民族地区的人均受教育水平比较低，尤其是贵州、云南和西藏，西藏的平均受教育年限虽然由 1995 年的 3.86 年提高到 2006 年的 4.98 年，但还是未能达到平均受教育年限 6 年的水平，这意味着西藏地区的整体文化素质还没有具备小学文化程度。

表 7－1　1995～2006 年民族地区各省区平均受教育年限

单位：年

地　区	1995	1996	1997	1998	1999	2000	2001	2002	2003	2004	2005	2006
内蒙古	7.31	7.42	7.47	7.71	7.65	7.97	7.97	8.12	8.01	8.36	8.43	8.37
广　西	6.83	6.94	6.88	7.03	7.07	7.69	7.69	7.79	7.93	8.16	7.82	8.15
贵　州	6.13	6.21	6.30	6.23	6.50	6.51	6.53	7.06	7.23	7.27	6.79	6.92
云　南	5.87	6.12	6.23	6.23	6.24	6.67	6.68	6.53	6.41	7.11	6.74	6.96
西　藏	3.86	4.04	4.42	4.33	4.02	4.43	4.49	5.08	4.77	5.14	4.65	4.98

青　海	5.94	5.69	5.52	5.70	6.54	6.70	6.66	6.79	7.14	7.20	7.21	7.35
宁　夏	6.72	6.95	6.91	7.00	7.07	7.36	7.38	7.69	7.65	7.97	7.70	7.90
新　疆	7.33	7.49	7.72	7.68	8.12	7.91	7.91	8.52	8.51	8.62	8.36	8.42
民族地区	6.51	6.65	6.70	6.76	6.89	7.20	7.20	7.41	7.43	7.73	7.43	7.60

资料来源:1996～2007 年《中国统计年鉴》。

为了便于比较,我们也计算了全国和非民族地区的平均受教育年限,与民族地区平均受教育年限进行对比。

表 7－2　1995～2006 年全国、民族地区和非民族地区的平均受教育年限

单位:年

地　区	1995	1996	1997	1998	1999	2000	2001	2002	2003	2004	2005	2006
全　国	7.04	7.11	7.29	7.36	7.45	7.82	7.81	7.94	8.10	8.19	8.04	8.22
民族地区	6.51	6.65	6.70	6.76	6.89	7.20	7.20	7.41	7.43	7.73	7.43	7.60
非民族地区	7.12	7.18	7.39	7.46	7.54	7.92	7.91	8.03	8.22	8.27	8.14	8.32

资料来源:1996～2007 年《中国统计年鉴》。

从表 7－2 可以明显看出各地区平均受教育年限变化的规律。1995～2006 年,平均受教育年限无论是反映在全国水平上,还是反映在民族地区和非民族地区的水平上,均呈逐年递增的趋势,但差距也较为明显。从平均受教育年限指标看,非民族地区 > 全国 > 民族地区。如 1995 年,非民族地区和全国的平均受教育年限均在 7 年以上,其中非民族地区的平均受教育年限为 7.12年,全国平均受教育年限为 7.04 年,而民族地区的平均受教育年限只有 6.51年。2006 年,非民族地区和全国的平均受教育年限已经突破 8 年,分别为 8.32 年和 8.22 年,而民族地区的平均受教育年限只有 7.60 年,与全国和非民族地区比较还是有一定的差距。

二、民族地区卫生服务

卫生服务指标通常选取如下数据:每万人卫生人员数和每万人卫生床位

数。

(一)每万人卫生人员数

通过收集整理,计算得出民族各省区的1998~2006年的每万人卫生人员数,如下表所示。

表7-3 1998~2006年民族地区各省区每万人卫生人员数

单位:人

地 区	1998	1999	2000	2001	2002	2003	2004	2005	2006
内蒙古	55.44	55.46	55.08	55.50	50.69	50.58	50.44	50.79	50.30
广 西	33.37	33.31	35.35	33.26	30.96	30.21	31.58	33.98	34.48
贵 州	27.61	27.49	28.83	26.96	23.77	23.53	23.10	25.43	25.46
云 南	35.47	35.31	35.35	34.94	30.72	30.74	30.96	31.95	32.48
西 藏	43.65	42.97	42.09	41.44	38.58	37.23	37.45	38.92	38.24
青 海	51.69	52.94	49.94	47.13	44.42	43.06	42.68	42.22	42.90
宁 夏	52.04	51.57	48.26	49.63	44.76	47.54	46.49	46.24	46.11
新 疆	70.41	68.77	62.99	62.67	58.16	60.28	61.39	58.29	59.22
民族地区	40.42	40.20	40.57	39.21	35.64	35.63	36.01	37.26	37.59
全 国	44.91	44.84	44.29	44.04	41.08	41.09	41.37	42.29	43.52
非民族地区	45.66	45.63	44.91	44.87	42.01	42.03	42.29	43.15	44.53

资料来源:根据1996~2007年《中国统计年鉴》中的数据计算整理所得。

从表7-3可以看出,民族8省区每万人卫生人员数分布不均匀,其中2006年新疆、内蒙、宁夏、青海和西藏每万人卫生人员数分别为59.22人、50.30人、46.11人、42.90人和38.24人,在全国31个省市区中排名第6位、第9位、第12位、第17位和第22位,高于民族地区平均水平;广西、云南和贵州每万人卫生人员数分别为34.48人、32.48人和25.46人,在全国31个省市区中排名第26位、第30位和第31位,每万人卫生人员数最低的贵州与最高的北京相差79.71人。

比较民族地区、非民族地区和全国每万人卫生人员数,从1998到2006年

民族地区明显偏低,其中与全国相比1998年相差4.49人,到2006年差距进一步扩大到5.93人,与非民族地区相比差距更为明显。

(二)每万人卫生床位数

用上面同样的方法,可以计算得出民族各省区每万人卫生床位数,如下表:

表7-4 1998~2006年民族地区各省区每万人卫生床位数

单位:张

地区	1998	1999	2000	2001	2002	2003	2004	2005	2006
内蒙古	28.14	28.10	28.16	28.05	27.32	27.27	27.79	28.94	29.10
广西	18.18	18.13	19.03	18.44	18.04	18.13	18.78	20.07	20.51
贵州	15.86	15.80	16.62	15.56	15.38	15.28	15.73	16.51	17.61
云南	23.17	23.19	22.74	23.27	22.16	21.90	23.02	23.90	24.51
西藏	27.78	25.16	24.23	24.23	22.47	22.99	23.40	24.43	26.68
青海	33.80	43.14	31.89	31.48	30.25	28.82	28.64	27.79	28.23
宁夏	26.02	23.94	24.60	25.32	24.48	27.12	28.69	29.79	30.23
新疆	40.64	37.77	36.65	37.79	35.17	37.57	39.59	39.52	40.64
民族地区	23.18	23.04	23.16	22.83	21.99	22.23	23.08	24.10	24.79
全国	25.49	25.43	25.17	25.25	24.41	24.49	25.12	26.11	27.07
非民族地区	25.89	25.84	25.50	25.66	24.83	24.88	25.47	26.45	27.46

资料来源:根据1996~2007年《中国统计年鉴》中的数据计算整理所得。

表7-4表明,民族8省区每万人卫生床位数分布不均匀,其中2006年新疆、宁夏、内蒙、青海和西藏每万人卫生床位数分别为40.64张、30.23张、29.10张、28.23张和26.68张,在全国31个省市区中排名第4位、第9位、第12位、第13位和第16位,高于民族地区平均水平;云南、广西和贵州每万人卫生床位数分别为24.51张、20.51张和17.61张,在全国31个省市区中排名第22位、第29位和第31位,每万人卫生床位数最低的贵州与最高的北京相差33.90张。

比较民族地区、非民族地区和全国每万人卫生床位数，从 1998 年到 2006 年民族地区明显偏低，其中与全国相比 1998 年相差 2.31 张，到 2006 年仍相差 2.28 张，与非民族地区相比差距更为明显。

2002 年 10 月，中共中央、国务院出台了《关于进一步加强农村卫生工作的决定》，提出到 2010 年在全国农村基本建立起卫生服务体系和农村合作医疗制度，使农民人人享有初级卫生保健。从 2003 年起，中央财政对中西部参加新型合作医疗的农民每年按人均 10 元安排合作医疗补助资金，地方财政对参加新型合作医疗的农民补助每年不低于 10 元。新农合政策受到广大农民群众的欢迎，但在民族地区仍存在不少问题。

按照国家现行政策，新型农村合作医疗是由政府组织、引导、支持，农民自愿参加，个人、集体和政府多方筹资，以大病统筹为主的农民医疗互助共济制度。

民族地区农民生活水平低，参合资金只能筹集到每人每年 10 元钱，不可能像发达地区那样个人参合资金达到几十元上百元。绝大部分地区收缴的农民个人参合资金只拿出其中的 1～2 元钱进入到大病统筹账户，其他进入农民个人账户，个别地区甚至从大病统筹基金里拿出部分资金进入参合农民的个人账户。农民个人的参合基金基本上是用于家庭成员门诊用药，大病统筹基金主要靠中央财政和地方政府的补助。民族地区由于经济落后，贫困人口比例大，地方财力不足，不仅个人集资困难，地方补助也难以落实。以云南省为例，该省从 2006 年起，地方财政对参合农民补助标准提高到每人每年 20 元，并按各地的经济水平实行分类补助。一类地区是经济状况较好的县（市、区），地方财政对参合农民每人每年 20 元补助经费由州（市）、县（市、区）两级财政承担。二类地区是经济水平一般的县（市、区），补助经费由省级财政承担 10 元，州（市）、县（市、区）财政承担 10 元。三类地区是国家和省重点扶持县，补助经费全部由省级财政承担。该省完全由省级财政承担地方配套资金

的三类地区占全省总县(市、区)数的62%。① 这使地方政府财政不堪重负。

民族地区基层医疗卫生条件差。以青海省乌兰县蒙医院为例,最高级的医疗设备是一台黑白B超仪;39名医务工作者中,只有2名本科毕业生,而且专业人员每年还在流失。该县农牧民参加新型合作医疗,到县级医院看病报销50%,州级医院报40%,省级医院报销30%,由于县级医院甚至州级医院的医疗条件普遍较差,农牧民有了重病到省级医院看,又是路费,又要吃住,报销比例又低,实际上他们看病的负担还是很重。②

据《2007中国卫生统计年鉴》提供的数据,2006年在新疆和西藏设卫生室的村分别占行政村总数的60.5%和60.4%,即有近40%的村没有卫生室。民族地区是地方病、流行病多发的地区。西藏、青海等地各种地方病流行较为严重,碘缺乏病、地方性氟中毒、大骨节病、克山病以及布鲁氏菌病和鼠疫广泛存在,严重影响群众的身体健康。但是,在西藏和青海,由政府设立的非营利性专科疾病防治院(所、站)统计为0,宁夏为3,与中东部省市形成巨大的反差。

因此,考虑到基本卫生服务的质量以及民族地区普遍存在的地广人稀,服务半径小,规模效益低等现实,这一差距更为明显。

三、民族地区基础设施与社会保障

为说明基础设施与社会保障状况,我们选取2006年铁路密度及公路密度来反映民族地区基础设施水平;选取年末参加基本养老保险人数比例来反映民族地区基本社会保障水平,根据相关资料计算整理如下(见表7-5)。

① 卫生部新型农村合作医疗研究中心:《云南部署2006年新型农村合作医疗试点工作》,http://ccms.org.cn/third-xxdt.asp?id=114.

② 王庆环:《让农牧民更好地享受合作医疗》,《光明日报》2008年3月10日。

表7－5 2006年民族地区各省区基本公共服务

地 区	年末参加基本养老保险人数比例(%)	排名	铁路密度(公里/万平方公里)	排名	公路密度(公里/万平方公里)	排名
内蒙古	14.88	13	53.95	27	1088.44	28
广 西	6.41	28	115.57	21	3816.34	23
贵 州	5.14	30	114.33	22	6431.57	18
云 南	5.97	29	58.62	26	5037.97	21
西 藏	2.70	31	4.58	31	373.44	31
青 海	11.40	19	22.91	29	661.76	30
宁 夏	11.98	17	118.90	20	2997.44	26
新 疆	15.28	11	16.63	30	865.88	29
民族地区	8.36	/	34.05	/	1396.09	/
全 国	14.52	/	80.04	/	3589.54	/
非民族地区	15.57	/	144.97	/	6686.01	/

资料来源:2007年《中国统计年鉴》;各省区国土面积来源于寿孝鹏、李雄藩、孙庶玉:《中国省市自治区资料手册》,社会科学文献出版社1990年版。

从表7－5可以看出,2006年民族地区铁路密度和公路密度分别为每万平方公里34.05公里和1396.09公里,占全国31个省市区平均水平的42.54%和38.89%,仅为非民族地区的23.49%和20.88%。① 从民族地区内部看,排名都相对靠后,其中铁路密度排名较好的宁夏仅为第20位,公路密度排名较好的贵州为第18位。民族地区其他基础设施水平也较差,以未通电的行政村数据看,到2005年,全国还有5249个未通电的行政村。这其中民族8省区共有3194个,占60.85%。具体情况是:西藏1,985个(占6321个行政村总数的31.4%),青海378个,内蒙古有344个,新疆237个,云南122个,贵州79个,广西47个,宁夏2个。西藏就占全国总数的37.81%。②

从反映民族地区基本社会保障水平的指标看,2006年民族地区年末参加

① 即使考虑到民族地区地广人稀,大多地区生态环境恶劣,不适合人居住,但基础设施的差距也客观存在。

② 国家广播电影电视总局:《2005年全国农村广播电视综合情况》,http://gdtj.chinasarft.gov.cn/Tiaomu.aspx? DocId＝506.

基本养老保险人数比例为8.36%，远低于全国14.52%的平均水平，与非民族地区15.57%的参保比例相差更大。从民族8省区内部看，新疆、内蒙排名靠前，分别为15.28%和14.88%，高于全国平均水平；宁夏、青海分别排名第17位和第19位，高于民族地区平均水平；而广西、云南、贵州和西藏2006年年末参加基本养老保险人数比例分别为6.41%、5.97%、5.14%和2.70%，排名依次为第28位、第29位、第30位和第31位。

从民政部发布的2007年11月份民政事业统计数据看，民政事业费农村最低生活保障实际人均支出每人每月只有22.17元。而民族8省区，除内蒙古和宁夏外，其他省区都未能达到这一基本数。新疆为8.97元，最低的广西仅为8.65元。而上海为60.17元，江苏为51.22元。差距之大可见一斑。

不仅民族地区农村最低生活保障水平低于全国平均水平，民族地区城市最低生活保障水平与全国平均水平比较也存在较大的差距。2006年，全国城市最低生活保障平均标准为每人每月169.6元，西藏、宁夏、青海由于城市人口较少，人均保障水平略高于全国水平，分别为225.5元、172.3元、171.9元。其他民族省区都低于全国平均水平，云南168.2元、贵州150.6元、广西147.5元、内蒙古147.1元、新疆131.1元。同年，全国城市最低生活保障支出标准为每人每月83.6元，内蒙古100.7元，西藏106.1元，青海103.4元，新疆85.2元，贵州85.4元，云南81.4元，广西74.5元，宁夏71.9元。可见，民族地区城市最低生活保障支出标准又大多高于全国平均水平。① 这一低一高反映了民族地区城市最低生活保障与全国平均水平的差距。

由于贫困人口基数大，绝对贫困人口多，地方政府财力有限，导致民族地区的低保覆盖面窄，未能做到应保尽保。据课题组对广西都安瑶族自治县的调查，2006年，该县社会保障支出为2530万元，而同期上级下达的社会保障补助资金达2032万元，占整个社会保障支出的80.32%。由于人多地少，基础薄弱，财力有限，该县社保能力严重不足。2007年，该县农村应保人数为

① 国家统计局社会和科技统计司编：《2007中国社会统计年鉴》，中国统计出版社2007年版，第311页。

50600 人,实际保障人数为 17400 人,应保未保 33200 人,保障资金每年缺口达 1626.2 万。①

四、民族地区公共文化

2005 年,广东省的文化事业财政拨款达 12.8 亿元,居全国第一;江苏省超过 11 亿元,比上年增加 2.4 亿元。而西藏、青海、宁夏居于末位,拨款不过亿元,江苏新增的额度就等于海南、西藏、宁夏的总和。② 这样的财政投入差异,显然与民族地区人民群众的公共文化需求增长不相适应。

表 7-6　2005 年民族地区文化事业主要指标与全国及发达省市的比较

地区	文化事业增加值占GDP(%)	文化事业及投资占GDP(%)	农村文化站覆盖率(%)	艺术团体演出场次	图书馆人均购书(元)	人均图书出版数(册)	每百人每天报纸(份)	每百人光盘数(张)	每百人上网人数(人)
内蒙古	1.1	1.65	99	128	0.07	3.76	3.93	7	4.9
广西	1.5	0.91	91.5	101	0.14	4.02	3.36	4.5	6.9
贵州	1.4	1.76	82	115	0.08	2.19	2.05	5.7	2.9
云南	1.5	1.37	100	76	0.16	3.03	3.07	3.7	5.4
西藏	2.1	3.9	24.1	74	0.16	2.86	2.59	23.9	3.3
青海	1.1	1.26	42.9	166	0.13	1.53	2.28	8.6	5.4
宁夏	1.8	0.81	84.7	133	0.23	2.47	4.67	0	5.4
新疆	1.1	1.15	94.9	123	0.17	4.46	4.84	9.9	6.3
上海	3.3	1.62	68.2	230	5.82	14.7	29.56	84.4	26.3
广东	3.7	0.78	80.6	115	0.8	2.59	12.47	165.9	17
全国	2.2	1.09	83.1	168	0.46	4.96	8.67	34.9	8.5

资料来源:《中国公共文化服务发展报告(2007)》,社会科学文献出版社 2007 年版。

表 7-6 反映,我国文化事业地区发展极不平衡,民族地区与发达地区差距巨大。2005 年,农村文化站覆盖率西藏和青海分别只有 24.1% 和 42.9%;

① 2007 年 7 月本课题组在都安瑶族自治县调研财政转移支付制度实施情况时获得的材料。

② 李景源等主编:《中国公共文化服务发展报告(2007)》,社会科学文献出版社 2007 年版,第 18 页。

民族8省区除宁夏外，图书馆人均购书经费都不及全国平均水平的一半，最低的内蒙古和贵州人均不足一角钱，仅为全国平均水平的1/6。每百人每天拥有报纸数，民族地区也全部低于全国平均水平，最高的新疆也只有4.84份，最低的贵州仅2.05份，不及上海的1/10。

表7－7 2006年民族地区广播电视发展水平与全国和发达省市的比较

地 区	广播综合人口覆盖率(%)	电视综合人口覆盖率(%)	有线广播电视入户率(%)	有线广播电视网络传输干线长(万公里)
内蒙古	92.84	91.23	31.43	4.44
广西	88.66	93.45	35.16	2.72
贵 州	83.72	90.65	28.59	6.46
云 南	92.02	93.68	31.10	4.46
西 藏	85.80	86.94	23.28	0.20
青 海	87.50	93.00	22.56	0.28
宁 夏	91.42	93.47	31.20	1.30
新 疆	93.36	93.11	30.15	2.23
上 海	100.00	100.00	96.08	2.86
江 苏	99.86	99.88	52.99	25.51
全 国	95.04	96.23	37.15	272.16

资料来源：《2007年中国广播电影电视发展报告》，新华出版社2007年版。

广播、电视、报纸、网络是民众获取信息的主要渠道。发展公共广播电视，既是满足民众娱乐生活的需要，也是宣传党的路线方针政策、传播文明、发展经济、增强国家与民族凝聚力、维护国家安全的需要。但从表7－7看，2006年全国广播综合人口覆盖率为95.04%，电视综合人口覆盖率为96.23%，民族8省区都没有达到这两个平均水平。广播综合人口覆盖率贵州最低，是83.72%，而该省的民族地区更低，仅为78.53%，低于全国平均水平16.51个百分点。西藏广播综合人口覆盖率和电视综合人口覆盖率分别为85.80%和86.94%，均低全国平均水平约10个百分点。2006年，全国有线广播电视入户率37.15%，8个民族省区也没有一个达到这一平均水平，最低的青海、西藏

分别为22.56%和23.28%,仅为全国水平的60%。有线广播电视网络传输干线长度,民族8省区的总长度为22.09万公里,比江苏省一个还少3万多公里。最低的西藏和青海分别为0.20和0.28万公里,只能说刚刚起步。

表7－8 2006年部分民族省区广播电视播出、制作时间与发达省市的比较

单位:万小时

地区	广播节目播出时间	增长率(%)	电视节目播出时间	增长率(%)	广播节目制作时间	增长率(%)	电视节目制作时间	增长率(%)
西藏	3.60	－0.7	4.07	0.05	1.79	－11.55	0.38	－2.88
青海	4.41	12.94	6.67	22.25	3.80	19.13	2.46	53.13
新疆	46.61	4.58	53.10	3.02	21.84	－5.99	5.14	－24.92
大连市	7.73	－2.74	8.08	－0.35	5.54	－3.42	1.47	9.89
广东	74.65	5.90	61.23	22.52	44.60	－6.25	13.84	23.55

资料来源:《2007年中国广播电影电视发展报告》,新华出版社2007年版。

从2006年的统计数据看(见表7－8),西藏全年的广播节目播出时间为3.60万小时,电视节目播出时间为4.07万小时,广播节目制作时间为1.79万小时,电视节目制作时间仅为0.38万小时,几项主要指标都不及大连市的一半。青海省在广播节目播出时间、电视节目播出时间、广播节目制作时间上也远落后于大连市的水平。特别值得注意的是,2006年,西藏在广播节目制作时间和电视节目制作时间上分别比上年减少11.55%和2.88%;新疆广播节目制作时间和电视节目制作时间也分别比上年减少5.99%和24.92%。

西藏、新疆地处祖国边疆,少数民族有自己的民族语言和民族文化,广播电视承担的任务比其他地区更加繁重。而上述统计资料反映的信息是,西藏不仅广播节目、电视节目播出时间少,而且广播、电视节目制作时间更少,广播节目制作时间不到播出时间的一半,电视节目制作时间仅只有播出时间的1/10。这显然与其肩负的使命和任务是不相称的。民族地区的特殊性,对广播电视的投入有更高的要求,需要国家在财力、人力、物力等方面给予更大的支持与帮助。

据国家广电总局的统计,到2005年,全国通广播电视的行政村(百分比)

达96.34,民族8省区均低于这一水平,内蒙古96.12,贵州94.83,云南94.68,新疆92.78,广西88.76,青海88.46,西藏68.60,宁夏为65.83。

民族地区地广人稀,自然条件恶劣,发展文体广播事业的成本比发达地区更高,投入的差距,更加大了民族地区与发达地区的现实差距。

第二节 民族地区基本公共服务均等化效应分析

从上一节的分析可以看出,民族地区基本公共服务普遍较落后,需要国家财政加大公共服务投入,实现民族地区基本公共服务水平的大致均等化。本节将主要从教育事业费、卫生经费、社会保障支出和文体广播事业费4个方面测度民族地区财政支出项目中基本公共服务的均等化效应。

一、研究的基本思路与方法

在比较民族地区与全国基本公共服务投入差异时,本文拟查找各年度统计年鉴指标数据,就全国31个省市区财政支出项目中的各分项基本公共服务支出进行对比。① 既有基本公共服务各分项支出相对规模的比较,也包括人均基本公共服务支出水平的比较;既有2006年时点横截面的比较,也要反映其1998~2006年期间的动态变化;同时在比较中既强调民族地区与全国及非民族地区的差异,也需要涵盖对民族8省区内部差异的刻画。从而全面、动态地反映民族地区基本公共服务支出均等化状况。具体方法如下:

首先,比较民族地区各分项基本公共服务支出相对规模的差异,对其占GDP比重及占财政支出比重加以反映。

其次,比较其人均基本公共服务支出的差异,主要通过基尼系数的变化来考察31个省市区基本公共服务差距的动态变化,同时引入泰尔指数进一步比较民族地区与全国及非民族地区人均基本公共服务的差距。

① 参照各年度统计年鉴的划分,本文的基本公共服务支出主要包括教育事业费、卫生经费、社会保障支出和文体广播事业费4项。

最后,在泰尔指数计算的基础上,对民族地区人均基本公共服务支出的区内差距进行统计描述。

二、民族地区基本公共服务均等化结果比较分析

(一)财政教育事业费支出①

从历年《中国统计年鉴》看,由于1998年财政支出中才把地区文教事业费用支出分为文体广播事业费和教育事业费,因此,本课题数据从1998年开始计算。教育事业费投入水平可从教育事业费总量和人均教育事业费两方面来衡量。其中,2006年全国地方财政支出中教育事业费为4485.18亿元,民族地区为651.68亿元,占全国地方教育事业费投入比重为14.53%,②与其人口占比大致相当。纵向比较来看,民族地区财政支出中教育事业费占比维持在13.60%～14.60%的水平,从1998年的14.31%上升到2006年的14.53%,大体呈现上升的态势。

1. 民族地区教育事业费相对规模

主要从地方教育事业费占GDP比重及其占地方财政支出比重来反映。

(1)占GDP比重

从民族地区地方财政支出中教育事业费占GDP比重来看(见图7－3),从1998年的2.35%增加到2006年的3.16%,其中西部大开发以来增长较快,2002年达到最大值3.31%。与全国及非民族地区相比,民族地区教育事业费占GDP比重较高,1998年比全国高出0.88个百分点,到2006年高出全国平均水平1.22个百分点。这主要是由于民族地区经济发展水平较低,GDP规模较小,在国家对民族地区财政转移支付后,民族地区地方财政能力得到提高,由此财政支出占GDP比重较高,教育事业费也相应增加,使得其在GDP中比重得以提升的结果。从民族8省区内部看,2006年西藏财政支出中教育事业费占GDP比重最高,达到了7.08%,排名第二的贵州也达到了4.90%,

① 考虑到研究的重点,按各地区地方财政支出总额中的教育事业费计算,数据采用各年度的预算决算数。

② 根据2007年《中国统计年鉴》数据计算整理。

以下依次为青海、云南、宁夏、新疆、广西和内蒙古,分别为3.80%、3.75%、3.46%、2.93%、2.81%和1.98%,都高于全国平均水平。其中2006年西藏和贵州教育事业费占GDP比重在全国的排名分别为第2位和第3位。

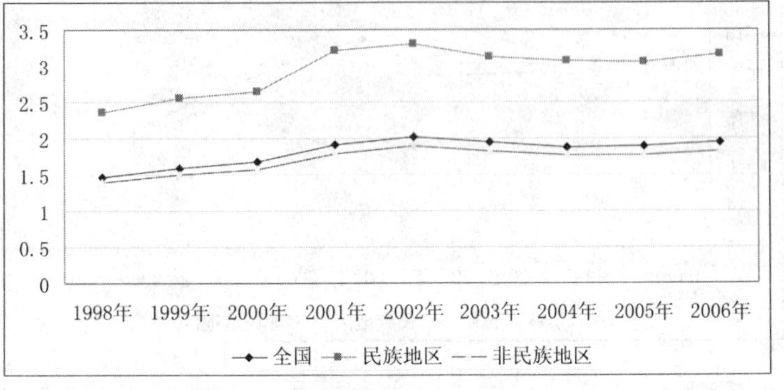

图7-3 民族地区教育事业费占GDP比重 单位:%

数据来源:根据各年度《中国统计年鉴》数据收集整理。

注:财政支出数据按各地区预算决算数计算。

(2)占财政支出比重

从民族地区财政支出中教育事业费占比看,从1998年的15.65%下降到2002年的14.55%,然后开始缓慢上升,到2006年增加到15.04%。与全国平均水平比较看,民族地区与全国平均水平差异较为明显(见图7-4),即1998~2002年全国呈现出缓慢上升的态势,到2002年达到最高点,2002年出现快速下降,而民族地区刚好相反。1998~2005年民族地区教育事业费占财政支出比重都比全国平均水平要低,尤其2002年相差最大,达到1.38个百分点。到2006年,民族地区教育事业费占财政支出比重为15.04%,高出全国平均水平0.3个百分点。教育事业费占财政支出比重反映了地方政府的教育支出偏好,可以看出,2002年是民族地区教育支出的一个重要拐点。从2006年民族8省区内部差异看,广西、贵州和云南教育事业费占财政支出比重较高,分别为18.57%、18.33%和16.83%,分别位于全国第2位、第3位和第5位;而西藏、青海、内蒙古、宁夏和新疆教育事业费支出占财政支出比重较低,其中西

藏和青海排名在全国最低，分别为第31位和第30位；内蒙古、宁夏和新疆也排名靠后，分别为第28位、第25位和第24位。

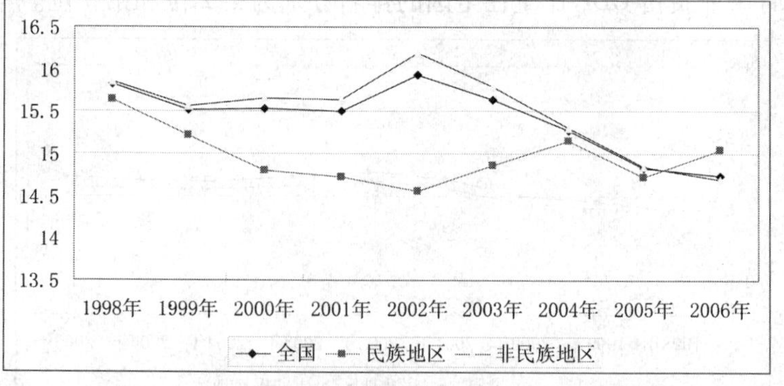

图7-4　民族地区教育事业费占财政支出比重　单位:%

资料来源：根据各年度《中国统计年鉴》数据收集整理。

2. 人均教育事业费

用基尼系数衡量的各地区财政支出中人均教育事业费支出的差距来看，31个省市区人均教育事业费支出基尼系数从1998年的0.3016下降到2006年的0.2441，差距不断缩小（见图7-5）。

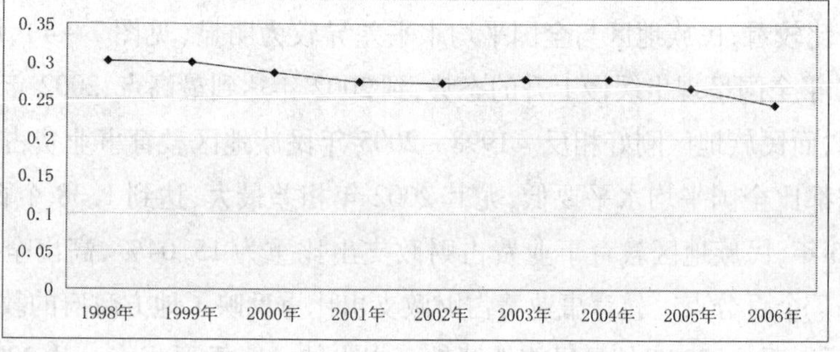

图7-5　1998~2006年人均教育事业费基尼系数

资料来源：根据各年度《中国统计年鉴》数据收集整理。

为了进一步比较民族地区与全国及非民族地区人均教育事业费的差异,引入泰尔指数来进行说明(见表7-9)。可以看出,就总的差距来看,全国31个省市区泰尔指数总差距从1998年的0.1139下降到2006年的0.0748,总体差距在不断缩小;就区间差距而言,1998~2006年民族地区与非民族地区区间差距接近于零,这说明在民族地区教育水平较低,而且教育发展成本较高的情况下,并没有体现出对民族地区教育投入的倾斜;从区内差距看,民族地区区内差距从1998年的0.0466下降到2006年的0.0193,区内差距不断缩小。非民族地区也体现出区内差距不断缩小的特征。

表7-9 民族地区人均教育事业费泰尔指数

泰尔指数	1998年	1999年	2000年	2001年	2002年	2003年	2004年	2005年	2006年
非民族地区	0.1251	0.1209	0.1313	0.1041	0.1006	0.1093	0.1092	0.0957	0.0842
民族地区	0.0466	0.0427	0.0293	0.0311	0.0317	0.0293	0.0284	0.0270	0.0193
区间差距	0.0000	0.0001	0.0001	0.0000	0.0000	0.0001	0.0000	0.0000	0.0000
总差距	0.1139	0.1099	0.1175	0.0935	0.0908	0.0982	0.0977	0.0859	0.0748

资料来源:《2007年中国广播电影电视发展报告》,新华出版社2007年版。

具体来看,1998~2006年民族地区人均教育事业费增长较快,从1998年的97.31元增加到2006年的345.93元。与全国平均水平相比较看,民族地区人均教育事业费略低于全国平均水平,其中1998年与全国平均水平的差距为1.43元,到2006年为1.42元,变化较小。从民族8省区内部看,差异明显(见图7-6)。其中西藏人均教育事业费最高,2006年达到732.97元,排名全国第4位,青海、新疆、宁夏和内蒙古,2006年人均教育事业费分别为444.81元、435.51元、407.58元和396.47元,在全国31个省市区排名分别为第6位、第7位、第9位和第10位。云南、贵州和广西人均教育事业费相对较少,2006年分别为335.48元、297.90元和287.06元,分别排名第18位、第22位和第23位,其中贵州和广西人均教育事业费低于全国平均水平。

(二)财政卫生经费支出

从卫生经费的财政投入来看,2006年全国地方财政支出中卫生经费为

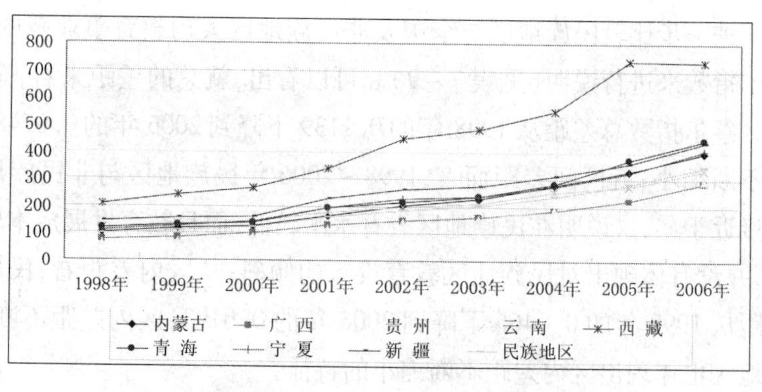

图 7－6　民族地区 1998～2006 年人均教育事业费　单位:元

资料来源:根据各年度《中国统计年鉴》数据收集整理。

1296 亿元,其中民族地区为 205.44 亿元,占全国地方卫生经费投入比重为 15.85%,大于其人口占比的 14.59%。纵向比较来看,1998 年民族地区财政支出中卫生经费占比为 14.79%,然后上升到 2002 年的 16.70%,再下降到 2006 年的 15.85%。

1. 民族地区卫生经费相对规模

主要从地方卫生经费占 GDP 比重及其占地方财政支出比重来反映。

(1)占 GDP 比重

从民族地区地方财政支出中卫生经费占 GDP 比重来看(见图 7－7),从 1998 年的 0.81%增加到 2006 年的 1.00%,总体呈现出上升态势。与全国及非民族地区相比,民族地区卫生经费占 GDP 比重相对较高,1998 年比全国高出 0.32 个百分点,到 2006 年高出全国平均水平 0.44 个百分点。

从民族 8 省区内部看,2006 年西藏财政支出中卫生经费占 GDP 比重最高,达到了 2.78%,以下依次为青海、云南、贵州、宁夏、新疆、广西和内蒙古,在全国 31 个省市区中分别排名为第 2 位、第 3 位、第 4 位、第 7 位、第 8 位、第 11 位和第 18 位,都高于全国平均水平,其中卫生经费占 GDP 比重最低的内蒙古也达到了 0.59%,高于全国平均水平 0.03 个百分点。

(2)占财政支出比重

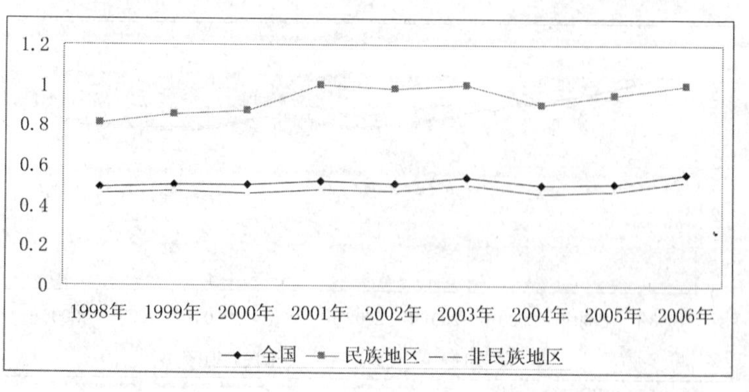

图7－7 民族地区卫生经费占GDP比重 单位:%

数据来源:根据各年度《中国统计年鉴》数据收集整理。

注:财政支出数据按各地区预算决算数计算。

从民族地区财政支出中卫生经费占比看,民族地区从1998年的5.41%下降到2002年的4.32%,然后开始缓慢上升,到2006年增加到4.74%。与全国平均水平整体比较来看,民族地区与全国平均水平走势大致类似(见图7－8),即1998～2002年呈现出下降的态势,到2002年达到最低点,2002年出现缓慢上升。同时,民族地区卫生经费占财政支出的比重一直高于全国平均水平,其中1998年较全国平均水平高出0.12个百分点,到2006年高出全国平均水平0.48个百分点,这表明了民族地区对卫生经费的支出偏好较高。

从2006年民族8省区内部差异看,云南、青海、贵州、广西和新疆卫生经费占财政支出比重较高,分别为6.39%、5.39%、4.92%、4.58%和4.41%,分别位于全国31个省市区的第2位、第4位、第5位、第7位和第9位,都高于全国平均水平;而西藏、宁夏和内蒙古卫生经费支出占财政支出比重较低,分别为4.04%、3.63%和3.48%,在全国31个省市区的排名依次为第19位、第25位和第27位,都低于全国平均水平。

2. 人均卫生经费

用基尼系数衡量的各地区财政支出中人均卫生经费支出的差距来看,总体上,31个省市区人均卫生经费支出基尼系数从1998年的0.3645下降到

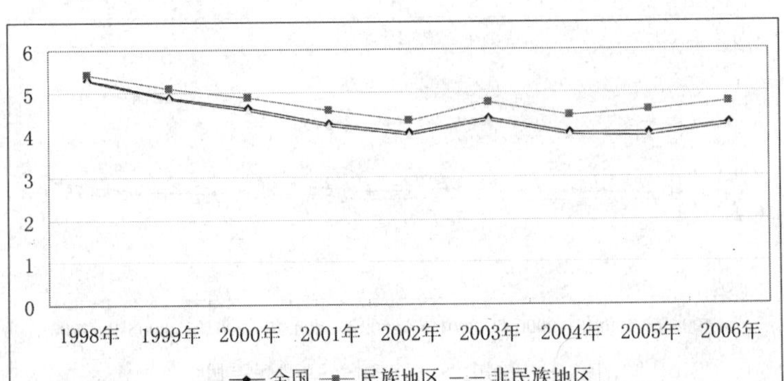

图7－8　民族地区卫生经费占财政支出比重　单位：%

资料来源：根据各年度《中国统计年鉴》数据收集整理。

2006年的0.3308，差距逐渐缩小（见图7－9）。但分时段看，1998年～2004年基尼系数相对较高，维持在0.36～0.38之间，从2004年开始基尼系数快速下降，从2004年的0.3700下降到2005年的0.3464，到2006年又下降到0.3308，这表明全国各省市区间人均卫生经费差距有开始趋向收敛的态势。

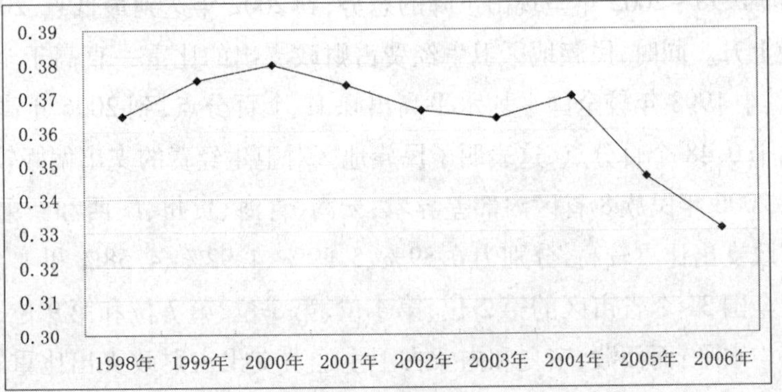

图7－9　1998～2006年人均卫生经费基尼系数

资料来源：根据各年度《中国统计年鉴》数据收集整理。

为了进一步比较民族地区与全国及非民族地区人均卫生经费的差异，引入泰尔指数来进行说明（见表7－10）。

表 7－10 民族地区人均卫生经费泰尔指数

泰尔指数	1998 年	1999 年	2000 年	2001 年	2002 年	2003 年	2004 年	2005 年	2006 年
非民族地区	0.1875	0.1983	0.2301	0.2014	0.1898	0.1912	0.1900	0.1631	0.1495
民族地区	0.0706	0.0748	0.0605	0.0655	0.0669	0.0630	0.0695	0.0628	0.0586
区间差距	0.0000	0.0001	0.0004	0.0013	0.0017	0.0008	0.0006	0.0011	0.0006
总差距	0.1702	0.1799	0.2047	0.1804	0.1709	0.1714	0.1715	0.1479	0.1357

资料来源:《2007 年中国广播电影电视发展报告》,新华出版社 2007 年版。

就总的差距来看,全国 31 个省市区泰尔指数总差距从 1998 年的 0.1702 下降到 2006 年的 0.1357,总体差距在不断缩小,但中间有些年份差距仍较大,如 2000 年达到最高值 0.2047,2004 年仍维持在 0.1715;就区间差距而言,1998～2002 年民族地区与非民族地区区间差距有进一步扩大的趋势,从 1998 年的接近于 0 扩大到 2002 年的 0.0017,但这主要是由于民族地区相对非民族地区人均卫生经费较高引起的,这说明民族地区从 1998～2002 年随着财政支出中卫生经费比重的不断提高,人均卫生经费已经超过了全国及非民族地区整体水平,并且超出水平有不断扩大的趋势;2002～2006 年,在民族地区和非民族地区人均卫生经费不断上升的过程中,区间差距开始缩小(见图 7－10),由 2002 年的 0.0017 下降到 2006 年的 0.0006。

从区内差距看,民族地区区内差距从 1998 年的 0.0706 下降到 2006 年的 0.0586,区内差距不断缩小,非民族地区也体现出区内差距不断缩小的特征,从 1998 年的 0.1875 下降到 2006 年的 0.1495。

具体来看,1998～2006 年民族地区人均卫生经费增长较快,从 1998 年的 33.64 元增加到 2006 年的 109.05 元。与全国平均水平相比较,民族地区人均卫生经费略高于全国平均水平,其中 1998 年比全国平均水平高出 0.69 元,到 2002 年增加到 6.90 元,到 2006 年又进一步扩大到 8.69 元,但相对差距较 2002 年有所缩小。

从民族 8 省区内部看,差异明显(见图 7－11)。其中西藏人均卫生经费

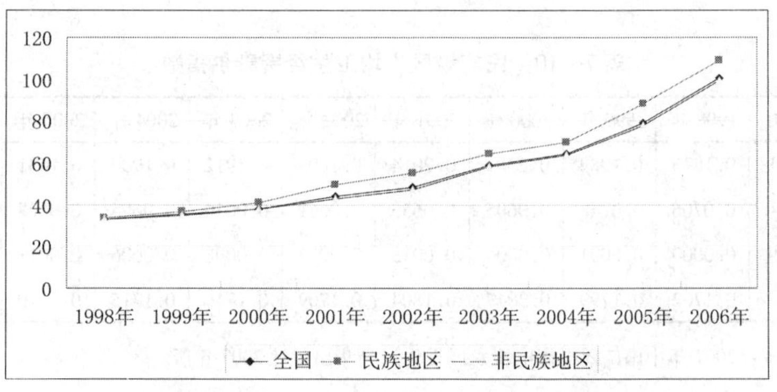

图 7-10 1998 年~2006 年各地区人均卫生经费 单位:元

资料来源:根据各年度《中国统计年鉴》数据收集整理。

最高,2006 年达到 288.05 元,排名全国第 3 位,青海、新疆、云南、内蒙古和宁夏 2006 年人均卫生经费分别为 211.29 元、146.08 元、127.42 元、117.84 元和 116.03 元,在全国 31 个省市区排名分别为第 5 位、第 7 位、第 8 位、第 10 位和第 11 位,都高于全国平均水平。贵州和广西人均卫生经费相对较少,2006 年分别为 79.95 元和 70.79 元,分别排名第 20 位和第 25 位,都低于全国平均水平。

(三)财政社会保障支出

从民族地区财政社会保障支出看,①2006 年全国地方财政支出中社会保障为 4005.57 亿元,其中民族地区为 549.78 亿元,占全国地方财政社会保障支出比重为 13.73%,低于其人口占比的 14.59%。纵向比较来看,1998 年民族地区财政支出中社会保障占比为 16.99%,然后下降到 1999 年的 15.07%,再缓慢上升到 2002 年的 15.81%,随后又出现较为明显的下降,到 2006 年民族地区财政社会保障支出占比降低到 13.73%(见图 7-12)。

① 本文社会保障支出为抚恤和社会福利救济费、行政事业单位离退休经费与社会保障补助支出三项之和。

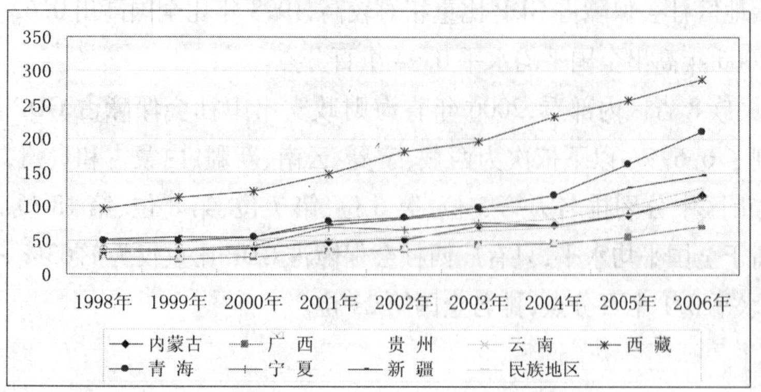

图 7－11 民族地区 1998～2006 年人均卫生经费 单位:元

资料来源:根据各年度《中国统计年鉴》数据收集整理。

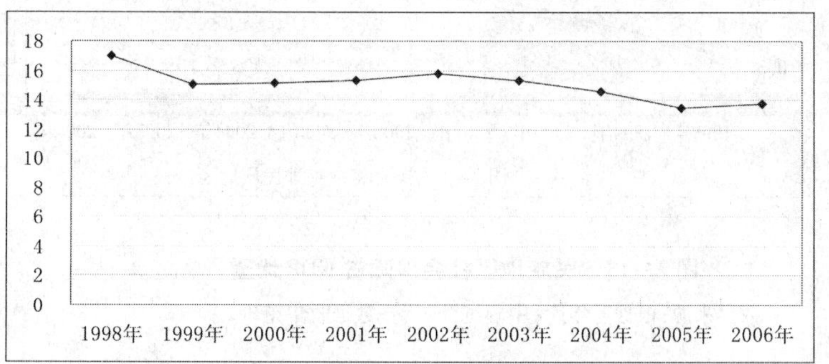

图 7－12 民族地区财政社会保障支出占比 单位:%

数据来源:根据各年度《中国统计年鉴》数据收集整理。

注:财政支出数据按各地区预算决算数计算。

1. 民族地区社会保障相对规模

主要从地方社会保障占 GDP 比重及其占地方财政支出比重来反映。

(1)占 GDP 比重

从民族地区地方财政支出中社会保障占 GDP 比重来看(见图 7－13),呈现倒 U 型特征,先从 1998 年的 1.31% 增加到 2002 年的 3.06%,然后下降到 2006 年的 2.67%,总体仍呈现出相对上升的态势。与全国及非民族地区相

比,民族地区社会保障占 GDP 比重相对较高,1998 年比全国高出 0.62 个百分点,到 2006 年高出全国平均水平 0.94 个百分点。

从民族 8 省区内部看,2006 年青海财政支出中社会保障占 GDP 比重最高,达到了 6.69%,以下依次为西藏、宁夏、云南、新疆、内蒙古和贵州,在全国 31 个省市区中分别排名为第 3 位、第 6 位、第 7 位、第 8 位、第 18 位和第 19 位,都高于全国平均水平,只有广西社会保障占 GDP 比重仅为 1.63%,低于全国平均水平 0.1 个百分点,排名全国第 23 位。

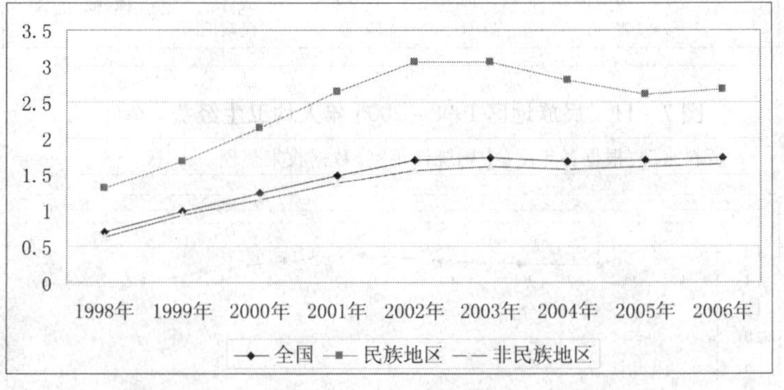

图 7－13　民族地区社会保障占 GDP 比重　单位:%

数据来源:根据各年度《中国统计年鉴》数据收集整理。

(2)占财政支出比重

从民族地区财政支出中社会保障占比看,民族地区从 1998 年的 8.73% 上升到 2003 年的 14.48%,然后开始缓慢下降,到 2006 年降低到 12.69%。与全国平均水平整体比较来看(见图 7－14),1998～2004 年一直高于全国平均水平,但 2005 年和 2006 年下降到低于全国平均水平,其中 2006 年低于全国平均水平 0.47 个百分点。

从 2006 年民族 8 省区内部差异看,青海、云南、新疆和内蒙古社会保障占财政支出比重较高,分别为 19.98%、14.92%、14.84% 和 13.46%,依次位于全国 31 个省市区的第 4 位、第 13 位、第 14 位和第 19 位,都高于全国平均水平;而西藏、贵州、广西和宁夏社会保障支出占财政支出比重较低,分别为

5.45%、8.17%、10.82 和 12.35%，在全国 31 个省市区的排名依次为第 31 位、第 28 位、第 22 位和第 20 位，都低于全国平均水平。

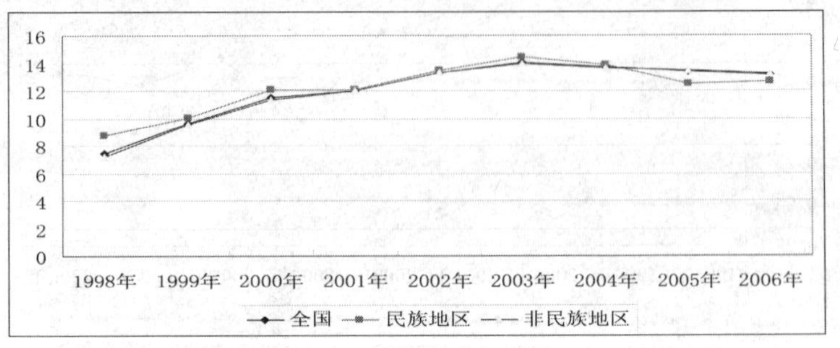

图 7－14 民族地区社会保障占财政支出比重 单位:%

资料来源:根据各年度《中国统计年鉴》数据收集整理。

2. 人均社会保障

用基尼系数衡量的各地区财政支出中人均社会保障支出的差距来看，31 个省市区人均社会保障支出基尼系数从 1998 年的 0.3028 下降到 2006 年的 0.2726，差距不断缩小(见图 7－15)。但分时段看，1998～2003 年基尼系数下降较快，从 0.3028 下降到 0.2600，从 2003 年开始基尼系数又有所上升，到 2006 年达到 0.2726。这表明全国人均财政社会保障支出差距水平在经过了一段时间的缩小后，最近几年差距又表现出进一步扩大的态势。

为了进一步比较民族地区与全国及非民族地区人均社会保障的差异，引入泰尔指数来进行说明(见表 7－11)。

表 7－11 民族地区人均社会保障泰尔指数

泰尔指数	1998 年	1999 年	2000 年	2001 年	2002 年	2003 年	2004 年	2005 年	2006 年
非民族地区	0.0877	0.1147	0.1226	0.1020	0.0929	0.0872	0.0975	0.1016	0.0981
民族地区	0.1990	0.1867	0.1580	0.1545	0.1558	0.1397	0.1505	0.1097	0.1330
区间差距	0.0024	0.0001	0.0003	0.0002	0.0006	0.0002	0.0000	0.0005	0.0003
总差距	0.1090	0.1256	0.1283	0.1103	0.1034	0.0954	0.1053	0.1032	0.1032

资料来源:根据各年度《中国统计年鉴》数据收集整理。

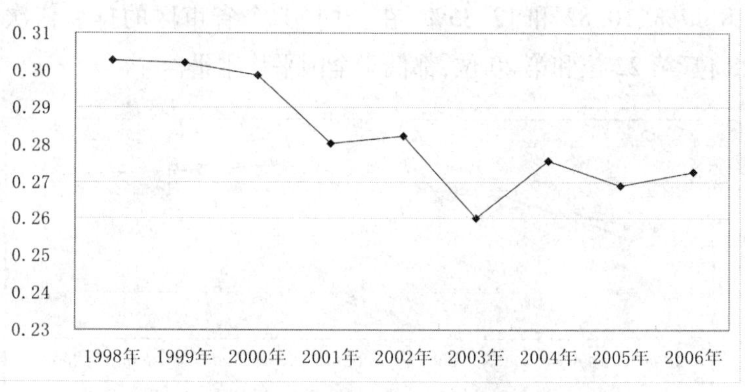

图 7－15 1998～2006 年人均社会保障基尼系数

资料来源：根据各年度《中国统计年鉴》数据收集整理。

就总的差距来看，全国 31 个省市区泰尔指数总差距从 1998 年的 0.1090 下降到 2006 年的 0.1032，总体差距在不断缩小，但从 1998 年的 0.1090 下降到 2003 年的最低点 0.0954 后，泰尔指数在 2003～2006 年又有扩大的趋势。就区间差距而言，1998～1999 年民族地区与非民族地区区间差距大幅度降低，从 1998 年的 0.0024 下降到 1999 年的 0.0001，此后差距一直保持较低的水平，最低的 2004 年泰尔指数接近于 0，到 2006 年又扩大到 0.0003。1998～2004 年区间差距降低主要是由于民族地区人均财政社会保障支出要高于全国平均水平所致，而 2004～2006 年区间差距的扩大是由于全国人均财政社会保障支出平均水平高于民族地区引起的。

从区内差距看，民族地区区内差距从 1998 年的 0.1990 下降到 2006 年的 0.1330，区内差距不断缩小；非民族地区区内差距变化较小，大致维持在 0.1 左右。我们可以看出，民族地区区内差距要明显大于非民族地区区内差异，这说明民族 8 省区人均财政社会保障支出差距较为明显。

具体来看，1998～2006 年民族地区人均财政社会保障支出增长较快，从 1998 年的 54.27 元增加到 2006 年的 291.83 元。与全国平均水平相比较，民族地区人均社会保障在 1998～2003 年都要高于全国平均水平，2004 年略低于全国平均水平，仅相差 0.51 元，2005 年和 2006 年与全国平均水平的差距

开始扩大,到2006年民族地区人均财政社会保障支出低于全国平均水平18.36元(见图7-16)。

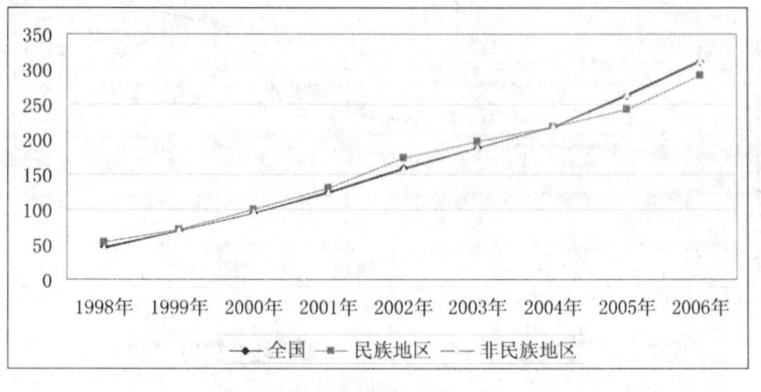

图7-16 民族地区人均财政社会保障支出比较图 单位:元

资料来源:根据各年度《中国统计年鉴》数据收集整理。

从民族8省区内部看,差异明显(见图7-17)。其中青海人均社会保障最高,2006年达到782.74元,排名全国第2位,新疆、内蒙古、宁夏和西藏2006年人均社会保障分别为491.02元、455.91元、394.91元和388.49元,在全国31个省市区排名分别为第8位、第9位、第11位和第13位,都远高于全国平均水平。而云南、广西和贵州人均社会保障相对较少,2006年分别为297.47元、167.28元和132.78元,分别排名第19位、第29位和第31位,都低于全国平均水平,其中贵州与全国平均人均财政社会保障支出相差177.41元,而最高的青海高出全国平均水平472.55元,民族地区内部出现了明显的苦乐不均的情况。

(四)财政文体广播事业费支出

从文体广播事业费的财政投入来看,2006年全国地方财政支出中文体广播事业费为758.26亿元,其中民族地区为114.28亿元,占全国地方文体广播事业费投入比重为15.07%,大于其人口占比的14.59%。纵向比较来看,1998年民族地区财政支出中文体广播事业费占比为15.47%,然后开始上升到2002年的15.99%,再下降到2006年的15.07%,总体来看,民族地区财政

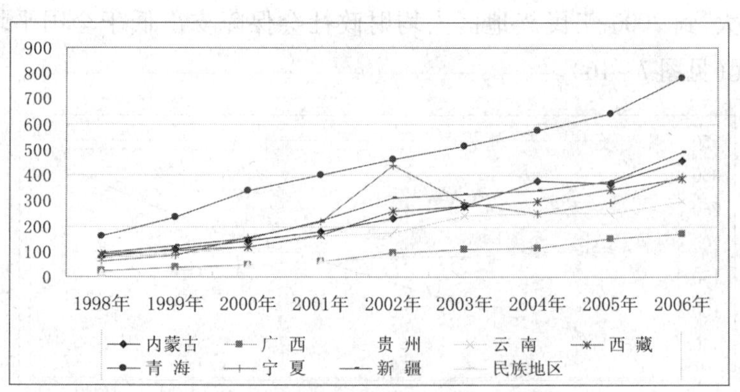

图 7－17 民族地区 1998～2006 年人均社会保障 单位:元

资料来源:根据各年度《中国统计年鉴》数据收集整理。

文体广播事业费相对较高。

1. 民族地区文体广播事业费相对规模

主要从地方文体广播事业费占 GDP 比重及其占地方财政支出比重来反映。

(1)占 GDP 比重

从民族地区地方财政支出中文体广播事业费占 GDP 比重来看(见图 7－18),从 1998 年的 0.47% 增加到 2006 年的 0.55%,总体呈现出上升态势。与全国及非民族地区相比,民族地区文体广播事业费占 GDP 比重相对较高,1998 年比全国高出 0.2 个百分点,到 2006 年高出全国平均水平 0.22 个百分点。

从民族 8 省区内部看,2006 年各省区占比相对较高,西藏财政支出中文体广播事业费占 GDP 比重最高,达到了 1.46%,以下依次为贵州、青海、宁夏、云南、新疆、广西和内蒙古,在全国 31 个省市区中分别排名为第 1 位、第 2 位、第 3 位、第 5 位、第 6 位、第 7 位、第 10 位和第 15 位,都高于全国平均水平,其中文体广播事业费占 GDP 比重最低的内蒙古也达到了 0.39%,高于全国平均水平 0.06 个百分点。

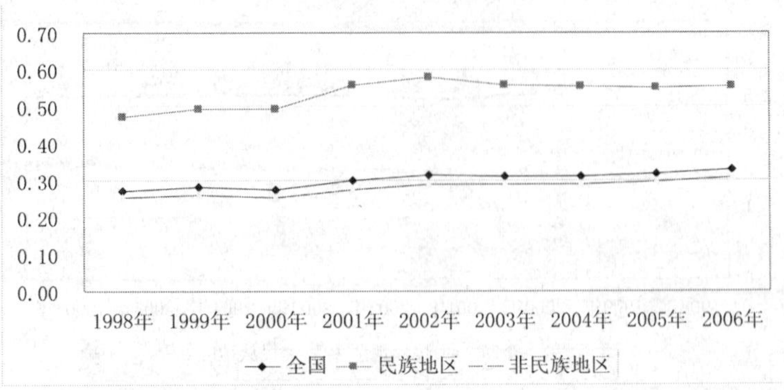

图 7-18 民族地区文体广播事业费占 GDP 比重 单位:%

数据来源:根据各年度《中国统计年鉴》数据收集整理。

注:财政支出数据按各地区预算决算数计算。

(2)占财政支出比重

从民族地区财政支出中文体广播事业费占比看,民族地区从 1998 年的 3.14% 下降到 2002 年的 2.54%,然后开始缓慢上升,到 2006 年增加到 2.64%。与全国平均水平整体比较来看,民族地区与全国平均水平走势大致类似(见图 7-19),即 1998~2002 年呈现出下降的态势,到 2002 年达到最低点,2002 年后出现缓慢上升。同时,民族地区文体广播事业费占财政支出的比重一直高于全国平均水平,其中 1998 年较全国平均水平高出 0.2 个百分点,到 2006 年高出全国平均水平 0.15 个百分点,这表明了民族地区财政支出中对文体广播事业费的支出偏好较高。

从 2006 年民族 8 省区内部差异看,贵州、广西、云南和新疆文体广播事业费占财政支出比重较高,分别为 3.33%、2.83%、2.67% 和 2.55%,分别位于全国 31 个省市区的第 1 位、第 8 位、第 9 位和第 11 位,都高于全国平均水平;而西藏、青海、内蒙古和宁夏文体广播事业费支出占财政支出比重较低,分别为 2.12%、2.28%、2.29% 和 2.30%,在全国 31 个省市区的排名依次为第 28 位、第 26 位、第 25 位和第 24 位,都低于全国平均水平。

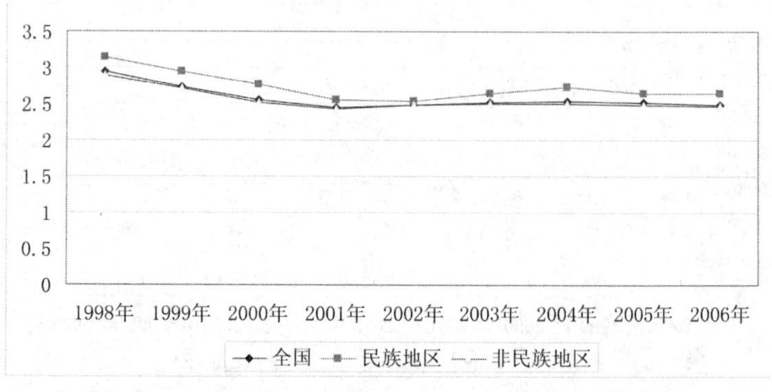

图 7－19 民族地区文体广播事业费占财政支出比重 单位:%

资料来源:根据各年度《中国统计年鉴》数据收集整理。

2. 人均文体广播事业费

用基尼系数衡量的各地区财政支出中人均文体广播事业费支出的差距来看,31 个省市区人均文体广播事业费支出基尼系数从 1998 年的 0.3094 下降到 2006 年的 0.2518,差距不断缩小(见图 7－20)。但分时段看,1998～2003 年基尼系数相对较高,维持在 0.29～0.31 之间,从 2003 年开始基尼系数快速下降,从 2003 年的 0.2896 下降到到 2006 年的 0.2581,这表明最近几年来,全国各省市区间人均文体广播事业费差距有开始趋向收敛的态势。

为了进一步比较民族地区与全国及非民族地区人均文体广播事业费的差异,引入泰尔指数来进行说明(见表 7－12)。

表 7－12 民族地区人均文体广播事业费泰尔指数

泰尔指数	1998 年	1999 年	2000 年	2001 年	2002 年	2003 年	2004 年	2005 年	2006 年
非民族地区	0.1205	0.1135	0.1301	0.1088	0.0944	0.0934	0.0898	0.0812	0.0751
民族地区	0.1657	0.1155	0.1105	0.1691	0.2322	0.1614	0.1447	0.1405	0.1773
区间差距	0.0004	0.0012	0.0041	0.0060	0.0116	0.0053	0.0050	0.0039	0.0047
总差距	0.1279	0.1150	0.1308	0.1261	0.1339	0.1113	0.1048	0.0956	0.0983

资料来源:根据各年度《中国统计年鉴》数据收集整理。

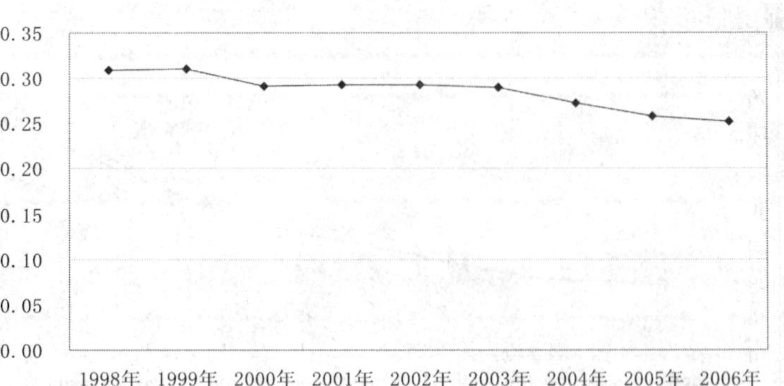

图 7－20 1998～2006 年人均文体广播事业费基尼系数

资料来源：根据各年度《中国统计年鉴》数据收集整理。

从上表可以看出，全国 31 个省市区泰尔指数总差距从 1998 年的 0.1279 下降到 2006 年的 0.0983，总体差距在不断缩小，但中间有些年份差距仍较大，如 2000 年仍维持在 0.1308，2002 年达到最高值 0.1339。就区间差距而言，1998～2002 年民族地区与非民族地区区间差距有进一步扩大的趋势，从 1998 年的 0.0004 扩大到 2002 年的 0.0116，这主要是由于民族地区相对非民族地区人均文体广播事业费较高引起的，这说明民族地区从 1998～2002 年随着财政支出中文体广播事业费比重的不断提高，人均文体广播事业费已经超过了全国及非民族地区整体水平，并且超出水平有不断扩大的趋势；2002～2006 年，在民族地区和非民族地区人均文体广播事业费不断上升的过程中，区间相对差距开始缩小（见图 7－21），由 2002 年的 0.0116 下降到 2006 年的 0.0047。

从区内差距看，民族地区区内差距从 1998 年的 0.1657 缓慢上升到 2006 年的 0.1773，区内差距变化较小，但其中 2002 年区内差距达到最大值 0.2322。非民族地区体现出区内差距不断缩小的特征，从 1998 年的 0.1205 下降到 2006 年的 0.0751。同时，我们可以看出，民族地区区间差距总体上要大于非民族地区区间差距，这说明民族 8 省区人均文体广播事业费支出差距

较为明显。

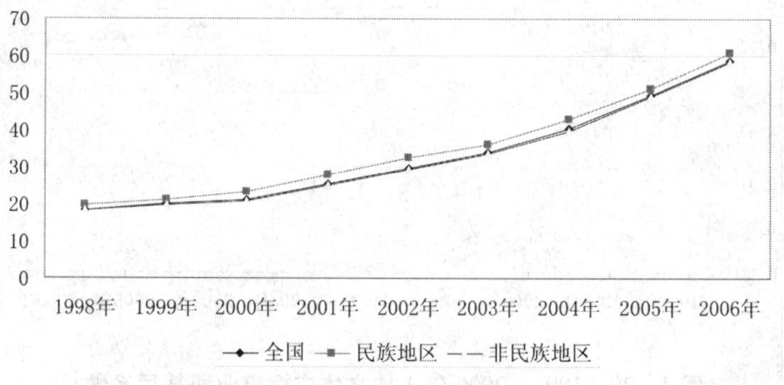

图 7－21　1998～2006 年各地区人均文体广播事业费　单位:元

资料来源:根据各年度《中国统计年鉴》数据收集整理。

具体来看,1998～2006 年民族地区人均文体广播事业费增长较快,从 1998 年的 19.52 元增加到 2006 年的 60.66 元,但相对于其他类型的公共服务投入,规模较小。与全国平均水平相比较,民族地区人均文体广播事业费略高于全国平均水平,其中 1998 年比全国平均水平高出 1.24 元,到 2006 年增加到 1.94 元,相对差距有所缩小。

从民族 8 省区内部看,差异明显(见图 7－22)。其中西藏人均文体广播事业费最高,2006 年达到 151.21 元,排名全国第 3 位,青海、新疆、内蒙古和宁夏 2006 年人均文体广播事业费分别为 89.43 元、84.37 元、77.43 元和 73.43元,在全国 31 个省市区排名分别为第 6 位、第 7 位、第 8 位和第 9 位,都高于全国平均水平。贵州、云南和广西人均文体广播事业费相对较少,2006 年分别为 54.11 元、53.27 和 43.71 元,分别排名第 20 位、第 21 位和第 24 位,都低于全国平均水平,其中最低的广西人均文体广播事业费与全国平均水平相差 15.01 元。

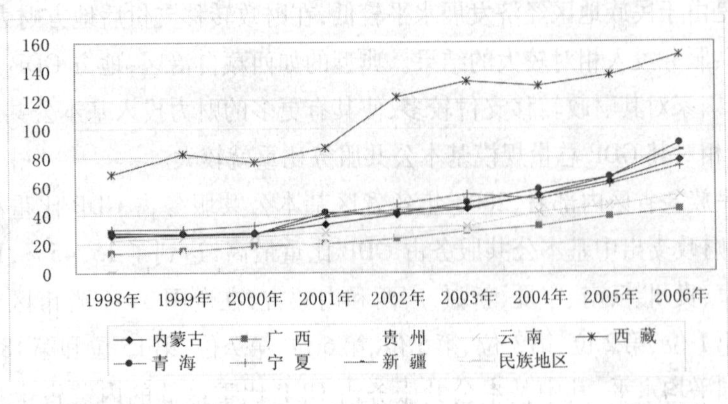

图 7－22 民族地区 1998～2006 年人均文体广播事业费 单位:元

资料来源:根据各年度《中国统计年鉴》数据收集整理。

(五)基本公共服务支出①

从基本公共服务的财政投入来看,2006 年全国地方财政基本公共服务支出为 12062.62 亿元,其中民族地区为 1719.24 亿元,占全国地方基本公共服务投入比重为 14.25%,小于其人口占比的 14.59%,基本公共服务财政投入相对不足。纵向比较来看,总体呈现下降趋势,其中 1998 年民族地区财政支出中基本公共服务占比为 15.08%,2002 年最高占比为 15.14%,然后持续下降到 2005 年的 14.09%,2006 年占比又有所上升。

1. 民族地区基本公共服务相对规模

主要从地方基本公共服务占 GDP 比重及其占地方财政支出比重来反映。

(1)占 GDP 比重

从民族地区地方财政支出中基本公共服务占 GDP 比重来看(见图 7－23),从 1998 年的 5.07% 增加到 2006 年的 8.35%,总体呈现出上升态势。与全国及非民族地区相比,民族地区基本公共服务占 GDP 比重相对较高,1998 年比全国高出 2.06 个百分点,到 2006 年高出全国平均水平 3.13 个百分点。

① 这里所计算的基本公共服务支出包括文体广播事业费、教育事业费、科学事业费、卫生经费、其他部门事业费、抚恤和社会福利救济费、行政事业单位离退休经费、社会保障补助支出。

这主要是由于民族地区经济发展水平较低,在财政转移支付后地方财力增加,基本公共服务投入相对较大的结果。典型的如西藏自治区,地方GDP总量规模较小,国家对其财政转移支付较多,使其有更多的财力投入基本公共服务建设,这样相对其GDP总量规模基本公共服务比重就较大。

从民族8省区内部看,2006年各省区基本公共服务占GDP比重相对较高,西藏财政支出中基本公共服务占GDP比重最高,达到了15.45%,以下依次为青海、贵州、云南、宁夏、新疆、广西和内蒙古,在全国31个省市区中分别排名为第1位、第2位、第3位、第5位、第6位、第7位、第15位和第18位,都高于全国平均水平,其中基本公共服务占GDP比重最低的内蒙古也达到了6.22%,高于全国平均水平1个百分点。

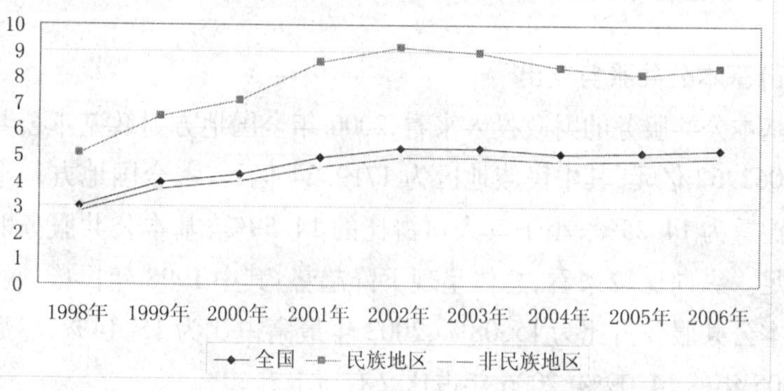

图7-23 民族地区基本公共服务占GDP比重 单位:%

数据来源:根据各年度《中国统计年鉴》数据收集整理。

注:财政支出数据按各地区预算决算数计算。

(2)占财政支出比重

从民族地区财政支出中基本公共服务占比看,民族地区从1998年的33.72%稳步上升到2003年的41.33%,然后开始缓慢下降,到2006年为39.68%。与全国平均水平整体比较来看,民族地区与全国平均水平走势大致类似(见图7-24),即1998~2003年呈现出上升的态势,到2003年达到最高点,此后出现缓慢下降。同时,民族地区基本公共服务占财政支出的比重与全

国平均水平比较,1998～2000年较全国平均水平要高,其中1998年较全国平均水平高出1.36个百分点;2001～2005年比全国平均水平略低,到2006年又高出全国平均水平0.04个百分点,总体来看,民族地区对基本公共服务的财政支出偏好与全国平均水平大体相当。

从2006年民族8省区内部差异看,云南、广西和青海基本公共服务占财政支出比重较高,分别为45.52%、42.92%和42.24%,分别位于全国31个省市区的第3位、第8位和第14位,都高于全国平均水平;而西藏、宁夏、内蒙古、新疆和贵州基本公共服务支出占财政支出比重较低,分别为22.46%、34.73%、36.68%、38.57和38.82%,在全国31个省市区的排名依次为第31位、第29位、第25位、第21位和第20位,低于全国平均水平,其中西藏较全国平均水平要低17.48个百分点。

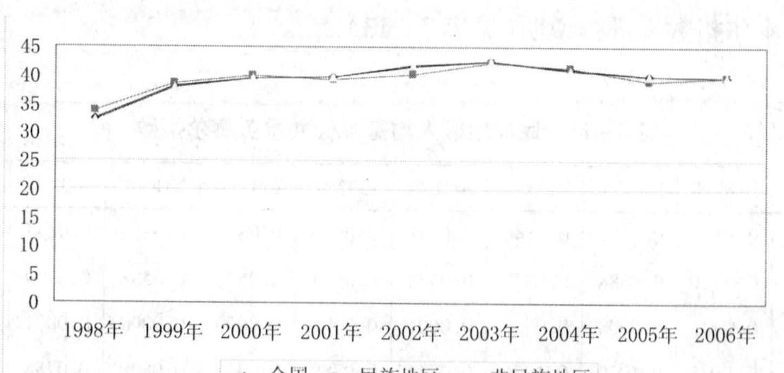

图7－24 民族地区基本公共服务占财政支出比重 单位:%

资料来源:根据各年度《中国统计年鉴》数据收集整理。

2.人均基本公共服务

用基尼系数衡量的各地区财政支出中人均基本公共服务支出的差距来看,31个省市区人均基本公共服务支出基尼系数从1998年的0.3016持续下降到2006年的0.2448,中间只有2004年基尼系数略有上升,差距不断缩小(见图7－25),这表明在考察期间基本公共服务均等化效果较好,全国各省市区间人均基本公共服务差距趋向收敛。

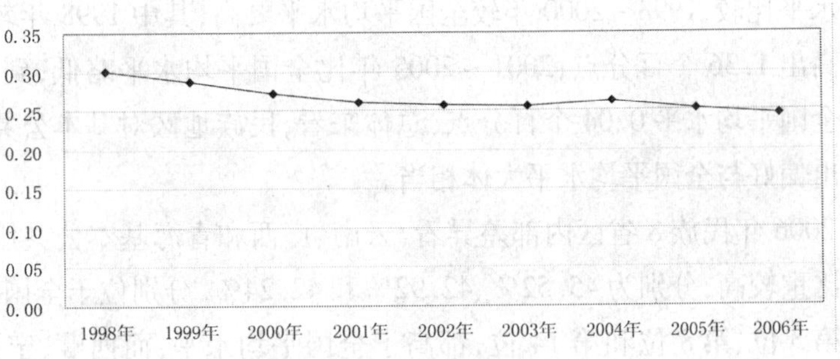

图 7－25　1998～2006 年人均基本公共服务基尼系数

资料来源:根据各年度《中国统计年鉴》数据收集整理。

为了进一步比较民族地区与全国及非民族地区人均基本公共服务的差异,引入泰尔指数来进行说明(见表 7－13)。

表 7－13　民族地区人均基本公共服务泰尔指数

泰尔指数	1998 年	1999 年	2000 年	2001 年	2002 年	2003 年	2004 年	2005 年	2006 年
非民族地区	0.1162	0.1077	0.1146	0.0891	0.0819	0.0870	0.0918	0.0842	0.0788
民族地区	0.0771	0.0688	0.0523	0.0570	0.0614	0.0571	0.0588	0.0449	0.0480
区间差距	0.0001	0.0000	0.0000	0.0001	0.0001	0.0000	0.0000	0.0001	0.0000
总差距	0.1105	0.1020	0.1056	0.0844	0.0789	0.0826	0.0870	0.0788	0.0745

资料来源:根据各年度《中国统计年鉴》数据收集整理。

就总的差距来看,全国 31 个省市区泰尔指数总差距从 1998 年的 0.1105 下降到 2006 年的 0.0745,总体差距在不断缩小。但考虑到民族地区当前基本公共服务水平较低,基本公共服务成本较高的现实,国家对民族地区基本公共服务投入仍显不足。进一步考察民族地区人均基本公共服务支出可以看出(见图 7－26),1998～2006 年民族地区人均基本公共服务增长较快,从 1998 年的 209.61 元增加到 2006 年的 912.60 元。与全国平均水平相比较,1998～2003 年,民族地区人均基本公共服务支出要高于全国平均水平,其中 2002 年

高出全国平均水平 17.79 元;而 2004 ~ 2006 年期间民族地区人均基本公共服务支出要低于全国平均水平,其中 2006 年较全国平均水平低 21.54 元。这表明近几年民族地区人均基本公共服务支出虽然与全国平均水平的相对差距较小,但已开始呈现出下降的趋势。

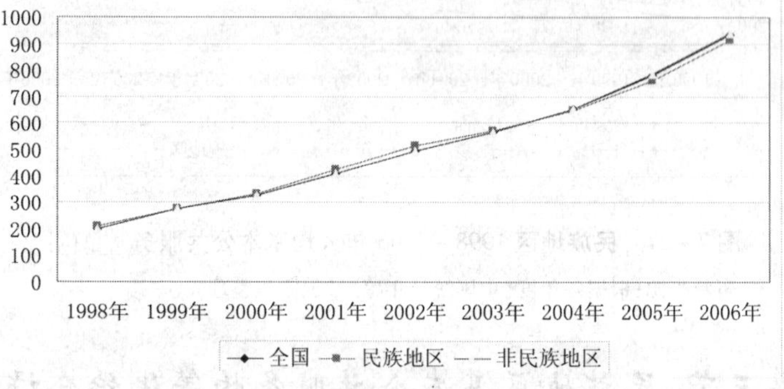

图 7 – 26 1998 ~ 2006 年各地区人均基本公共服务 单位:元

资料来源:根据各年度《中国统计年鉴》数据收集整理。

从区内差距看,民族地区区内差距从 1998 年的 0.0771 下降到 2006 年的 0.0480,区内差距进一步缩小;非民族地区也体现出区内差距不断缩小的特征,从 1998 年的 0.1162 下降到 2006 年的 0.0788。

从民族 8 省区内部看,差异较为明显(见图 7 – 27)。其中青海和西藏人均基本公共服务支出最高,2006 年分别为 1654.70 元和 1600.34 元,排名全国第 4 位和第 5 位;新疆、内蒙古和宁夏 2006 年人均基本公共服务支出分别为 1276.55 元、1242.84 元和 1110.83 元,在全国 31 个省市区排名分别为第 7 位、第 8 位和第 12 位,都高于全国平均水平。云南、广西和贵州人均基本公共服务相对较少,2006 年分别为 907.39 元、663.45 和 630.92 元,分别排名第 17 位、第 27 位和第 30 位,都低于全国平均水平,其中最低的贵州人均基本公共服务与全国平均水平相差 303.22 元,差距巨大。

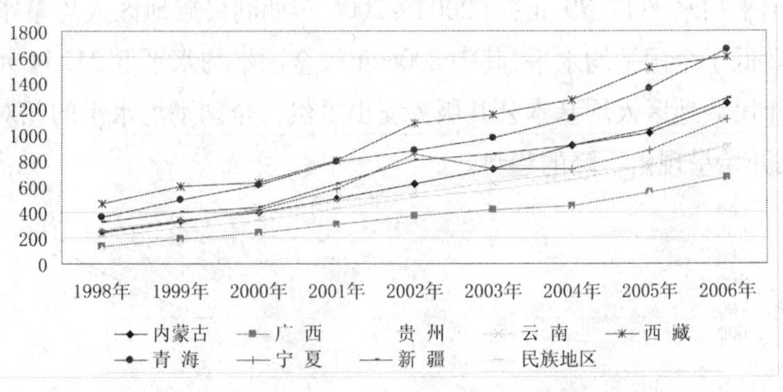

图 7－27　民族地区 1998～2006 年人均基本公共服务　单位:元

资料来源:根据各年度《中国统计年鉴》数据收集整理。

第三节　民族地区基本公共服务均等化综合评价

为了更清楚地说明民族地区基本公共服务及各主要分项支出的均等化效应,我们按照上面的计算选取各项基本公共服务支出占财政支出的比重及人均基本公共服务两个指标,并计算民族地区与全国 31 个省市区平均水平的比值,合并表格来进行综合评价。

一、民族地区与全国平均水平的比较分析

(一)基本公共服务支出占财政支出比重

基本公共服务占财政支出比重能够反映地方政府的财政支出偏好。从表中可以看出(见表 7－14),2006 年民族地区基本公共服务支出占财政支出比重为 39.68%。与全国平均水平相比,民族地区基本公共服务支出在西部大开发前较全国平均水平要高,2000 年西部大开发以后,公共服务支出偏好有所下降,2004 年后又基本回升到全国平均水平。

从各分项看,民族地区教育事业费在财政支出中比重较高,2006 年达到了 15.04%。与全国平均支出水平比较看,1998～2006 年民族地区教育事业费占财政支出比重一直较全国平均水平要低,尤其是 2002 年仅为全国平均水

平的91.34%,但2004年以来支出比重明显提高,到2006年是全国平均水平的102.04%。其次为社会保障支出,2006年占财政支出比重为12.69%;与全国平均水平比较看,1998年民族地区社会保障占财政支出比重是全国平均水平的117.34%,到1999年大幅度下降到104.38%,1999~2004年稳定在比全国平均水平略高的水平,2005年和2006年下降到全国平均水平之下,下降趋势明显。

2006年民族地区卫生经费和文体广播事业费占财政支出比重分别为4.74%和2.64%,与全国平均支出水平比较看,一直较全国平均水平要高。其中卫生经费占财政支出比重呈现稳步上升的态势,1998年民族地区卫生经费占财政支出比重是全国平均支出水平的102.27%,到2006年稳步上升到全国平均支出水平的111.27%,民族地区卫生经费支出偏好呈现逐年上升的趋势。从文体广播事业费占财政支出比重看,民族地区占比普遍在全国平均支出水平的105%以上,并维持相对稳定,可见民族地区财政支出中对文体广播事业费偏好较高。这对加快民族地区医疗卫生及文化、体育等基本公共服务建设将起到很好的推动作用。

表7-14 民族地区基本公共服务占财政支出比重

年份	民族地区(%)					民族地区/全国平均水平(%)				
	公共服务	教育	卫生	社会保障	文体广播	公共服务	教育	卫生	社会保障	文体广播
1998	33.72	15.65	5.41	8.73	3.14	104.20	98.86	102.27	117.34	106.80
1999	38.63	15.22	5.07	10.02	2.95	101.50	98.07	103.89	104.38	107.66
2000	39.86	14.8	4.88	12.05	2.77	100.96	95.24	105.86	105.06	108.63
2001	39.16	14.73	4.56	12.09	2.55	98.84	95.03	107.55	100.42	104.51
2002	40.18	14.55	4.32	13.48	2.54	96.84	91.34	106.93	101.13	102.01
2003	42.24	14.86	4.76	14.48	2.65	99.67	94.95	108.43	103.21	105.16
2004	41.33	15.16	4.44	13.87	2.73	100.73	99.21	109.90	101.39	107.91
2005	39.14	14.73	4.56	12.52	2.64	98.05	99.33	112.87	93.78	105.18
2006	39.68	15.04	4.74	12.69	2.64	100.10	102.04	111.27	96.43	106.02

(二)人均基本公共服务支出

人均基本公共服务支出反映了地方财政的实际支出水平。从表中可以看出(见表7-15),1998~2006年民族地区基本公共服务人均支出从209.61元上升到912.60元,年均增长率为37.26%,增长较快。与全国平均水平相比,民族地区人均基本公共服务支出在1998~2003年都较全国平均水平要高,2004年后,人均基本公共服务支出有所下降,低于全国平均支出水平,2006年民族地区人均基本公共服务支出为全国平均水平的97.69%。

从各分项看,民族地区人均教育事业费2006年为345.92元,1998~2006年年均增长率为28.39%。与全国平均支出水平比较看,1998~2006年民族地区人均教育事业费一直较全国平均水平要低,尤其是2003年仅为全国平均水平的96.02%,到2006年是全国平均水平的99.59%,这表明民族地区财政支出中教育事业费支出水平还有待于进一步提高。2006年民族地区人均社会保障支出为291.83元,1998~2006年年均增长率为48.64%,增长最快。与全国平均水平比较看,1998年民族地区人均社会保障支出是全国平均水平的117.26%,到1999年大幅度下降到103.68%,1999~2003年稳定在比全国平均水平稍高的水平,2004~2006年下降到低于全国平均水平之下,最低的2005年民族地区人均社会保障支出仅为全国平均水平的92.72%,下降趋势明显。

2006年,民族地区人均卫生经费和人均文体广播事业费分别为109.05元和60.66元,1998~2006年年均增长率分别为24.91%和23.42%,相比较人均文体广播事业费增长较慢。与全国平均支出水平比较看,二者一直较全国平均水平要高。其中人均卫生经费呈现稳步上升的态势,1998年民族地区人均卫生经费是全国平均支出水平的102.09%,到2006年上升到全国平均支出水平的108.66%,最高的年份2002年是全国平均支出水平的114.24%;从人均文体广播事业费看,民族地区人均支出普遍较全国平均支出水平要高,并维持在相对稳定的水平。

表 7－15 民族地区人均基本公共服务支出

年份	民族地区(元)					民族地区/全国平均水平(%)				
	公共服务	教育	卫生	社会保障	文体广播	公共服务	教育	卫生	社会保障	文体广播
1998	209.61	97.31	33.64	54.27	19.52	104.07	98.75	102.09	117.26	106.78
1999	277.71	109.4	36.44	72.05	21.2	100.81	97.38	103.23	103.68	106.75
2000	333.51	123.85	40.81	100.85	23.15	101.99	96.25	106.78	106.17	109.61
2001	424.98	159.83	49.44	131.25	27.68	103.53	99.54	112.41	105.24	109.67
2002	514.94	186.47	55.35	172.8	32.6	103.58	97.66	114.24	108.16	109.32
2003	573.51	201.73	64.59	196.58	35.93	100.84	96.02	109.68	104.41	106.11
2004	647.3	237.51	69.53	217.16	42.8	99.14	97.69	108.12	99.77	106.34
2005	758.64	285.46	88.33	242.63	51.25	96.96	98.21	111.61	92.72	104.25
2006	912.6	345.92	109.05	291.83	60.66	97.69	99.59	108.66	94.08	103.30

二、民族地区内部差异分析

(一)基本公共服务支出占财政支出比重

本文仅以 2006 年的年度数据予以说明。从表中可以看出(见表 7－16),2006 年民族地区基本公共服务支出占财政支出比重为 39.68%。但民族 8 省区内部差异较为明显,其中基本公共服务支出占财政支出比重最高的是云南,占到 45.52%,其次为广西和青海,分别为 42.92% 和 42.24%,都较民族地区平均水平要高;而贵州、新疆、内蒙古、宁夏和西藏,公共服务占财政支出比重要低于民族地区平均水平,其中占比最低的西藏仅为 22.46%,较民族地区平均水平低 17.22 个百分点。

从民族 8 省区各分项公共服务支出看,内蒙古社会保障支出占比要高于民族地区平均水平,而财政支出对教育事业费、卫生经费和文体广播事业费的偏好明显不足。广西教育事业费和文体广播事业费支出占比较高,而卫生经费和社会保障方面的支出偏好较低。贵州文体广播事业费和教育事业费支出占比较高,卫生经费的支出偏好也略高于民族地区平均水平,而社会保障支出偏好明显偏低。云南财政支出中对各分项基本公共服务的支出偏好都要高于民族地区平均水平,尤其是卫生经费支出占比达到了民族地区平均水平的

134.81%。西藏与云南刚好相反,对各分项基本公共服务的支出偏好都要明显低于民族地区平均水平,尤其是社会保障支出占比仅为民族地区平均水平的42.95%。青海社会保障占比是民族地区平均水平的157.45%,卫生经费支出占比也较民族地区平均水平要高,而教育事业费和文体广播事业费占比较民族地区平均水平要明显偏低。宁夏各分项基本公共服务的支出偏好都要低于民族地区平均水平,尤其是卫生经费支出占比仅为民族地区平均水平的76.58%。新疆除社会保障支出占比高于民族地区平均水平以外,其他3项占比都低于民族地区平均水平。这表明民族地区内部对基本公共服务支出的偏好明显不同,差异较大。

表7-16　2006年各民族省区基本公共服务占财政支出比重

地区	占财政支出比重(%)					各省区/民族8省区平均水平(%)				
	公共服务	教育	卫生	社会保障	文体广播	公共服务	教育	卫生	社会保障	文体广播
内蒙	36.68	11.70	3.48	13.46	2.29	92.44	77.79	73.42	106.07	86.74
广西	42.92	18.57	4.58	10.82	2.83	108.17	123.47	96.62	85.26	107.20
贵州	38.82	18.33	4.92	8.17	3.33	97.83	121.88	103.80	64.38	126.14
云南	45.52	16.83	6.39	14.92	2.67	114.72	111.90	134.81	117.57	101.14
西藏	22.46	10.29	4.04	5.45	2.12	56.60	68.42	85.23	42.95	80.30
青海	42.24	11.36	5.39	19.98	2.28	106.45	75.53	113.71	157.45	86.36
宁夏	34.73	12.74	3.63	12.35	2.30	87.53	84.71	76.58	97.32	87.12
新疆	38.57	13.16	4.41	14.84	2.55	97.20	87.50	93.04	116.94	96.59
平均	39.68	15.04	4.74	12.69	2.64	100.00	100.00	100.00	100.00	100.00

(二)人均基本公共服务支出

从人均基本公共服务支出看,受各民族地区人均财政支出差别及支出偏好的影响,民族8省区内部人均基本公共服务支出差别更为明显(见表7-17)。2006年民族地区人均基本公共服务支出为912.6元,其中人均基本公共服务支出居前的是青海和西藏,分别达到1654.70元和1600.34元,分别是民族地区平均水平的181.32%和175.36%;新疆、内蒙和宁夏分别为1276.55

元、1242.84元和1110.83元，这5个省区都属于西北民族地区，明显较民族地区平均水平要高。而属于西南民族地区的云南、广西和贵州，人均基本公共服务都低于民族地区平均水平，尤其是广西和贵州，分别较民族地区平均水平低249.2元和248.68元，仅为民族地区平均水平的72.70%和69.13%。

从各分项人均基本公共服务支出看，西北民族5省区明显要高于西南民族3省区人均基本公共服务支出水平。对于西北民族地区，除了内蒙古和新疆的人均文体广播事业费支出较民族地区平均水平低之外，其他各项人均基本公共服务支出都较民族地区平均水平要高，有些指标如青海的人均社会保障支出和西藏的人均卫生经费支出都达到了民族地区平均水平的260%以上；而西南民族地区除了云南省人均文体广播事业费支出指标较高外，其他各项人均支出指标都明显偏低。尤其是贵州和广西，各项人均支出指标都较民族地区平均水平要低很多。

表7-17 2006年各民族省区人均基本公共服务支出

地区	人均基本公共服务(元)					各省区/民族8省区平均水平(%)				
	公共服务	教育	卫生	社会保障	文体广播	公共服务	教育	卫生	社会保障	文体广播
内蒙	1242.84	396.47	117.84	455.91	43.71	136.19	114.61	108.06	156.22	72.06
广西	663.45	287.06	70.79	167.28	54.11	72.70	82.98	64.92	57.32	89.20
贵州	630.92	297.90	79.95	132.78	53.27	69.13	86.12	73.31	45.50	87.82
云南	907.39	335.48	127.42	297.47	151.21	99.43	96.98	116.85	101.93	249.27
西藏	1600.34	732.97	288.05	388.49	89.43	175.36	211.89	264.14	133.12	147.43
青海	1654.70	444.81	211.29	782.74	73.43	181.32	128.59	193.76	268.22	121.05
宁夏	1110.83	407.58	116.03	394.91	84.37	121.72	117.82	106.40	135.32	139.09
新疆	1276.55	435.51	146.08	491.02	58.72	139.88	125.90	133.96	168.26	96.80
平均	912.6	345.92	109.05	291.83	60.66	100.00	100.00	100.00	100.00	100.00

三、财政转移支付对提升民族地区基本公共服务支出效果评价

政府公共服务支出的多少受到政府服务能力和公共需求的影响。① 考虑到我国目前就整体而言，基本公共服务尚处于政府供给导向型阶段，尤其是对于民族地区等经济、社会发展相对落后地区。本文就地方政府基本公共服务支出供给的影响因素进行分析。

（一）基本思路与分析方法

地方政府公共服务供给能力主要取决于以下几个方面，各地区经济发展水平、地方政府自身财力、中央政府转移支付和公共服务支出偏好的影响等。我们将以人均基本公共服务支出表示某一地区的公共服务供给数量。62 它们由地区经济发展水平（用人均 GDP 表示）、地方政府财政能力（包括地方财政收入和中央转移支付，分别用人均地方财政收入和人均财政转移支付表示②）及政府对基本公共服务的支出偏好（用基本公共服务占财政支出比重表示）。为此，我们建立地区基本公共服务供给回归模型，并分别对民族地区、全国及非民族地区进行回归，比较其影响因素及其差异的程度，得出相应的结论。具体回归方程如下：

$$\ln psp_t = c + \alpha_1 \ln pgdp_t + \alpha_2 \ln pfina_t + \alpha_3 \ln ptran_t + \alpha_4 \ln pse_t + \mu_t$$

其中 *psp* 表示人均基本公共服务，解释变量 *pgdp* 表示人均 *GDP*，代表地区经济发展水平，*pfina* 表示人均地方财政收入，代表地方政府自身财力，*ptran* 表示人均转移支付，代表中央对地方的财政转移支付，*pse* 表示地方政府用于公共服务的支出占财政支出比重，代表政府的公共服务支出偏好，c 为非观测固定影响因素，其中包括各地区的地理位置、自然条件、历史条件和风俗习惯等，μ 为残差。

（二）数据来源

我们将利用各地区在 1998～2006 年的面板数据，对民族地区公共服务支

---

① 吕炜、王伟同：《中国基本公共服务提供均等化问题研究》，《财政研究》2008 年第 5 期。

② 其中人均财政转移支付用人均地方财政支出减去人均地方财政收入来度量。

出的影响因素进行实证研究,并与全国及非民族地区进行对比。本文采用的数据来自于相关年份的《中国统计年鉴》和《中国财政年鉴》,具体数据参照上文的计算结果。

(三)结果分析

回归结果见下表。从调整后 R^2 看,方程的拟合程度很高,都在0.98以上。从回归结果看,作为影响政府公共服务提供能力经济发展水平的人均GDP没有通过显著性检验,主要原因是由于地方财政能力占GDP比重较小。人均财政收入除民族地区没有通过显著性检验外,全国及非民族地区都在1%水平上显著,究其原因,主要是由于民族地区自身财政能力有限,与人均公共服务支出的相关度较小,这也和前面的分析保持一致;从地方政府用于公共服务的支出占财政支出比重所代表政府的公共服务支出偏好看,都在1%水平上显著,其中民族地区公共服务支出偏好的回归系数较全国平均水平要高。

尤其值得我们注意的是,从人均转移支付所代表中央对地方的财政转移支付看,民族地区、全国及非民族地区都在1%水平上显著,其中民族地区人均转移支付的回归系数较全国平均水平要高,明显高于非民族地区的回归系数,这表明财政转移支付对提升民族地区基本公共服务支出效应更为明显,也可以理解为在民族地区自身财政能力有限的条件下,基本公共服务支出对转移支付更为依赖。

表7-18 地方政府基本公共服务供给的影响因素分析

指标	全国	民族地区	非民族地区
C	-3.8202***	-3.8148***	-5.3117***
pgdp	0.0192	0.0046	0.2735
ptran	0.5579***	0.6073***	0.2837***
pfina	0.4245***	0.5276	0.3882***
pse	0.9586***	0.9644***	0.9070***
Adjusted R^2	0.99	0.99	0.98

注:***、**分别表示在1%水平、5%水平上显著。

同样地,我们也可以某分项公共服务支出作为解释变量进行考察。具体结果如下表(表 7－19),从表中可以清楚地看出,在人均转移支付的回归系数中,民族地区各分项基本公共服务都较全国平均水平要高,尤其是教育事业费支出的系数差异最为明显。这表明等量财政转移支付对提升民族地区各分项基本公共服务支出效应更为明显,尤其是对教育投入的提升上。

表 7－19　地方政府各分项基本公共服务供给的影响因素分析

指标	教育事业费		卫生经费		社会保障经费		文体广播事业费	
	全国	民族地区	全国	民族地区	全国	民族地区	全国	民族地区
C	－4.4408 *	－4.2577 **	－3.9565 **	－3.9750 **	－3.9278 **	－4.0240 **	－3.9856 *	－3.7548 *
pgdp	0.0206	－0.0089	0.0134	0.0122	0.0154	0.0902	0.0063	－0.1507
ptran	0.3858 **	0.6182 ***	0.4055 ***	0.6116 ***	0.4289 ***	0.6294 ***	0.4152 ***	0.6717 **
pfina	0.6044 **	0.3815 ***	0.5802 ***	0.3711 **	0.5602 ***	0.2818 **	0.5794 **	0.4639 **
pse	1.1425 **	1.1463 ***	1.0038 ***	1.0314 ***	0.9781 ***	0.9562 ***	1.0443 **	1.1933 **
Adjusted R^2	0.99	0.98	0.99	0.99	0.99	0.98	0.98	0.99

注:***、**分别表示在 1% 水平、5% 水平上显著。

综合以上的分析可以看出,民族地区与全国及非民族地区基本公共服务支出差距较小,但考虑到民族地区当前基本公共服务水平较低,基本公共服务成本较高的现实,国家对民族地区基本公共服务投入仍显不足,民族地区基本公共服务支出的需求缺口较大。

值得我们注意的是,财政转移支付对提升民族地区基本公共服务支出效应更为明显,等量财政转移支付对提升民族地区各分项基本公共服务支出效应更为明显,尤其是对教育投入的提升。这说明,与全国及非民族地区相比,民族地区财政自我供给能力较差,财政转移支付对提升地区基本公共服务水平的穷人边际效应要高于富人边际效应。因此,需要进一步增加对人均支出水平较低、发展水平较低的民族地区的财政转移支付力度,充分发挥财政转移支付的基本公共服务均等化功效。

第八章 民族地区财政转移支付存在的主要问题

在第三章到第七章中,我们分别对民族地区财政转移支付的规模、结构及基本公共服务的均等化效应进行了定量评价。本章将对以上评价结论进行总结,从民族地区财政转移支付规模、结构和基本公共服务均等化效应三个方面对现行的民族地区财政转移支付存在的主要问题进行分析,从而为新时期民族地区财政转移支付的制度创新提供重要的立论依据。

第一节 民族地区财政转移支付规模

一、转移支付对增加民族地区财政收入能力作用有限

从转移支付后人均财政支出的泰尔指数看,民族地区与非民族地区区间差异平均为0.0002,区间差异相当小,中间有几个年份接近于零。这说明经过转移支付后的民族地区与非民族地区的差距已不明显,民族地区作为整体而言与非民族地区相比财政能力的差距很小。

但从人均财政收入的泰尔指数看,民族地区与非民族地区的区间差异呈现持续上升的趋势,从1995年的0.0059上升到2006年的0.0147,这表明民族地区人均财政收入与非民族地区的差距在不断拉大。

尤其是从2000年西部大开发后,民族8省区地方财政收入占比急剧下降,由2000年的9.83%迅速下降到2001年的9.20%,到2005年,民族地区地方财政收入占比仅为8.93%,2006年这一比例又减少到8.91%。

民族地区财政收入占比与西部大开发前相比，趋向于下降。这说明财政转移支付虽然在一定程度上提升了民族地区的财政支出水平，但对于提升民族地区自身发展能力，尤其是对于增加民族地区财政收入能力建设方面发挥的作用相对有限，只能说起到了事后补偿作用。这样就容易形成民族地区地方财力增长缓慢，进而对国家转移支付依赖度更高的状况。这也进一步说明财政转移支付对民族地区财政能力改善的动态效果也是极为有限的。民族地区财政对转移支付不仅依赖程度很高，而且基本没有下降的趋势。这说明财政转移支付尚未对民族地区生产力的形成和经济增长产生足够的影响力和支持力，尚未能彻底扭转民族地区与全国财力差异的走向。这也显示出财政转移支付对促进民族地区经济增长，提升民族地区政府财力的重要性和迫切性。

二、民族地区可用财力仍显不足

转移支付前，民族地区 2005 年财政收入占全国地方财政收入比重为 8.93%；转移支付实施后，民族地区财政支出占比增加到 14.37%。可以看出，转移支付对提升民族地区财政能力起到了较好的作用。但用可用财力指标来表征转移支付后民族地区地方财政能力状况，可以看出，2005 年民族地区可用财力占比为 13.52%。

从人均财政能力指标看（见图 8－1），如果将 2005 年全国按总人口计算的人均财政收入作为 100，民族地区仅为 61.22。中央实施转移支付后，民族地区人均可用财力和支出分别上升到 93.01 和 98.49。与全国相比，尽管人均支出指标相差较小，但人均财力指标还差 6.99 个百分点。

这表明，由于民族地区地方本级财政收入较少，自身财力有限，经过各种形式的转移支付和中央补助后，民族地区可用财力与全国及非民族地区相比，仍显不足，需要在今后的财政制度安排中进一步加大对民族地区的支持力度，真正体现国家对民族地区财政转移支付的倾斜。

三、民族地区财政转移支付内部差异明显

如前所述，经过转移支付后的民族地区与非民族地区的差距已不明显，民

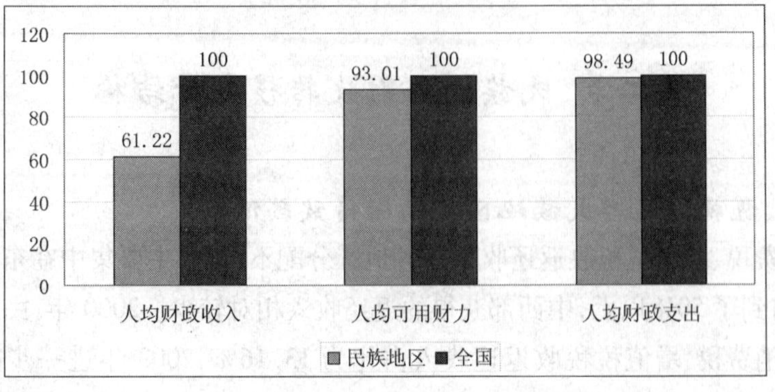

图 8－1 2005 年民族地区人均财政能力比较

族地区作为整体而言与非民族地区相比财政能力的差距很小。但从分地区内部差异来看，转移支付后非民族地区人均财政支出内部差异较大，平均泰尔指数为 0.1413，但要小于转移支付前的人均财政收入水平的差异程度；而民族地区平均泰尔指数为 0.0754，远大于其财政转移支付前的人均财政收入的差异水平，这说明转移支付后，非民族地区财政能力的区内差异在缩小，而民族地区财政能力的区内差异在进一步扩大。表现最为典型的是西南民族地区和西北民族地区的差异。在西北民族地区地方财政收支占比持续上升的态势下，西南民族地区财政收支占比却出现了较大幅度的下降。

以广西壮族自治区为例，与全国 31 个省市区平均水平相比，广西各项财政收支指标都出现了一定程度的下降，表现为转移支付前的地方财政收入及其人均水平排名持续下降；转移支付后的人均地方财政支出占比及其人均水平排名也呈现较为明显的下降趋势。这表明广西财政能力与全国差距已经形成且差距仍在持续扩大，中央对广西转移支付的均等化功能并没有得到很好的体现。

第二节 民族地区财政转移支付结构

一、税收返还对民族地区的均衡绩效较低

消费税、增值税税收返还收入在各地区分配不均衡,主要集中在东部发达地区,占到了50%以上,中西部获得的返还收入相对较少。2000年,民族地区获得的消费税、增值税税收返还收入占比为13.16%,2003年进一步减少为12.57%,到2004年上升到12.67%,2005年又下降到12.65%,小于民族地区人口占比的14.59%,并且呈现出逐年下降的趋势。

从人均消费税、增值税税收返还收入看,民族地区呈现逐年上升的态势,由2000年的161.81元上升到2005年的193.96元。但与31个省市区平均水平相比较,一直低于其平均水平,由2000年人均水平相差13元,扩大到2005年相差28.86元,差距呈现逐步扩大的趋势,与非民族地区差距更大。

2005年,所得税基数返还在各地区分配更不均衡,东部发达地区占到了69.56%,西部获得的最少,为12.67%;民族地区获得的所得税基数返还收入占比仅为6.83%。这也使得所得税基数返还对均衡民族地区的效应更差。从人均所得税基数返还收入看,2005年民族地区为32.88元,不到31个省市区平均水平的一半,与非民族地区差距更大。

从其均衡绩效看,2005年,消费税、增值税税收返还占到财政转移支付比重的24.61%,但对均衡民族地区财政能力的绩效偏低,仅为0.02;占比为7.72%的所得税基数返还对均衡民族地区财力的绩效I为负值,为负0.02,进一步拉大了民族地区与全国财政能力的差距。

税收返还,具有转移支付的形式,但实质上是一种地方分享收入。这一做法的初衷是保证地方既得利益,以使改革能顺利推行下去,但同时也体现了向收入水平高的地区倾斜的原则。民族地区由于自然地理、历史等方面的原因,经济发展的基础差,增量少,民族地区所获得的税收返还是很少的,这一部分主要为东部发达地区所享有,这样就进一步加大了民族地区与发达地区财政

转移支付事实上的不平等。虽然随着专项转移支付、一般性转移支付总量的增加,税收返还在整个转移支付中所占的比重较20世纪90年代有所下降,但仍占有较大的比例。2006年,中央转移支付总额达13073.77亿元。其中,对地方的税收返还3930.22亿元,占到总额的30.06%;安排其他各类转移支付9143.55亿元,其中一般性转移支付1529.85亿元,仅占11.70%。①

二、对民族地区均等化功能强的转移支付规模较小

对民族地区财政能力均衡绩效最高的是民族地区转移支付,其次为原体制补助和一般性转移支付,但规模普遍偏小,均等化作用有限。

(一)民族地区转移支付所占份额少,重视不够

民族地区转移支付,占比P为1.38%,所占比例较小,但对民族地区均衡效应的绩效I最高,为0.70。在现行的转移支付制度中,最能体现对民族地区财政支持的,应该是专门针对少数民族地区的"民族地区转移支付"。正如全国人大常委会预算工作委员会的刘英同志所说,"由于我国民族地区多分布在西部边远地带,财政支出成本高,人均财政收入水平低,财力对财政收入的增长弹性较差,统一实行客观因素转移支付,难以体现中央对民族地区的倾斜政策,所以中央财政在客观因素转移支付之外,又增加了对少数民族省区和非少数民族省区的少数民族自治州的政策性转移支付。这种转移支付带有一定的优惠性和照顾性。"但是,这一有特色的制度设计在实施过程中,却显得力度不够,实效不明显。

总体看来,民族地区转移支付所占比例相对较小,2005年,中央财政共安排民族地区转移支付资金159亿元,占当年转移支付总额的1.38%。与一般性转移支付增长相比,民族地区转移支付增长相对缓慢。2000年,民族地区转移支付规模为一般性转移支付的40.32%,2005年这一比例缩小到16.75%。以广西为例,2000~2005年,以"民族地区转移支付"为名目的转移

① 金人庆:《在第十届全国人民代表大会常务委员会第二十八次会议上关于规范财政转移支付情况的报告》,http://npc.people.com.cn/GB/28320/86093/86094/5920601.html.

支付总额为49.22亿元,其中2000年为2.92亿元,2005年为20.94亿元。分别占当年转移支付总额的2.34%和5.87%。有限的经费通过自治区政府分解后再向下对数十个市县转移支付,落实到基层的就很少了。

(二)原体制补助比例小,逐年下降

民族地区属于净补助地区。2005年原体制补助规模为130.14亿元,其中补助规模最大的是西藏自治区,为40.8亿元;其次是新疆维吾尔自治区,19.37亿元。可以看出,原体制定额补助对民族地区财政能力的均衡绩效I高,每一单位的原体制补助提升民族地区财政能力占比0.61个百分点。但其在整个转移支付中所占比例较小,由2000年的2.58%下降到2005年的1.13%。而且由于其相对固定,随着转移支付总体规模的扩大,今后比例还会进一步降低。

(三)一般性转移支付数额少,所占比例低

一般性转移支付主要集中在中西部地区。2000年,西部地区占比最高为61.44%,中部地区为37.10%,东部地区为1.46%;2005年,西部地区占比最高为47.97%,中部地区为46.29%,东部地区为5.73%。可以看出,随着一般性转移支付总量的增加,西部地区占比持续下降,中部地区有所上升,而东部地区上升相对幅度更大。

2000年,民族地区获得的一般性转移支付占比为45.45%,随着一般性转移支付规模和比重的加大,民族地区所占一般性转移支付的比例呈现下降的趋势,2003年减少到33.12%,到2005年又下降到30.46%。但总体来看,民族地区一般性转移支付占比较高,对均衡民族地区财政能力起到了很好的提升作用。从均衡绩效看,一般性转移支付绩效I为0.16,相对较高。

从一般性转移支付占转移支付总量的比例看,已从1995年占比0.83%增加到2005年的9.75%。但总体来看,与发达国家规范的转移支付制度相比,9.75%的比例仍相对较小。2007年在财政收入增长32.4%情况下,一般性转移支付占比也只有13.8%,对民族地区财力均衡效应相对有限。

因此,尽管一般性转移支付的增长幅度大大高于整个转移支付的增长幅度,财政转移支付的天平正在向政府公共服务能力均等化方向倾斜,但一般性

转移支付规模一直偏小,远远不及调整收入分配政策、农村税费改革等专项转移支付补助规模,降低了中央财政对地区间财力差距的均衡能力。另一方面,这种以服务能力均等化为导向的,以因素法为标准的一般性转移支付在整个财政转移支付制度设计中还处于从属的地位。事实说明,为进一步增强民族地区的发展能力,推进民族自治地方政府公共服务能力的均等化,有必要加大一般性转移支付的力度,增加"因素法"在转移支付测算中所占的比重,使转移支付进一步向西部地区、民族地区倾斜,更好的发挥其在平衡政府财力,实现政府公共服务职能均等化方面的作用。

三、专项转移分配不合理

(一)专项转移支付对民族地区均衡绩效有待于进一步提升

2005年,专项转移支付主要集中在中西部地区,其中中部地区占到了41.66%,西部地区占比为40.55%,东部地区占到17.79%。可以看出,专项转移支付对均衡地区间财力差异发挥了一定的作用;民族地区获得的财力性转移支付占比为22.92%,这体现了专项转移支付对民族地区的倾斜。从人均专项转移支付看,2005年民族地区为425元,比31个省市区平均水平高出181.81元。

但专项转移支付在均衡民族地区财政能力的绩效I并不高,为0.09。与此同时,1994年至2005年,从绝对规模看,专项拨款呈不断上升的趋势,1994年中央对地方的专项拨款额度为361亿元,到2005年达到了3529亿元,为1994年的近10倍。从相对规模看,1994年和2005年中央对地方的专项拨款额分别占同期中央对地方转移支付总额的15.11%和30.73%,增长了1倍多。特别是专项补助资金安排规模大大超过了作为一般性财力补助的一般性转移支付数额,一般性转移支付与专项补助和专项转移支付规模严重倒挂。

(二)民族地区自有财力不足,难以承受配套之重

在专项拨款不断增加的同时,其分配办法的不合理性、不规范性也日益凸现。目前的专项拨款所支持的项目大多属于地方性事务,存在着"会哭的孩子有奶吃"的现象;即使一些专项采取了以奖代补的分配方法,但民族地区地

方财政困难,分配数额较少,这也与实现各地区间公共服务能力的均等化等基本上不存在相关性。据财政部统计,2006 年专项转移支付达到 4411.58 亿元,共计 213 项,当年中央对地方财力性转移支付 4731.97 亿元,两者比例接近1比1。① 在十届全国人大常委会第二十八次会议上,原财政部长金人庆在《关于规范财政转移支付情况的报告》中明确提出,今后随着转移支付规模的扩大以及地方事权更加明晰,专项转移支付的比例应该逐渐下降,而财力性转移比例要提升。

中央财政逐年加大对地方专项拨款补助的规模,这虽然对促进地方经济建设与各项社会事业的发展起到了积极的作用,但对一些专项补助资金硬性规定了地方必须配套的比例,并且指定了省本级必须配套的比例。地方配套资金比例过高,配套资金过多,使地方财政难以根据自己的财力情况安排支出,增加了地方各级财政预算编制与执行的难度,加剧了地方特别是西部民族贫困地区的财政困难。如近年来广西区财政共补助某县基层基础设施建设专项资金 1577 万元,要求市财政配套 36 万元,县财政配套 806.4 万元,但因市、县财政困难,市配套资金实际到位 3 万元,县配套资金只到位 40 万元,财政配套资金缺口总额 799.4 万元,资金不能按规定筹集到位,无法按原建设计划实施。这种无法完成配套的现象在中小学基础设施建设中较普遍。同时,上级还有许多要求配套的专项资金,由于地方无法配套,专项项目无法落实到位,甚至有些专项项目成为钓取上级补助的虚假项目。在调查中,我们了解到,每一笔专项资金的配套要求都有国家和省、州政府或其职能部门的文件依据,都有相关的处罚措施。配套不到位,不仅影响专项资金的拨付、到位,影响项目建设的顺利进行,而且关系到后续项目的争取和立项。上级政府对专项资金的配套要求,出发点是好的,但是,民族地区的自有财力却难以承受配套之重。配套要求产生的直接后果主要有三个方面:一是使民族自治地方政府的本级财政安排更加困难,使本级预算受到更大限制。在现行体制下,地方政府有限

① 金人庆:《关于规范财政转移支付情况的报告》,http://npc.people.com.cn/GB/28320/86093/86094/5920601.html.

的财力除了提供必要的公共服务和保证政府运行之外，还必须在发展上有所作为，争取通过发展改善本级财政，更好地提供公共服务。如果满足配套要求，就只能搁置对其他建设和发展的投入。二是导致弄虚作假和拖欠现象。为满足上级的配套要求，实行先配套后抽离或虚报配套的事情时有发生。在利益博弈的过程中，这类事情的发生也在情理之中。但是，这种弄虚作假的做法，对于政风和社会风气的影响是十分不利的。一些地方因资金不到位，造成拖欠施工单位的工程款和农民工工资的现象，使地方政府的债务增加。三是影响项目的落实。由于配套资金不到位，往往形成半拉子工程，或降低工程项目标准，使工程质量难以保证，项目目标难以达到。

四、对民族地区自然生态环境保护方面的财政支持力度不够

民族地区属于后发展地区，相对而言，工业发展滞后。在现代化进程中，避免走环境资源破坏的道路，加强环境资源的保护是紧迫的任务。这不仅是民族地区可持续发展的需要，而且也是整个国家可持续发展的需要。而要做到这一点，就需要国家给予特殊的政策支持。但是值得注意的是，在中央的财政转移支付中，对民族地区在自然生态环境保护方面的支持力度不够。

我们在调查中了解到，广西壮族自治区的融水苗族自治县是国家扶贫重点县之一，是典型的“九山半水半分田”的少数民族山区县，有丰富的森林资源，是林业大县。按照国家的统一规划，全县划作生态公益林的面积达 12 万公顷，占林地面积的 32.69%，为国家生态平衡、环境保护等作出了贡献。但是，实施生态公益林政策后，对该县的林区财政收支、林业经济、林农收入等产生了较大的影响。过去，来自林业的税收占财政总收入的 40% ~50%。实行禁伐政策以后，来自林业的各项税收占财政总收入的比重逐年下降，来自林业的财政收入逐年减少，现在所占比重约 20%。原来林区的林农 80% 的经济收入来自木材，平均每亩林地提供的纯收入在 40 元左右，实行禁伐政策，各级政府只有中央财政给林农每亩补贴 3.5 元的管护费，补贴的数额与林农原来的每亩收益相差太大。林农为了生存，不惜以身试法，林区乱砍滥伐案件逐年上

升。① 我们在鄂西调研时，当地同志也有类似的反映。为保护自然生态环境，这些地方不能砍伐森林，不能上破坏环境的工业项目，急需国家通过财政转移支付予以支持。

第三节 均衡民族地区基本公共服务效应

一、民族地区基本公共服务水平低下

（一）民族地区教育

从1995、2006年全国各地区平均受教育年限横向对比看，在民族地区各省区中，新疆和内蒙古平均受教育年限较高，1995年和2006年两个年度都在全国平均水平以上，而广西和宁夏排名在全国平均水平之下，尤其是贵州、青海、云南和西藏四个省区，排名居全国后几位的位置，平均受教育年限最低。

最低的西藏1995年为3.86年，和最高的北京平均受教育年限相差5.53年，2006年西藏平均受教育年限为4.98年，整体文化素质仍没有达到小学文化程度（6年），和最高的北京相差6.06年。

1995～2006年，平均受教育年限无论是反映在全国水平上，还是反映在民族地区和非民族地区的水平上，均呈逐年递增的趋势，但差距也较为明显。从平均受教育年限指标看，非民族地区 > 全国 > 民族地区。如1995年，非民族地区和全国的平均受教育年限均在7年以上，其中非民族地区的平均受教育年限为7.12年，全国平均受教育年限为7.04年，而民族地区的平均受教育年限只有6.51年。2006年，非民族地区和全国的平均受教育年限已经突破8年，分别为8.32年和8.22年，而民族地区的平均受教育年限只有7.60年，与全国和非民族地区比较还是有一定的差距。

（二）民族地区公共卫生

比较民族地区、非民族地区和全国每万人卫生人员数，从1998到2006年

① 陈刚、韦明山、刘家凯：《融水县经济发展战略研究》，广西人民出版社2006年版，第86页。

民族地区明显偏低，其中与全国相比1998年相差4.49人，到2006年差距进一步扩大到5.93人，与非民族地区相比差距更为明显。

比较民族地区、非民族地区和全国每万人卫生床位数，从1998到2006年民族地区明显偏低，其中与全国相比1998年相差2.31张，到2006年仍相差2.28张，与非民族地区相比差距更为明显。

新农合政策在民族地区仍存在不少问题。民族地区农民生活水平低，参合资金只能筹集到每人每年10元钱。农民个人的参合基金基本上是用于家庭成员门诊用药，大病统筹基金主要靠中央财政和地方政府的补助。民族地区由于经济落后，贫困人口比例大，地方财力不足，不仅个人集资困难，地方补助也难以落实。

民族地区基层医疗卫生条件差。表现为医疗设备、医务工作者素质等医疗条件普遍较差。因此，考虑到基本卫生服务的质量以及民族地区普遍存在的地广人稀，服务半径小，规模效益低等现实，这一差距更为明显。

（三）民族地区基础设施与社会保障

民族地区基础设施水平低，2006年民族地区铁路密度和公路密度分别为每万平方公里34.05公里和1396.09公里，占全国31个省市区平均水平的42.54%和38.89%，仅为非民族地区的23.49%和20.88%。到2005年，全国还有5,249个未通电的行政村，这其中民族8省区共有3194个，占60.85%。

从反映民族地区基本社会保障水平的指标看，2006年民族地区年末参加基本养老保险人数比例为8.36%，远低于全国14.52%的平均水平，与非民族地区15.57%的参保比例相差更大。

从民政事业费农村最低生活保障指标看，民族8省区除内蒙古和宁夏外，其他省区都未能达到全国平均水平，与发达地区差距较大。不仅民族地区农村最低生活保障水平低于全国平均水平，民族地区城市最低生活保障水平与全国平均水平比较也存在较大的差距。由于民族地区贫困人口基数大，绝对贫困人口多，地方政府财力有限，导致民族地区的低保覆盖面窄，与全国平均水平差距较大。

(四)民族地区公共文化

我国文化事业地区发展极不平衡,民族地区与发达地区差距巨大。2005年,农村文化站覆盖率西藏和青海分别只有24.1%和42.9%;民族8省区除宁夏外,图书馆人均购书经费都不及全国平均水平的一半。2006年,全国广播综合人口覆盖率为95.04%,电视综合人口覆盖率为96.23%,民族8省区都没有达到这两个平均水平。有线广播电视网络传输干线长度,最低的西藏和青海分别为0.20和0.28万公里,只能说刚刚起步。

民族地区的特殊性,对广播电视的投入有更高的要求,需要国家在财力、人力、物力等方面给予更大的支持与帮助。据国家广电总局的统计,到2005年,全国通广播电视的行政村达96.34%,民族8省区均低于这一水平。

二、民族地区财政支出成本相对较高

影响一个地方财政支出成本的因素很多,归纳起来主要包括自然条件因素、地理分布与行政建制因素、经济发展水平因素、社会发展因素以及民族、宗教等因素。与一般地区相比,民族地区在这些因素上大都具有相当的特殊性,因而财政支出成本相对较高,财政负担相对沉重。

1. 民族地区行政管理支出成本高①

民族地区大多地广人稀,交通不便,造成财政供养人员相对较多,政府运转成本增加。如新疆国土面积达160多万平方公里,约占全国的1/6,地域辽阔,人员居住分散,行政管理跨度很大,设置的乡镇数量及配备的财政供养人员明显比内地多。新疆的地州城市与乌鲁木齐的平均直线距离约为1400公里,县城与乌鲁木齐的平均直线距离约为1700公里;而江苏的地市级城市与南京的直线距离仅为340公里,县城与南京的直线距离约为420公里。新疆

① 行政管理支出,是指政府公共支出中用于国家各级权力机关、行政管理机关、司法检察机关、外事机构履行其职能所需要的费用,包括人大、政府机关、政协、共产党机关、民主党派机关、社会团体等单位的行政管理经费。行政管理支出按照其内容可分解为:公检法经费、外交外事支出、行政管理费用和武装警察部队经费四大类。参见谢夜香、陈芳:《我国行政管理支出规模的理论分析与实践探讨》,《财政研究》2008年第6期。

这种情况在其他民族地区也大量存在,民族地区行政成本比其他地方高许多。

从课题组在广西环江毛南族自治县的调研情况看,①环江县地域辽阔,人员居住分散,行政管理跨度很大,设置的行政部门多,因而财政供养人员相对较多,政府运转成本增加。环江面积4572平方公里,设置的乡镇数量及配备的财政供养人员明显比一般地区多,其总共设置12个乡镇、127个村委、21个社区、2942个村民小组。平均每个乡镇覆盖381平方公里的范围。环江2006年全县行政管理基本支出为16781万元,占财政支出的55.00%;2007年全县行政管理基本支出为21680万元,比2006年增长29.20%,占全县财政支出的42.33%,2008年全县行政管理基本支出增长率比2007年增长率下降11.49个百分点,但仍占当年财政支出的25.58%。

从民族地区行政管理支出占财政支出比重看(见图8-2),1998年占到财政支出的18.27%,较全国平均支出水平16.23%高出2.04个百分点,除2002年外都较全国平均水平要高,2006年为17.10%,较全国平均水平仍高出0.44个百分点。

2. 民族地区经济建设成本高②

民族地区一般自然环境较差,很多地处高寒地区或山区,这样不仅人员经费和公用经费必须要增加,而且间接地会提高经济建设成本。如经过测算,高寒地区同样质量要求的工程造价比一般地区要高出20%左右,另外还有相对高得多的运输成本。如在基础设施建设方面,环江由于自然条件恶劣,山路崎岖,经济建设相对比较困难。建一条公路有时要穿越几座山头、打通隧道、建设桥梁,有时甚至是直接建设耗资巨大的高桥路,在这种前提下,其经济建设

---

① 环江毛南族自治县位于广西壮族自治区北部省界,是全国唯一的毛南族自治县,也是一个集“少、边、山、穷、贫”五位于一体的国家扶贫开发重点县。在地理、文化、民族与生态等方面具有自身的特殊性。为深入了解财政转移支付对民族地区基本公共服务的均衡效应,本调研组于2009年1月8日至1月17日对环江毛南自治县进行了为期10天的实地调查,取得了第一手实地调研资料。下文如没有特别交代,环江毛南族自治县的资料都来自于这次调研资料。

② 经济建设支出为基本建设支出、企业挖潜改造资金支出、地质勘探费支出、科技三项费用支出、流动资金支出、工交商等部门事业费支出(包括工业交通部门事业费与流通部门事业费)和支援农业支出(包括农业支出、林业支出与农林水利气象等部门事业费)之和。

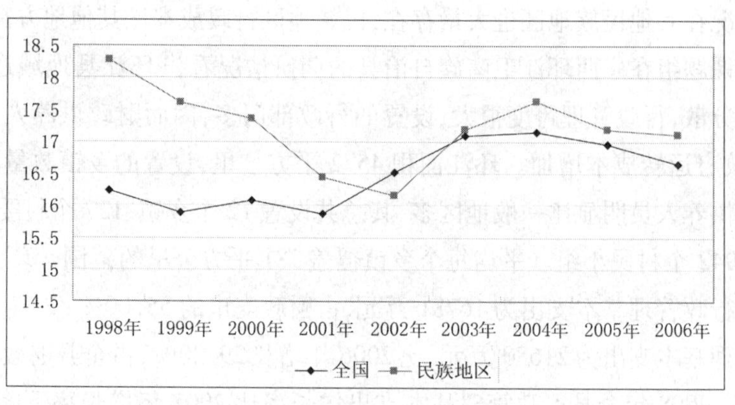

图 8－2　民族地区行政管理经费占财政支出比重　单位:%

资料来源:各年度《中国统计年鉴》。

成本是一般地区的2到3倍。这也是造成民族地区企业经营成本高、经济效益低的一个重要原因,需要更多的财政支出投入经济建设。

从民族地区经济建设占财政支出比重看(见图8－3),除1998年与全国平均水平持平外,其他年份都高于全国平均水平,其中2002年民族地区经济建设支出占财政支出比重为31.84%,高出全国平均水平6.69个百分点,到2006年,民族地区经济建设支出占比仍达到25.20%,高出全国平均水平3.06个百分点。

可以看出,民族地区行政管理和经济建设支出成本相对较高,并且二者支出刚性强,必将进一步挤占基本公共服务支出资金。

3. 民族地区基本公共服务成本高

从自然地理来看,我国少数民族聚居的地方,总体上说自然条件比较差,不仅地处边缘地带,而且其地貌基本上是以高原、高山和山间盆地、沙漠、戈壁为主,人口居住分散。对于地广人稀的民族地区,公共服务的规模效应很难形成。民族地区要为居民提供均等化水平的公共服务,其财政支出的单位成本往往处于边际递增阶段。

以基础教育为例,民族地区集中办学非常困难,教育成本比一般地区明显

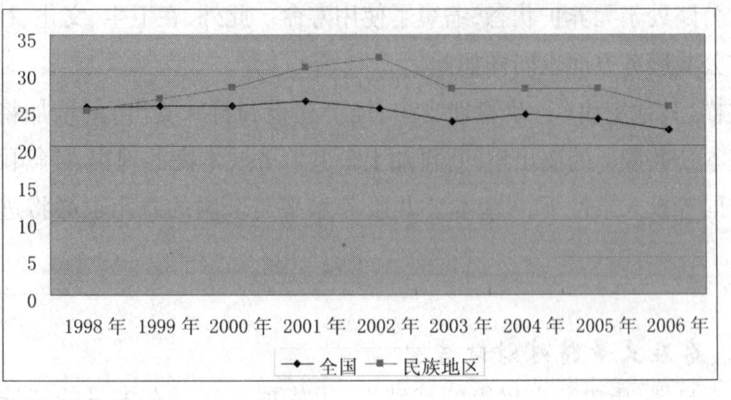

图8-3 民族地区经济建设支出占财政支出比重 单位:%

资料来源:各年度《中国统计年鉴》。

要高。从我们在湖北恩施土家族苗族自治州宣恩县长潭河侗族乡后河村小学实地调研的情况看,就学难问题仍较突出。后河村地处七姊妹山麓,区划面积20多平方公里,只有229户共817人,交通困难,村里条件稍好一些家庭选择带小孩到乡所在地或县城租房陪读,打零工。村小学6~9岁学生8人,只有一位教师,一个人同时带1~3年级。大多数学生家里距离学校在半小时路程以上,其中最远的一年级学生熊丰才,只有6岁,上学来回要走8公里山路,天气不好家人接送,天气好自己步行上学。据陪同的村长覃密成介绍,这种情况在恩施州贫困村较为普遍。

同时,民族地区基础设施落后,建设的成本大。以恩施土家族苗族自治州鹤峰县为例,交通落后,县城到州府178公里,到省城600公里,没有铁路、空运、水运。全县1360个村民小组,有近一半不通公路,修路任务十分艰巨。按现行标准,通乡、通村公路造价分别为23万元/公里和60万元/公里,而中央和省的定额补助分别只有10万元/公里、40万元/公里,不足(差额)部分由地方配套,每年约需2亿元。由于恩施地方财政困难,配套能力十分有限,导致部分乡村公路建设推延,无法及时实施,或降低质量标准,埋下安全隐患。资金短缺还反映在已建成乡村公路的保养、维护上。恩施州现有农村公路总里程15200多公里,每年需养护资金1500万;由于县市财力弱小,导致目前大部

分农村公路处于无养护状态,缩短了使用寿命。此外,在卫生、文化、社会保障等基本公共服务方面也同样如此。

这样,其他支出(行政管理支出、经济建设和特殊支出)的增加将进一步挤占基本公共服务的支出空间,再加上公共服务成本高的现实,使得民族地区即使在同等投入条件下,①基本公共服务水平与全国的差距也必将进一步拉大。

三、存在大量特殊财政支出

由于自然、历史和文化等的特殊性,民族地区还存在大量的特殊财政支出,在财政能力既定的情况下,必然要挤占基本公共服务的开支。

(一)民族地区特有的民族、宗教支出

民族地区特有的民族、宗教因素形成特殊财政支出。与其他地区不同,一些民族地区为解决少数民族生产和生活的某些特殊需要,财政要对少数民族特殊生活用品的生产和销售进行补贴。在宗教方面,民族地区的财政支出也日趋增加。如青海省每年仅重点寺庙的维修财政就要拿出1000多万元。而新疆为了发挥阿訇在维护边疆稳定中的作用,政府要对各种级别的阿訇发工资。西藏、新疆等民族地区还承担有反对三股势力,维护民族团结和社会稳定的重要任务。

特殊的民族构成相应增加了教育、文化、宣传费用。如按照《宪法》和《民族区域自治法》的规定,民族自治地方从事文化、教育、广播电视、出版发行等各项事业以及国家权力机关和行政机关的各种文件,一般都需要同时采用普通话和当地少数民族通用语言,这就自然大大增加了财政开支。

(二)边境建设事业支出

民族自治地方大多是边疆地区,巩固边防和边境建设任务很重。我国8个民族省区,有5个地处边疆,边境线长达17000多公里,每年都要安排大量

① 从第七章的分析结果看,2006年民族地区人均基本公共服务支出水平较全国平均水平要低,为全国平均水平的97.69%。

的边境建设事业补助费。其中有些地区过去经受战争创伤，战后恢复和边境建设任务更为繁重。

(三)生态环保建设方面的支出

民族地区生态环保建设任务重。西部民族地区是我国许多大江大河的发源地，生态建设任务重，但目前的退耕还林和森林保护等方面的投入严重不足，也加重了民族地区地方财政的负担水平。尤其是随着主体功能区建设的实施，民族地区在禁止开发区和限制开发区中所占比例较全国平均水平要高，在生态环保建设方面的支出缺口将更加严重。

仍以广西环江毛南族自治县为例。环江生态保持较好，生态保护地区覆盖面积广，有木论自然保护区、九万山保护区、国家级保护区等生态屏障，喀斯特地区森林覆盖率为56%，生态建设任务重。国家在退耕还林和森林保护等方面的财政投入不足，加重了环江的财政负担水平，尤其是随着主体功能区建设的实施，环江的禁止开发区和限制开发区所占的比例很高。

繁重的生态建设，对环江下游的广东等生态基础薄弱以及生态被严重破坏的地区的"溢出效益"明显。而发展相对滞后的环江，一方面要避免走先污染后治理的老路，不能把这些生态资源开发成经济资源；另一方面为了自身以及下游地区的生态效益，要投入巨大的财力对这些资源进行保护。而作为受益方的下游地区，没有对环江进行有效的生态补偿来调动环江生态建设与保护的积极性。

目前环江水源地生态补偿资金主要通过两个渠道筹集：(1)作为间接补偿形式的政府补偿，即政府财政转移支付补偿。(2)作为点对点的直接补偿形式的市场化补偿，即具体的受益对象对生态供给者的补偿。但是这种补偿涉及的因素错综复杂，加上统计数据不完备，计算不准确，导致补助程序透明度差、随意性大，同时由于缺乏有效监督，效益低下。

(四)各民族地区独特事权

大部分少数民族都有自己的语言和风俗习惯，本着民族尊重、民族团结、保护民族文化的原则，少数民族地区政府管理还要考虑相应的民族文化、民族风俗、民族节假日等因素，形成各民族地区独特的事权，这相应地增加了政府

的财政开支。仍以广西环江毛南族自治县为例：

1. 非物质文化遗产保护

环江毛南族自治县现有县级非物质文化遗产 91 项，涉及民族信仰、民间工艺、民族医药、民俗节日、口传文学等 15 个类别。其中如毛南族傩文化之一的“肥套”（一种祭祀），花竹帽编织技艺，毛南族菜牛饲养食用技巧，分龙节等都具有独特的魅力和意义。然而，这些优秀的非物质文化遗产由于历史的原因以及外来文化的不断浸染，现在都濒临断代、失传和走向消亡。经济发展，社会进步导致传统文化赖以生存的环境发生巨变。在非物质文化遗产传承过程中遭不同程度的人为或非人为的中断，破坏了文化传承的延续性；这些非物质文化遗产一般无书面形式保存，以口头和代际传承为主，导致了在传承过程中受传承者自身因素影响过大；现有传承者普遍年龄过大，自身文化水平不高，而新一代继承者人数少，积极性不高；非物质文化遗产传承机制未健全，传承体系和传承者生活没有得到政策支持和保障。

以毛南族最具特色的傩文化为例。毛南族傩文化在长期的历史传承中毛南族傩文化融合了歌、舞、乐、戏多种娱乐形式，形成傩歌、傩舞、傩戏、傩乐、傩故事和傩面具雕刻等主要形式。同时与汉族文化艺术不断的融合与相互影响。所以毛南傩文化既是毛南族与各兄弟民族团结融合、相携共进的历史佐证，又是毛南族文化创造的百科全书。

然而现今的傩文化保护与传承中却存在了不少的问题：首先，毛南族傩文化是以毛南族还愿仪式为载体而存在的，没有文字记载，一般的传承方式即是通过傩师的口头传说。而目前在毛南族地区，共有傩师班子 4 个，傩师有 33 人，最年长者 78 岁，最年轻者 31 岁，平均年龄在 60 岁左右。能胜任口头传承的民间傩师年龄已近极限，人数锐减，传承危机日益深重。其次，从建国到 20 世纪 80 年代末，傩还愿仪式在毛南地区人为地中断了 40 多年，有关傩文化的一些舞蹈动作、音乐、戏剧情节、山歌唱腔等艺术成分存在着不同程度的残缺现象。目前在当地，能跳十几套舞蹈动作、能吹唢呐、掌握瑶王舞两种舞蹈风格的各只有 1 人，且分别为 63 岁、52 岁和 75 岁，懂得打祥鼓的只有 3 人，平均年龄 62 岁，傩师接班人少且严重老龄化。最后，受到现代文明的冲击以及现

代社会生活节奏加快的影响,毛南族人在举行还愿祭仪活动时,讲究整个过程的时效性,傩歌、舞、乐、戏成分正日渐淡化。加之之前残缺部分的复原已十分困难,所以若不及时抢救,这一曾盛行于毛南族地区、最能体现毛南族特色的鲜有文化现象将彻底消失。

在民俗节日方面,以当地“分龙节”为例。分龙节是环江毛南族人民在长期农耕和稻作传统中形成的以娱神和娱人为内容,以歌舞、祭祀礼仪活动为载体,含有历史、宗教、民俗和传说等诸多文化元素的传统节俗活动,是毛南人一年一次的盛大节日。分龙节既具有高度的人类学、民族学和民俗学价值,也具有不可替代的艺术价值,同时更是毛南族传统文化的传承平台。

然而面对当今时代的变迁和强势文化的冲击,分龙节这一古老的民间文化节日正面临逐渐消逝的危机。从20世纪30年代开始,其活动内容就已经简化,其中某些仪式逐渐消亡,集体活动也减少,在某种程度上只保留了节庆的欢娱活动。另外,随着农村产业结构的改变和现代生产水平的不断提高,毛南族人民的生活方式发生了较大改变,加之现代大众传媒的普及、社会成员流动性增强,使得具有悠久历史的传统村落文化不再处于主导地位。长期以来维系和支撑着毛南族传统生活方式的价值观念也发生着急剧的变化,毛南族传统社会的农耕文化日趋衰弱,传统道德观念也受到巨大冲击。这些都使分龙节赖以生存的空间环境发生了极大改变,在社会背景变化的影响下,这一独具特色的节俗日趋式微。

在民族语言方面,据县文化部门最新在毛南族聚居的下南乡分别对10至20岁、20岁至30岁和40至60岁的毛南人进行问卷(100个常用词句)调查显示,老人组答对了93.8%,成人组答对了76.0%,而少年组只答对了62.8%。曾到当地做语言方面调查的陆天桥博士(澳大利亚墨尔本大学)留下这样一句话:再过二到三十年以后你们毛南人可能要来找我学习和研究毛南语了。可见对于毛南语抢救工作已迫在眉睫。

(2)壮文教育

环江是一个多民族聚居的地区,多民族文化形成了其独具特色的教育方式——民族教育,壮文教育是环江县极具特色的重要民族文化教育之一。但

由于教师老龄化严重,师资培训短而少,学校基础设施落后,壮文教育的发展困难重重。环江县现有三所壮文试点校,集中办在思恩镇,分布在镇上东面的清潭小学、西南面的西南小学、东北面的人和小学。三所学校距离城区都在7至8公里,交通不方便,条件十分艰苦。三所壮文试点校在发展中面临着许多问题:

第一,教师老龄化严重。人和、西南两所学校共28位教师,45岁以上教师20人。这样的教师队伍不利于组织开展工作繁重的双语教学。

第二,双语教师未得到及时补充,后备教师不足。由于广西壮文学校停招,从2002年起环江县没有一名师范生充实到中小学校教学中来,原教师长期在一所学校教学,极容易产生惰性。区级培训每年只组织一次,参培名额有限,县级虽然安排培训,但无法满足双语教学需要的教师。

第三,学校校舍紧缺,无法满足教学需求。学校没有教师住房,大部分教师没有休息办公场所,一天往返城区两次,走教成为一种普遍现象。教师精力无法集中于教学,一定程度上也影响到教学工作。

第四,学校办公条件较差,每所学校除一栋教学楼外,没其他教学辅助用房,学校功能室极缺,无法满足教学要求,达不到应有的办学条件标准。

四、民族地区基本公共服务支出需求缺口较大

从民族地区基本公共服务的财政投入来看,2006年全国地方财政基本公共服务支出为12062.62亿元,其中民族地区为1719.24亿元,占全国地方基本公共服务投入比重为14.25%,小于其人口占比的14.59%,基本公共服务财政投入相对不足。纵向比较来看,总体呈现下降趋势。

从民族地区基本公共服务占财政支出的比重与全国平均水平的比较看,1998~2000年较全国平均水平要高,其中1998年较全国平均水平高出1.36个百分点;2001~2005年比全国平均水平略低,到2006年又高出全国平均水平0.04个百分点。总体来看,民族地区对基本公共服务的支出偏好与全国平均水平大体相当。

从民族地区人均基本公共服务支出看,1998~2006年民族地区人均基本

公共服务支出增长较快,从1998年的209.61元增加到2006年的912.60元。与全国平均水平相比较看,1998～2003年,民族地区人均基本公共服务支出要高于全国平均水平,其中2002年高出全国平均水平17.79元;而2004～2006年,民族地区人均基本公共服务支出要低于全国平均水平,其中2006年较全国平均水平低21.54元。

全国31个省市区人均基本公共服务支出的泰尔指数显示,就民族地区与非民族地区区间差距而言,泰尔指数都较小或接近于零,表明考察期间民族地区与非民族地区区间差距较小,这说明就目前基本公共服务财政投入看,民族地区人均基本公共服务支出与全国差距已较小。

综合以上的分析可以看出,民族地区与全国及非民族地区基本公共服务支出差距较小,但考虑到民族地区当前基本公共服务水平普遍存在基础差、存量低,同时基本公共服务成本较高,大量的特殊支出进一步挤占基本公共服务开支的现实,国家对民族地区基本公共服务投入仍显不足,民族地区基本公共服务支出的需求缺口较大。

第九章 国外转移支付制度概况及对我国的启示

针对前面的分析结论及第八章提出的财政转移支付存在的主要问题，本章将从财政转移支付规模、结构和具体分配方法三个方面解析不同国家财政转移支付的基本制度安排，并就其对我国财政转移支付制度设计的启示进行归纳总结。

第一节 国外转移支付制度概况

受中央（联邦）财政集中程度、政府间税收格局以及事权划分不同的影响，国外市场经济国家转移支付制度各有不同，转移支付规模与形式多种多样。我们分别从转移支付规模、结构和具体分配方法三个方面解析几个有代表性的国家财政转移支付的基本概况。①

一、美国

美国是一个典型的联邦制国家，其政府体系由联邦、州和地方（包括县、市、镇）三级政府组成。相应的其财政体制分为联邦、州与地方三级，州与地

① 对国外财政转移支付制度的论述较多，本文对此进行了归纳整理。主要资料来源为：刘小明，《财政转移支付制度研究》，中共中央党校 1999 年博士论文；李萍、许宏才主编《中国政府间财政关系图解》，《中国财政经济出版社》2006 年版；余珊，《我国政府间财政转移支付制度的绩效研究》，西南大学 2006 年硕士论文；贾康、阎坤、傅志华、宋立根，《德国的财政体制及财政平衡机制》，2004 - 11 - 16 [研究报告/2004(49)]等。

方财政拥有较大的自主权。

(一)转移支付规模

一国政府间转移支付的规模,在相当大程度上是由该国的财权集中度与事权重心定位所决定的。美国的转移支付包括联邦政府对各级地方政府的补助及州政府对下一级地方政府的补助,且主要为后者。美国联邦政府资助占州和地方政府财政支出的比例,20 世纪 80 年代初期达到 25.8%左右。1998 年,联邦对州、地方的补助额为 1168 亿美元,相当于州、地方自有收入的 20%,而州对地方的补助额为 1269 亿美元,相当于地方自有收入的 56.2%。

(二)转移支付结构

美国的财政转移支付分为一般性转移支付和特殊性转移支付两种形式。一般性转移支付指总额收入分享补助,通过它联邦政府达到非设定目标,所占比例较小。

联邦政府主要通过特殊性转移支付达到其特殊的政府目标。在总量上,特殊性转移支付增长较快。从其占转移支付总额的比重看,所占比重较大,且有不断上升的趋势。特殊性转移支付占转移支付总额的比重 1978 年为 88%,1999 年上升到 90%。特殊性转移支付包括专项补助和分类补助,其中专项补助进一步可分解为项目专项补助和公式专项补助。

(三)转移支付的具体分配方法

1. 总额收入分享补助

按总额收入分享补助制度的规定,每个州都可以有权获得以下两个公式中对本州有利的公式所计算的补助金。一个公式是众议院设立的,主要由各州的人口、人均收入、城镇人口、税收能力、个人所得税的收入情况等因素所决定。另一个公式是参议院设立的,主要由各州人口、人均收入和税收能力等因素所决定。前者有利于人口较多、城镇比重较大的富裕地区,后者有利于比较贫困的地区。因为选择运用两个公式计算出的拨款数额要高于应拨转移支付,所以联邦政府还需要按一定的比例对各州的拨款进行削减,以扣除公式计算超出应拨付转移支付的部分。

2. 专项补助

专项补助是美国历史上最长的、最普遍的转移支付形式。有两种基本形式,一是项目专项补助,即联邦政府可根据自己的意愿确定补助对象和补助标准;二是公式专项补助,即联邦政府依据有关法律规定的公式确定补助对象和补助标准。项目专项补助没有固定的公式可循,即使有一定的公式,联邦政府在考虑地方政府的申请时,也对项目的补助拥有决定的权力。相反,各地方政府都可依据法定的公式得到相应数量的公式专项补助,而且各地方政府在联邦政府专项补助中都占有一定的比例,并在公式的确立过程中发挥一定的作用。近几年,在联邦政府专项补助中,公式专项补助占 1/3 左右,项目专项补助占 2/3 左右。

3. 分类补助

分类补助是上级政府依据法定公式对某些特定领域进行的补助,下级政府对于这类补助的使用拥有相对的自主权。可以看出,通过分类补助既能贯彻联邦政府基本意图,又能发挥州和地方政府的积极性,主要用于教育、健康服务、社会服务、社区发展、城市发展、能源、司法建设、职员培训和交通运输等领域。

总体来看,美国使用较多的是附加条件的拨款,而不是不限用途的一般性拨款。在 20 世纪 90 年代早期,这种附加条件的拨款占联邦政府转移支付总规模的 90% 以上。联邦政府大约 2/3 的拨款拨给了州政府,1/3 直接拨给地方政府。美国联邦政府给州政府的拨款主要有四种用途,即健康、收入保障、教育和培训、运输项目。

二、加拿大

加拿大是一个联邦制国家,政府分为联邦、省和地方政府三级。加拿大地大物博,资源丰富,人口稀少,各省之间发展极不平衡。很多年份最富的省人均财政收入能力为最穷省的 3 ~ 4 倍。按全国平均的财政能力衡量,最穷省只能达到平均水平的 70% 多,而最富的省为平均水平的 2 倍以上。此外,加拿大人口分布也十分不平衡,全国 3 个大城市几乎居住了总人口的 1/3,而寒冷

的北方地区则人烟稀少。为了使居住在加拿大各地的居民享受到合理的、均等的公共服务,联邦政府对省级政府提供了重要的财政支持,其主要特点是讲究均等、有计算公式可循。

(一)转移支付规模

加拿大转移支付规模较大,有一个较为庞大的联邦政府对省的转移支付制度。近年来,每个财政年度转移支付支出占联邦财政总支出的30%左右。1994~1995财年,加拿大联邦转移支付总额合计419亿加元,2001~2002财年达到了479亿加元。

(二)转移支付结构

加拿大联邦政府对省级政府的转移支付主要分为四类,即健康和社会服务转移支付、均等化转移支付、管辖区转移支付和其他转移支付。

健康和社会服务转移支付,是一种以现金拨款和税收减让的方式对省级政府在医疗保健、高等教育、社会援助、社会服务和儿童早期教育等方面给予的财政支持。在2001~2002财年,此项转移支付为344亿加元,占联邦对省级转移支付总额的71.8%。

均等化转移支付,是加拿大联邦政府为了减少各省之间的财力不平衡而设立的一项最主要的转移支付补助项目。该转移支付只针对各个省,目的是为了确保欠发达省份在合理的、可比的税负水平下,能够有足够的财力提供合理的、与其他省份可比的公共服务。在2001~2002财年,全国10个省中共有8个享受此项转移支付,总规模为103亿加元,占联邦对省级转移支付总额的21.5%。

管辖区转移支付只针对省级政府中的特殊管辖区。由于加拿大的三个地区地处寒冷、人口稀少的北方,支出成本高,而财政能力又十分有限。为确保这些地区政府有能力提供与其他省级政府水平相当的公共服务,联邦政府设立了此项转移支付。在2001~2002财年,此项转移支付为15亿加元,占联邦对省级转移支付总额的3.1%。

除了上述三项主要的转移支付外,联邦政府还向省和管辖区提供其他转移支付,例如,对由于调整个人所得税政策而引起的地方政府减收给予补助,

从而保证地方政府财政预算的顺利执行。在2001~2002财年,此项转移支付为17亿加元,占联邦对省级转移支付总额的3.5%。

(三)转移支付的具体分配方法

1. 健康和社会服务转移支付

健康和社会服务转移支付采取现金和税收减让两种方式进行分配。其中税收减让的方法,是联邦在各省的应征个人所得税额中减让13.5%和在联邦应征公司所得税总额中减征1%,而不改变联邦的所得税税率。这种减让在个人或公司纳税时进行,即个人或公司少交纳应纳税款的13.5%或1%,省政府是否因联邦的减让税收而加税,由省政府自行决定,但省加税时不得超过联邦的减让额。由于税收减让的金额会随着经济的增长而逐步扩大,这样就使得税收减让成为省/地区政府的一个非常重要的财力来源,2000年这一数额已达到161亿加元。联邦现金拨款的额度在有关政策、法案确定的基数基础上,根据GDP的增减变化而确定。2000年这一数额已增加到155亿加元。

2. 均等化转移支付

联邦政府这一转移支付的目的,是缓解各省之间提供公共服务及税收能力差异,使全体加拿大公民都能获得大致符合国家标准的社会服务。主要方法是,先核定省的标准人均财政收入能力,凡是人均财政收入能力低于这一标准的省可享受补助,即补助到标准财政收入能力;凡人均财政收入能力已经达到和超过标准财政收入能力的省,则不能享受此项补助。具体计算方法是:首先设定各省都开征33种税费(包括联邦税和省开征的税),并以各省的设定税源和平均税率计算出各省的人均财政收入能力。

其次,从加拿大10省中选定5个中等收入的省,分别是魁北克、安大略、马尼托巴省、萨斯喀彻温省和不列颠哥伦比亚。以它们的人均财政收入能力的加权(权数为人口)平均数作为各省的人均财政收入标准。2001~2002财政年度这一标准收入是年人均5869加元,凡是低于上述5个省人均财政收入能力标准的省,可以享受补助。

最后,计算出各省应得补助额。该省人均财政收入能力低于标准数的差额乘以该省人数即为该省可得的补助额。

均等化转移支付的计算公式按照加拿大国会要求，每5年要对这一公式进行一次回顾和更新，确保均等化转移支付能够反映各省最新的财政经济发展状况，同时改善测算方法，引入更加精确的统计数据。

3. 管辖区转移支付

管辖区转移支付是根据"弥补缺口"理论的公式计算出来的，对地区政府的支出需求和收入能力之间的差额通过现金拨款给予补助。地区的支出需求在公式中采用支出基数总额表示，并用国内其他省份的支出增长指数和地区的人口增长情况对其进行调整。地区的财政收入能力是根据某一税种在加拿大国内的其他地方的征收情况进行估算的，并用公认的北方地区的特殊因素对其进行调整。

三、澳大利亚

澳大利亚是一个联邦制国家，由六个州和两个特区组成，人口最少的北方特区只有17万人，人口最多的新南威尔士州有600多万人，政府分为联邦政府、州和地方政府三级。澳大利亚有被公认是目前世界上最细致、最全面、考虑最周全的财政转移支付制度。

（一）转移支付规模

澳大利亚各级政府之间存在着明显的纵向不平衡。全国财政收入的75%来自东南沿海发达地区，25%来自广大的西北部地区。

澳大利亚联邦是1901年成立的。联邦成立后，联邦政府就开始采取一些向地方进行转移支付的做法，以平衡各州之间在财政方面存在的巨大差异。但当时由于联邦政府财力有限，只占全国财政收入的一半左右，拨款数量较少，且没有一套完整科学的计算方法，几个贫困州对联邦政府十分不满，终于在20世纪30年代发展成为要求脱离联邦的运动。在这种情况下，1933年澳大利亚成立了联邦拨款委员会，专门负责中央向州的转移支付。

从2003～2004财政年度澳大利亚各级政府的收支情况看，自有来源财政收入的分配比例分别是：联邦80%，州政府17%，地方政府3%。而从事权责任对应的支出需求来看，联邦政府支出为61%，州政府支出为33%，地方政府

支出为6%，纵向不平衡明显。同时，由于各州之间自然条件、历史背景、产业结构的不同，横向财政不均衡也是客观存在的事实。为了弥补各州的财政收支缺口、实现财政均等化，澳大利亚联邦政府将大约1/4的支出（含商品和服务税）用于转移支付，形成了比较完善的转移支付制度。

（二）转移支付结构

澳大利亚联邦政府对州的转移支付可以分为两类：一般目的拨款和特殊目的拨款，分别可对应于一般性转移支付和专项转移支付。

一般目的拨款是无条件的，州政府可以自行决定其用途，这种拨款在弥补财政纵向不平衡的同时，以财政横向均衡为目标，给每个州多少拨款通过均衡拨款公式测算决定。特殊目的拨款是有条件的，联邦政府对其用途、实现目标、资金配套等都有明确的规定。

一般目的拨款和特殊目的拨款在不同时期所占的比重不一样，在1970～1971财年，一般目的拨款占整个联邦拨款的比重为76%，但在1994～1995财年，这一比重下降为46%，特殊目的拨款占54%。在2005～2006财年，一般目的拨款占整个联邦拨款的比重为60%，特殊目的拨款占40%。这种变化与联邦政府的经济政策有关，当联邦政府要更多地实现其经济目标，或希望通过特殊目的拨款达到改善某些公共服务项目时，特殊目的拨款的比重就上升。2005～2006财年，澳大利亚政府提供的专项拨款共有90多项，主要覆盖教育、健康、社会保障、住宅和交通等领域。为了确保责任性，联邦和各州就专项拨款签订协议，协议通常包括一些全国性的目标，如主要指标说明、分别规定联邦和州的责任，同时确定绩效指标和报告制度。

（三）转移支付的具体分配方法

一般目的拨款按财政均等化模型计算，具体方法如下：

第一，选定项目，确定人均标准预算。联邦拨款委员会首先要确定均等化的范围，即在收入上，哪些是各州普遍征收的税种；在支出上，哪些项目各地政府应该提供同等水平的服务。目前，在标准预算中有41个支出项目和19个收入项目。这些项目基本上包括了州政府的绝大部分财政收入和财政支出项目。这些项目经过联邦和各州政府协调同意后，即作为均等化的范围。

为了设计均等化方案,联邦拨款委员会管理着各州有关的大量数据、各州的税收法规、历年预算以及公立医院、学校、其他服务设施的有关资料。联邦拨款委员会根据他们掌握的有关资料,首先用按人口加权平均的方法,计算出各个项目全国统一的人均标准收入和人均标准支出。由于各州之间的巨大差异,各州的实际收支与标准收支存在着大小不等的差距。

第二,计算出合理的人均收支定额。无论是财政收入还是财政支出,都受一些客观因素的影响。如一些税收要受到各州不同经济发展水平的影响,人口稀少的州服务设施达不到规模经济的要求,有些州某些方面的服务对象偏多等等,都会影响到州的财政收入和支出。通过建立一个能体现均等化原则的分配模式,将这些客观因素造成的差异数量化,计算出各州每项收支的合理人均定额,这个合理定额是按照各州平均的努力程度和平均税率以及提供相同标准服务水平所需要的支出确定的。

第三,计算各州的人均拨款需求额。人均合理定额与人均标准收支的差额反映出各州在收入能力和支出需求存在的客观差异。首先每个州的各项人均收入合理定额和人均支出合理定额分别加总,然后相减,得出每个州人均收入差额;其次,将标准预算的收支差额加到各州的人均差额中;最后再减去联邦的专项拨款的人均数额。这样就得到了调整后的人均收支差额,即各州的人均拨款需求额。

第四,按照实际拨款总额进行调整。联邦拨款委员会每年测算出来的拨款需求总额与联邦政府确定的拨款总额往往存在一定差距,因此还需要调整。方法有两种:一种是按照各州人口权数分摊拨款需求与实际拨款的差额;第二种是按照各州拨款需求额的权数分摊此差额。

四、德国

德国分为联邦、州和地方三级财政体制,德国的转移支付体系是在特定的政治、经济、历史和文化背景下产生的,并且经过多年的实践得到不断的改进和完善,发展到今天,已成为世界上普遍认可的成功模式之一。

(一)转移支付规模

德国转移支付制度的一大特色是包含纵向和横向两种转移支付模式。两德统一前,联邦政府没有实质性纵向分配的一般性拨款。两德统一后,为了资助较贫困的州,联邦政府将其增值税中的一小部分用于纵向协调,即所谓的补助拨款,通过纵向协调,在各州的财政收入中,来自联邦的补助和贷款约占10%;在地方的财政收入中,来自联邦的补助和贷款约占26%,起到了一定的纵向均衡作用。同时,州际间横向转移支付也有相当的规模。

(二)转移支付结构

德国转移支付制度分为三个层次进行,第一层次是联邦对州的转移支付,第二层次是州与州之间的横向转移支付,第三层次是联邦补充拨款。

其中,第一层次的联邦对州的转移支付的目标,是使那些贫困州的财政能力达到全国平均水平的92%。第二层次的横向转移支付,主要对州财政能力低于平均财政能力95%的州进行第二次转移支付,保证经过第二次转移支付后,每一个州的财政能力(包括接收转移支付后的财力)至少要达到平均财政能力的95%。而转移支付的资金,来源于经过测算财政能力超过标准的州,按均衡法规定的比例所贡献出来的财力。

第三层次的联邦补充拨款,是联邦政府的直接无条件拨款,它不规定资金的具体用途,是对增值税共享和州际间横向平衡的一种补充。联邦补充拨款主要用于补贴财力贫乏州,以平衡其财力需求和其他特殊困难。

(三)转移支付的具体分配方法

德国转移支付的具体分配方法按三个层次进行。

1.第一层次:联邦对州的转移支付

联邦对州的转移支付是通过对增值税的分享来完成的。按照2000~2004年财政平衡法的规定,联邦与州的增值税共享比例为54.1%与45.9%,即增值税的54.1%划归联邦财政,而剩下的45.9%留给州政府。其中45.9%的州分享部分,又被分成两部分在各州之间进行分配。

增值税地方分享部分的第一次分配,是将45.9%增值税收入中至少75%按照州的居民人口进行分配,得出某州按居民人数分配得到的增值税份额。

第二次分配,是将45.9%增值税收入中剩下最多不超过25%部分进行一种平衡性非对称分配,主要针对那些财政能力较弱的州。这里,首先需要测算某州的税收能力和标准税收要求,并进行平衡比较,只有贫困州才有资格参加分配,分配的目标是使那些贫困州的财政能力达到全国平均水平的92%。经过平衡分配后,如增值税分配仍有余额,将仍然按照州的居民人数标准进行分配。

2. 第二层次:州与州之间的横向转移支付

这是德国联邦财政体制中独具特色的内容。具体分配方法是,先测量财力指数与平衡指数,然后进行平衡关系的比较,并通过富州向穷州的横向拨款来实现各州之间财力水平的基本接近,具体见专栏。

3. 第三层次:联邦补充拨款

联邦补充拨款不采取公式化的办法,而是根据一些特殊的需求确定对特别地区的补助额。

德国通过财政方面的纵向和横向平衡,构成了一整套保证全国各地协调发展的转移支付体系,有效地实现了各地区均衡发展目标。但是这种平衡并非绝对平衡,州际平衡之后各州财政收支水平仍保留一定差距;最穷的州只能补到平衡数的95%,而最富的州人均支出则可保持到平衡数的110%。所以,总的来看仍是多收多支,经济发展越快、贡献越大,本州的财政也越充实,各州发展经济、增加收入的积极性是得到保护的;后进地区依赖补贴,安于现状,最终对本身也是不利的。

专栏:德国横向财政平衡

所谓横向财政平衡是指各州之间实行的财政转移支付,即财力强的州转移部分财政收入到财力弱的州,从而使各州在收入与财政支出需求间达到一定程度的适应,以保证各州财政收支的大致平衡。

横向财政平衡的实现,由联邦按照统一的公式计算出各州的平均财力后,再确定各州财力的强弱和转移支付的水平。

德国州际财政平衡的资金主要来自两个部分:一是增值税中由州分享的1/4部分(其余3/4按每州人口数量直接分配给各个州);二是财政较富裕的州按计算结果直接划拨给较穷的州的资金。其计算办法为:三大共享税中的公司税(根据所在地原则)和所得税中的工资预扣税(根据居住地原则)中,有一部分要自动向其他地区流动。而增值税的75%根据居民数,25%根据经济能力分配进行横向转移。具体地讲,州际间财政平衡分配包括四个环节:

一是测算各州财政能力指数。各州的财政能力由州本级的税收收入反映,包括州的专享税收入,以及共享税中属于州和地方收入的部分。测算时,专享税收入如实计算;共享税中的企业所得税和个人所得税按既定比例计算州应得部分。增值税由州分享部分的3/4按各州居民人数分配,即计算出人均增值税收入额,乘以各州居民数进行分配;然后再将1/4增值税进行横向分配。

州内地方级的税收按其实际收入的50%计入州经济能力指数测算。

对某些州的特殊负担,如边境州的边境建设费用、港口城市的港口维护费用,可在其税收总额中扣除。因此,各州财政能力指数=该州税收总额+该州所辖各地方政府税收总额×50%-海港城市的海港维护费收入及边境州的边境建设费用

二是测算财政平衡指数。平衡指数是确定财力平衡状况的数值,反映各州财力需求的标准,包括州本级和州内地方的需求数两部分。公式为:

平衡指数=全国人均税收额×(州人口数×权数+地方人口数×权数)

州本级的需求数量是用全国人均的税收收入分别乘以各州的居民数,再乘以权数。根据有关法律规定,对汉堡和不莱梅两个州级市的居民人数,按其实际居民数乘以1.35的权数计算;其他各州都按实际居民数测算。

州以下地方需求数的计算中，各地的居民人数权数标准是：居民点人数不足5000人的权数为1.0；5000—15000人的权数为1.1；15000—80000人的权数为1.15；80000—400000人为1.2；40000—500000人为1.25；500000人以上为1.3。这一权数标准，体现了对居民人口稠密地方的额外照顾。

三是把财政收入能力指数（代表财力供给）和财政平衡指数（代表财力需求）相比较，分档确定接受平衡基金的州及应得数额、自求平衡的州和付出平衡基金的州及支付数额。具体办法是：财政收入能力指数相当于财政平衡指数的比例在92%以下的州，可从平衡基金中得到补助，以达到92%的水平；财政收入能力指数相当于财政平衡指数的比例在92%—100%之间的州，可从平衡基金中得到其中不足100%部分的37.5%；财政收入能力指数相当于财政平衡指数的比例在100%—102%之间的州，财政上自求平衡；财政收入能力指数相当于财政平衡指数的比例在102%—110%之间的州，要从其超过102%的部分中拿出70%的财力转移支付给财政困难的州；财政收入能力指数相当于财政平衡指数的比例在110%以上的州，则要将其收入超过110%的部分全部用于州际间横向平衡。

四是在年度执行中，联邦和应付出平衡基金的州按上述计算结果在每季度末按进度向应接受转移支付的财政困难州划拨平衡基金，年终汇总清算。年末，联邦与各州计算确定下一年度州际财政平衡数额。

德国这种州际平衡的规定，主要是基于两点考虑：一是客观上各州的税源状况不同，只依据统一分配比例形成的分配格局存在明显的不公平性；二是在整个联邦德国范围内，公民应享受大体相同的公共服务条件。从2000年情况看，德国两个较富裕的州人均财政收入可达全国平均水平的130%左右，一些不富裕的州为全国平均水平的80%左右，通过横向财政平衡，使财力强州与财力弱州之间的差距显著缩小。

我们以巴伐利亚州财政平衡状况为例来说明：巴伐利亚州是联邦德国最大的州，人口1200万，2056个城市、乡，其中2031个乡，25个独立乡。2002年国内生产总值为3700亿欧元，财政收入800亿欧元（主要是税收），其中50%交联邦，一部分转移到乡，州级财政约280—300亿欧元。巴州财政部的机构设置为预算司、外政司、税政司（税务局）、资产司、企业司、地方财政司、政策与土地规划司，共计400多位公务员。由于巴州经济发达，每年是财政横向平衡出钱的州，同时也进行财政纵向平衡，向县乡转移约20—30亿欧元。

——摘自贾康、阎坤、傅志华、宋立根：《德国的财政体制及财政平衡机制》，http://159.226.208.3/news/20050301_1825_4421.htm。

五、日本

日本是一个单一制国家，财力高度集中于中央，表现出与联邦制国家不同的特征。

（一）财政转移支付规模

日本在税收收入中，中央税约占2/3，地方税约占1/3。反之，在财政支出中，中央支出约占1/3，地方政府支出约占2/3。因此，一方面中央政府的税收收入有大量的结余，另一方面地方政府的税收收入远远不能满足其支出需求，政府间存在着巨大的纵向财政不平衡。因此，中央政府要通过大量的转移支付保证地方政府履行其职能。此外，日本地方政府通过分担少数中央政府公共工程建设部分成本，也将少量的税收收入转移到中央政府。

（二）财政转移支付结构

日本中央政府对地方政府的财政转移支付包括均衡性转移支付（地方交付税）、专项转移支付（国库支付金）和税收返还（地方让与税）三种形式。1997财政年度，三者在转移支付的比重分别为47.45%、45.57%和6.97%。

地方交付税是中央政府为了平衡各地区的财政能力，保证地方政府公共服务水平达到一定标准而对其税收收入的不足部分所进行的补助；国库支出

金是中央政府按照特定目的对地方政府的特定项目进行的补助，在地方政府收入中占有相当大的比重。其主要目的是支持教育、社会福利、公共工程、交通、社区发展等项目；地方让与税是指一些原属于地方税的税源，因税制改革等原因而作为中央税加以课征，该部分收入按照一定的标准返还给地方政府，作为税收返还。

(三)转移支付的具体分配方法

1. 地方交付税

地方交付税的总额根据中央五税的一定比例确定，五税分别是所得税、法人税、酒税的32%、消费税的24%和烟税的25%。地方交付税包括普通交付税和特殊交付税两种形式，前者在地方交付税总额中占94%，后者占6%。

普通交付税是根据地方政府基本财政需求和基本财政收入进行分配的。基本财政需求大于基本财政收入的地方交付税的计算公式为：①

地方普通交付税 = 基本财政需求 - 基本财政收入

基本财政需求并不是指地方政府的实际支出，而是指地方政府为了达到中央政府确定的基本公共服务标准所需开支。地方政府总的基本财政需求等于由地方政府负担的社会治安、消防、义务教育、公路桥梁建设等各项服务的财政需求之和。

单项服务的基本财政需求的计算公式是：

基本财政需求 = 单位数量 × 调整系数 × 单位成本

在上述公式中，单位数量是指对某项服务中基本单位的个数，如社会治安项目中的警察人数、消防项目中所负责保护的人口数和公路维护项目中的公路面积等。调整系数是根据各地区自然条件、社会经济发展和行政能力水平等因素对某项公共服务成本的影响程度而确立的变量参数。单位成本则要根据价格水平和人们对某项公共服务的需求变动情况在各个财政年度中分别进

① 基本财政收入大于基本财政需求的地方政府不能享受中央政府的转移支付，但有权保留其超出部分，如东京。

行确定。

基本财政收入是满足基本财政需求的收入总和。它主要是根据地方交付税和一定比例的地方税（州、道、府、县级税收收入的80%，市税收收入的70%）所确定。

而特殊地方交付税是对以下几个方面特别需求进行的补助：一是没有包括在基本财政需求中的部分特别财政需求；二是弥补中央政府测算收入与地方政府实际收入的差额；三是普通地方交付税不可预见的需求等。

2. 国库支出金

国库支出金主要是采用费用与分摊的形式对地方政府进行补助，但对于不同的项目，负担补助的比例也有所不同。例如，对于小学教师工资进行全额补助；对于生活贫困者救济费负担80%；对于中学教师工资负担50%。中央政府确定分摊比例的主要原则是对于地方政府难以负担或社会效益较大的项目补助比例高，对于地方政府有能力负担的项目补助比例低。

3. 地方让与税

地方让与税包括消费让与税、地方道路让与税、石油天然气让与税、汽车重量让与税、航空燃料让与税、特别吨位让与税等6种，除航空燃料让与税、特别吨位让与税范围限定为机场、港口所在地及周围地外，其他4种让与税对象均为一般的都道府县等地方政府。如消费让与税，按照总额的6%、11.5%、11%的标准在都道府县等地方政府间进行返还。

六、印度

印度是一个中央集权的联邦制国家，分为中央政府、邦政府和地方政府三级。印度实行转移支付制度已有50多年的时间。

（一）财政转移支付规模

印度是一个发展中大国，人口众多，中央政府与各邦政府存在着巨大的财力纵向不平衡，同时各邦之间自然条件和经济发展差异很大，存在着较大的财力横向不平衡。因此，印度的财政转移支付规模较大。

(二)财政转移支付结构

印度中央政府对邦的转移支付,包括财政委员会的转移支付,计划转移支付和中央各部门的转移支付三种形式,其中前两种形式的转移支付为一般性转移支付,后一种转移支付为专项转移支付。

(三)转移支付的具体分配方法

1. 财政委员会的转移支付

印度宪法第280条规定,总理每五年或更短一些时间,可以选派人员组成财政委员会,对中央政府向邦政府进行的税收分享和补助提出建议。财政委员会确定中央转移支付的方法包括:第一,评估中央政府和各邦的总预算需求,确定在建议时期内中央政府能够用于转移支付的资金总量;第二,预测各邦自有收入及非计划经常性支出;第三,根据税源分配附加货物税、非农业用地财产税、农业财产税等由中央政府征收的税收;第四,在中央政府与邦政府之间,以及各邦之间分配共享税(个人所得税和联邦消费税);第五,弥补邦政府用自有收入及中央的税收分享和补助安排支出项目后仍然存在的收支差额。

2. 计划转移支付

中央政府对各邦的计划转移支付包括补助和贷款。按照国家发展计划委员会1991年对计算公式的修订,将30%的可分配资金留给特殊类型的邦。对各邦的转移支付根据各邦制定的计划项目确定,90%是补助,10%是贷款。在分配主要邦的资金中,70%按因素法分配。在各因素中,人口因素占60%,人均邦内生产总值占25%,财政管理因素占7.5%,余下的7.5%考虑各邦的特殊问题。在25%的人均邦内生产总值因素中,20%是分配给人均邦内生产总值低于按反函数公式计算的全国平均人均邦内生产总值的各邦,余下的5%根据距离函数公式分配给所有各邦。

3. 中央各部门的转移支付和中央资助项目

这类转移支付属于专项转移支付,近年来无论是数额,还是资助项目的数量都在增加。由于这类转移支付分配随意性大,并且要求邦政府有配套资金,在一定程度上影响邦政府对项目的优先安排,因而,各邦对这类转移支付意见

较大。

第二节 国外转移支付制度对我国的启示

由于世界各国各自的历史背景、政治经济体制和经济发展程度各不相同，对转移支付的具体规定也相互各异。纵观各国的转移支付制度，西方发达国家经过几十年的探索，已经建立起了较完善的政府间转移支付制度，其中某些共性的经验和教训对我们很有启发。

一、中央政府拥有较大财力是进行财政转移支付的基本条件

从不同国家财政转移支付情况看，无论是实行联邦制的美国、澳大利亚，还是实行单一制的日本，都是在中央政府掌握较大财力的基础上，再根据政府间财力纵向差异和各级政府间横向差异确定对地方政府的转移支付数额。近几年，美国、日本、澳大利亚中央财政收入占全国财政收入比重均保持在60%以上。美国联邦政府补助占州和地方财政支出的比例在20%左右，日本中央政府的补助额占地方政府收入的比例在36%左右，澳大利亚州政府40%左右的支出靠联邦政府补助。在我国，分税制前中央政府拥有的财力十分有限，分税制改革后，名义上中央财政占全国财政收入的比重在57%左右，但由于税收返还占其中较大比例，而且税收返还数额逐年递增，因此，中央财政实际上可以支配的财力是十分有限的。

二、根据本国实际，合理运用各种转移支付形式

从转移支付的分类看，各国财政转移支付结构主要分无条件转移支付和有条件转移支付两种，有条件转移支付又有专项转移支付和分类转移支付等形式。每一种转移支付有其自身作用特点和作用范围，专项的转移支付一般用于对具体建设项目的补助，这种补助明确规定资金的用途，得到补助的下级政府无权变动，有些还带有一些附加条件；分类的转移支付只指定大的使用方向，如教育、环境保护等，而不是规定具体使用项目，下级政府拥有一定的决策

权。目前,世界上绝大多数国家将转移支付分为均等化的一般性转移支付和专项转移支付两种形式,且一般性转移支付占转移支付的绝大部分。

这两种转移支付具有较强的宏观调控作用,是中央政府贯彻实施政策目标的有力工具。无条件转移支付的作用是平衡地区之间的差别,使贫困地区能有足够的资金行使政府职能。一般来说地区之间贫富差别越大的国家,无条件转移支付比重也就越大。几种转移支付形式的巧妙配合,使得各国既发挥了地方政府的自主权,又保障了中央政府政策意图的贯彻实施。

因此,需要根据本国的实际,合理选用相应的转移支付形式。比如美国,是一个注重竞争和资源自由流动、讲究效率的国家,更多地采取有条件拨款鼓励下级政府提供具有外部性的公共服务,促进资源有效配置。而德国和日本,强调消除地区间差距,因此无条件拨款成为一种重要的转移支付形式。

而从我国转移支付结构看,转移支付形式过多,且各种形式的转移支付在均衡化的过程中又有所交叉,管理混乱,相互之间缺乏统一的协调机制。我国是一个地域辽阔、人口众多的大国,各地经济发展水平极不平衡,地区间财政能力差距悬殊,应建立以无条件拨款为主,专项拨款为辅的转移支付体系,建立以规范统一的公式和评估方法为基础的无条件转移支付体系。国际上通行的做法是,将一般性转移支付作为对地方财政转移支付的主要形式,其占全部财政转移支付的比例在50%左右。因此应当适当降低专项补助规模,加大一般性转移支付补助力度。建议清理财力性转移支付的其他项目和专项转移支付补助,将其中用于弥补财力不足的补助逐步纳入到一般性转移支付中去,提高一般性转移支付比例和均等化功效,使其成为财政转移支付的主要形式。在中央财力逐步壮大,地方横向财政能力差距有所缩小的情况下,再适当扩大专项拨款的规模,规范分配方法,优化专项拨款结构,保证重点,建立严格的专项拨款监督机制,提高财政资金的使用效率。

三、注重财政转移支付的基本公共服务均等化功能

实现全国各地公共服务水平的均等化是转移支付的基本目标。从国外的情况看,尽管各国转移支付要保证国家许多政策目标的实现,但是财政转移支

付的基本目标是保证全国各地居民都享有大致相同的公共服务水平，确保国家最低的就学、就医、就业、社会保障、公共交通等公共服务标准的实现。借鉴国际经验，中国财政转移支付制度要达到的最终目标，也是实现全国各地公共服务水平的均等化，使全国各地的居民都享有同等的公共服务水平，即在考虑各地收入能力和支出需求的基础上，使各地在基本的公共服务能力方面达到均衡。我国中央对地方的转移支付，并非如传统的财政分权理论所指出的那样仅仅出于经济上的原因，政治因素的影响非常显著。中央主要基于维护国家稳定和减少改革阻力的政治平衡考虑，公共服务均等上的考虑在我们所考察的时间区间并不显著。转移支付制度本身的设计，还较多地考虑了对原体制下既得利益的维护，一方面在纵向上转移支付资金既有自上而下、又有自下而上的双向流动情况，造成了资金的无效运动，不仅降低了效率，而且还增加了寻租的机会；另一方面转移支付制度组成形式较多，且各部分在政策目标上有所冲突，造成转移支付制度实施的整体效果不佳。在区域和城乡居民基本公共服务差距逐渐加大的情况下，需要把公共服务均等化目标放到一个更重要的位置。①

这首先需要加大财政转移支付中用于均等化的资金。如德国横向转移支付的三步平衡法，确保每个州的财政支出需求的95%得到满足。然后在逐步清理规范专项转移支付的同时，要将专项转移支付项目更多的定位在基本公共服务项目上，加大义务教育专项转移支付、农村公共卫生财政转移支付、就业和社会保障财政转移支付等基本公共服务项目的财政转移支付力度。

四、转移支付的计算有统一的公式和客观标准

各国在计算转移支付数量时均采用一定的科学公式，如美国的无条件拨款几乎都是根据公式进行的，最著名的要数根据《1972 年对州和地方的财政援助法》而实行的收入分享拨款，公式中的因素包括人口、人均收入、税收努

---

① 宋小宁、苑德宇：《公共服务均等、政治平衡与转移支付——基于 1998—2005 年省际面板数据的经验分析》，《财经问题研究》2008 年第 4 期。

力程度等。美国专项拨款中有公式拨款和项目拨款两种，公式拨款占2/3。联邦政府依据有关法律规定的公式确定补助对象和补助标准，在公式中，一般采用人口和人均收入等因素，作用衡量需要程度的指标。

加拿大首先核定省的标准人均财政收入能力，再从10个省中选定5个中等收入的省，以它们的人均财政收入能力的加权（权数为人口）平均数作为各省的人均财政收入标准。最后计算出各省应得补助额。均等化转移支付的计算公式按照加拿大国会要求，每5年要对这一公式进行一次回顾和更新，确保均等化转移支付能够反映各省最新的财政经济发展状况，同时改善测算方法，引入更加精确的统计数据。这样就避免了中央政府与地方政府之间经常性的讨价还价，增加了转移支付的透明度，各地方政府不仅知道本地区将得到多少转移支付资金，而且了解其他地区得到了多少转移支付资金，这样可以减少盲目的互相攀比。当地方政府对转移支付制度提出批评时，不是就数量论数量，而是对计算公式的科学性提出不同意见，不断加以改进和完善，使其更加科学规范，大大提高了财政管理工作的水平。

同时，在因素法计算中，还充分考虑到特殊因素条件对财政基本需求的影响，如日本根据各地区自然条件、社会经济发展和行政能力水平等因素对某项公共服务成本的影响程度而确立调整系数；印度在分配主要邦的资金中，充分考虑各邦的特殊问题；加拿大的三个地区地处寒冷、人口稀少的北方，支出成本高，而财政能力又十分有限，为确保这些地区政府有能力提供与其他省级政府水平相当的公共服务，联邦政府设立了管辖区转移支付。

目前，我国中央政府对地方政府的转移支付资金分配主要采用基数法，只在一般性转移支付方法上采用因素法进行分配，但所占比例较小。同时，在对标准支出测算中仍保留了基数法的特征。今后，我国规范化的财政转移支付制度也要建立统一的客观标准和计算公式，通过因素法确定中央对地方转移支付的资金分配。

五、注重逐步建立较规范的横向财政转移支付制度

现阶段我国各级政府间的转移支付只注重纵向转移支付，而对横向转移

支付涉及不多。我国东部与中西部地区差距过大,而中央财力又十分有限,单靠中央对地方的纵向转移支付,难以实现地区间公共服务的均等化。目前,德国实行纵向与横向混合的转移支付模式,即在实行纵向转移支付的同时,还实行富裕州向贫困州进行横向转移。德国的财政平衡制度规定了州际均等化转移支付体制,并对各州的财政收入依法调整,从富裕州抽调“均等化资金”来支援相对贫困的州,从而实现公共服务能力的大体平衡。纵横交错的转移支付制度有利于解决落后地区财力不足问题,能促进落后地区与发达地区的交流和共同发展。

横向财政转移支付是一种较为特殊的地方政府间资源再配置机制,对于我国这样一个各地财力差距悬殊的发展中大国来说,具有特别的借鉴意义。我国过去其实已有一些横向转移支付安排,如发达地区对若干欠发达地区的“对口支持”等,但规范性不高,稳定性较差。横向财政转移支付制度作为调节地区间差异的财政再分配活动,应当从长远角度在目标、规模上体现财政分配的政策取向,通过各年度预算的手段,根据各个地区财政能力的强弱、收入水平的高低,在科学测算的基础上,从经济发达、财力充裕的地区提取部分财力,横向转移到欠发达地区,形成省际横向财政转移支付体系。我国在继续积极发展和完善自上而下的“因素法”转移支付制度的同时,也应逐步探索和建立较规范的横向转移支付制度,以求双管齐下,在全面建设小康社会的历史时期贯彻统筹、协调、可持续发展观,有效调节地区间发展差异。

第十章 民族地区财政转移支付的制度创新

本章将在借鉴国外转移支付制度的基础上，就民族地区财政转移支付的制度创新进行研究。首先，构建民族地区财政转移支付制度创新的总体框架；其次，在总体框架下，设计规范化财政转移支付模型，并对其均等化效果进行对比与评价；再次，在规范化转移支付制度下，综合考虑民族地区财政转移支付的特殊性，对民族地区财政转移支付进行合理倾斜；最后，对民族地区内省级地方财政转移支付问题进行探讨。

第一节 民族地区财政转移支付制度创新的主要举措

《民族区域自治法》规定，民族自治地方在全国统一的财政体制下，通过国家实行的规范的财政转移支付制度，享受上级财政的照顾。民族地区财政体制具有自身的特殊性。它是建国以来我国财政管理过程中尊重民族地区财政自身发展规律和客观现实，由盲目自发到自觉引导而逐步形成的民族地区特殊的财政管理体制。这一特殊的财政体制在发展民族经济、巩固边疆、加强民族团结和促进祖国统一中起到了十分重要的作用。然而，以“一统体制”为主导思想的分税制改革对民族地区财政体制的特殊性认识不足，与分税制改革配套的财政转移支付制度妥协于既得利益的重重阻力，采取以保护既得利益为特征的“基数法”而不是以公平为特征的“因素法”设计转移支付，造成了对民族地区财政的不利影响。

因此，民族地区财政转移支付的制度创新，需要在充分考虑民族地区特殊

情况前提下,通过国家实行的规范的财政转移支付制度,对民族地区财政转移支付进行合理的倾斜。

一、调整转移支付结构

目前,我国在财政转移支付结构的安排上,主要问题是保留既得利益的税收返还不符合均衡化目标,一般性转移支付比例过小,专项转移支付分配不合理。因此,我国应借鉴国外发达国家经验,采取以一般性转移支付为主、专项转移支付为辅的模式,逐步取消税收返还方式。

(一)逐步取消税收返还

税收返还保护了地方的既得利益,是旧体制的延续。虽然在分税制改革初期,为减少改革阻力税收返还起了相当大的作用,但是分税制已经实行了十多年,转移支付制度已逐步得到规范,税收返还本身又属于非均等化转移支付形式,它同分税制实行各地实现公共服务均等化目标是相悖的,这种转移支付的方式不可能永久化和固定化,甚至扩大化,应逐步取消税收返还。① 当然,为了减少阻力,还可以规定一个过渡期(比如 2/3 返还、1/3 返还等),分步实施,逐步到位。

(二)调整财力性转移支付

现行财力性转移支付主要包括:一般性转移支付、民族地区转移支付、县乡财政奖补资金、调整工资转移支付、农村税费改革转移支付、年终结算财力补助等。这里,除一般性转移支付外的其他类型的财力支付都是因为中央出台某项政策导致地方财力不足引起的,或者用于某些专项。这只能作为一种过渡性措施,而不能将其制度化,否则,如果每出一项政策,就增加一项财力性转移支付,势必造成财力性转移支付的混乱,缺少规范。因此,应当将财力性转移支付整合为一项统一的一般性转移支付,并适时引入分类转移支付。

借鉴美国转移支付的经验,设立分类转移支付体系。分类补助是上级政府依据法定公式对某些特定领域进行的补助,下级政府对于这类补助的使用

① 李红霞:《我国财政转移支付制度改革的理性思考》,《现代财经》2008 年第 4 期。

拥有相对的自主权。可以看出,通过分类转移支付既能贯彻中央政府基本意图,又能发挥地方政府积极性。从我国转移支付结构看,财力性转移支付的一些项目事实上具有分类转移支付的特征,如民族地区转移支付、农村税费改革转移支付、调整工资转移支付、其他转移支付等。随着我国主体功能区的规划建设,推进形成主体功能区的“生态建设与恢复”转移支付①等的增设必将提上新的议事日程,应对此类型的转移支付合并为分类转移支付,统一管理。

(三)加大一般性转移支付比例

一般性财政转移支付作为现行体制中唯一的分配方法客观、合理,均等化效果明显的转移支付方式,中央应加大拨款力度。所得税收入分享改革建立了一般性转移支付总量增长机制,也为扩大拨款力度创造了可能性。但总体来看,目前一般性转移支付所占规模过小,应进一步提高一般性转移支付规模和比重,进一步细化标准收支和应得转移支付测算方法,采用均等化公式确定转移支付数额,保证各地区拥有实现基本公共服务均等化的大体相当的财力。鉴于此,应把税收返还部分并入到一般性转移支付,通过对影响地方财政能力和财政需求的因素进行分析,得到一个可以调整的匡算地方财政收入与支出的公式,进行合理分配。

(四)归并专项转移支付并加强监管

对专项转移支付项目进行重新分类。专项转移支付中的一些项目,如教科文卫等事业费支出、行政与公检法司支出和社会保障支出等实际上应属于一般性转移支付的支出项目,应将其归并到一般性转移支付中去,以一个完整的口径来计算规模。一般性转移支付标准支出中的一些项目,如城乡道路等基础设施建设支出也应划入到专项转移支付中进行计算。② 专项转移支付应更大规模地用于跨省际的大规模工程项目;专项转移支付的配套资金,应依照支出责任划分方法确定配套政策,原则上富裕地区配套高,落后地区低些,特困地区可免予配套。

---

① 国务院发展研究中心课题组:《主体功能区形成机制和分类管理政策研究》,中国发展出版社2008年版,第27页。

② 宋超、绍智:《我国财政转移支付规模问题研究》,《地方财政研究》2005年第1期。

建议将专项补助进一步分解为项目专项补助和公式专项补助。对公式专项补助的拨款,按因素法分配资金。要加大对专项转移支付的监管。由于专项转移支付缺乏健全的制度和规范的监管,中央在向地方的转移支付中,自然就产生了支出分散、不透明、截留漏损严重、成本高等弊端。而且,资金分散在各部委,虽然许多项目规模很小,还是激励了部分地方政府到京"跑部钱进"、争要项目,给权力寻租和腐败提供了制度条件。

借鉴国际经验,按照我们的设想,应建立一种以一般性转移支付为重点,以专项转移支付相配合,以特殊性转移支付作补充的转移支付制度。对未来的转移支付结构主要分为三类,一类为一般性转移支付,占到转移支付总量的45%左右;①第二类为分类转移支付,占到25%左右;第三类为专项转移支付,占到30%左右,主要贯彻国家的宏观调控目标和处理应急事务。

二、规范转移支付分配方法

规范化的转移支付方式,应采用国际上通用的因素评估法,它是一种比较科学、合理的技术方法。这种方法通过数学模型对影响转移支付的诸因素进行动态分析和科学评估。因素评估法强调因素选择的科学性,有限使用回归方法,避免历史发展的不合理性固化到模型。因素选择应首先确保客观性,避免将主观因素纳入模型,要突出自然条件差异和人口等主要的客观因素。"因素法"是规范化的转移支付制度的重要环节与标志,它的科学性与客观性受到大部分国家的肯定,用"因素法"替代"基数法",在更大的范围内适用"因素法",也是我国完善转移支付制度,提高调节财政平衡绩效的关键所在。对于我国一般性转移支付,应采用科学客观的标准分配资金。即改基数法为因素法,将地方政府基本公共服务作为基本因素引入均等化转移支付,确保不同地区获得大致相当的财力。

因素法的关键是确立计算公式与选择各项因素。在将均等化思路转化为

① 在我国目前地区间财力差距较大的客观现实条件下,应增大均衡地区财力的一般性转移支付力度,在地区财政能力逐步缩小过程中适当削减。

均等化公式时，需要用经济指标来表达财政能力和财政支出需要。应当从客观性、中立性或激励相容性、透明度以及成本角度综合评价，认真辨析和选择。我国比较适合选用“收入支出需求均衡拨款型”的模式，来计算各省市的理论标准收入和标准支出需求。

要遵循客观、公平、效率的原则，选取一些不易受到人为控制的、能反映各地收入能力和支出需要的客观性因素，包括(1)反映地区基本社会状况的人口数、城市化程度、人口密度；(2)反映地区经济发展状况和公共服务水平的人均GDP和人均财政本级收入等；(3)为了鼓励各地加强税收的征管，提高地方增加收入的积极性，可考虑收入努力因素，如各地财政收入占GDP的比重；(4)能直接影响政府支出成本高低的自然因素，如土地面积、地理位置、气候资源、交通运输等。

根据因素来衡量各地的财政地位，以公式化的形式确定各地的转移支付额，从而提高转移支付的透明度、可预见性和客观公正性，规范中央与地方之间的财政关系，避免讨价还价现象，提高财政管理的科学化程度，从而在更大程度上提高财政转移支付制度的纵向与横向平衡效应的绩效。同时，由于“因素法”需要大量准确的数据信息，因此我们有必要加快建立政府统计信息系统，完善基础性数据的统计，提高政府统计信息的质量。

三、建立以纵向为主、纵横交错的转移支付

政府间的转移支付就其实质而言，是各地区横向财力的再分配，即通过政府组织的收入和支出将经济发达地区的收入转移到经济发展落后的地区。世界上的政府间的财政转移支付主要有两种模式：单一的自上而下的纵向财政转移支付与以纵向为主、纵横交错的转移支付。

我国采用的是单一纵向的转移支付模式，即先由上级政府把各地区的财力集中起来，再根据地区财政收支平衡状况和实施宏观调控的需要，分配给各地区，以实现财力配置的均等。一方面，这种模式的透明度低，稳定性差，弊端较多；另一方面，目前我国地区间的财力差距大，涉及的范围广，具备地区间横向转移支付的条件，富裕地区有可能也有能力向落后地区转移财力；同时，我

国过去虽没有明朗化的横向转移支付方案,但是原体制上解和定额补助事实上就是一种较固定的横向转移支付,并取得过很好的社会与经济效益。然而,由于各地区的上缴额和补助额是在老体制下按“基数法”确定的,这种包含着“自下而上”和“自上而下”的资金双向无偿流动通常不能达到调节横向失衡的效果。随着转移支付绝对规模的不断扩大,其所占比例也不断缩小。因此,需要借鉴国际经验,构建一种实际可行的,以纵向为主、纵横交错的转移支付模式。

四、对民族地区财政转移支付进行合理的倾斜

影响一个地方财政支出成本的因素很多,归纳起来包括自然条件因素、地理分布与行政建制因素、经济发展水平因素、社会发展因素以及民族、宗教等因素。与一般地区相比,民族地方在这些因素上大都具有相当的特殊性,因而财政支出成本相对较高,财政负担较沉重。为了维护全国各族人民安定团结的局面,我国一直在政治、经济、文化教育等方面对少数民族采取较为优惠的政策。

然而,从现行转移支付制度设计来看,国家对民族地区的特殊自然地理、政治经济条件以及以往政策的历史影响等没有加以充分的考虑。使得民族地区在同等财力条件下,基本公共服务水平与全国的差距进一步拉大。因此,在基本公共服务均等化建设中,应在分类转移支付和专项转移支付中,充分考虑民族地区与其他地区发展水平的差异、支出成本的差异等因素,对民族地区财政转移支付进行合理的倾斜。

对民族地区财政转移支付的倾斜政策,应根据民族地区现有财政能力的实际,确定阶段性目标,动态调整。基本过程是:第一,均衡民族地区财政能力;第二,提升民族地区基本公共服务投入水平;第三,加强民族地区税收能力建设,提高民族地区财政收入;第四,实现民族地区基本公共服务均等化;第五,改善民族地区发展条件,降低发展成本,构建民族地区良性循环发展途径。

第二节 规范化财政转移支付模型设计与测算

《民族区域自治法》规定,民族自治地方在全国统一的财政体制下,通过国家实行的规范的财政转移支付制度,享受上级财政的照顾。因此,我们必须首先建立全国规范的财政转移支付制度。借鉴国际经验,并结合现阶段我国经济社会发展现实,我国规范的财政转移支付制度应采取以一般性转移支付为主、专项转移支付为辅的模式。在一般性转移支付的分配方法上,用"因素法"代替"基数法";遵循客观、公平、效率的原则,选取一些不易受到人为控制的、能反映各地收入能力和支出需要的客观性因素,根据因素来衡量各地的财政地位,以公式化的形式确定各地的转移支付额,从而提高财政转移支付制度的纵向与横向平衡效应的绩效。下面主要就一般性转移支付的分配方法进行模型设计与测算。

一、基本思路

首先,提高一般性转移支付所占比例。目前,我国一般性转移支付横向均衡绩效最高,但所占比例过小,2005 年只占转移支付总额的 9.75%;同时,税收返还(包括两税返还和所得税基数返还)2005 年占到 32.71%,但均衡效应较差;所得税基数返还的横向均衡效应为负,同实现公共服务均等化目标是相悖的,应逐步取消。因此,本文的模型设计中首先提取一定比例的税收返还增加到一般性转移支付的额度中进行均等化分配,提高一般性转移支付比例。

其次,对各地的财政收入能力和财政支出需求进行测算。采用"因素法"代替"基数法",选取一些不易受到人为控制的、能反映各地收入能力和支出需求的客观性因素,如人口数量、城市化程度、人口密度等。设计出一套科学的公式,对各地的财政收入能力和财政支出需求进行测算,以此确定各省市区应获得的一般性转移支付的数额。在因素的选择上,用税制因素、人口因素、自然环境因素、经济实力因素、社会发展因素和特殊因素等确定各地的需求水平。既考虑各地经济发展水平的高低、财政能力的强弱,又考虑到各地公共服

务支出成本的差异。

最后,根据各省市区财政收入能力和财政支出需求的差距总额,对一般性转移支付进行分配,并对其分配前后的效果进行比较分析。

二、主要方法

本文参照一些学者的相关研究,①提出一套具体的均等化转移公式,估算我国31个省市自治区的财政能力和支出需求。这套公式的基本目标是使各省市区在相近的税收努力程度(地方税有效税率相近)的情况下,能提供相近水平的公共产品和服务。

(一)财政收入能力的测算方法

在估算各地区财政收入能力时,本文的基本假定是地方政府的财政收入能力取决于各地方的经济发展水平和地方税收努力程度。即每个省市区在全国平均税率下应该征得的税收收入代表地方财政收入能力水平。

这项计算中最主要的工作是对各省税基的估算。第一种方法是用各省市区的 GDP 水平来近似地方税基。具体公式为:

$$FR_i = a + bGDP_i + \varepsilon$$

式中 FR_i 为 i 地区的财政收入能力,GDP_i 为31个省市区的 GDP,a 为常数项,回归系数 b 代表全国31个省市区平均税率水平,ε 为残差。

第二种方法用两个变量来估算地方税基:全社会商品零售总额和 GDP。从《中国统计年鉴》上的分地区财政收入表中可知,目前增值税和营业税已成为地方税收中最大的两个税种。由于我国的增值税属于生产性增值税,可以用 GDP 来近似其税基。② 假设营业税与全社会商品零售总额呈较强的正相关,因此就有了第二种较复杂的方法,即用 GDP 和全社会商品零售总额来近

① 相关研究参照马骏:《中央向地方的财政转移支付——一个均等化公式和模拟结果》,《经济研究》1997年第3期;黄解宇、常云昆:《对西部地区转移支付的均等化模型分析》,《财经研究》2005年第8期。

② 黄解宇、常云昆:《对西部地区转移支付的均等化模型分析》,《财经研究》2005年第8期。

似估算地方的财政能力。用以上两个数据进行回归计算得到的公式如下:

$$FR_i^{'} = \alpha + \beta GDP_i + \gamma SALES_i + \mu$$

式中 $FR_i^{'}$ 表示第 2 种方法估算的第 i 省的财政收入能力,$SALES_i$ 是第 i 省的全社会商品零售总额,GDP_i 为 31 个省市区的 GDP,回归系数 β 和 γ 分别代表全国 31 个省市区增值税和营业税的平均税率水平。

(二)财政支出需求的测算方法

一般性转移支付的支出特点是长期性、综合性和稳定性,以此为标准,对当前的一般性转移支付的各种支出项目应进行科学的归并。① 按照一般性转移支付支出应重点保证实现各地区基本公共服务均等化的原则,在本文制度方案的设计中,对一般性转移支付支出重点考虑地区之间基本公共服务财政支出需求。为此,我们将每个省的基本公共服务支出需求分成 7 类:教育、公共卫生、社会保障、公共安全(包括行政管理和公检法两类)、基础设施、环境保护、其他服务。②

每一类需求由一个公式来估算,然后将 7 类需求相加得到每个省的总支出需求。在选择每个公式中所使用的变量时采用了如下原则:(1)这些变量是决定和影响支出需求的最重要因素;(2)变量的个数不能过多,以保证公式易为使用者理解;(3)每一公式中的各种变量有较少的线性相关,以免重复计算某些因素;(4)这些变量的统计数据存在并可获得。③

---

① 宋超、绍智:《我国财政转移支付规模问题研究》,《地方财政研究》2005 年第 1 期。

② 根据公共服务支出需求的层次性可以分为三个层次,第一层次包括基础教育、公共卫生和社会保障三类,主要确保人的基本的生存权和发展权得到满足;第二层次包括公共安全、基础设施和环境保护三类,主要为了改善人们生存的安全性、舒适性和可持续性;第三类包括一般公共服务、科学技术和文化娱体三类,主要为了确保政府有效履行职能和更高层次的公共利益的实现。在基本公共服务均等化推进中,优先顺序应按照需求层次推进。参见国务院发展研究中心课题组:《主体功能区形成机制和分类管理政策研究》,中国发展出版社 2008 年版,第 178 页。

③ 马骏:《中央向地方的财政转移支付——一个均等化公式和模拟结果》,《经济研究》1997 年第 3 期。

表 10－1　各类基本公共服务需求及其决定变量分布表

基本公共服务	权重	决定变量的选取
教育	0.15	人口、平均受教育年限
公共卫生	0.04	人口、人均医疗机构床位数
社会保障	0.13	人口、65 岁以上人口占总人口的百分比、城市失业率
公共安全	0.22	
其中:行政管理	0.10	人口
公检法司	0.12	人口、城市人口百分比
基础设施	0.21	公路的长度、土地面积
环境保护	0.05	GDP、土地面积
其他公共服务	0.20	人口

对每一个省市区的支出需求的计算分四个步骤进行,分别如下:

1. 决定每类支出占总支出的权重

这些权重结合基本公共服务均等化推进的优先顺序及 2005 年的实际支出数据计算(见表 10－1)。其中第一层次的教育、公共卫生和社会保障权重分别按 2005 年的实际支出比重计算,分别为 0.15、0.04 和 0.13;在第二层次中,考虑到公共安全影响因素的不同,把公共安全分为行政管理和公检司法两个亚类,分别按其实际支出 0.10 和 0.12 给出权重,基础设施按其实际支出比重 0.21 计算。同时,综合考虑到国家主体功能区建设的推进,我们增加了环境保护支出项目,并给其赋予权重为 0.05,最后,对其他公共服务按 0.20 计算。

31 个省市区的第 k 类支出需求 N_k(k = 教育、卫生等)是其权重(α_k)与所有类别的总支出需求(TN)之积。即第 k 类支出需求为:

$$N_k = \alpha_k * TN$$

2. 决定每个省第 k 类(k = 教育、卫生等)支出需求

(1)教育支出需求

各省市区教育支出需求 N_E 与其人口成正比,与平均受教育年限成反比,

因此,对第 i 省市区的教育支出需求 N_{Ei},可以用下式来计算:

$$N_{Ei}=N_E(P_iE_i/\sum_{j=1}^{31}P_jE_j)=\alpha_k*TN(P_iE_i/\sum_{j=1}^{31}P_jE_j)$$

式中 N_{Ei}是第 i 省对教育的支出需求,$\alpha_E=0.15$ 是教育支出占总支出的比重,N_E 是 31 个省市区对教育的总的支出需求,P_i 是第 i 省的人口,E_i 是 i 省平均受教育年限的倒数,$P_iE_i/\sum_{j=1}^{31}P_jE_j$ 是第 i 省教育支出需求占 31 个省市区总的教育支出需求的份额,其中 $j=1,2,\cdots\cdots,31$。

(2)卫生支出需求

对于卫生支出需求 N_H 与其人口成正比,与人均卫生机构床位数成反比,因此,对第 i 省市区的卫生支出需求 N_{Hi},可以用下式来计算:

$$N_{Hi}=N_H(P_iH_i/\sum_{j=1}^{31}P_jH_j)=\alpha_H*TN(P_iH_i/\sum_{j=1}^{31}P_jH_j)$$

式中 N_{Hi}是第 i 省对卫生的支出需求,$\alpha_H=0.04$ 是卫生支出占总支出的比重,N_H 是 31 个省市区对卫生的总的支出需求,P_i 是第 i 省的人口,H_i 是 i 省人均卫生机构床位数的倒数,$P_iH_i/\sum_{j=1}^{31}P_jH_j$ 是第 i 省卫生支出需求占 31 个省市区总的卫生支出需求的份额,其中 $j=1,2,\cdots\cdots,31$。

(3)社会保障

社会保障支出包括抚恤和社会福利救济金、离退休经费和社会保险补助支出。各省市区社会保障支出需求 N_S 与其老年人比重(65 岁以上人口占总人口比重)和城市失业率成正比,我们假定这两项因素对社会保障总的支出需求的影响程度一样,所以它们前面的系数都取 0.5 进行计算。对第 i 省市区的社会保障支出需求 N_{Si},可以用下式来计算:

$$N_{Si}=N_S*0.5(PD_i/\sum_{j=1}^{31}PD_j+PL_i/\sum_{j=1}^{31}PL_j)=\alpha_S*TN(PD_i/\sum_{j=1}^{31}PD_j+PL_i/\sum_{j=1}^{31}PL_j)$$

式中 N_{Si}是第 i 省对社会保障的支出需求,$\alpha_S=0.13$ 是社会保障支出占总支出的比重,N_S 是 31 个省市区对社会保障的总的支出需求,PD_i 是第 i 省的老年人总数(65 岁以上人口数),PL_i 是 i 省城市失业人口数,$PD_i/\sum_{j=1}^{31}PD_j$、

$PL_i/\sum_{j=1}^{31}PL_j$ 分别是第 i 省老年人口和城市失业人口占 31 个省市区的份额，其中 $j=1,2,\cdots\cdots,31$。

(4)行政管理支出需求

行政管理支出包括行政管理的支出、文体广播事业费、外交外事支出和其他支出等。各省市区行政管理支出需求与其人口总数成正比。因此，对第 i 省市区的行政管理支出需求，可以用下式来计算：

$$N_{Gi}=N_G(P_i/\sum_{j=1}^{31}P_j)=\alpha_G * TN(P_i/\sum_{j=1}^{31}P_j)$$

式中 N_{Gi} 是第 i 省对行政管理的支出需求，$\alpha_G=0.10$ 是行政管理支出占总支出的比重，N_G 是 31 个省市区对行政管理的总的支出需求，P_i 是第 i 省的人口，$P_i/\sum_{j=1}^{31}P_j$ 是第 i 省行政管理支出需求占 31 个省市区总的行政管理支出需求的份额，其中 $j=1,2,\cdots\cdots,31$。

(5)公检法司支出需求

公检法司支出包括公检法支出、武警部队支出、城市维护费等。各省市区公检法司支出需求与其城镇人口呈成正比。因此，对第 i 省市区的公检法司支出需求，可以用下式来计算：

$$N_{Pi}=N_P(P\cup B_i/\sum_{j=1}^{31}P\cup B_j)=\alpha_P * T(P\cup B_i/\sum_{j=1}^{31}P\cup B_j)$$

式中 N_{Pi} 是第 i 省对公检法司的支出需求，$\alpha_P=0.12$ 是公检法司支出占总支出的比重，N_P 是 31 个省市区对公检法司的总的支出需求，$P\cup B_i$ 是第 i 省的城镇人口，$P\cup B_i/\sum_{j=1}^{31}P\cup B_j$ 是第 i 省公检法司支出需求占 31 个省市区总的公检法司支出需求的份额，其中 $j=1,2,\cdots\cdots,31$。

(6)基础设施支出

基础设施支出包括基本建设、土地和海洋开发建设支出以及各部门事业

费等。各省市区基础设施支出需求与其面积[①]和公路里程[②]成正比,我们假定这两项因素对基础设施总的支出需求的影响程度一样,所以它们前面的系数都取 0.5 进行计算。对第 i 省市区的基础设施支出需求 N_{Ii},可以用下式来计算:

$$N_{Ii} = N_I * 0.5(A_i/\sum_{j=1}^{31}A_j + R_i/\sum_{j=1}^{31}R_j) = \alpha_I * TN(A_i/\sum_{j=1}^{31}A_j + R_i/\sum_{j=1}^{31}R_j)$$

式中 N_{Ii}是第 i 省对基础设施的支出需求,$\alpha_I = 0.21$ 是基础设施支出占总支出的比重,N_I 是 31 个省市区对基础设施的总的支出需求,A_i 是第 i 省的国土面积,R_i 是 i 省折算公路里程,$A_i/\sum_{j=1}^{31}A_j$、$R_i/\sum_{j=1}^{31}R_j$ 分别是第 i 省国土面积和折算公路里程占 31 个省市区的份额,其中 $j = 1, 2, \cdots\cdots, 31$。

(7)环境保护支出需求

目前,我国财政支出中还没有单列的环境保护支出。为推进国家主体功能区的建设,促进地区可持续发展,需要增设相应转移支付项目,如将"退耕还林还草"和"天然林保护工程"项目合并,设置更为综合的"生态建设与恢复"专项转移支付。[③] 理论上,环境保护支出应包括环境控制、生态保护、绿色产业的支持等方面的内容。[④] 各省市区环境保护支出需求 N_{EN}与其国土面积和经济活动总量(GDP)成正比,我们假定这两项因素对环境保护总的支出需求的影响程度一样,所以它们前面的系数都取 0.5 进行计算。对第 i 省市区的环境保护支出需求 N_{ENi},可以用下式来计算:

$$N_{ENi} = N_{EN} * 0.5(A_i/\sum_{j=1}^{31}A_j + GDP_i/\sum_{j=1}^{31}GDP_j) = \alpha_{EN} * TN(A_j/\sum_{j=1}^{31}A_j + GDP_i/\sum_{j=1}^{31}GDP_j)$$

---

① 各省市区国土面积数据来源于寿孝鹏、李雄藩、孙庶玉:《中国省市自治区资料手册》,社会科学文献出版社 1990 年版。

② 采用折算公路里程将更加准确,如把铁路和水运里程按运输能力与公路运输能力的比,折算成相当的公路里程数统一计算,为计算简便本文取公路里程数进行替代。

③ 国务院发展研究中心课题组:《主体功能区形成机制和分类管理政策研究》,中国发展出版社 2008 年版,第 27 页。

④ 于凌云:《发展绿色经济的地方财税政策研究》,中国财政经济出版社 2007 年版,第 207 页。

式中 N_{ENi}是第 i 省对环境保护的支出需求，$\alpha_{EN}=0.05$ 是本文给定的环境保护支出占总支出的权重，N_{EN}是 31 个省市区对环境保护的总的支出需求，A_i 是第 i 省的国土面积，GDP_i 是 i 省经济活动总量，$A_i/\sum_{j=1}^{31}A_j$、$GDP_i/\sum_{j=1}^{31}GDP_j$ 分别是第 i 省国土面积和经济总量占 31 个省市区的份额，其中 $j=1,2,\cdots\cdots,31$。

（8）其他公共服务

对其他公共服务支出需求，我们统一确定为各省市区其他公共服务支出需求与其人口总数成正比。因此，对第 i 省市区的其他公共服务支出需求 N_{Oi}，可以用下式来计算：

$$N_{Oi}=N_O(P_i/\sum_{j=1}^{31}P_j)=\alpha_O * TN(P_i/\sum_{j=1}^{31}P_j)$$

式中 N_{Oi}是第 i 省对其他公共服务的支出需求，$\alpha_O=0.20$ 是其他公共服务支出占总支出的比重，N_O 是 31 个省市区对其他公共服务的总的支出需求，P_i 是第 i 省的人口，$P_i/\sum_{j=1}^{31}P_j$ 是第 i 省其他公共服务支出需求占 31 个省市区总的其他公共服务支出需求的份额，其中 $j=1,2,\cdots\cdots,31$。

3. 将 i 省的七类支出需求相加得到该省总的财政支出需求

$$N_i=N_E+N_H+N_S+N_G+N_P+N_I+N_{EN}+N_O$$

4. 对各省的支出成本的差异进行调整

上述计算中没有考虑各省市区在提供相同公共服务时的成本差异。影响一个地方财政支出成本的因素很多，归纳起来包括自然条件因素、地理分布与行政建制因素、经济发展水平因素、社会发展因素以及民族、宗教等因素。由于自然、历史和文化等诸多因素的影响，各省市区的自然状况、经济状况和社会发展差异很大。因此，需要引入成本调整系数，对各省市区由于地理环境条件等因素造成的公共服务人工成本和其他成本的差异进行相应的调整。

现有对于各省市区成本调整系数的研究不多，得出的结论差别较大，如马

骏(1997)[①]结合各地区食品价格、建筑材料价格和工资水平三个指标设计出“工资—成本指数”,用来调整各省市区支出成本的差异。按照该公式的计算,沿海地区支出成本均明显高于内地省份,中国科学研究院可持续发展战略研究组(2002)的研究结论也支持了上述观点。[②] 费宇、李晓鹏(2006)设计的地区发展成本差异指数得出了相反的结论,该指数根据影响区域发展成本的三个主要因素,即自然基础、经济基础和社会基础,选取表征上述三大因素状况的海拔高度、人均 GDP、物价指数、交通密度、大学生毕业人数等指标进行综合计算,并以福建省为基准数 1,得出了 31 个省市区发展成本指数。[③] 根据本文的分析结论,与沿海发达地区相比,内地省份经济社会发展相对落后地区的财政支出成本相对较高,尤其是民族地区,与一般地区相比,具有相对的特殊性,公共服务支出成本相对较高。[④]

为此,本文借鉴费宇、李晓鹏(2006)的研究结论,采用地区成本发展指数对 2005 年各省市区的支出成本进行调整。经地区发展成本指数调整后的第 i 省支出需求为:

$$AN_i = D_i N_i$$

式中 AN_i 是经地区发展成本指数调整后的第 i 省的支出需求,D_i 是第 i 省的地区发展成本指数,N_i 是通过上面计算得到的各省市区的支出需求。其中,为了反映出各省市区加总支出需求与 2005 年实际支出大致相当,即使得 $TAN \cong AN$,本文采用河北省为基准数 1 进行了相应的调整。[⑤]

---

① 马骏:《中央向地方的财政转移支付——一个均等化公式和模拟结果》,《经济研究》1997 年第 3 期。

② 中国科学研究院可持续发展战略研究组:《可持续发展能力建设——中国 10 年》,科学出版社 2002 年版。

③ 费宇、李晓鹏:《地方政府教育标准财政支出测算研究》,《思想战线》2006 年第 4 期。

④ 如民族地区大多地广人稀,交通不便,造成财政供养人员相对较多;自然环境较差,很多地处高寒地区或山区,这样不仅人员经费和公用经费必须要增加,而且间接地会提高经济建设成本;地广人稀,公共服务的规模效应很难形成等。参见本文第八章的分析。

⑤ 当采用河北省为基准数 1 后,福建省地区发展成本指数相应调低到 0.84,这样调整的好处是使得调整后的总支出需求仍维持在当年实际支出水平左右,不至于使总量变动过大,同时又能反映各省市区在提供相同公共服务时的成本差异。

最后,根据31个省市区财政支出需求与财政收入能力的差距,来定量测度各地区一般性转移支付的分配数额。

三、数据来源

本文在进行财政转移支付计算方式设计时,注重“因素法”测算,即根据影响财政收支的因素核算各地区的财政收入和支出需求,并以此作为政府间财政转移支付的依据。为便于操作,原则上要求以尽可能少的因素制定出一套转移支付的公式。同时,这些变量要尽可能的客观,避免受到主观因素的干扰,充分考虑到数据变量的权威性、可得性和变量的可控性。

本文主要是以全国2005年年度财政数据估算31个省市区的财政能力和支出需求。如没有特别的交代,相关数据来源于《中国统计年鉴2006》、《中国财政统计年鉴2006》、《地方财政统计资料2005》、《人口统计年鉴2006》等。

四、结果分析

(一)31个省市区财政能力的估算结果

我们分别对两种不同方法测算的地方财政收入能力的回归效果进行比较(见表9-2),可以看出,回归方程(2)调整后的R2比方程(1)稍好,但回归系数和在10%水平上没有通过检验,而方程(1)的回归系数b在1%水平上显著,因此,本文采用方程(1)对各省市区财政收入能力进行预测,结果见表10-2。

表10-2 不同方法测算地方财政收入能力的回归效果比较

回归方程(1)		回归方程(2)	
a	128677.2	α	62822
b	732.5311***	β	277.9116
/	/	γ	1352.874
Adjusted R^2	0.819573	Adjusted R^2	0.820429

注:***、**、*分别表示在1%、5%、10%水平上显著。

(二)31 个省市区财政支出需求的估算结果

经过地区发展成本指数进行调整后的各省市区财政支出需求结果见表 10－3。可以看出,地区财政收入能力与 2005 年实际收入能力相比,民族地区等经济相对落后地区有了较大程度的提高,而地区财政支出需求提升更快。

表 10－3　2005 年 31 个省市区财政收入能力与财政支出需求

单位:亿元

地　区	地区发展成本指数	地区财政收入能力	地区财政支出需求	收支缺口
北　京	0.68	517.31	196.38	－320.93
天　津	0.88	283.73	191.20	－92.53
河　北	1.00	752.44	1165.60	413.16
山　西	1.01	319.03	746.20	427.17
内蒙古	1.06	298.23	1089.00	790.77
辽　宁	0.87	588.7	795.65	206.95
吉　林	0.96	278.06	636.59	358.53
黑龙江	1.04	416.6	1002.21	585.61
上　海	0.82	684.17	324.81	－359.36
江　苏	0.88	1353.81	1206.97	－146.84
浙　江	0.8	997.23	567.08	－430.15
安　徽	1.03	406.61	1062.62	656.01
福　建	0.84	494.06	445.16	－48.9
江　西	1.03	310.04	771.44	461.4
山　东	0.92	1369.29	1353.25	－16.04
河　南	1.1	788.43	1790.33	1001.9
湖　北	0.97	490.49	1106.22	615.73
湖　南	1.02	489.84	1198.43	708.59
广　东	0.82	1651.29	1058.98	－592.31
广　西	1.03	311.43	907.98	596.55
海　南	0.92	78.4	158.06	79.66
重　庆	0.97	237.53	459.94	222.41

四　川	1.08	553.85	1677.99	1164.14
贵　州	1.09	157.84	819.46	661.62
云　南	1.03	267.27	917.30	650.03
西　藏	1.68	31.2	365.25	334.05
陕　西	0.97	289.23	720.49	431.26
甘　肃	1.21	154.54	755.75	601.21
青　海	1.1	52.67	406.46	353.79
宁　夏	1.01	57.28	214.11	116.83
新　疆	1.19	203.63	1158.97	955.34
合　计	/	14884.22	25269.91	10385.69

注:地区成本发展指数以河北省为基准数1,这样计算出来的总的支出需求与2005年实际支出25154.3亿元相当接近。

(三)各地区一般性转移支付的分配数额

由于取消税收返还是一个渐进的过程,本文在制度设计中分别取2005年2/3税收返还、1/3税收返还和取消税收返还3种方案,对31个省市区一般性转移支付的分配数额进行估算,并与2005年实际一般性转移支付的数额进行对比。

在计算中,对于2/3税收返还、1/3税收返还的分配方案,分别把各省市区税收返还额记入到各地区的财政收入能力中。然后根据收支缺口对一般性转移支付总额进行标准化分配,即首先计算出各省市区财政收支缺口数,①然后进行加总,按其占加总数额的比例作为分配的权重,对调整后的一般性转移支付进行公式化分配。第i省市区的一般性转移支付数额分配的具体公式为:

$$Tr\alpha_i = W * (N_i - R_i) \Big/ \sum_{j=1}^{31} (N_j - R_j)$$

式中 Tra_i 表示各省市区应分配的一般性转移支付数额;W 表示调整后的

① 对于财政收支缺口数为负的省市区取0计算,如北京、上海、天津、广东等省市。

一般性转移支付总额，如按2/3税收返还计算，则为2005年1/3税收返还额加上其实际的一般性转移支付；$(N_i - R_i)$为各省市区的财政收支缺口，对于2/3税收返还、1/3税收返还的分配方案，分别把各省市区税收返还额记入到各地区的财政收入能力中。如财政收支缺口小于0，则按0进行计算。$\sum_{j=1}^{31}(N_j - R_j)$为31个省市区财政收支缺口的加总数，同样地，如财政收支缺口小于0，则按0进行计算。

3种方案的计算结果分别如下表：

表10－4 2005年31个省市区一般性转移支付分配数额

单位：亿元

地 区	实际转移支付	2/3税收返还	1/3税收返还	取消税收返还
北 京	/	/	/	/
天 津	/	/	/	/
河 北	32.3	79.09	120.84	162.60
山 西	39.39	81.78	124.94	168.11
内蒙古	54.08	151.39	231.29	311.20
辽 宁	23.03	39.62	60.53	81.45
吉 林	57.81	68.64	104.87	141.10
黑龙江	57.29	112.11	171.29	230.46
上 海	/	/	/	/
江 苏	/	/	/	/
浙 江	/	/	/	/
安 徽	61.28	125.58	191.88	258.17
福 建	5.44	/	/	/
江 西	59.25	88.33	134.96	181.58
山 东	22.83	/	/	/
河 南	85.05	191.80	293.05	394.29
湖 北	62.92	117.88	180.10	242.32
湖 南	63.23	135.65	207.25	278.86

广　东	/	/	/	/
广　西	61.75	114.20	174.49	234.77
海　南	12.94	15.25	23.30	31.35
重　庆	20.92	42.58	65.05	87.53
四　川	79.67	215.20	328.80	442.40
贵　州	61.96	126.66	193.52	260.38
云　南	26	124.44	190.13	255.81
西　藏	27.76	63.95	97.71	131.46
陕　西	52.07	82.56	126.14	169.72
甘　肃	43.58	115.10	175.85	236.60
青　海	30.7	67.73	103.48	139.23
宁　夏	23.9	30.02	45.87	61.72
新　疆	55	182.89	279.43	375.96
合　计	1120.15	2372.44	3624.75	4877.05

从表中可以看出,2/3 税收返还、1/3 税收返还及取消税收返还方案后,一般性转移支付占转移支付总额的比例分别为 20.66%、31.56% 和 42.47%。接受一般性转移支付的省市区由原来的 25 个变为了 23 个。① 同时,一般性转移支付更多地向中西部地区倾斜。

五、规范化转移支付的均等化效果分析

(一)横向均等化效应评价

根据第三章的分析,2005 年用 31 个省市区地方财政能力基尼系数的变化所反映的财政转移支付横向均等化效应看,经过转移支付后,地方财政能力基尼系数从转移支付前的 0.4479(地方人均财政收入基尼系数)缩小到了 0.3182(地方人均财政支出基尼系数)。比较本文设计的规范化转移支付制

① 山东省和福建省由于青岛市、厦门市属于计划单列市,但在本文的计算中为统一口径,把单列市并入到其所在省份,其地方财政收入能力相比财政支出需求发生了较大的改变,因此其公式化计算的一般性转移支付为 0。

度实施后的横向均等化效果(见表10－5),可以看出,通过规范化转移支付制度计算后,横向均衡效应有了较大的改善。

表10－5 不同方案横向均衡程度的结果比较

横向均衡程度	实际转移支付	2/3税收返还	1/3税收返还	取消税收返还
31个省市区人均财政支出基尼系数	0.3182	0.3175	0.3184	0.3234
30个省市区人均财政支出基尼系数①	0.2972	0.2869	0.2783	0.2741
人均转移支付与人均财政收入相关系数	－0.0923	－0.2135	－0.2930	－0.3096

具体来看,三种不同设计方案的横向均衡效应分别是,2/3税收返还后31个省市区人均财政支出基尼系数缩小到0.3175,而1/3税收返还后的基尼系数达到了0.3184,完全取消税收返还后的基尼系数扩大到0.3234,这表明后两种方案使得31个省市区横向差距进一步扩大。其中主要原因是由于西藏自治区的特殊情况,使用方案二、三计算后,人均财政支出增长较大,导致基尼系数增大的结果。

专栏:西藏财政支出逾九成来自中央拨付

新华网拉萨12月17日电(记者拉巴次仁、贾立君)记者从16日在拉萨召开的西藏自治区经济工作会上获悉,西藏财政支出的93%到94%都来自中央的转移支付,这意味着西藏财政每花10元钱,至少有9元是中央政府的转移支付。

中央历来高度重视西藏发展,近年来,又进一步加大了对西藏的支持力度。2006年,国务院制定了加快西藏发展维护西藏稳定的40条优惠政策;2007年,国务院又确定了总投资达770多亿元的西藏"十一五"180个规划项目,这些项目覆盖面广、经济社会影响巨大。

① 在计算结果中不包含西藏自治区,以30个省市区计算。

其中,既有能极大改善西藏基础设施条件的阿里机场、青藏铁路延伸线等重大交通项目,也有改变农牧区生产生活条件的农村饮水安全工程、无电地区电力建设、“村村通”电话、农牧民聚居区基础设施等项目。根据规划,西藏2010年将全面普及9年制义务教育,高中阶段入学率达到60%以上,基本解决全区人畜饮水和饮水安全问题,80%的建制村通行公路。

西藏自治区党委书记张庆黎说,今年西藏地方财政一般预算收入可突破20亿元,比去年增加5.4亿元。他说:“在财政支出方面,93%到94%都是中央给的,西藏自己能创造的只有6%到7%。”

张庆黎说,西藏将抓住并用好中央加大支持西藏力度、青藏铁路正式通车等宝贵机遇,大力实施“一产上水平、二产抓重点、三产大发展”的经济发展战略,推动经济又好又快发展,努力走出一条具有中国特色、西藏特点的发展路子。

资料来源:http://news.163.com/07/1217/11/3VTL4C9I000120GU.html。

为此,本文对不包含西藏的30个省市区的地方人均财政支出基尼系数也进行了测算,结果表明,三种方案的横向均衡效应得到了进一步改善。2005年按实际转移支付后的30个省市区横向均衡效应为0.2972,三种设计方案计算后分别为0.2869、0.2783和0.2741,横向均衡效应明显改善。

再从人均财政转移支付与人均财政收入的相关系数的变化看。按常理,地方财政能力弱的则应享受更多的财政转移支付,反之则少,甚至是零规模的转移支付。2005年按实际转移支付后的31个省市区人均财政转移支付与人均财政收入的相关系数为-0.0923,虽然能显示出两者的负相关关系,但相关系数的绝对值较小,说明两者的相关性非常弱,即财政转移支付的拨付并不是依据各省市区的地方财政能力,而是具有一定的随意性,不能达到对地方财政能力弱、发展落后地区的财政支持。这样,极大地削弱了财政转移支付这项财政政策的横向均衡效应。而按三种设计方案计算后相关系数分别为

-0.2135、-0.2930 和 -0.3096,横向均衡效应也表现出持续改善。

(二)对民族地区财政能力的影响

考虑到规范化转移支付制度的实施是一个渐进的过程,本文取方案一,即2/3 税收返还(即按税收返还总额的 1/3 归并到一般性转移支付)的计算结果对民族地区财政能力的影响进行分析。①

首先,我们按民族地区各省区转移支付后的地方财政支出减去转移支付前的地方财政收入计算出其实际转移支付数额,然后按方案一的调整结果,得出其估算的转移支付数额,进行对比。从表 10-6 可以看出,经过方案一的调整后,与实际转移支付相比,民族地区转移支付数额都有了较大的增长,但增长幅度存在一定的差异。

表 10-6 民族地区实际转移支付额与方案一转移支付额对比表

民族地区	转移支付总额(亿元)			人均转移支付(元)		
	实际值	方案一	增长率(%)	实际值	方案一	增长率(%)
内蒙古	404.42	481.99	19.18	1694.98	2020.07	19.18
广　西	328.44	352.82	7.42	704.82	757.13	7.42
西　藏	173.42	208.11	20.01	6260.61	7513.08	20.01
贵　州	338.23	384.00	13.53	906.78	1029.49	13.53
云　南	453.66	499.02	10.00	1019.47	1121.4	10.00
青　海	135.93	169.61	24.77	2503.36	3123.56	24.77
宁　夏	112.53	114.92	2.13	1888.08	1928.23	2.13
新　疆	338.7	453.96	34.03	1685.07	2258.52	34.03

从民族地区实际转移支付额与方案一转移支付额的对比来看(见图 10-1),新疆增长最多,从实际转移支付的 338.7 亿元增加到 453.96 亿元,增长了 34.03%;其次为青海、西藏和内蒙古,分别增长了 24.77%、20.01% 和

① 其他转移支付,包括专项转移支付、原体制上解与补助、除一般性转移支付的财力性转移支付等项目维持不变。

19.18%，这主要是由于这几个民族省区普遍存在国土面积广大，地区发展成本指数较高，同时基本公共服务水平相对较低等原因；与实际转移支付相比，贵州、云南和广西也有了一定幅度的增长，分别增长13.53%、10%和7.42%，宁夏增长最低，为2.13%。

从人均转移支付的增加也可以看出，尽管与其他地区相比，民族地区人均财政转移支付相对较高（如西藏、青海等），但考虑其财政支出需求的影响，现有的转移支付力度仍显不足。因此，对现有的转移支付制度设计，应实施渐进性改革，逐步削减税收返还在转移支付中所占的比例，同时，综合考虑各地区财政支出需求与实际财政收入能力，进一步规范一般性转移支付的分配公式测算，以增加地区横向均衡效应，增大对民族地区的转移支付力度，实现民族和谐发展的目标。

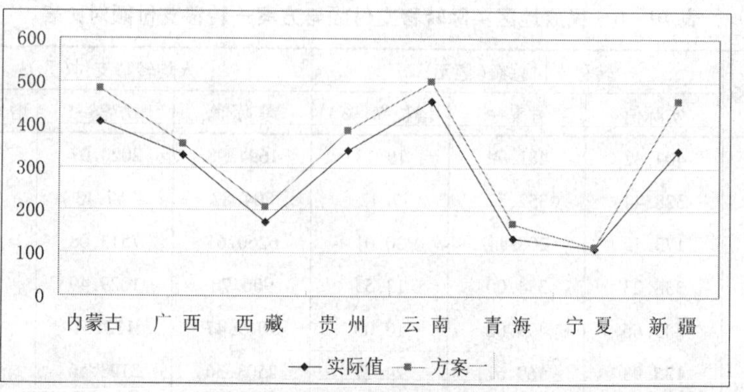

图10－1 民族地区实际转移支付额与方案一转移支付额对比

单位：亿元

第三节 对民族地区财政转移支付的倾斜

在以上规范的财政转移支付制度的设计与计算中，只是考虑到了国家所有省市区的一般性因素，对民族地区不同于其他地区的特殊因素考虑不充分。

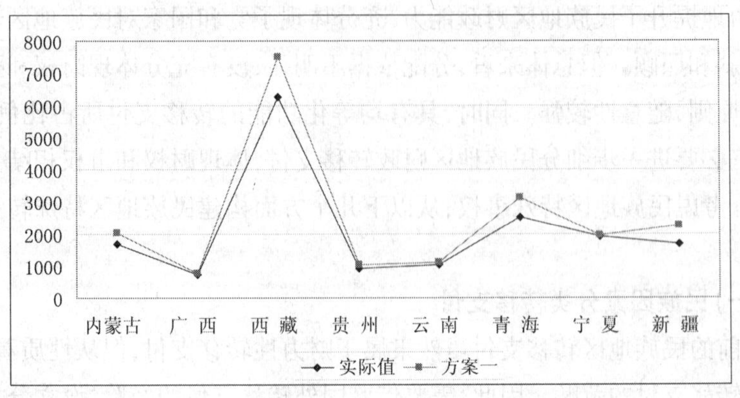

图10－2 民族地区实际人均转移支付额与方案一人均转移支付额对比 单位:元

如民族地区特有的民族、宗教因素支出;另外,民族自治地方大多是边疆地区,巩固边防和边境建设任务很重;民族地区经济发展水平普遍较低,其他支出(行政管理支出、经济建设和特殊支出等)的增加将进一步挤占基本公共服务的支出空间;还有,在主体功能区建设推进中,民族地区生态环保建设任务重;各民族地区独特事权等。

为了帮助民族地区加快发展,国家对民族地区财政转移支付实施政策倾斜,并明确提出了要进一步加大对民族地区的转移支付力度,促进地区间基本公共服务的均等化。① 因此,在国家实行规范的财政转移支付制度的基础上,还需要进一步考虑民族地区特殊情况,对民族地区财政转移支付进行倾斜。具体表现在民族地区特殊转移支付制度的安排、横向转移支付制度的建立及理顺当前民族地区不合理的财税收入政策、提高民族地区财政收入能力等方面。

一、民族地区特殊转移支付

从前面的分析可以看出,国家一直对民族地区财政转移支付实施倾斜政

① 金人庆:《完善公共财政制度逐步实现基本公共服务均等化》,《求是》2006年第22期。

策,有力地提升了民族地区财政能力,充分体现了党和国家对民族地区转移支付的倾斜和照顾。但总体来看,分配依据不明显,没有充分体现财权和事权相结合的原则,随意性较强。同时,具有均等化功能的转移支付所占比例较小。因此,有必要进一步细分民族地区财政转移支付,体现财权和事权相结合的原则,充分考虑民族地区特殊事权,从以下几个方面构建民族地区特殊转移支付体系。

(一)民族因素分类转移支付

目前的民族地区转移支付虽然隶属于财力性转移支付,但从性质看,应属于分类转移支付的范畴。因此,需要借鉴国外转移支付的经验,设立分类转移支付体系,把民族地区转移支付划分到分类转移支付框架内。民族因素分类转移支付的特殊作用是加强民族团结,实现各民族和谐发展。划拨的依据主要是民族地区特有的民族、宗教因素方面的支出,用于正确处理民族关系,实现各民族平等、团结与共同富裕、共同繁荣。具体分配的标准是各民族地区少数民族人口数、少数民族人口占总人口的比例、民族成分相对复杂程度等。

(二)民族地区专项转移支付

1. 由于不同民族特殊性而增加的特有事权开支。如民族语言的传承与保护、人口较少民族社会发展等。同时,各民族在不同的社会历史发展过程中及不同的自然环境中形成了各自的民族特点和风俗习惯,政府的相关部门需要通过财政专项以特殊的方式来满足少数民族这种特殊需要,如民族补贴等。

2. 兴边富民专项转移支付。绝大多数边境县属于少数民族地区,地处我国沿边开放的前沿。由于历史的原因,这些边境县经济开发较为缓慢,有的地区经济发展甚至处于停滞状态,基础设施欠账较多,财政运行大多较为困难。为体现我国沿边开放政策,对边境县的特殊因素应给予考虑。中央应每年对边境地区安排基本建设专款和边境事业补助费,用于边防公路、桥梁、电信建设以及边境地区发展工农业生产、解决人畜饮水、商业网点整修、文教事业补助和边防哨所、检查站的费用补贴。

3. 民族地区发展转移支付。考虑到我国大部分贫困县集中在少数民族地区,贫困县财源基础薄弱,自我化解财政困难的能力有限。就目前而言,贫困

县普遍出现发工资难的现象,公用经费不能满足正常的需要,国家机关难以正常运转,各项方针政策难以及时、完整地得到贯彻实施。中央预算内应设立支援不发达地区的发展资金,专门用于支援少数民族地区和经济不发达地区的经济、文化、教育、卫生等事业发展,其中绝大多数用于少数民族地区。

4. 民族地区环境保护专项转移支付。在主体功能区建设推进中,民族地区大多属于限制开发区和禁止开发区,生态环保建设任务重,需要对此实行重点倾斜。

二、构建横向转移支付体系

从我们计算的 31 个省市区财政收入能力与财政支出需求差距可以看出,目前我国地区间的财力差距大,具备地区间横向转移支付的条件。我们分别计算整理出各省市区财政收入能力与财政支出需求的比值,并对比值低于0.3和高于 1 的省市区进行了排列(见图 10 - 3)。其中财政收入能力与财政需求比值低于 0.3 的分别为西藏、青海、新疆、贵州、甘肃、宁夏、内蒙古和云南 8 个省区,其中民族地区占到 7 个省区,比值最低的西藏仅为 0.09。而比值高于 1 的东部发达地区省市分别为山东、福建、江苏、天津、广东、浙江、上海和北京,其中北京财政收入能力与财政支出需要之比高达 2.63,这说明东部富裕地区有可能也有能力向欠发达地区转移财力。

我国过去虽没有明确的横向转移支付方案,但是原体制上解和定额补助事实上就是一种较固定的横向转移支付,并取得过很好的社会与经济效益。然而,由于分配方式多年保持不变,已和目前的状况不相适宜。原有的补助和上解体制缺乏客观的依据,造成了一些财政本级收入少,自给能力弱的省份仍要向中央上解部分甚至更多的财政收入,而一些财政本级收入多、自给能力强的省份却只上解较小的部分,补助和上解额的固定不变,造成了新的不公平和不合理程度加剧。

因此,有必要借鉴德国横向转移支付的经验,构建一种实际可行的,能合理测度的横向转移支付模式。我们的基本构想是,对于欠发达的省区,按统一

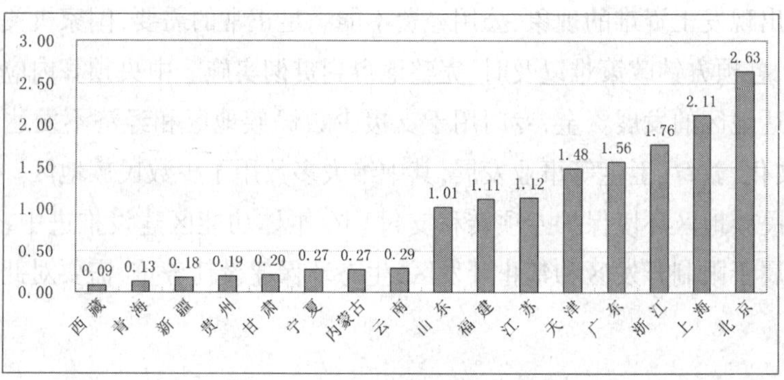

图 10－3　部分省市区财政收入能力与财政支出需求比值

资料来源：根据表 10－4 计算整理，比值＝财政收入能力/财政支出需求。

提高财政收支比值到 0.3 计算，需要填补财政收支缺口 495.23 亿元。① 然后从财政收支比值大于 1 的发达省市抽出一部分财力填补欠发达地区财政收支缺口，提高以民族地区为主的欠发达地区财政能力。通过这样明确的分配，一方面透明度高，资金转移的数量来源及收益者一清二楚，贫困地区会因自己受到援助而心存感激，富裕地区也会因援助了别人而感到自豪。当富裕地区对贫困地区的转移支付被规定作为专项转移支付时，这类资金会受到严格监督，使用效率会更高。另一方面，由于产业转移是经济发展的规律，发达地区将转移支付的一部分以专有技术、专利或商品等形式进行支付时，必然会促进贫富地区的经济联系，达到共同发展与繁荣。②

三、提升民族地区财政收入能力

民族地区绝大多数处在我国西部地区，自然环境一般较差，交通不便，信息不灵，技术人才缺乏，市场意识不强，发展地方经济的成本相对较高，因而财政收入能力相对较弱。尽管这些地区蕴藏有丰富的自然资源和历史人文资

① 财政收入缺口＝各省区财政支出需要 ×0.3－各省区财政收入能力。

② 李红霞：《我国财政转移支付制度改革的理性思考》，《现代财经》2008 年第 4 期。

源,在其他产业发展条件相对缺乏的背景下,优势资源的开发利用理应成为民族自治地方经济增长的发动机,但在实际上,由于配套开发条件不利,以及经济发展战略和宏观经济政策上的重视与支持不够,资源优势的发挥受到了很大制约。

(一)资源税改革

在当前两型社会构建的大背景下,要深化能源资源领域的价格、财税体制改革,既注重发挥政府的引导作用,又充分运用市场调节机制,促进全社会节约能源资源。① 财政部长谢旭人在《求是》杂志上撰文指出,推进资源税制改革,适当扩大资源税征收范围,完善资源税计征办法,实行从价和从量相结合的计征方法,以促进资源节约和环境保护,适当增加地方主要是中西部地区财政收入。②

矿产资源丰富是民族地区为数不多的比较优势之一。民族地区资源开发存在秩序混乱,利益分配不尽合理等诸多问题,导致"富饶的贫困"现象突出,难以适应民族地区发展资源型产业的需要。我国民族地区自然资源尤其是煤、油、气等能源和一些重要矿产资源非常丰富,为发展资源型产业提供了条件。但与资源丰富形成鲜明对比的是,有些地方开发了资源,却留下了污染和贫困。

造成上述现象的一个重要原因,就在于现行资源税存在很大的缺陷,加快资源税改革势在必行。现行资源税于1993年实行,尽管从2004年以来,国家多次调高税率,但是与实际资源价格相比,还是过低。尤其与国外相比,更是差距较大。譬如,我国现行的原油从价税率为1.5%,远远低于10%的全球平均水平,不到美国、德国、法国的1/30。随着石油、煤炭等资源价格的急剧攀升,以及节能减排的严峻形势,资源税仍原地踏步,已愈发不合时宜。

从现实看,围绕着资源税的改革将会是多方利益博弈的过程。任何改革都不能使民众利益受损。要想让公众在这次资源税改革中得到益处,关键是

① 温家宝:《深化能源资源领域价格及财税体制改革》,http://news2.eastmoney.com/081118,963320.html。

② 谢旭人:《实施积极的财政政策,促进经济平稳较快发展》,《求是》2008年第23期。

要重新调整现有利益分配格局。

目前,资源税属于共享税,中央拿了大部分,只给地县(区)留下25%。按常理,矿产资源既然是国家的公共资源,代表国家利益的中央政府占资源税的大头无可厚非。但问题在于,我国许多地方经济发展是依靠属地资源,民族地区尤其如此。在资源开发过程中,当地环境状况急剧下降,土地和水资源的严重流失和浪费,完全由当地民众承担。像石油等国有垄断企业,虽然在当地造成环境污染与生态失衡,但企业几乎只有收益而不承担责任。在新疆、四川、内蒙古等地资源开发中,这些地区输出天然气、煤炭等自然资源,得到的利益补偿甚微。近年来,国际原油一直保持在每吨3800元以上,但石油天然气资源税则长时间停留在12~14元/吨,直到2005年7月后才调整到14~30元/吨。

因此,有必要将原有的矿产资源税由从量税改为从价税,并更名为矿产资源级差补偿费,实现税费合一。同时,为减少地方财政收入的损失,建议在矿产资源补偿费的分配比例中,适当提高地方分成比例,特别是民族地区的分成比例。国家应规定中央企业上缴开采地的税收比例,所有的矿产资源开采企业不论企业所属地在哪里,都应在矿产资源开采地登记注册,就地缴纳所得税。

(二)配合主体功能区建设,建立生态补偿机制

民族地区属于后发展地区,相对而言,工业发展滞后,同时,又属于资源输出区和生态脆弱区。在工业化发展的进程中,资源开发产业所占比重较大,如何避免走环境资源破坏的道路,加强环境资源的保护是紧迫的任务。这不仅是民族地区可持续发展的需要,而且也是整个国家可持续发展的需要。而要做到这一点,就需要国家给予特殊的政策支持。因此,需要国家加大对民族地区生态保护转移支付力度,有效补偿当地群众的利益,鼓励和帮助他们做好生态环境保护工作,发展绿色产业,进一步提高生活水平。长期以来,由于我国存在区域间产品不平等的交换模式,阻碍了自然资源遵循价值规律在市场上实现自由流转,民族地区的资源价值难以通过市场价格反映出来。生态补偿机制与资源补偿机制的不足,已成为民族地区经济腾飞的“短板”。

国家应加快建立生态补偿机制。根据开发者付费、受益者补偿、破坏者赔偿的原则,从国家、区域、产业三个层面,通过财政转移支付、项目支持等措施,对在野生动植物保护和自然保护区建设等生态环境保护方面作出贡献的民族自治地方,给予合理补偿。要积极探索开征生态补偿税,根据跨区域生态补偿的实际情况,合理确定中央与地方的分成比例,将中央的生态补偿税税金全部用于对限制开发区和禁止开发区的转移支付。

(三)总部经济条件下的民族地区所得税转移问题

总部经济背景下,总分机构汇总合并纳税导致企业所得税从分支机构所在地向总机构所在地转移。民族地区属于资源较丰富地区,在总部经济背景下属于比较典型的分支机构集散地,使分支机构较多的民族地区税收与税源发生了背离,影响了民族地区的财政收入和经济发展。

总部经济概括描述的是,企业集团将总部布局在发达的中心城市,将加工制造基地等布局在具有比较优势的其他地区的一种经济形态。按照总部经济的模式布局,企业能够以较低的成本取得中心城市的战略资源和欠发达地区的常规资源,能够降低企业资源配置的综合成本。因此,发展总部经济成为近年来各地方政府发展本地经济的一种新思路。但是,在总部经济背景下,大多数税种都存在税收与税源背离的问题。所谓税收与税源背离,是指税收地与税源地不同导致税收在区域间发生转移,造成"有税源的地方无税收,无税源的地方得税收"的结果,对税源地政府相当不利。税源地政府一方面要为企业的生产经营提供一定的公共产品和服务,另一方面可能还要为企业在发展过程中产生的负外部效应"买单",但却不能通过行使征税权获得相应的税收收入。以广西为例,西气东输和西电东送等工程耗用了广西区大量的资源,项目开发还遗留了环境保护、移民安置等问题需要广西区解决,但是税收都在登记注册地缴纳,对广西区非常不公平。税收与税源背离的最终结果是,发达地区与欠发达地区的税收能力差距不断扩大。这也是近年来中央不断加大财政转移支付的力度,但区域之间的贫富差距不仅没有缩小,反而有加大趋势的重要原因之一。

新《企业所得税法》实施后,我国正式确立了法人所得税制,企业所得税

收入与税源背离问题引起了广泛关注。事实上,企业所得税收入与税源背离问题由来已久,法人所得税制的实施可能进一步加剧税收与税源背离的程度。自1994年分税制改革开始,历次的所得税收入分享改革都为税收与税源背离留下了制度空间。

民族地区资源丰富,经济发展相对落后。税收与税源背离,将导致民族地区财政收入通过税收转移的方式部分流入发达地区。如广西环江毛南族自治县资源丰富,尤其是有色金属和水电资源。但据统计2006年资源税税收收入为255万元,占全县财政一般预算收入的3.74%,2007年资源税税收收入为557万元,占全县财政一般预算收入的6.72%,2008年资源税税收收入为825万元,占全县财政一般预算收入的7.42%。2008年环江县内的跨区域经营企业实现应纳企业所得税收入1458.77万元,但在环江县外异地缴纳则为1305.64万元,仅就地方应得40%部分,就已造成环江地方财政减少522.256万元,从税收流转看主要是转移到东部发达区域或中心城市。

这不仅会直接减少民族地区的财力,削弱中央财政转移支付的效果,影响经济公平和经济效率,而且可能导致社会各界对民族地区的发展丧失信心。因为,中央财政加大对民族地区转移支付的相关信息,通常是通过具体的比较有视觉冲击力的数据来传递的,而民族地区税源背离问题却相对比较隐蔽,很少被提及,税收征管体制导致地方之间税收收入分配的扭曲,没有引起社会各界的关注。事实的表象是中央对民族地区的投入在不断加大,民族地区与发达地区的发展差距也在扩大。这在一定程度上会影响中央加大投入的积极性。因此,国家要支持民族地区采取积极的对策,尽可能缓解税源背离问题,使本地区经济发展取得的成果,能有效地用于提高本地区的公共服务水平,为经济的跨越式发展提供良好的环境。

一直以来,我国跨省区经营企业的税收分配都没有通过制度化的方式解决,而是由税源地与企业注册登记地之间通过谈判解决。在这种模式下,税源地政府应积极主张权利,通过谈判的方式合理解决税收分享问题,争取更多的税收收入。广西在这方面已经取得了一定的成绩,如广西提出龙滩水电站的税收分配问题,不仅得到了圆满解决,而且还促成财政部出台了关于跨省区水

电项目税收分配指导意见。但是,广西还存在很多类似的问题没有解决。

2006 年,陕西、云南等省对本省的税收与税源背离问题进行了专门的调查研究,并向国家税务总局提交了报告,希望国家税务总局予以关注和解决。据报道,新《企业所得税法》实施后,陕西、甘肃、重庆以及内蒙古等省市区也在积极调研、收集资料,准备向中央提出进一步修改和完善《分配及预算管理暂行办法》的建议。根据《宪法》和《民族区域自治法》的规定,民族自治地方在利益分配方面还应获得更多的照顾,所以,民族地区更应该关注跨省区经营企业的税收分配问题,争取将跨省区经营企业所得税在资源输出地缴纳入库,将民族地区的资源优势转变为收入优势,增强地方财力,更好地改善投资环境,提高公共服务的水平,为民族地区经济社会发展创造更好的条件。

总之,财税体制改革的完善和配套,要从贯彻党和国家的民族政策角度考虑,对少数民族地区在财政税收方面给予必要的倾斜,为民族地区加快经济社会发展提供强大的财源基础,促进我国少数民族和民族地区尽快迈入全面小康社会。

第四节 完善民族省区对下转移支付制度

在前面章节中,我们主要讨论了中央对省级政府的财政转移支付制度,对各民族省区以下转移支付制度没有涉及。省区以下政府间转移支付是我国转移支付制度的重要组成部分。构建一套完整的民族地区转移支付制度,势必要求完善与规范民族省区对下转移支付制度。本节将在分析民族各省区对下转移支付制度现状的基础上,指出其运行过程中存在的主要问题,并对进一步完善民族各省区对下转移支付制度提出相应的对策建议。

一、民族省区对下转移支付现状

1994 年分税制改革,只是初步确定了中央政府对省级政府的转移支付,而省区以下转移支付并没有触及。1995 年以后,民族各省区结合本地实际情况,设计制定了各具特色的省区以下财政转移支付办法。2002 年由于县乡基

层政府财政困难、矛盾突出,国务院转发财政部《关于完善省以下财政管理体制有关问题的意见》,要求各地方政府结合所得税收入分享改革,调整和完善省以下财政管理体制。近年来,各民族省区按照财政部的意见要求,对本行政区域内的财政转移支付制度进行了调整。

概括起来,民族各省区对下财政转移支付制度呈现如下特点:

第一,民族省区对下转移支付规模不断增加。随着中央转移支付和省级财力的增加,民族省区对下转移支付不断增加。如2005年贵州省对下财力性转移支付达到125.8亿元,相当于2000年22.7亿元的4.5倍,年均增长53.4%。①

第二,省区对下财政转移支付模式基本上是比照中央对地方的形式进行设计。即实行相对统一的、较为规范的分税制财政体制;对财政收入和支出进行划分;对下转移支付体系包括税收返还、原体制补助和上解、财力性转移支付、专项转移支付四大类;根据中央一般性转移支付办法,计算确定标准财政收入、标准财政支出和转移支付系数,结合本地区实际,确定省区以下地县应得的一般性转移支付数额等。这可看做中央对地方转移支付模式在各省区内向下的延伸。

第三,建立激励和约束机制。为调动和鼓励各县市增加财政收入、压缩财政供养人数,避免依赖思想,各省区在对下转移支付办法中建立了相应的激励和约束机制。如2006年,内蒙古自治区按照简化归并、透出重点的原则,拟定了激励性转移支付办法。包括对各盟市上划中央增值税和上划自治区五税增量统一按40%的比例计算共享税增量转移支付。为让利于盟市,自治区在计算各盟市上划中央增值税环比增量时不再扣除增值税的税收返还增量;为引导各盟市加强支出管理,合理控制公用经费增长,对上年财政一般预算支出中公用经费环比增速低于全区平均水平的盟市,每低一个百分点奖励50万元等。②

---

① 财政部预算司编:《中国省以下财政体制2006》,中国财政经济出版社2007年版,第266页。

② 财政部预算司编:《中国省以下财政体制2006》,中国财政经济出版社2007年版,第51页。

第四,各省区间差异大。各省区对下财政转移支付制度不统一,各有各的模式。例如,2002 年以来,内蒙古逐步健全对盟市的转移支付体系,加大了转移支付力度。自治区对盟市的转移支付包括一般性转移支付、民族地区转移支付、激励性转移支付、调整工资转移支付、农村牧区义务教育转移支付、农村牧区税费改革转移支付、退耕还林转移支付补助、天然林保护工程转移支付、缓解县乡财政困难转移支付等。这些转移支付遵行公平、公正和公开原则,按照客观因素,采用公式统一计算,减少人为因素影响,增强了财力薄弱地区基层财政的保障能力,加快了公共服务均等化进程。

2005 年初,新疆对下财政转移支付制度正式建立,并于 2005 年 1 月 1 日起执行。其主要内容包括:转移支付办法的基本原则、转移支付测算内容、转移支付资金的管理与监督。[①] 2005 年 12 月 26 日,为进一步完善自治区分税制财政管理体制,建立财政增收机制,新疆维吾尔自治区财政厅制定了 2006 年自治区财政对下转移支付办法。

专栏:2006 年新疆维吾尔自治区财政对下转移支付办法

一、转移支付办法的目标和基本原则

(一)总体目标

通过各级财政的共同努力,逐步加大对困难地县的转移支付力度,提高县乡财力保障水平,在保证工资正常发放的基础上,保障困难地县的基本运转支出需求,努力实现地方政府公共服务能力的均等化。

(二)基本原则

1. 合理调整地县财力分布格局。在保证各地既得利益的基础上,逐步缩小地区、县市间财力差异,调整财力分布格局。

2. 规范、公平、公正、透明。转移支付数额采用规范的计算标准

① 姜波:《新疆对下转移支付制度的建立和完善》,《地方财政研究》2005 年第 6 期。

和计算方法，以各地标准收入和标准财政支出差额情况进行确定，力求公平、公正，简单透明，便于操作。

3. 保障基本需求，完善激励机制。逐步加大转移支付力度，保障各地县基本支出需求；完善财政增收激励机制，促进县域经济发展。

4. 以县市为计算单位。以地区本级和县市为单位分别算帐。根据各类县市的不同情况，统筹考虑各县市的困难程度，同时体现对边远、贫困等困难县市的政策倾斜。

二、转移支付的确定

（一）转移支付补助的范围确定

转移支付补助范围以各地县当年标准收入和标准支出的差额来确定，标准支出小于标准收入的地县不纳入自治区转移支付补助范围。此外，对难以按统一公式量化但又必须考虑的特殊情况，实施特殊性质的转移支付。

（二）标准收入的确定

各地县的标准收入包含“地县自有可用预算收入”与“上级财力性补助”两大部分，同时考虑上解财力因素。

1. 地县自有可用预算收入的确定

各收入项目包括：增值税（地方部分）、营业税、企业所得税（地方部分）、资源税（地方部分）、房产税、印花税、城镇土地使用税、土地增值税、车船使用和牌照税、耕地占用税和契税十二个税种收入。

2. 上级财力性补助的确定

上级财力性补助项目包括：消费税和增值税税收返还（按2004年税收返还基数两年3%的增长）、所得税基数返还、原体制补助收入、调整工资转移支付补助（含艰边贴）、农业税政策调整转移支付补助、缓解县乡财政困难转移支付补助（即“三奖一补”转移支付）、上年列入基数的一般性转移支付补助。

各地县对地州本级的体制上解和专项上解数额根据各地州对县市的体制规定计算。

(三)标准支出的确定

1. 标准财政供养人数的确定分两种情况:

(1)对由自治区批复新增人员的地县以2003年底财政总决算报表人数为基期数,考虑近两年自治区批复的人员增长因素确定。

(2)对自治区不予批复的地县(乌鲁木齐市、克拉玛依市、石河子市、昌吉州、吐鲁番地区)采用2004年底财政总决算人数为标准财政供养人数。

2. 标准财政支出需求的确定:包括人员经费支出、公用经费支出两部分。

(1)人员经费包括工资支出、对个人和家庭的补助支出。

工资支出:工资支出指按照国家规定出台的基本工资、岗位津贴、艰苦边远地区津贴以及第13个月奖金支出。

对个人和家庭补助支出:主要是指医疗费、个人取暖费、住房公积金、其他财政供养人数生活费、工会经费、职工福利费、事业单位失业保证金、离退休人员活动费、工伤生育保险等九项与个人利益相关的必要支出。

(2)公用经费支出:主要是指差旅费、公用取暖费、水电费、办公费等必需的公用经费开支。

三、转移支付的资金的管理与监督

1. 一般性转移支付资金必须用于保证各地工资发放、涉及个人家庭补助支出、机构正常运转等基本开支,严禁用于形象工程、政绩工程。

2. 各地州本级不得截留自治区下达县市的转移支付补助资金,必须在收到自治区文件通知后10日内将补助数额下达所属县市;要筹集财力提高乡镇公用经费支出水平,保证乡镇政权机构的正常运转;要加权对自治区转移支付资金的监管,提高财政资金的使用效益;要通过压缩本级支出,积极筹措资金,增加对所属县市的转移支付力度,切实缓解县乡财政困难。

3. 各县市财政要为县域经济发展提供条件，做大财政经济蛋糕，积极推行部门预算改革、“乡财县管乡用”财政管理模式，提高财政资金的使用效益。

4. 各级财政部门要会同有关部门对转移支付资金的使用情况进行监督检查，如发现不按规定使用转移支付补助资金，自治区财政将如数扣回。

资料来源：财政部预算司编：《中国省以下财政体制2006》，中国财政经济出版社2007年版，第690～692页。

总体看，民族地区各省区政府结合本地实际，适时调整省区以下财政转移支付制度，遏制了省区内财力差距的进一步扩大，在维持地方政府的正常运转，加强地方建设，为当地人民提供基本的公共服务等方面起到了积极作用。

二、民族省区对下转移支付存在的主要问题

民族各省区自探索建立省以下转移支付制度以来，取得了阶段性成果。但由于受诸多外部因素的制约以及制度本身的缺陷与不足，省区以下财政转移支付制度的实践效果并不明显。随着支出规模的不断增长，民族地区基层财政困难仍然很大。概括起来，民族省区对下转移支付制度存在的主要问题有以下几类：

（一）省区对下转移支付资金总量不足

目前，由于民族地区各级财政财力不足，造成地方转移支付规模过小，不能起到有效促进地方政府为当地人民提供基本的公共服务的作用。民族地区大多地处边疆或边远地区，战略地位重要，但山高坡陡，地广人稀，自然气候恶劣，交通不便，经济社会发展水平较低，大部分县市和部分地州本级总财力不

能保证基本运转。[①] 这是民族地区财政面临的主要问题.所以,在完善省区以下转移支付制度问题上,中央财政首先要加大对民族地区省级财政转移支付的力度,因为各省区对下的转移支付资金主要来自于中央财政。以云南省为例,2005 年中央财政对云南省一般性转移支付补助为 26 亿元,而 2005 年云南省对下转移支付中一般性转移支付仅为 14.77 亿元,[②]远远不能满足省级财政对地区间财力进行宏观调控,以及对困难地县予以财政扶助的资金需要。

在最近的工资改革中,中央通过调整工资转移支付,保证了工改大政策在民族地区的落实。但是,公务员的津补贴这一部分,主要由地方财政兑现。由于民族地区财政困难,结果导致民族地区与非民族地区、民族地区基层公务员与省地级机关公务员的津贴标准差距增大,使一部分民族地区基层公务员心理失衡。民族地区条件艰苦,工作难度大,但津贴却少许多,这一问题是民族地区公务人员反映比较大的问题之一,建议中央财政增加这方面的转移支付,以化解矛盾。

(二)省区对下转移支付资金结构不合理

目前,省区对下转移支付都包括税收返还、一般性转移支付、调整工资转移支付、社会保障转移支付、农村税费改革转移支付、体制补助和结算补助等内容繁杂的专项拨款。当前,具有均衡地区财力的一般性转移支付在转移支付总量中过低,而税收返还等在地市县财政收入中占较大比重。转移支付资金分配标准仍遵循旧体制,使得各地富者愈富、穷者愈穷。刘铭达以 2005 年广西壮族自治区对下转移支付为例,指出在总量为 277 亿元的省级对下转移支付资金中,一般性转移支付为 25 亿元,仅占 9%;其他财力性专项转移支付为 184 亿元;规定具体用途的专项转移支付达 68 亿元,占转移支付总量的 24.5%。[③]

---

① 以新疆自治区为例,大部分地州县市地处沙漠边缘和高山、边境地区,发展经济的条件很差,全区除了乌鲁木齐市、石河子市、克拉玛依三个上解市,其他 15 个地州的运转很大程度依赖于中央转移支付。参见财政部预算司编:《中国省以下财政体制 2006》,中国财政经济出版社 2007 年版,第 340 页。

② 财政部预算司编:《中国省以下财政体制 2006》,中国财政经济出版社 2007 年版,第 276 页。

③ 刘铭达,《改革完善自治区以下财政体制 努力增强县级财力》,《中国财政》2005 年第 6 期。

下图所示为2001～2005年广西壮族自治区对下转移支付总量中，各项资金所占的比重（见图10－4）。①

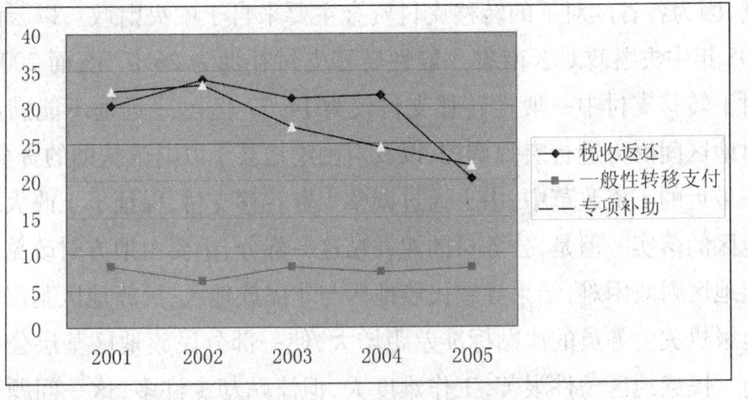

图10－4　2001～2005年广西对下转移支付结构分布图

图10－4中，专项补助指专项拨款和增发国债补助两项资金。从折线的走势来看，2001～2005年，在广西对下转移支付中，税收返还所占的比重最大，但是呈下降的趋势，2005年比2001年下降了10.09%。专项补助的比重也在下降，五年间下降了10.06%。同时，一般性转移支付所占的比重最小，但并没有出现我们所期望的逐渐上升的态势，2001年，一般性转移支付仅占转移支付总量的8.22%，2005年下降到8.12%，2005年比2001年下降了0.10%。

税收返还是1994年分税制改革中，为了照顾地方的既得利益、顺利推行改革的产物，实际上并不是真正意义上的转移支付，无法起到促进各地公共服务均等化的作用。但是，2004年税收返还占了广西壮族自治区全部转移支付资金的31.67%，到2005年税收返还仍占了广西壮族自治区全部转移支付资金的20.14%，实际上从整体上降低了广西对下转移支付资金均等化的效果。另一方面，专项补助的数额过大，且每年安排的专项补助金额都是按照前几年

① 根据财政部预算司编：《中国省以下财政体制2006》，中国财政经济出版社2007年版，第230页的数据进行整理。

的补助数额进行估算的,缺乏科学合理的测算方法,容易引发地方政府的“寻租”行为。与这两项资金相比,一般性转移支付的数额却过小。一般性转移支付的数额是通过计算各地区的标准收入和标准支出的差额得到的,具有科学性、合理性。所以从整体上讲,广西壮族自治区对下转移支付的科学性不足,旧体制遗留的问题较多,无法起到转移支付应有的均等化作用。从2005年广西壮族自治区县级财力分布情况看,广西75个县(市)中人均财力(按财政供养人员计算)均值为2.56万元,最高的是东兴市,人均财力达到6.34万元;最低的是陆川县,人均财力1.59万元,差异明显。①

同时,专款补助要求下级财政配比过多、过大,对下级财政造成了一定的负面影响。我们调研的民族地区HZ县2006年地方财政赤字高达406万元,从各类资金配套情况看,共计326万元,其中农村中学建设配套58万元,司法所建设配套2万元,农机具补贴配套3万元,以工代赈易地搬迁配套6万元,农村合作医疗配套39万元,城市低保配套33万元,自救配套8万元,优抚配套25万元,计生配套78万元,农业综合开发配套6万元,劳务输出配套8万元,中油大桥配套30万元。这些配套,使该县财政不堪重负。

(三)计算方法不合理

根据民族地区各省区财政厅转移支付资金管理办法,各民族省区对下财政转移支付已经尝试运用了“因素法”。如青海省在2003年7月制定的对下财政转移支付办法中,规定某县(市)享受的转移支付额=客观因素转移支付额+政策性转移支付额。在客观因素转移支付额核定的标准支出的计算中,考虑到了运输里程(州、县所在地到西宁的运距,对于海拔在3000米以上的公里运输里程按1:1.2的系数折算)、人口密度、烤火期等。同时,根据一些困难州县的实际情况,统筹考虑各县市的困难程度,增加政策性转移支付对边远、贫困等困难县市的政策倾斜。②

① 根据财政部预算司编:《中国省以下财政体制2006》,中国财政经济出版社2007年版,第233页数据整理。

② 参见财政部预算司编:《中国省以下财政体制2006》,中国财政经济出版社2007年版,第683~685页。

应该说,按照“因素法”进行测算分配比传统的“基数法”更规范、更合理,但在具体测算过程中,实行“因素法”也会遇到许多困难和问题,造成实际操作难以规范。一是未知因素过多,造成“因素法”运用不彻底。如除增值税、营业税、城市维护建设税等标准收入选取相关客观性经济指标计算确定外,其余收入项目的标准收入仍然沿用基数法确定。对于一些支出项目如专款专项支出等,无法准确计算,只能依靠经验数据或将实际支出数视同标准支出数,带有一定的主观因素。二是如何选取相关因素还没有一个科学、规范、准确的确定办法。

(四)制度的公开性和透明度不够

主要表现在:一是上级财政转移支付的具体计算方式下级财政不清楚,上级财政用于转移支付的资金额度下级财政不知道,同级财政所获的上级转移支付数额相互保密。二是各项补助收入无法预见,使下级政府难以准确的编制收入预算。三是专项补助分布太广,管理分散,随意性强,导致下级政府向上级政府游说,影响了转移支付的公正分配。

(五)省区以下政府间事权范围界定不清

一般地讲,政府间事权关系并不属于转移支付制度的范畴。但政府事权的范围、规模与财政支出的范围与规模密不可分。如果没有一个明确的政府事权划分,那么就难以得到下级政府“标准财政支出”的概念。因此,从这个角度理解,政府间转移支付制度是财权和事权划分相结合的有机体,事权划分以及随后的“标准支出需求”的确定,是实施均衡性转移支付的参照。民族地区省区以下四级政府,层级较多,从目前来看,尽管财政收支在省区以下各级政府间划分已有初步的框架,但各层级政府的职责范围(事权)仍旧不太明晰和规范化,导致了省区以下各级政府间的责任权限难以明确细化。一些支出项目上级出政策,支出责任由下级政府承担。如我们调研的广西 RS 自治县,近几年出台的提高农村“五保”户补助、提高村干部报酬、从优待警和提高警衔津贴、提高优抚金、确保城镇居民最低生活保障、取消中小学生水电费等等,都由县级地方财政负担,这些政策性增支基本上是刚性支出,对于民族贫困县来说,财力保障确有困难。

由于各级政府的权力边界没有确切划分,财政标准支出也就难以准确计算,这就使得省区以下转移支付制度设计缺乏可靠的依据。

三、民族省区对下财政转移支付制度的改进建议

为了进一步增强民族省区人民政府的财政宏观调控能力,加大对困难地县的财力扶持力度,除了中央继续加大对民族地区省级转移支付外,完善民族省区对下转移支付制度显得尤为重要和迫切。

(一)加大民族省区对下转移支付各组成部分的整合力度

目前我国省级对下财力性转移支付包括一般性转移支付、民族地区转移支付、调整工资转移支付、农村税费改革转移支付等,项目较多。建议将调整工资转移支付、农村税费改革转移支付合并到一般性转移支付当中。合并支出项目,有利于财政资金的监督和管理。另外,专项补助的范围较广,补助项目较为繁杂,在整个转移支付中所占的比重过大,建议对专项补助的项目进行清理,对那些名不符实、过时的项目予以取消、归并,严格控制专项补助的规模。随着公共财政建设进程的加快,民族省区财政要对义务教育、社会保障等基本公共服务增加投入,应把新出台政策增加的支出通过一般性转移支付来解决,如果新出台一项政策就增加一项专项补助,势必会使整个转移支付体系更加复杂、零乱,加大规范的难度。

要调整税收返还和所得税基数返还政策。这部分由于涉及的既得利益最多,调整的阻力也最大。但是,如果不对这部分转移支付进行调整,就不可能真正建立起科学、合理、高效的省区以下转移支付制度。可以逐步削减税收返还和所得税基数返还的比例(如先削减1/3),并把削减的部分归并到一般性转移支付中去,分阶段进行。

(二)进一步完善民族省区一般性转移支付制度

一般性转移支付是实现地区间公共服务均等化的有效手段。从民族各省区转移支付资金的结构来看,一般性转移支付的比重较小,这在很大程度上制约了转移支付发挥平衡各地区财力的作用。从民族地区现实情况看,与其他地区相比,民族地区自然条件、经济社会发展差别更大。省级财政应将集中的

增量部分主要用于扩大一般性转移支付的规模,通过一般性转移支付占地方财政支出比例的不断提高,逐步削弱基数的影响。另外,省级财政应将一般性转移支付分解为客观因素转移支付额和政策性转移支付额,重点是确保困难县乡政权正常运转的需求。对特别困难的地区,省区政府除扩大一般性转移支付中客观因素转移支付额规模外,还应加大政策性转移支付对边远、贫困等困难县市的倾斜。在民族地区内部逐步探索以纵向转移支付为主,横向转移支付为辅的转移支付制度,切实提高边远、贫困等困难县市的财政能力。

(三)进一步完善民族省区对下专项转移支付制度

针对民族地区各省区专项转移支付中存在的问题,建议从以下几个方面进行完善。第一,规范专项转移支付的分配方式和分配依据,在核算专项转移支付中采用"因素法",设定规范的、公式化的计算方法,避免专项补助的随意性。第二,对现行的专项转移支付项目,根据补助的性质和目的进行重新分类,尽可能归并使用,避免"撒胡椒面"的零星方式,保证地方政府能够集中有限的资金做实事,做大事。目前民族地区在扶贫中实施的整村推进项目,就是集中多方资金推行的,收到了较好的效果。第三,对专项转移支付的地方配套资金,应根据民族地区各地县实际财力差异区别对待。一般来说,要求配套资金的比例应与专项项目的重要程度成正比,而与该地区困难程度成反比。在配套方面,困难地县应少配套或不配套,以缓解地方财政压力,保证财政困难的基层政府能得到补助,真正发挥专项转移支付的效用。第四,加强对专项补助的监管,实行专项拨款的分配公告制度,使之透明化,确保专项资金用在最需要的地方。

(四)进一步完善民族省区对下转移支付的计算方法

在民族地区省级财政转移支付的改革中,本文从基本公共服务均等化的视角,构建了民族地区转移支付的均等化模型。该模型对于计算民族地区各省区对下财政转移支付也具有很好的借鉴作用,应逐步扩大因素法在民族省区对下财政转移支付中的应用,综合考虑基本公共服务成本的地区差异,通过规范、精确的测算,真实反映民族地区各省区地县的财力与支出情况。要尽可能完善因素法所选用的因素,并要不断充实完善因素法所需要的基础数据。

(五)合理划分民族地区事权和财权,使转移支付向民族地区倾斜

一级政权应有一级财政。民族省区应合理划分各级政府的事权与财权,从财政上保证各级政权的正常运行和政府职能的行使。国际成功经验表明,事权和财权必须保持一致,并在法律上予以明确。转移支付金额的确定,原则上要和事权一一对应,从而使得财政转移支付制度达到调整区域失衡、公共服务均等化等目标。为此,应在民族自治地方设立乡级财政,不能因为其规模小就采取代管制度。应从体制上通过收入支出的财权划分,合理界定民族地区的事权和财权,使转移支付更好地向民族地区倾斜,保障民族地区的财力需要,体现民族地区的特殊性,使其符合民族自治精神,促进民族地区的经济社会全面发展。

同时,逐步加大基层财权的建设。规范省区与州市的收支划分,敦促州市财政调整对其所属县区的财政管理体制,积极向下转移财力。加大对乡镇财政监管力度,积极推进乡镇财政“乡财县管乡用”改革。

参考文献

1. Andersen, Turban M. (2002): *Fiscal Policy Stabilization in a Monetary Union with Inflation Targeting*. CEPR Discussion Papers 3232, 2002. London.
2. Anvar Shah: *The Reform of Intergovernmental Fiscal Relations in Developing and Emerging Countries*, Policy and Research Series #23, World Bank, 1994.
3. Bahl, Roy W. and Linn, Johannes F.: *Urban Public Finance in Developing Countries*, New York: Oxford University Press, 1992.
4. Cornes. R, Sandler: *The Theory of Externality, Public Goods and Club Goods*, Cambridge University Press, 1986.
5. David King: *Local Government Economics in Theory and Practise*, London: Rontledge, 1992.
6. David N. Hyman: Pubic Finance, The Dryden Press, 1983.
7. Fei, John C. H., Gustav Rains and Shirley W. Y. Kuo, 1978: *Growth and the Family Distribution of Income by Factor Components*, Quarterly Journal of Economics, 92(1), 17 ~ 53.
8. Hagen, Jorgen von (1998): *Fiscal Policy and International Risk sharing*. CEPR Discussion Paper 1 – 26. London.
9. Jorge Martinez Vazquez, Robert M. Mcnab: *Fiscal Decentralization and Economic Growth*, World Development, 2003, Vol. 31No. 9.
10. Jun Ma: *Intergovernmental Fiscal Transfer: A Comparison of Nina Countries*, The World bank, May 1997.
11. Musgrave, Richard A.: *Public Finance in Theory and Practice: A study in Pub-*

lic Economy, New York: Mcgraw – Hill, 1959.

12. Oates, Wallace E. : *The Economics of Fiscal Federlism and Local Finance*, Edward Elgar Publishing Limited, 1998.

13. Pablo Sanguinetti, Mariano Tommasi: *Intergovernmental Transfers and Fiscal Behavior: insurance versus aggregate discipline*, Journal of International Economics, 2004(62).

14. Richard M. Bird, Michhael: *Intergovernmental transfers: International Lessons for Developing Countries*, Economic Development, 2002, Vol. 30No. 6.

15. Sachs, John and Xavier Sala – i – Martin (1991): *Fiscal Federalism and Optimum Currency Areas: Evidence for Europe from the US*. NBER Working Paper No. 3885. London.

16. Takeuchi, Hiroki. and Wong, Stan: *Ethnic Division and Fiscal Transfer: A Game – Theoretic Analysis*, Paper presented at the annual meeting of the Southern Political Science Association, Hotel Intercontinental, New Orleans, LA, Jan 07, 2009.

17. Thomas, V. , Yan Wang and Xibo Fan, 1999: *Measuring Education Inequality; Gini Coefficients of Education*. The World bank Institute, Sep 27, Washington D. C.

18. W. E. Oates: *Studies in Fiscal Federalism*, Edward Elgar Publishing Limited, 1991.

19. [美]费雪:《州和地方财政学》,中国人民大学出版社 2002 年版。

20. [美]斯基亚沃 – 坎波、托马西:《公共支出管理》,张通译,中国财政经济出版社 2001 年版。

21.《中国民族统计年鉴 1996 ~ 2007》,民族出版社。

22.《中国统计年鉴 1996 ~ 2007》,中国统计出版社。

23. [美]J. M. 布坎南、M. R. 弗劳尔斯:《公共财政》,赵锡军译,中国财政经济出版社 1991 年版。

24. [美]J. M. 布坎南、理查德 · A. 马斯格雷夫:《公共财政愈公共选择:两种

截然不同的国家观》(中译本),类承曜译,中国财政经济出版社2000年版。

25. 阿斯哈尔·吐尔逊:《对我国少数民族地区财政转移支付制度的再思考》,《商场现代化》2006年第6期。
26. 财政部《财政制度国际比较》课题组:《德国财政制度》,中国财政经济出版社1998年版。
27. 财政部《财政制度国际比较》课题组:《法国财政制度》,中国财政经济出版社1998年版。
28. 财政部《财政制度国际比较》课题组:《美国财政制度》,中国财政经济出版社1998年版。
29. 财政部《财政制度国际比较》课题组:《日本财政制度》,中国财政经济出版社1998年版。
30. 财政部办公厅:《财政支出结构优化与支出效率》,经济科学出版社2001年版。
31. 财政部国库司、预算司编:《地方财政统计年鉴资料2000~2005》,中国财政经济出版社。
32. 财政部课题组:《德国的财政体制和转移支付》,《财政研究》1994年第4期。
33. 财政部预算司编:《中国省以下财政体制2006》,中国财政经济出版社2007年版。
34. 曹俊文、罗良清:《转移支付的财政均等化效果实证分析》,《统计研究》2006年第1期。
35. 陈刚、韦明山、刘家凯:《融水县经济发展战略研究》,广西人民出版社2006年版。
36. 陈庆云:《公共政策分析》,北京大学出版社2006年版。
37. 陈燕平、姚炜:《我国农村基础教育财政投入问题研究》,《财政研究》2004年第5期。
38. 陈振明编著:《公共政策学——政策分析的理论、方法和技术》,中国人民

大学出版社2004年版。

39. 陈振明主编:《公共管理学》,中国人民大学出版社2005年版。

40. 成艾华:《人口转变、人力资本与民族地区经济增长》,民族出版社2007年版。

41. 戴小明:《中央与地方关系:民族自治地方财政自治研究》,中国民主法制出版社1999年版。

42. 地方财政研究中心:《地方财政运行成本研究》,经济科学出版社2002年版。

43. 杜振华、焦玉良:《建立横向转移支付制度实现生态补偿》,《宏观经济研究》2004年第9期。

44. 费宇、李晓鹏,《地方政府教育标准财政支出测算研究》,《思想战线》2006年第4期。

45. 高培勇:《公共财政:经济学界如是说》,经济科学出版社2000年版。

46. 葛乃旭:《重建我国政府间转移支付制度的构想》,《财贸经济》2005年第1期。

47. 葛忠兴主编:《中国少数民主地区发展报告(2004)》,民族出版社2005年版。

48. 郭声琨、苏道俨:《加快广西财政收入增长》,广西人民出版社2006年版。

49. 国务院发展研究中心课题组,《主体功能区形成机制和分类管理政策研究》,中国发展出版社2008年版。

50. 海曙光:《构建民族地区公共财政框架的若干思考》,《北方经济(综合版)》2009年第6期。

51. 韩俊霞:《主体功能区、公共服务均等与财政转移支付制度设计》,《商业会计》2009年第3期。

52. 郝时远、王希恩:《中国民族发展报告(2001~2006)》,社会科学文献出版社2006年版。

53. 胡庆康、杜莉主编:《现代公共财政学》,复旦大学出版社2001年版。

54. 黄解宇、常云昆,《对西部地区转移支付的均等化模型分析》,《财经研究》

2005 年第 8 期。
55. 黄佩华、迪帕克,中国:国家发展与地方财政,中信出版社 2003 年版。
56. 黄佩华:《中国:国家发展与地方财政》,中信出版社 2003 年版。
57. 黄勇:《民族地区财政转移支付制度研究》,中央民族大学 2004 年硕士论文。
58. 贾康主编:《地方财政问题研究》,经济科学出版社 2004 年版。
59. 姜维壮主编:《中国分税制的决策与实践》,中国财政经济出版社 1997 年版。
60. 金炳镐:《民族理论政策概述》,中央民族大学出版社 1994 年版。
61. 金人庆:《完善公共财政制度逐步实现基本公共服务均等化》,《求是》2006 年第 22 期。
62. 寇铁军:《完善我国政府间转移支付的若干思考》,《财贸经济》2004 年第 5 期。
63. 雷振扬、成艾华、李俊杰:《民族地区财政转移支付的均衡效应研究——兼以广西壮族自治区为例》,《民族研究》2008 年第 1 期。
64. 雷振扬、朴永日主编:《中国民族自治地方发展评估报告(2005)》,民族出版社 2006 年版。
65. 雷振扬:《民族地区财政转移支付的制度安排与实践效果探析》,《中南民族大学学报》(人文社会科学版)2007 年第 6 期。
66. 李宝奇、刘建华,财政转移支付制度在民族自治地方的理论与实践,《延边大学学报》2004 年第 1 期。
67. 李红霞:《我国财政转移支付制度改革的理性思考》,《现代财经》2008 年第 4 期。
68. 李景源等主编:《 中国公共文化服务发展报告(2007)》,社会科学文献出版社 2007 年版。
69. 李静毅:《试论基本公共服务均等化的理论依据及其在我国的实现途径》,《财政研究》2009 年第 1 期。
70. 李军鹏:《公共服务型政府》,北京大学出版社 2004 年版。

71. 李平、陈彤:《少数民族地区县市财政困难现状、成因与对策——以新疆维吾尔自治区为例》,《中国农业综合开发》2005 年第 5 期。

72. 李萍、许宏才主编:《中国政府间财政关系图解》,中国财政经济出版社 2006 年版。

73. 李学军、刘尚希主编:《地方政府财政能力研究——以新疆维吾尔自治区为例》,中国财政经济出版社 2007 年版。

74. 梁积江、黄勇:《试论民族地区经济发展中的财政转移支付问题》,《中央民族大学学报》2003 年第 5 期。

75. 林挺进:《试论市场机制在公共服务领域中的适用性》,《现代管理科学》2009 年第 3 期。

76. 刘成:《体制转轨和经济发展中的政府公共服务供给》,《经济研究参考》2005 年第 25 期。

77. 刘海英:《地方政府间财政关系研究》,中国财政经济出版社 2006 年版。

78. 刘京焕、陈志勇、李景友:《财政学原理》,中国财政经济出版社 2005 年版。

79. 刘尚希、李敏:《论转移支付分类》,《财政部科研所研究报告》2005 年第 65 期。

80. 刘尚希:《公共支出范围:分析与界定》,《经济研究》2002 年第 10 期。

81. 刘小明:《财政转移支付制度研究》,中共中央党校 1999 年博士论文。

82. 刘小明:《财政转移支付制度研究》,中国财政经济出版社 2001 年版。

83. 刘玉、刘毅:《区域政策的调控效应分析——以我国财政转移支付制度为例》,《地理研究》2003 年第 2 期。

84. 刘裕明、任国英、冯金朝等:《西部民族地区在大开发中所面临的生态环境问题与思考》,《中央民族大学学报》(哲学社会科学版)2005 年第 4 期。

85. 柳劲松:《民族地区县域基本公共服务供给优先序研究——基于恩施自治州 S 县的模糊相似优先比分析》,《北方经济》(综合版)2009 年第 6 期。

86. 吕炜、王伟同:《中国基本公共服务提供均等化问题研究》,《财政研究》2008 年第 5 期。

87. 马骏:《中央向地方的财政转移支付——一个均等化公式和模拟结果》,

《经济研究》1997年第3期。
88. 梅阳主编:《财政学》,中央广播电视大学出版社2000年版。
89. 潘启富:《完善民族地区教育财政转移支付制度的迫切性及对策思考》,《广西师范学院学报》(哲学社会科学版)2007年第3期。
90. 饶立新、李建新:《建议确立资源环境税为我国税制的第三主体税种》,《税务研究》2005年第9期。
91. 任怀玉:《新农村建设中甘肃少数民族地区农村公共产品供给模式的选择》,《兰州商学院学报》2009年第1期。
92. 史明霞:《深化财税体制改革的思考》,《中央财经大学学报》2008年第9期。
93. 寿孝鹏、李雄藩、孙庶玉:《中国省市自治区资料手册》,社会科学文献出版社1990年版。
94. 舒其元:《建立民族自治区财政转移支付制度促进民族地区持续发展》,《财经理论与实践》1997年第3期。
95. 宋超、绍智:《我国财政转移支付规模问题研究》,《地方财政研究》2005年第1期。
96. 宋小宁、苑德宇:《公共服务均等、政治平衡与转移支付——基于1998—2005年省际面板数据的经验分析》,《财经问题研究》2008年第4期。
97. 苏明:《财政理论与财政政策》,经济科学出版社2003年版。
98. 孙开:《财政体制改革问题研究》,经济科学出版社2004年版。
99. 孙开主编:《地方财政学》,经济科学出版社2002年版。
100. 孙文基、黄晓平:《促进基本公共服务均等化的财政思考》,《中国财政》2009年第3期。
101. 孙学工:《公共服务供给中各级政府事权划分的国际经验》,《经济研究参考》2005年第25期。
102. 唐鸣:《国家权力分享和分配中的民族关系及其处理》,《党政干部论坛》2003年第4期。
103. 唐铁汉、李军鹏:《公共服务的理论演变与发展过程》,《新视野》2005年

第 6 期。
104. 王朝才、李学军主编:《民族地区财政收入问题研究》,经济科学出版社 2005 年版。
105. 王朝才、王继洲:《在建立规范的财政转移支付制度中扶持民族地方发展的措施研究》,《经济研究参考》2004 年第 12 期。
106. 王恩奉:《建立横向财政转移支付制度研究》,《改革》2003 年第 1 期。
107. 王国清:《公共财政:财政的公共性及其发展》,《财经科学》2005 年第 1 期。
108. 王金营:《人力资本与经济增长理论与实证》,中国财政经济出版社 2001 年版。
109. 王洛林、魏后凯主编:《中国西部大开发政策》,经济管理出版社 2003 年版。
110. 王迎春:《西部少数民族经济快速发展的财税政策选择》,《税务与经济》2004 年第 2 期。
111. 王玉玲:《论民族地区财政转移支付制度的优化——基于历史和现实背景的分析》,《民族研究》2008 年第 1 期。
112. 王铮、葛昭攀:《中国区域经济发展的多重均衡态与转变前兆》,《中国社会科学》2002 年第 4 期。
113. 文小才:《我国财政转移支付制度中存在的问题与完善的对策》,《北方经济》2007 年第 7 期。
114. 吴鸿:《公共财政要向城乡基本公共服务均等化倾斜》,《前进论坛》2009 年第 4 期。
115. 吴强:《政府行为与区域经济协调发展研究》,经济科学出版社 2005 年版。
116. 谢旭人:《实施积极的财政政策,促进经济平稳较快发展》,《求是》2008 年第 23 期。
117. 谢夜香、陈芳:《我国行政管理支出规模的理论分析与实践探讨》,《财政研究》2008 年第 6 期。

118. 徐晓燕:《构建我国绿色税收体系》,《税务研究》2005 年第 9 期。
119. 许建国:《论地方财政制度创新》,《财政研究》2002 年第 3 期。
120. 杨全社、郑健翔编著:《地方财政学》,南开大学出版社 2005 年版。
121. 杨先明、王卫昆:《财政转移支付制度研究——主持者言》,《思想战线》2006 年第 6 期。
122. 杨云彦、田艳平、秦尊文:《全球化与中部崛起》,湖北人民出版社 2005 年版。
123. 于凌云:《发展绿色经济的地方财税政策研究》,中国财政经济出版社 2007 年版。
124. 余珊:《我国政府间财政转移支付制度的绩效研究》,西南大学 2006 年硕士论文。
125. 俞雅乖:《政府供给、农民需求、优先序与城乡基本公共服务均等化——鄞州实践》,《开发研究》2009 年第 1 期。
126. 张宝成、青觉:《民族地区政府能力的现状分析及影响因素》,《中央民族大学学报》(哲学社会科学版)2009 年 2 期。
127. 张春慧、孙国昌:《西部民族地区公共财政框架的构建》,《云南民族大学学报》2003 年第 3 期。
128. 张序:《民族地区财政专项转移支付制度的规范与完善》,《西南金融》2009 年第 4 期。
129. 张序:《民族地区一般性财政转移支付:问题与对策》,《西南金融》2008 年第 6 期。
130. 张雪宝:《地方政府公共投资效率研究》,中国财政经济出版社 2005 年版。
131. 赵春盛:《建构规范的民族区域自治财政转移支付制度的公共政策分析》,《经济问题探索》2005 年第 9 期。
132. 赵大有:《民族地区财政转移支付制度的创新》,《甘肃科技》2007 年第 4 期。
133. 赵大有:《民族地区可持续发展与财政转移支付制度》,《经济研究导刊》

2007 年第 4 期。

134. 赵显人主编:《西部大开发与民族地区经济社会发展研究》,民族出版社 2001 年版。

135. 郑长德:《论西部民族地区人力资源的开发与人力资本的形成》,《人口与经济》2001 年第 3 期。

136. 郑长德、钟大能:《中国少数民族地区发展财政研究》,四川人民出版社 2005 年版。

137. 中国(海南)改革发展研究院编:《基本公共服务均等化新农村建设之重》,经济科学出版社 2007 年版。

138. 中国财政学会民族地区财政研究专业委员会编著:《2005/06 年度中国民族地区财政报告》,中国财政经济出版社 2007 年版。

139. 中国财政杂志社:《中国财政年鉴 2000 ~2007》,中国财政经济出版社。

140. 中国科学研究院可持续发展战略研究组,《可持续发展能力建设——中国 10 年》,科学出版社 2002 年版。

141. 中国科学院可持续发展战略研究组:《中国可持续发展战略研究报告》,科学出版社 2005 年版。

142. 钟晓敏:《地方财政学》,中国人民大学出版社 2006 年版。

143. 周金玲:《义务教育及其财政制度研究》,经济科学出版社 2005 年版。

144. 周凯主编:《政府绩效评估导论》,中国人民大学出版社 2006 年版。

145. 周平、方盛举、夏维勇:《中国民族自治地方政府》,人民出版社 2007 年版。

146. 朱瑾:《西部民族地区财政转移支付制度研究》,新疆大学 2005 年博士论文。

147. 朱萍:《论我国现阶段政府间转移支付规模的合理界限》,《上海财经大学学报》2007 年第 1 期。

148. 朱志刚:《财政支出绩效评价研究》,中国财政经济出版社 2003 年版。

后记

2007 年，我以《民族地区财政转移支付的绩效评价与制度创新研究》为题，申报了国家社科基金一般项目，评审的结果出乎我们的意料，项目不仅被通过，而且被确定为当年的重点项目（项目批准号:07AMZ002）。这样的结果既使我们感到高兴，也使我们感到巨大的压力。为了按时完成研究任务，不负诸位基金评审专家的厚爱，我和艾华博士付出了艰辛的劳动。

在课题研究过程中，我们曾多次赴北京，到国家民委经济司、财政部财政科研所等单位，进行数据和资料收集工作；曾深入到广西、贵州、云南、内蒙古、西藏、湖北省恩施州、长阳县、湖南省湘西州等少数民族地区进行实地调研。所到之处，受到热情接待和倾力支持。在书稿即将付梓之际，作为项目主持人，我要代表课题组成员，对给予我们帮助支持的部门和人士表示衷心的感谢。感谢社科基金评审专家给予的鼓励与支持；感谢国家民委经济发展司、民族问题研究中心的有关领导对本项目的关心和帮助；感谢财政部财政科学研究所对本课题的支持，特别感谢刘尚希副所长和刘德雄副主任对本课题提出的富有建设性的指导意见；感谢广西和内蒙古自治区财政厅科研所、贵州省发改委、西藏自治区统计局以及湖北省恩施州、湖南省湘西州、湖北省长阳土家族自治县、广西都安瑶族自治县、环江毛南族自治县等民族地区的相关领导对本项目的大力支持和无私帮助；感谢人民出版社陈寒节等编辑和领导的热情接待、对出版事务的周到安排及付出的辛勤劳动！

本书大纲的总体思路和结构设计安排，由我和成艾华副教授讨论确定。具体撰写分工是，我负责书稿第一章、第二章、第六章、第七章、第九章，成艾华副教授负责第三章、第四章、第五章、第八章、第十章；最后由我统修定稿。成

艾华副教授的勤奋工作,为课题的顺利完成提供了重要保证;李俊杰博士参加了课题讨论与部分调研工作,为课题的完成作出了贡献。

民族地区财政转移支付制度的完善与创新,涉及面广,面临的问题较多。本书还有许多问题未能涉及,书中论及的问题,提出的解决方案,也仅是一家之言。由于学力所限,书中定有不妥或错误之处,敬请专家、读者批评指正。

雷振扬

2010年3月10日于武昌